중간고사 기말고사
고득점을 예약하자!

시험적중
내신전략

고등 한국지리

BOOK 1

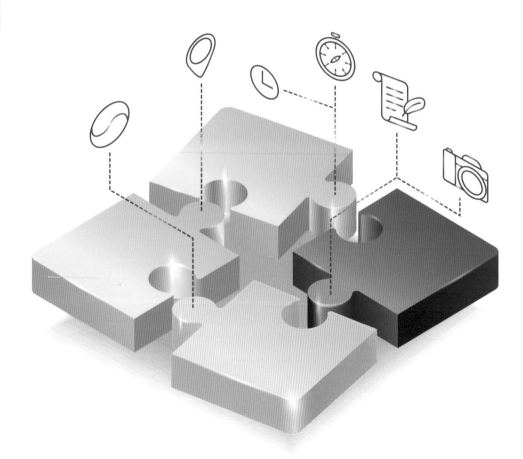

천재교육

언제나 만점이고 싶은 친구들

Welcome!

숨 돌릴 틈 없이 찾아오는 시험과 평가,
성적과 입시 그리고 미래에 대한 걱정.
중·고등학교에서 보내는 6년이란 시간은
때때로 힘들고, 버겁게 느껴지곤 해요.

그런데 여러분, 그거 아세요?
지금 이 시기가 노력의 대가를
가장 잘 확인할 수 있는 시간이라는 걸요.

안 돼, 못하겠어, 해도 안 될 텐데—
어렵게 생각하지 말아요. 천재교육이 있잖아요.
첫 시작의 두려움을 첫 마무리의 뿌듯함으로 바꿔 줄게요.

펜을 쥐고 이 책을 펼친 순간
여러분 앞에 무한한 가능성의 길이 열렸어요.

우리와 함께 꽃길을 향해 걸어가 볼까요?

내신전략

고등 한국지리

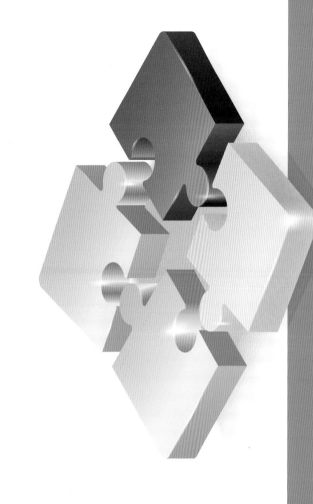

시험에 잘 나오는
개념BOOK 1

전재교육

내신전략 | 고등 한국지리

시험에 잘 나오는
개념BOOK 1

자르는 선

내신전략
고등 한국지리

천재교육

시험에 잘 나오는
개념BOOK 1

내신전략 | 고등 한국지리

시험에 잘 나오는
개념BOOK 1

자르는 선

내신전략
고등 한국지리

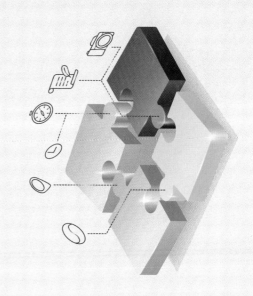

개념 BOOK 하나면
한국지리 공부 끝!

시험에 잘 나오는 개념 BOOK이야~
차례부터 한번 살펴보자!

1등급 바탕 예제 정답

13 1 (1) ㉢, ㉤ (2) ㉠, ㉣ 2 ㄷ, ㄹ 3 해안
단구, 지반의 융기와 해수면의 하강으로 형
성되며, 취락, 교통로, 밭 등으로 이용된다.

14 1 (1) × (2) ○ (3) ○ (4) ○ 2 ㄴ, ㄹ
3 석회암이 빗물이나 지하수에 용식되어
형성되었으며, 주로 밭으로 이용된다.

15 1 (1) 카, 크다 (2) 높다, 깊고 (3) 크다 2 ㄱ,
ㄴ, ㄹ 3 B, 태백산맥과 함경산맥이 차가
운 북서 계절풍을 막아주고 수심이 깊고 난
류가 흐르는 동해의 영향을 받기 때문이다.

16 1 (1) ㉡, ㉤ (2) ㉠ (3) ㉢ 2 ㄴ, ㄹ 3 겨
울철의 바람 장미를 나타낸 것으로, 서고동
저형의 기압 배치가 나타나고, 시베리아 기
단의 영향을 받아 강한 북서풍이 분다.

17 1 (1) ㉤ (2) ㉢ (3) ㉡ (4) ㉠ 2 ㄴ,
ㄷ 3 (1) (가): 대설, (나): 호우, (다): 태풍
(2) 섬의 관리와 다목적 댐 보, 저수지 등을
건설한다.

18 1 (1) ○ (2) × (3) × (4) ○ 2 ㄱ, ㄷ,
ㄹ 3 산업화, 도시화로 인한 이촌 향도 현
상 때문이다.

19 1 (1) × (2) ○ (3) ○ (4) × 2 ㄱ, ㄴ 3 도
시 수, 도시 인구가 증가하였고, 수도권과
남동 임해 지역에 도시가 집중되었다.

20 1 (1) ㉡ (2) ㉠ (3) ㉢ 2 ㄷ, ㄹ 3 부도
심, 도시 외곽에서 심으로 연결되는 교통
의 요지에 위치한다. 도심의 기능을 분담하
고 도심의 과밀화와 교통 혼잡을 완화하는
역할을 한다.

21 1 (1) ㉢ (2) ㉠ (3) ㉡ 2 ㄱ, ㄴ, ㄷ 3 인
구 밀도는 낮고, 주간 인구 지수는 높고, 지
역 내 겸업농가 비율은 낮다.

1등급 바탕 예제 정답

01 1 (1) 수리적 (2) 지리적 (3) 지리적 2 ㄱ, ㄴ, ㄷ 3 우리나라는 북반구 중위도 지역에 위치한 반도 국가로 해양과 대륙 양방향으로 진출하고 교류하기에 유리하다.

02 1 (1) × (2) ○ (3) × (4) × 2 ㄴ, ㄷ 3 (1) 통상 기선, 동해안과 제주도, 울릉도, 독도 (2) 직선 기선, 서·남해안 일대

03 1 (1) ○ (2) × (3) ○ (4) × 2 ㄱ, ㄴ, ㄷ 3 (1) 중화사상과 천원지방의 세계관이 반영되어 있고 도교 사상이 반영되어 있다.

04 1 (1) ○ (2) ○ (3) × (4) ○ 2 ㄱ, ㄷ, ㄹ 3 (1) 조선 후기, 김정호 (2) 10리마다 방점을 찍어 거리 계산이 가능하다. 목판본으로 제작되어, 대량 생산이 가능하다. 분첩 절첩식으로 제작되어 휴대와 열람이 편리하다.

05 1 (1) ㉠, ㉣ (2) ㉡, ㉢ 2 ㄱ, ㄴ, ㄷ 3 (1) (가): 조선 전기, 국가 (나): 조선 후기, 실학자 (2) (가): 백과사전식 서술, (나): 특정 주제를 종합적이고 체계적으로 서술

06 1 (1) × (2) ○ (3) × (4) ○ 2 ㄴ, ㄷ, ㄹ 3 (1) A: 평북·개마 지괴 B: 경상 분지 (2) 중생대 퇴적층으로 공룡 발자국 화석이 분포한다.

07 1 (1) ㉣ (2) ㉠, ㉡ (3) ㉢ 2 ㄱ, ㄹ 3 (1) A: 대로 조선 운동 B: 경동성 요곡 운동 (2) A: 중국 방향의 지질 구조선이 형성되었다. B: 동고서저의 경동 지형, 함경·태백산맥이 형성되었다.

08 1 (1) ㄴ, ㄷ (2) ㄷ, ㄹ 2 ㄱ, ㄴ, ㄹ 3 (1) A 시기: 받기, B 시기: 후빙기 (2) 받기 때 하천 상류에서는 퇴적 작용, 하천 하류에서는 침식 작용이 일어난다. 후빙기 때 하천 상류에서는 침식 작용, 하천 하류에서는 퇴적 작용이 일어난다.

09 1 (1) ○ (2) × (3) ○ (4) ○ 2 ㄱ, ㄷ, ㄹ 3 교방지 농업이 이루어지고, 목축업, 풍력 발전 등으로 이용된다.

10 1 (1) ㉠, ㉡ (2) ㉡, ㉢ 2 ㄱ, ㄴ, ㄷ 3 (1) 하안 단구 (2) 지반의 융기나 해수면 변동에 따라 하방 침식이 활발해지면서 형성되며, 취락, 교통로, 밭 등으로 이용된다.

11 1 (1) ○ (2) × (3) ○ (4) × 2 ㄱ, ㄴ, ㄹ 3 변성암에 화강암이 관입되고, 두 개 이상의 하천이 합류하는 지점에서 잘 발달한다.

12 1 (1) ㉠, ㉣ (2) ㉡ (3) ㉢ 2 ㄴ, ㄷ, ㄹ 3 A: 자연 제방으로, 취락, 교통로, 밭 등으로 이용된다. B: 배후 습지로 논 등으로 이용된다.

01 우리나라의 위치

빈출도 ●●●

출제 포인트

- 지도는 우리나라의 위도와 경도로 나타낸 수리적 위치이오, 우리나라 대륙 동안에 위치한 우리나라의 지리적 위치를 표현한 것이다.
- 해당 지도가 위도와 경도를 표현한 수리적 위치인지, 혹은 지형지물을 기준으로 표현한 지리적 위치인지 묻는 문제인지가 자주 출제되므로 수리적 위치, 지리적 위치, 관계적 위치를 잘 정리해 둔다.

필수 자료

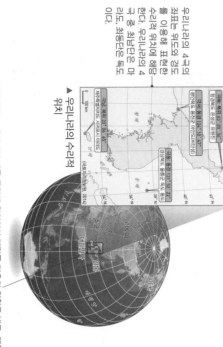

▶ 우리나라의 수리적 위치

우리나라의 4극의 위치는 위도와 경도를 이용해 표현한 수리적 위치에 해당한다. 우리나라의 4극 중 최남단은 마라도, 최동단은 독도이다.

➡ 지리적 위치: 우리나라는 대륙 동안에 위치하여 계절풍 기후의 영향을 받고, 대륙성 기후가 나타난다. 여름은 고온 다습하고, 겨울은 한랭 건조하며 기온의 교차가 크다.
· 삼면이 바다로 둘러싸인 반도 국가로, 대륙과 해양 양방향으로 진출하고 교류하기에 유리하다.

지료 해석

① 위치 → 위도와 경도로 표현되는 위치
대륙, 해양, 반도, 산천 등의 지형지물을 중심으로 표현되는 위치

② 위치 → 예) 유라시아 대륙 동안의 위치
주변 국가와의 정치, 경제, 문화적 이해관계에 따라 결정되는 위치

답 | ① 수리적 ② 지리적

1등급 바탕 예제

1 지역과 특징을 바르게 연결하시오.

(1) 중심 도시 · · ㉠ 중심 도시와 연속된 지역으로 주거 · 공업 기능 등이 확대됨.

(2) 교외 지역 · · ㉡ 중심 도시의 최대 통근 지역으로 중심 도시로의 통근율이 높음.

(3) 배후 농촌 지역 · · ㉢ 대도시권의 중심 지역으로 도심과 부도심이 발달한 다핵 구조를 형성함.

2 필수 지료에 대한 설명으로 옳은 것만을 〈보기〉에서 있는 대로 고르시오.

〈보기〉
ㄱ. A는 대도시의 중심 지역으로 도심과 부도심이 발달한다.
ㄴ. B는 A와 연속된 지역으로 주거 · 공업 기능 등이 확대된다.
ㄷ. B는 C보다 대도시로의 통근 · 통학 인구 비율이 높다.
ㄹ. C는 A보다 상업지의 평균 지가가 높다.

3 (가) 지역과 비교한 (나) 지역의 상대적 특징을 서술하시오. (인구 밀도, 주간 인구 지수, 지역 내 겸업농가 비율을 포함하여 서술하시오.)

서술형

(가)

(나)

0 ___ 200 km

구분	총인구(지역)	1차 산업 취업자 수 비율(%)
(가)	313,462	1.2
(나)	11,981	18.1

(2019년) (통계청)

21 대도시권

출제 포인트

• 자료는 대도시권의 공간 구조를 나타낸 그림이다.
• 수도권 지도를 제시하고 서울과 인접한 도시 지역과, 서울과 떨어져 있는 지역을 비교하여 묻는 문항이 자주 출제된다. 따라서 해당 지역이 교외 지역인지 배후 농촌 지역인지를 파악하고 해당 지역의 특징 및 토지 이용을 함께 정리해 두어야 한다.

필수 자료

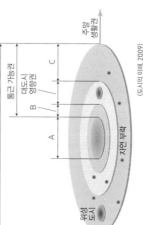

(도시의 이해, 2009)

자료 해석

대도시권은 대도시를 중심으로 일상적인 생활이 이루어지는 범위 즉, 대도시로의 통근 및 통학이 가능한 지역이다. 대도시권은 대도시의 과밀화를 해소하고자 ① 기능 및 공업 등 기능을 주변 지역으로 분산·이동시키면서 형성되었다. 특히 대도시 주변에 대규모 택지구인 ② 가 개발되면서 대도시권이 더욱 확대되고 있다.

답 ① 주거 ② 신도시

1등급 비탕 예제

1 괄호 안의 내용 중 알맞은 것을 고르시오.

(1) 위도와 경도로 표현된 위치를 (수리적 / 지리적) 위치라고 한다.
(2) 우리나라는 (지리적 / 관계적) 위치의 영향으로 기온의 연교차가 매우 크다.
(3) 우리나라는 삼면이 바다로 둘러싸인 반도국으로 대륙과 해양으로 진출하기에 유리하다. 이는 우리나라의 (수리적 / 지리적) 위치의 특징에 해당한다.

2 필수 자료에서 표현한 위치의 사례로 옳은 것만을 〈보기〉에서 있는 대로 고르시오.

보기
ㄱ. 우리나라는 연교차가 큰 대륙성 기후이다.
ㄴ. 우리나라는 본초 자오선보다 9시간 빠르다.
ㄷ. 우리나라는 반도국으로 대륙과 해양 진출에 유리하다.
ㄹ. 우리나라는 일제 강점기에 열강들의 각축장이 있었으나, 오늘날에는 동북아 시아의 중심 국가로 발돋움하고 있다.

서술형

3 지도는 우리나라와 각국의 수도 간의 거리를 나타낸 것이다. 우리나라가 세계로 진출하는 데 유리한 이유를 우리나라의 위치적 특성과 관련하여 서술하시오.

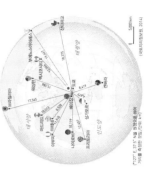

02 우리나라의 영역

빈출도 ●●●

출제 포인트

- 자료는 영토, 영해, 영공으로 구성된 영역을 나타낸 것이다.
- 영토, 영해, 영공의 개념을 묻는 문항이 출제되고, 특히, 영해 설정 시 통해안, 서·남해안에서 각각 다르게 적용되는 통상 기선과 직선 기선의 개념을 정리해 두어야 한다.

필수 자료

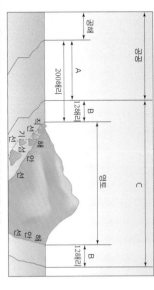

- 배타적 경제 수역(A): 영해 기선에서 200해리까지인 수역 중 영해를 제외한 수역
- 영해(B): 연안국의 주권이 미치는 해양의 범위로, 일반적으로 영해 기선으로부터 12해리까지의 수역
  - 통상 기선: 연안국이 단조롭거나 섬이 적은 경우에 적용하며, 썰물 때의 최저 조위선이 영해 기선이 된다.
    예 동해안, 울릉도, 제주도, 독도 등
  - 직선 기선 - 해안선이 복잡하거나 섬이 많은 경우에 해안의 끝이나 최외곽의 섬을 연결한 직선이 된다.
    예 서·남해안의 대부분, 영일만, 울산만
- 영공(C): 영토와 영해의 수직 상공

자료 해석

- 영역은 영토, 영해, 영공으로 구성된 한 국가의 영역이고, 영해는 영토 구성된 국가의 영역이고, 영해는 영토를 구성된 국가의 영역이므로 영해는 영토에서 인국의 주권이 미치는 해양의 범위이다. 영해 설정 시 해안선이 단조롭고 섬이 해안에서 멀리 떨어져 있는 동해안과 울릉도, 제주도 등은 기선이 적용되고, 해안선이 복잡하고 섬이 많은 서·남해안의 대부분 수역은 기선이 적용된다. 영공은 영토와 영해의 수직 상공을 말한다.

답 ❶ 통상 ❷ 직선

1등급 바탕 예제

1 도시 내부 구조와 특징을 바르게 연결하시오.

(1) 도심 ·   · ㉠ 외곽과 도심을 연결하는 교통의 요지
(2) 부도심 ·   · ㉡ 대기업의 본사, 백화점 등 상업 기능 집중
(3) 주변 지역 · · ㉢ 낮은 주간 인구 지수와 대규모 아파트 단지 조성

2 필수 자료에 대한 설명으로 옳은 지문을 〈보기〉에서 있는 대로 고르시오.

> ▸ 보기
> ㄱ. A는 상주인구가 많고 주간 인구 지수가 낮다.
> ㄴ. B는 대규모 아파트 밀집지에 있어 주간 인구 지수가 높다.
> ㄷ. C는 중추 기능과 공업 기능이 혼재되어 나타난다.
> ㄹ. D는 도심의 기능을 분담하며, 도심과 외곽을 연결하는 교통의 요지이다.

3 서술형

다음 글에서 설명하는 도시 내부 구조의 명칭을 쓰고, 해당 지역의 특징을 두 가지만 서술하시오.

서울에서 주간 인구 지수가 세 번째로 높은 곳이지만 통근 시간대에 유입 인구는 가장 많은 곳이다. 한강 남쪽에 위치하며 경기도 남부 지역과 연결되는 교통의 결절점이다.

1 다음 설명이 맞으면 ○표, 틀리면 ×표 하시오.

(1) 배타적 경제 수역은 영해를 포함한 200해리이다. ( )
(2) 독도에서 영해의 범위는 통상 기선으로부터 12해리까지이다. ( )
(3) 울릉도에서 영해의 범위는 직선 기선으로부터 12해리까지이다. ( )
(4) 울릉도에서 독도까지 항해할 때 우리나라 영해를 벗어나지 않는다. ( )

2 필수 자료에 대한 설명으로 옳은 것만을 〈보기〉에서 있는 대로 고르시오.

• 보기 •
ㄱ. A는 영해이다.
ㄴ. A는 영해 기선으로부터 200해리까지의 수역 중 영해를 제외한 수역이다.
ㄷ. B 설정 시 울릉도, 제주도에서는 통상 기선, 서 · 남해안에서는 직선 기선이 적용된다.
ㄹ. C는 배타적 경제 수역이다.

서술형
3 다음은 우리나라 영해 기선에 대한 설명이다. 이를 보고 물음에 답하시오.

제2조(기선) ① ㉠ 영해의 폭을 측정하기 위한 통상의 기선은 대한민국이 공식적으로 인정한 대축척 해도에 표시된 해안의 저조선(低潮線)으로 한다.
② 지리적 특수사정이 있는 수역의 경우에는 ㉡ 대통령령으로 정하는 기점을 연결하는 직선을 기선으로 할 수 있다.

(1) ㉠의 명칭과 적용되는 수역을 쓰시오.

(2) ㉡의 명칭과 적용되는 수역을 쓰시오.

---

20 도시 내부 구조

빈출도 ● ● ●

출제 포인트

• 자료는 서울의 도시 내부 구조와 그 토지 이용을 나타낸 것이다.
• 대도시의 도심, 부도심, 중간 지역, 주변 지역의 특징을 묻는 문항이 종종 출제된다. 서울, 부산과 같은 대도시의 도심의 부도심, 주변 지역의 위치와 특징을 잘 정리해 두어야 한다.

필수 자료

▲ A

▲ C

(지도로 본 서울, 2013)

▲ 서울의 토지 이용

주거 지역
상업 지역
공업 지역
녹지 지역

0 5km

▲ B

▲ D

↑ A는 서울의 도심 지역, B는 주변 지역, C는 중간 지역, D는 부도심이다. 도심은 접근성이 좋고 지가가 높아 주로 상업 지역이 형성된다. 부도심은 도심의 기능을 분담하는 지역이며, 중간 지역은 주거와 공업 기능 등이 혼재되어 나타나는 지역이다. 주변 지역은 대규모 아파트가 조성되어 있는 주거 지역에 해당한다.

자료 해석

도시 내부의 공간적 분화는 ❶ [ ]과 지대 등의 영향을 받아 나타난다. 도시 내부의 중심부에 위치한 도심은 높은 지대를 지불할 능력이 되는 대기업 본사, 금융 기관, 백화점 등이 집중되어 있으며, 상주인구가 적고 주간 인구 지수가 높다. ❷ [ ]은 외곽과 도심을 연결하는 교통의 요지에 입지하며, 도심의 기능을 분담한다. 중간 지역은 주거와 공업 기능이 혼재되어 있는 지역이며, 주변 지역은 접근성이 낮고 높은 지대를 지불할 필요가 작은 주거 기능이 집중되어 대규모 아파트 단지가 위치한다. 따라서 상주인구는 많지만 주간 주거 기능이 낮게 나타난다.

답 ❶ 접근성 ❷ 부도심

03 고지도에 나타난 국토 인식

빈출도 ●●●○

출제 포인트
- 지료는 혼일강리역대국도지도와 천하도이다.
- 혼일강리역대국도지도의 특징과 천하도의 특징을 묻는 문항이 자주 출제되므로 두 지도의 특징을 잘 정리해 두어야 한다.

필수 지료

(가)
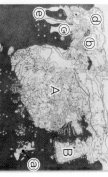

(나)

혼일강리역대국도지도
- 우리나라에서 현존하는 가장 오래된 세계 지도로, 조선 전기에 국가 주도로 제작되었다.
- 중국이 지도의 중심에 그려져 있어 중화사상이 반영되었다.
- 조선을 크게 그려 국토 인식을 나타낸다.
- 아시아, 유럽, 아프리카를 표현하였다.
- A: 중국, B: 조선, ⓒ: 일본, ⓓ: 인도, ⓔ: 아라비아반도, ⓕ: 유럽, ⓖ: 아프리카

천하도
- 관념적인 세계 지도로, 조선 중기 이후 민간에서 제작되었다.
- 중국이 지도에 중심에 그려져 있어 중화사상이 반영되었다.
- 천원지방(天圓地方)의 세계관을 반영하였다.
- 상상의 지명과 국가(국가)들의 지명을 표현하여 도교적 세계관이 반영되었음을 알 수 있다.

자료 해석

지도	특징
혼일강리역대국도지도	- 우리나라에서 현존하는 가장 오래된 세계 지도 - 조선 ❶ 국가 주도로 제작 - 중화사상이 반영 - 주체적인 국토 인식이 드러남
❷	- 조선 중기 이후 민간에서 제작 - 관념적인 세계 지도 - 천원지방, 도교적 세계관 반영

답 | ❶ 전기 ❷ 천하도

---

1 다음 설명이 맞으면 ○표, 틀리면 ×표 하시오.

(1) 고차 중심지는 저차 중심지보다 중심지 수가 많다. ( )

(2) 수도권과 남동 연안 지역에 대도시가 집중되어 있다. ( )

(3) 서울은 우리나라에서 인구가 가장 많은 수위 도시이다. ( )

(4) 고차 중심지는 저차 중심지보다 중심지 간 거리가 가깝다. ( )

2 필수 지료에 대한 설명으로 옳은 것만을 〈보기〉에서 있는 대로 고르시오.

보기
ㄱ. 서울은 우리나라의 종주 도시이다.
ㄴ. 대구는 구미보다 중심지 기능이 많다.
ㄷ. 인구 규모 100만 명 미만 도시의 수가 줄어들었다.
ㄹ. 1970년부터 2015년 도시 수는 증가하였지만, 도시 인구 수는 감소하였다.

3 다음 자료를 보고 1970년 대비 2015년 도시 분포의 변화를 두 가지만 서술하시오.

서술형

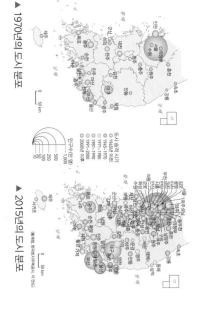

▲ 1970년의 도시 분포   ▲ 2015년의 도시 분포

(19) 도시 발달과 도시 체계

빈출도 ●●●

출제 포인트

• 자료는 1970년대의 도시 분포와 2015년의 도시 분포를 나타낸 지도이다.
• 우리나라 도시 분포의 변화와 대도시와 소도시 간의 계층 구조를 묻는 문항이 자주 출제된다. 따라서 우리나라 도시 분포의 특징과 고차 중심지와 저차 중심지에 해당하는 도시를 알아 두고, 고차 중심지와 저차 중심지의 특징을 잘 정리해 두어야 한다.

필수 자료

▲ 1970년의 도시 분포

▲ 2015년의 도시 분포

자료 해석

우리나라는 1970년대에 비해 2015년 도시 수와 도시 인구 수가 많아졌다. 특히, 수도권과 남동 연안 지역이 도시 성장이 두드러지며 서울을 중심으로 한 수직적 도시 체계를 이루고 있다. 서울은 우리나라에서 인구가 가장 많은 도시로, 인구와 각종 기능이 집중하여 종주 도시화 현상이 나타난다. 일반적으로 대도시는 고차 중심지를 이루고, 대도시와 멀리 떨어진 지방 중소 도시는 성장이 정체된 곳이 많아 저차 중심지를 이룬다.

도시 간 계층 구조

중심지	중심지 기능	중심지 수	중심지 간 거리	사례
고차 중심지	많다.	적다 ①	멀다.	대도시
저차 중심지	적다.	많다.	가깝다 ②	소도시

답 ① 적다 ② 가깝다

1등급 바탕 예제

1 다음 설명이 맞으면 ○표, 틀리면 ×표 하시오.

(1) 천하도는 가상의 대륙이 포함되어 있다. ( )

(2) 천하도는 조선 전기 국가 주도로 제작되었다. ( )

(3) 혼일강리역대국도지도와 천하도 모두 중화사상이 반영된 지도이다. ( )

(4) 혼일강리역대국도지도를 통해 세계 인식의 범위가 아메리카까지 확대되었음을 알 수 있다. ( )

2 필수 자료 (가), (나)에 대한 설명으로 옳은 것만을 〈보기〉에서 있는 대로 고르시오.

• 보기 •
ㄱ. (가)는 조선 전기, (나)는 조선 중기 이후 제작되었다.
ㄴ. (가), (나) 모두 중화사상이 반영되었다.
ㄷ. A는 중국, B는 조선이다.
ㄹ. ⓐ는 필리핀, ⓑ는 중국, ⓒ는 아라비아반도, ⓓ는 인도, ⓔ는 유럽이다.

서술형

3 다음 지도의 특징을 두 가지만 서술하시오.

_____

04 대동여지도의 특징 발전도 ●●●●

출제 포인트

• 지도는 대동여지도의 일부 지역을 표현한 지도이다.
• 대동여지도를 읽고 해석하는 문항이 지주 출제되기 때문에 대동여지도의 특징과 지도표에 제시된 요소들을 알아둬야 한다.

필수 자료

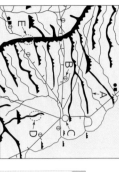

➡ 대동여지도에서 쌍선은 항해가 가능한 하천이고 단선(A)은 항해가 불가능한 하천이다. 또는 역삼각형 모양의 검은색 기호는 역참이다. C는 관아가 있는 읍치로 지도 내 지역의 행정 중심지이다. D와 E는 든 산줄기를 표현한 것으로, 선의 굵기에 따라 대략적인 산의 규모를 알 수 있으나 산의 정확한 높이를 알 수는 없다.

자료 해석

대동여지도는 조선 후기 김정호에 의해 제작되었다. 도로에는 10리마다 방점을 찍어 대략적인 거리를 계산할 수 있다. ❶으로 제작되어 대량 생산이 가능하였고, 분첩 절첩식으로 휴대와 열람이 편리했다. 항해가 불가능한 하천은 단선으로 표현하였고, 산줄기는 굵은 선으로 연결하여 표현해 전통적인 산줄기 인식 체계가 나타난다. 또한 지도표를 활용하여 각종 지리 정보를 좁은 지면에 효과적으로 표현하였다.

답 | ❶ 목판본 ❷ 쌍선

1 다음 설명이 맞으면 ○표, 틀리면 ×표 하시오.

(1) 춘천은 노년층 인구 비중이 늘게 나타난다. ( )

(2) 춘천은 도시보다 상위 계층의 중심지이다. ( )

(3) 춘천은 도시보다 토지를 집약적으로 이용한다. ( )

(4) 춘천 인구가 감소하는 원인은 이촌 향도 현상 때문이다. ( )

2 필수 자료에 대한 설명으로 옳은 것을 〈보기〉에서 있는 대로 고르시오.

보기

ㄱ. 1970년 대비 2015년 인구는 세 배 이상 감소하였다.

ㄴ. 1990년 대비 2015년 청·장년층 인구 비중이 증가하였다.

ㄷ. 춘천 인구의 감소는 이촌 향도 현상이 원인이다.

ㄹ. 춘천의 인구 변화로 폐가와 휴경지가 증가할 것이다.

3 서술형

그래프는 구례군의 인구와 가구 수 변화, 연령층별 인구 비율 변화를 나타낸 것이다. 이와 같이 변화된 원인을 서술하시오.

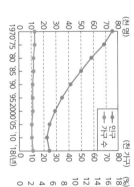

▲ 구례군의 인구와 가구 수 변화

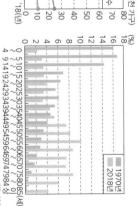

▲ 구례군의 연령층별 인구 비율 변화

18 촌락의 변화

빈출도 ● ● ●

출제 포인트

• 자료는 촌락 지역의 인구 및 연령별 인구 변화를 나타낸 그래프이다.
• 촌락 지역의 인구와 연령별 인구 변화를 그래프로 분석하고 이와 같이 나타난 원인을 묻는 문항이 종종 출제된다. 따라서 촌락 지역의 인구 변화의 특징과 원인을 정리해 두어야 한다.

필수 자료

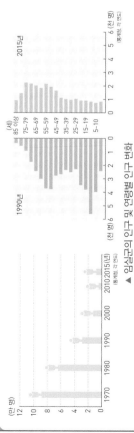

▲ 임실군의 인구 및 연령별 인구 변화

임실군의 인구는 1970년 약 11만 명에서 2015년 3만 명으로 감소하였다. 또한 1970년대 이후 진행된 산업화로 도시화로 이촌 향도 현상이 발생하면서 유소년층과 청년층의 인구가 감소하고 노년층의 인구가 증가하였다.

자료 해석

촌락은 도시로 많은 인구가 빠져나가, 인구가 감소하면서 큰 변화를 겪고 있다. 1970년대 이후 촌락은 급속한 산업화·도시화로 청장년층 인구가 유출되면서 노년층 인구의 비율이 ①_____ 졌다. 이로 인하여 노동력 부족, 학교 및 의료 기관과 같은 주요 시설이 감소하여 촌락의 정주 기반이 약화되고 있다. 이는 다시 폐가와 휴경지의 증가, 영농의 기계화로 이어졌으며, 노년층 인구가 많고 ②_____층 인구가 적은 인구 구조가 나타나게 된다.

답 ① 높아 ② 유소년

1등급 바탕 예제

1 다음 설명이 맞으면 ○표, 틀리면 ×표 하시오.

(1) 대동여지도는 분첩 절첩식으로 제작되었다. ( )

(2) 대동여지도의 도로를 통해 대략적인 거리 계산이 가능하다. ( )

(3) 대동여지도는 혼일강리역대국도지도보다 제작 시기가 이르다. ( )

(4) 대동여지도의 산줄기를 통해 대략적인 산의 규모를 알 수 있다. ( )

2 필수 자료에 대한 설명으로 옳은 것만을 〈보기〉에서 있는 대로 고르시오.

〈보기〉
ㄱ. A는 항해가 불가능한 하천이다.
ㄴ. B는 불과 연기로 위급함을 알리는 통신 수단이다.
ㄷ. C는 관아가 있는 행정의 중심지이다.
ㄹ. D, E는 산줄기를 나타낸 것이다.
ㅁ. 산줄기의 굵기를 통해 대략적인 정확한 고도를 알 수 있다.

서술형

3 지도를 보고 물음에 답하시오.

(1) 위 지도의 제작 시기와 제작자를 쓰시오.

(2) 위 지도의 특징을 세 가지만 서술하시오.

출제 포인트

- 자료는 관찬 지리지와 사찬 지리지의 특징을 표로 나타낸 것이다.
- 관찬 지리지와 사찬 지리지의 특징을 비교하는 문항이 자주 출제되기 때문에 관찬 지리지와 사찬 지리지의 특징을 잘 알아 두어야 한다.
- 「택리지」의 가거지 조건은 문제 문항이 자주 출제되므로, 지리, 생리, 인심, 산수의 의미를 정리해 두어야 한다.

필수 자료

구분	관찬 지리지	사찬 지리지
특징	• 조선 전기 중앙 정부 주도로 제작 • 국토의 효율적인 통치를 목적으로 제작 • 각 지역의 연혁, 토지, 호구, 성씨, 인물, 풍속, 문화 유적 등 각 군현별 백과사전식으로 서술함	• 조선 후기 실학자들에 의해 제작 • 국토에 대한 개인의 관심 • 실학의 영향으로 특정 주제를 종합적이고 체계적으로 고찰하여 설명하는 로 서술함.
예	「세종실록지리지」, 「신증동국여지승람」 등	이중환의 「택리지」, 신경준의 「도로고」 등

자료 해석

「택리지」는 살기 좋은 곳의 입지 조건인 우리나라 각 지역의 특성을 체계적으로 설명한 지리지이다. 사민총론, 팔도총론, 복거총론, 총론으로 구성되어 있으며, 복거총론에서 가거지의 조건을 설명하고 있다.

가거지의 조건

지리(地理)	풍수지리 사상의 명당에 해당하는 곳
생리(生利)	땅의 비옥도와 물자 교류의 편리성이 있어 ① 　　 으로 유리한 곳
②	당쟁이 없으며 이웃의 인심이 온순하고 순박한 곳
산수(山水)	산과 물이 조화를 이루며 경치가 좋아 풍류를 즐길 수 있는 곳

답 | ① 경제적 ② 인심(人心)

---

1 자연재해의 특징을 바르게 연결하시오.

(1) 호우 ·　　· ㉠ 저체온증, 동상 유발, 수도관 동파

(2) 대설 ·　　· ㉡ 전력 소비량 급증, 열사병 발생 위험

(3) 폭염 ·　　· ㉢ 비닐하우스 및 축사 붕괴, 교통 장애 유발

(4) 한파 ·　　· ㉣ 하천 범람, 산림 관리와 너무적 댐 건설 필요

2 필수 자료의 A~C에 대한 설명으로 옳은 것을 〈보기〉에서 있는 대로 고르시오.

보기
ㄱ. A는 시·도별 피해액에서 차지하는 비중이 가장 높다.
ㄴ. B는 중부 지방과 하천 주변에서 피해가 크게 나타난다.
ㄷ. C는 강한 바람과 많은 비를 동반하며 남부 지방에 피해 크기 큰다.
ㄹ. 영동 지방에서 A로 인한 피해는 북서풍이 유입될 때 발생한다.

3 [서술형] 그래프는 세 자연재해의 월별 피해 발생률을 나타낸 것이다. 다음 물음에 답하시오.

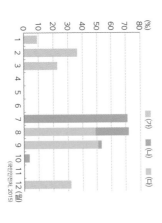

(국민안전처, 2015)

(1) (가)~(다) 자연재해의 명칭을 쓰시오.

(2) (나) 자연재해에 대한 대책을 서술하시오.

1 지리지의 특징을 바르게 연결하시오.

(1) 관찬 지리지 •

(2) 사찬 지리지 •

• ㉠ 백과사전식으로 서술하였다.

• ㉡ 특정 주제를 설명식으로 기술하였다.

• ㉢ 조선 후기 실학자들에 의해 제작되었다.

• ㉣ 조선 전기 중앙 정부 주도로 제작되었다.

2 『택리지』에 대한 설명으로 옳은 것만을 〈보기〉에서 있는 대로 고르시오.

• 보기 •

ㄱ. 가거지의 네 가지 조건을 제시하였다.

ㄴ. 조선 전기 중앙 정부 주도로 제작되었다.

ㄷ. 국토를 실용적으로 인식하는 관점이 나타나 있다.

ㄹ. 생리는 풍수지리의 명당에 해당하는 곳을 의미한다.

3 서술형

다음은 지리지의 내용을 나타낸 것이다. 물음에 답하시오.

(가)

원주목(原州牧)

[건치 연혁] 본래 고구려의 평원군이 다...

[진관] 도호부가 1 춘천, 군이 3 정선·영월·평창...

[형승] 동쪽에는 치악산이 서리어 있고, 서쪽에는 섬강이 달린다...

(나)

영월의 서쪽에 있는 원주는 감사가 다스리던 곳인데, 서쪽으로 250리 거리에 한양이 있다. 동쪽은 고개와 산기슭으로 이루어졌고, ...(중략)... 산골짜기 사이에 고원 분지가 열려서 밝고 깨끗하여 그리 험준하지는 않다. 두메에 가깝기 때문에 난리가 나도 피하기 쉽다.

(1) (가), (나) 지리지의 제작 시기와 주제를 각자 쓰시오.

(2) (가), (나) 지리지의 서술 방식을 쓰시오.

---

17 자연재해

빈출도 ● ● ●

출제 포인트

• 자료는 자연재해의 원인별·월별 피해 발생률과 시·도별 피해액을 나타낸 그래프이다.

• 월별 혹은 계절별 피해액, 시·도별 피해액을 보고 해당 자연재해의 특징을 묻는 문항이 자주 출제되므로 자연재해의 발생 시기와 특징을 잘 정리해 두어야 한다.

필수 자료

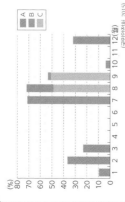

(%) 80 70 60 50 40 30 20 10 0

1 2 3 4 5 6 7 8 9 10 11 12(월)

(국민안전처, 2015)

A B C

↑ A는 시베리아 기단의 영향을 받는 12월, 1월, 2월에 피해 발생률이 높으므로 대설이다. B는 여름에 피해 발생률이 높은 것으로 보아 호우이다. C는 늦여름~초가을에 피해 발생률이 높으므로 태풍이다. 보통 호우가 끝나고 가을 지면에 태풍 피해가 크다.

(억 원) 700 600 500 400 300 200 100 0

경기 강원 충북 충남 전북 전남 경북 경남 제주

태풍 호우 대설 지진

*2009~2018년의 누적 피해액이며, 2018년도 환산가격 기준임. (재해연보)

→ 자연재해로 도별 피해액은 건물, 경기, 경남이 높게 나타나고 있으며, 남부 지방에 위치한 전남과 경남은 태풍의 피해액이 높게 나타나는 반면, 경기 지방에서 지진은 경기도 피해액이 높다. 눈이 많이 내리는 강원도 대설 피해액이 상대적으로 가장 높다.

자료 해석

자연재해별 특징과 대책

구분	정의	특징 및 영향	대책
폭염	매우 심한 더위	열사병 발생 위험 증가, 전력 소비량 급증	야외 행사 자제, 물 많이 마시기
한파	기온이 급격히 내려가는 현상	저체온증 및 동상 위험 증가, 수도관 동파 위험 증가	외출 자제, 계량기 및 수도관 등에 보온 조치
①	하천이 범람하여 그 주변 지역에 피해를 주는 현상	지표 상태, 배수 관리 체계에 따라 피해 정도가 달라짐.	삼림 관리, 다목적 댐, 보, 저수지 건설 등
②	짧은 시간에 많은 눈이 내리는 현상	비닐하우스, 축사 등이 붕괴, 도로 교통 장애 유발	신속한 제설 작업, 지가용 이용 자치 등

답 ① 홍수 ② 대설

06 한반도의 지체 구조

빈출도 ●●●●

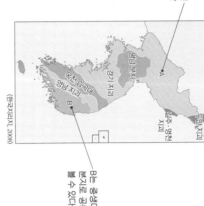

출제 포인트
• 지도는 한반도의 지체 구조를 나타낸 지도이다.
• 시기별 한반도의 지체 구조의 특징에 관한 문항이 자주 출제되고 있으므로, 시기별 지체 구조와 지체 구조의 특징 등을 잘 정리해 두어야 한다.

필수 자료

A는 시·원생대에 형성된 땅으로 개마 지괴로 이루어 분포한다.

(한국지리지, 2008)

B는 중생대에 형성된 경상 분지로 공룡 발자국 화석을 볼 수 있다.

지료 해석

시·원생대의 평북·개마 지괴, 경기 지괴, 영남 지괴는 안정된 지각으로 한반도의 바탕을 이루고 있으며, 이들 지역에는 변성암이 주로 분포한다. 고생대에 형성된 평남 분지와 옥천 습곡대에는 조선 누층군과 평안 누층군으로 구성되어 있다. 조선 누층군은 고생대 초기 바다에서 퇴적된 해성층으로 ❶ 이 주로 매장되어 있고, 평안 누층군은 습지대 식물 등이 퇴적된 육성층으로 무연탄이 매장되어 있다. 경상 분지는 중생대 호수성암 중심으로 ❷ 이 퇴적된 육성층으로 이 지역에는 공룡이 매장되어 있다. 신생대 제3기에 형성되었으며, 이 지역에는 갈탄이 매장되어 있다.

답 | ❶ 석회암 ❷ 공룡

1등급 바탕 예제

1 계절과 특징을 바르게 연결하시오.

(1) 봄 •　　　　• ㉠ 소나기
(2) 여름 •　　　• ㉡ 꽃샘추위
(3) 겨울 •　　　• ㉢ 삼한 사온
　　　　　　　　• ㉣ 잦은 날씨 변화

2 필수 자료 (가), (나)에 대한 설명으로 옳은 것을 〈보기〉에서 있는 대로 고르시오.

• 보기 •
ㄱ. (가) 시기에는 산과 현상이 나타난다.
ㄴ. (나) 시기에는 시베리아 기단의 영향을 주로 받는다.
ㄷ. (가) 시기는 (나) 시기보다 바람의 세기가 강하다.
ㄹ. (나) 시기는 (가) 시기보다 평균 기온이 낮고 북서풍이 분다.

3 서술형

지도는 어느 계절의 바람장미를 나타낸 것이다. 해당하는 계절 쓰고 특징을 서술하시오. (기압 배치, 기단 등을 포함하여 서술할 것)

1등급 바탕 예제

1 다음 설명이 맞으면 ○표, 틀리면 ×표 하시오.

(1) 정상 분지에서는 석회암이 주로 발견된다. ( )

(2) 평북·개마 지괴, 경기 지괴, 영남 지괴는 시·원생대에 형성되었다. ( )

(3) 중생대 육성층의 퇴적으로 평남 분지와 옥천 습곡대가 형성되었다. ( )

(4) 길주·명천 지괴, 두만 지괴는 신생대 제3기에 형성되었으며, 이 지역에는 갈탄이 매장되어 있다. ( )

2 필수 자료에 대한 설명으로 옳은 것만을 〈보기〉에서 있는 대로 고르시오.

〈보기〉

ㄱ. A에는 석회암이 무연탄이 주로 분포한다.

ㄴ. B에서는 공룡 발자국 화석이 발견된다.

ㄷ. 옥천 습곡대는 고생대 퇴적된 퇴적층으로 형성되었다.

ㄹ. 두만 지괴, 길주·명천 지괴에서는 갈탄 매장량 비중이 높다.

3 지도는 한반도 지체 구조를 나타낸 것이다. 다음 물음에 답하시오.

서술형

(1) A, B 지체 구조의 명칭을 쓰시오.

(2) B 지체 구조의 특징을 형성 시기와 발견되는 화석을 포함하여 서술하시오.

---

16 계절별 기후의 특징

빈출도 ● ● ●

출제 포인트

• 자료 (가)는 여름의 일기도, (나)는 겨울의 일기도이다.

• 여름과 겨울의 기압 배치 형태와 계절별로 영향을 미치는 기단을 묻는 문항이 자주 출제된다. 따라서 계절별 기압 배치 형태와 기단의 특징의 특징을 잘 정리해 두어야 한다.

필수 자료

(가)

(나)

↑ 여름 북태평양 기단은 저기압이 발달하면서 남북에 고기압 북쪽에 저기압이 분포하는 경우가 많다. 이러한 분포로 남고북저형의 기압 배치라고 한다. 바람은 고기압에서 저기압으로 불기 때문에 여름에는 해양에서 대륙으로 남동 계절풍이 분다.

겨울 대륙성 기단인 시베리아 기단이 발달하면서 서쪽에 고기압, 동쪽에 저기압이 분포하는 경우가 많으며, 이러한 분포를 서고동저형의 기압 배치라고 한다. 이때 고기압이 발달한 대륙에서 저기압이 발달한 해양으로 북서 계절풍이 분다.

자료 해석

우리나라의 계절별 기후 특징

계절	기단	특징
봄	시베리아 기단, 오호츠크해 기단	시베리아 기단의 일시적인 확장으로 ❶ ___ 발생, 황사, 늦봄서리, 건조한 날씨, 잦은 날씨 변화
여름	북태평양 기단, 오호츠크해 기단	북태평양 기단과 오호츠크해 기단이 만나 장마 전선 형성, 남고북저형의 기압 배치, 폭염, 소나기 등
가을	오호츠크해 기단	기온 장마, 청명한 날씨
겨울	시베리아 기단	형의 기압 배치, 폭설, 삼한 사온 현상 ❷ ___

답 | ❶ 꽃샘 ❷ 서고동저

출제 포인트

- 지도는 지질 시대별 주요 지각 변동을 나타낸 것이다.
- 표에서 주요 지각 변동 분포를 바탕으로 제시하고 지각 변동으로 나타난 경계를 묻는 문항이 자주 출제된다. 특히 지각 변동이 활발했던 중생대에 신생대에 지각 변동으로 나타나는 현상과 특징을 잘 정리해 두어야 한다.

필수 자료

지질 시대	선캄브리아대	고생대		중생대			신생대	
		캄브리아기 ~	석탄기 - 페름기	트라이아스기	쥐라기	백악기	제3기	제4기
지질 계통	변성암 복합체	조선 누층군	경층	평안 누층군		경상 누층군		
주요 지각 변동		조륙 운동 →		송림 변동 → 대보 조산 누층군 → 대동 누층군 불국사 변동			경동성 요곡 운동 화산 활동	

자료 해석

한반도는 대체로 고생대까지 큰 지각 변동을 겪지 않았지만, 중생대에 일어난 세 번의 지각 변동과 신생대 제3기의 요곡 · 단층 운동 등이 오늘날과 같은 한반도 지형 형성에 영향을 주었다. 중생대의 초기 변동인 ❶ _____ 운동은 가장 격렬했던 지각 변동으로 한반도 중 · 남부 지방에 영향을 미쳤으며, 중국 방향의 지질 구조선 형성에 영향을 주었고, 중생대 중기에는 ❷ _____ 운동으로 지질 구조선 중 중국 방향과 함께 우리나라 지형에 많이 나타나는 중국 방향의 지질 구조선이 형성되었고, 신생대 제3기에는 ❸ _____ 운동으로 백두산, 제주도, 울릉도, 독도 등이 형성되었다.

답 | ❶ 라오둥 ❷ 대보 조산 ❸ 경동성 요곡

1등급 바탕 예제

1 밑줄 안의 내용 중 알맞은 말을 고르시오.

(1) 기온의 연교차는 남해안에서 북부 내륙 지역으로 갈수록 (커 / 작아)지고, 같은 위도에서는 내륙이 해안보다 연교차가 (크다 / 작다).

(2) 겨울철 같은 위도의 동해안이 서해안보다 기온이 (높다 / 낮다). 이는 태백 · 함경산맥이 차가운 북서 계절풍을 막아 주고, 동해의 수심이 황해보다 (깊고 / 얕고) 난류가 흐르기 때문이다.

(3) 1월의 남부 및 동서 간의 기온 차이가 8월보다 (크다 / 작다).

2 필수 자료 (가), (나)에 대한 설명으로 옳은 자료를 〈보기〉에서 있는 대로 고르시오.

• 보기 •

ㄱ. 동해안은 서해안보다 1월 평균 기온이 높다.
ㄴ. 기온의 남북 차가 차이나 차보다 크게 나타난다.
ㄷ. 남쪽에서 북쪽으로 갈수록 기온의 연교차가 작아진다.
ㄹ. 해안에서 내륙으로 갈수록 기온의 연교차가 커진다.

3 서술형

지도는 중부 지방의 1월 평균 기온 분포를 나타낸 것이다. A, B 지역 중에서 1월 평균 기온이 높은 곳을 고르고, 그 이유를 두 가지 서술하시오.

▲ 1월 평균 기온

1등급 바탕 예제

1 지각 변동과 결과를 바르게 연결하시오.

(1) 습곡 변동 •
(2) 대보 조산 운동 •
(3) 경동성 요곡 운동 •

• ㉠ 대보 화강암 형성
• ㉡ 태백산맥, 함경산맥 형성
• ㉢ 중국 방향의 지질 구조선 발달
• ㉣ 랴오둥 방향의 지질 구조선 발달

2 필수 자료에 대한 설명으로 옳은 것만을 〈보기〉에서 있는 대로 고르시오.

보기
ㄱ. 한반도는 대체로 고생대까지 큰 지각 변동을 받지 않았다.
ㄴ. 대보 조산 운동의 결과 랴오둥 방향의 구조선이 발달하였다.
ㄷ. 송림 변동의 영향으로 넓은 범위의 대보 화강암이 관입되었다.
ㄹ. 신생대 제3기 경동성 요곡 운동의 결과 동고서저의 경동성 지형이 형성되었다.

서술형
3 표는 지질 시대별 주요 지각 변동을 나타낸 것이다. 다음 물음에 답하시오.

지질 시대	선캄브리아대	고생대			중생대		신생대
지질 계통	시생대·원생대	캄브리아기	…	석탄기–페름기	트라이아스기·쥐라기·백악기		제3기 제4기
		조선누층군		평안누층군	대동누층군 경상누층군		
주요 지각 변동	변성암 복합체		조륙 운동		송림 변동 A 불국사 변동		B 화산 활동
	변성 작용						화강암 관입

(1) A, B 지각 변동의 명칭을 쓰시오.

(2) A, B 지각 변동의 영향을 각각 서술하시오.

빈출도 ●●●

15 우리나라 기후의 특징

출제 포인트
• 자료 (가)는 우리나라 1월 평균 기온, (나)는 우리나라 8월 평균 기온을 나타낸 지도이다.
• 같은 위도의 겨울철 동해안이 서해안에 비해 기온이 높은 이유와 해발 고도의 영향으로 여름철 기온이 낮게 나타나는 지역, 그리고 계절별 강수량을 묻는 문항이 자주 출제된다. 해당 주제는 가장 어렵게 출제되는 부분이므로 우리나라의 지역별 기온 분포와 강수량의 분포를 잘 정리해 두어야 한다.

필수 자료

(가)

(나)

↑ 8월에는 남북 및 동서 간 기온 차가 1월에 비해 상대적으로 크지 않다. 북부 지방 일부와 태백산맥 일대는 해발 고도가 높아 기온이 낮게 나타난다.

자료 해석
1월에는 남북 간의 기온 차이가 매우 크게 나타난다. 관북 지방과 영동 지방의 해안 지역은 해발 고도가 높은 함경산맥과 태백산맥의 영향으로 해안선에 나란하고 촘촘한 등온선이 나타난다. 8월에는 한반도 전역이 고온 다습한 ❷ 기단의 영향을 받기 때문에 남북 및 동서 간 기온 차가 1월에 비해 상대적으로 크지 않다. 북부 지방 일부와 태백산맥 일대는 해발 고도가 높아 기온이 낮게 나타난다.

답 ❶ 남북 ❷ 북태평양

출제 포인트

- 지표는 신생대 제4기에 발생한 기후 변화가 지형 형성에 미치는 영향을 그림으로 나타낸 것이다.
- 빙기와 후빙기 시기의 지리적 특성이 무엇인지 묻는 문항이 자주 출제된다. 따라서, 빙기와 후빙기 시기에 나타나는 지리적 특성을 잘 정리해 두어야 한다.

필수 자료

(가) 빙기와 현재의 해안선과 하천

→ 빙기에는 해수면이 하강으로 육상의 면적이 확대되었고, 하천의 유로도 길어졌다. 또한 우리나라 황해는 육지화되면서 한반도는 중국과 연결되어 있었다. 반면 동해는 수심이 깊어 중국도 한반도와 연결되어 있지 않았다.

(나) 기후 변화에 따른 지형 형성

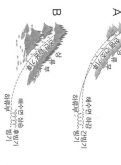

A
B

→ 빙기(A): 지금보다 한랭 건조하여 식생이 빈약하였다. 하천 상류는 토사의 공급이 많았지만 유량이 줄어 하천의 퇴적 작용이 우세했고, 하천 하류는 해면의 하강으로 하천 침식 작용이 우세하게 나타났다.
후빙기(B): 기후가 온난해져 식생이 발달하였다. 하천 상류에는 운반 물질이 양에 비해 하천의 유량이 많아 지표식 작용이 활발해지고 하천 하류에서는 운반된 물질이 퇴적이 활발하게 나타났다.

자료 해석

빙기와 후빙기의 특성 비교

구분	빙기	후빙기
기후	한랭 건조	온난 습윤
해수면	하강	①
식생 변화	식생 빈약	식생 발달
풍화 작용	②	화학적 풍화 작용 우세

답 ① 상승 ② 물리적

---

1 다음 설명이 맞으면 O표, 틀리면 X표 하시오.

(1) 카르스트 지형에서는 논농사가 활발하게 이루어진다. ( )

(2) 한탄강 주변의 협곡에서는 주상 절리 등의 화산 지형을 볼 수 있다. ( )

(3) 카르스트 지형은 석회암이 빗물이나 지하수의 용식 작용을 받아 형성된다. ( )

(4) 제주도는 절리가 발달한 현무암이 기반암을 이루어 지표수가 부족해 밭농사가 주로 이루어진다. ( )

2 필수 자료 (가), (나)에 대한 설명으로 옳은 지형을 〈보기〉에서 있는 대로 고르시오.

〈보기〉
ㄱ. (가)는 신생대 제3기 경동성 요곡 운동의 결과 형성되었다.
ㄴ. (나)는 지표수가 부족하여 주로 밭농사 주로 이루어진다.
ㄷ. (나)는 암석의 차별적인 풍화와 침식을 받아 형성된 지형이다.
ㄹ. (나)보다 기반암의 형성 시기가 이르다.

서술형

3 다음 지도에 나타난 지형의 형성 원인과 토지 이용을 서술하시오.

1 방기와 후빙기의 특징을 바르게 연결하시오.

(1) 빙기 •

(2) 후빙기 •

- • ㉠ 해수면의 상승
- • ㉡ 하천 상류의 퇴적 작용
- • ㉢ 물리적 풍화 작용 활발
- • ㉣ 화학적 풍화 작용 활발

2 필수 자료 (나)의 A, B 시기에 대한 설명으로 옳은 것만을 〈보기〉에서 있는 대로 고르시오.

•보기•
ㄱ. A 시기 물리적 풍화 작용이 활발하다.
ㄴ. A 시기 하천 상류는 퇴적 작용, 하천 하류는 침식 작용이 활발하다.
ㄷ. B 시기 해수면의 하강으로 침식 기준면이 낮아진다.
ㄹ. B 시기 하천 상류는 침식 작용, 하천 하류는 퇴적 작용이 활발하다.

3 다음은 기후 변화에 따른 지형 형성을 나타낸 것이다. 다음 물음에 답하시오.

A B

(서술형)

(1) A, B 시기를 쓰시오.

(2) A, B 시기 하천 상·하류 지역에서 나타나는 지형 형성 작용을 서술하시오.

---

14 화산 지형과 카르스트 지형

빈출도 ● ● ●

출제 포인트
- 자료에서 (가)는 한탄강 용암 대지, (나)는 충북 단양의 카르스트 지형을 나타낸 지형도이다.
- 지형도를 제시하고 화산과 카르스트 지형인지, 카르스트 지형이 파악하고 각 지역의 특징을 묻는 문항이 자주 출제된다. 따라서 화산 지형과 카르스트 지형도을 익히고 각 지역의 특징을 정리해 두어야 하고, 카르스트 지형의 형성 원인과 토지 이용을 정리해 두어야 한다.

필수 자료

(가)

(나)

↑ (가)는 철원의 용암 대지이다. 철원 평강 일대의 용암 대지는 현무암질 용암이 당시의 하곡을 메워 형성되었다. 용암 대지는 넓은 평야를 이루며, 주변의 수리 시설을 바탕으로 논농사가 이루어지고 있다. 용암 대지를 통과하는 한탄강 주변에는 현무암 협곡과 침식으로 깎아지른 주상 절리 등의 화산 지형이 발달해 있다.

(나)는 충북 단양의 카르스트 지형이다. 석회암 지대는 현무암의 용암이 당시의 하곡을 메워 형성되었다. 용암 대지는 말수으로 잘 스며들기 때문에 건천이 나타나기도 하며, 농경지는 주로 밭으로 이용된다. 지형도에 주로 ⊙로 표시된 돌리네 또한 배수가 굉장기 때문에 밭으로 이용된다.

자료 해석

철원의 용암 대지는 한탄강의 침식 작용으로 강 주변의 현무암 절리를 따라 수직 절벽이 형성되었다. 또한 넓고 평탄한 용암 대지 위에 한탄강 범람으로 충적층이 형성되어, 이 지역에서는 논농사가 활발하게 이루어지고 있다. 제주도의 한라산은 순상 화산인 신록부와 중심 화산인 산 정상부로 이루어진 복합 화산체이며, 한라산 측면에 기생 화산이 발달해 있다. 제주도는 건천이 나타나며, 이로 이루어지고 지표수가 부족해 밭농사가 주로 이루어지고 건천이 나타난다. 카르스트 지형은 석회암의 ❶ 이 용해로 절리나 빗물이나 지하수의 용식 작용을 받아 형성된 지형으로 돌리네, 석회동굴 등이 발달한다.

답 ❶ 현무암 ❷ 용식

09 고위 평탄면

빈출도 ●●●●

출제 포인트

- 자료는 고위 평탄면의 지형도이다.
- 고위 평탄면의 형성 과정과 토지 이용에 대한 문항이 자주 출제된다. 따라서 고위 평탄면의 형성 과정과 토지 이용 특성을 정리해 두어야 한다.

필수 자료

↓ 지형도를 보면 해발 고도가 높은 곳에 등고선의 간격이 넓게 형성된 지역이 있는데, 이 지역이 고위 평탄면에 해당한다. 해발 고도가 높기 때문에 여름철 서늘하여, 가뭄과 많은 눈으로 토양의 부식질까지 오랜 기간 유지된다. 이러한 기후 특성을 이용하여 여름철 냉량한 채소, 무 등을 재배하는 고랭지 농업이 이루어진다. 또한 목초 재배에 유리하여 목장으로 이용되고, 풍력을 이용하기에 적합하여 풍력 발전에 유리하다.

자료 해석

고위 평탄면은 오랜 풍화와 침식을 받아 평탄해진 지형이 이후 신생대 제3기 ① □□□□ 운동의 결과 해발 고도가 높은 곳에 나타나게 된 지형으로, 한반도가 평탄했을 일련의 당시에는 대표적인 지형이다. 해발 고도가 높아 철을 주는 서늘한 기후를 이용해 농업이 주로 이루 여진다. 그러나 고랭지 농업이 활대되면서 심한 파괴가 이루어졌으며, 이로 인해 여름철 집중 호우 시 토양과 식이 발생하고 있다.

▲ 고위 평탄면의 형성 과정

답 | ① 경동성 요곡 ② 고랭지

1등급 바탕 예제

1 해안 침식 지형과 해안 퇴적 지형을 바르게 연결하시오.

(1) 해안 침식 지형 •
                     • ㉠ 석호
                     • ㉡ 사빈

(2) 해안 퇴적 지형 •
                     • ㉢ 해식애
                     • ㉣ 해안 단구

2 필수 자료 (가), (나)에 대한 설명으로 옳은 것만을 〈보기〉에서 있는 대로 고르시오.

┌─ 보기 ┐
ㄱ. (가)의 A는 조류의 영향으로 형성되었다.
ㄴ. (가)의 B는 농업 용수로 주로 사용된다.
ㄷ. (나)의 C는 주로 주거지나 밭으로 이용되고, D는 파랑의 침식으로 형성되었다.
ㄹ. (가)는 주로 만입에서, (나)는 주로 곶에서 잘 발달한다.
└──────┘

3 A 지형의 명칭을 쓰고, 형성 과정과 토지 이용을 각각 서술하시오.

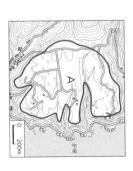

해안 침식 지형과 퇴적 지형

빈출도 ●●●

출제 포인트

• 자료는 석호, 사주 등이 나타나는 해안 퇴적 지형과 해식애, 해안 단구가 나타나는 해안 침식 지형을 나타낸 지형도이다.
• 지도에 표시된 해안 지형을 파악하고, 그 특징을 묻는 문제가 자주 출제된다. 따라서 해안 퇴적 지형과 해안 침식 지형의 지형도와 특징을 잘 정리해 두어야 한다.

필수 자료

(가) (나)

↑ (가)는 해안 퇴적 지형의 지형이 지형도이다. A는 사주, B는 석호이다. 사주(A)는 파랑과 연안류로 운반된 물질이 만 입구를 가로막으면서 형성된 좁고 긴 모래 지형이다. 석호(B)는 후빙기 해수면 상승으로 형성된 만의 전면에 사주가 발달하여 형성된 호수이다.

↑ (나)는 해안 침식 지형의 지형이 지형도이다. 등고선의 간격이 넓은 C는 해안 단구이고, D는 해식애이다. 해안 단구(C)는 과거 평탄한 파식대가 지반의 융기나 해수면 하강으로 높은 고도에 나타나는 계단상의 평탄 지형이다. 해식애(D)는 파랑의 침식으로 형성된 급경사의 절벽이다.

자료 해석

해안 침식 지형과 해안 퇴적 지형

해안 침식 지형	• 주요 ❶ : 에서 파랑의 침식 작용으로 형성됨. • 암석 해안: 해식애, 해식동, 시 아치, 시 스택, 파식대 등의 지형이 형성됨. • 해안 단구: 과거 파식대나 해안 퇴적 지형이 지반의 융기 또는 해수면 하강으로 높은 고도에 나타나는 계단 모양의 지형
해안 퇴적 지형	• 주요 ❷ : 에서 파랑, 연안류, 조류 등의 퇴적 작용으로 형성됨. • 모래 해안: 사빈, 사구, 사주, 석호, 갯벌 등의 지형이 형성됨.

답 ❶ 곶 ❷ 만

1등급 바탕 예제

1 다음 설명이 맞으면 ○표, 틀리면 ×표 하시오.

(1) 고위 평탄면에서는 목축업, 풍력 발전 등이 이루어진다. ( )
(2) 중생대 대보 조산 운동의 결과 고위 평탄면이 형성되었다. ( )
(3) 고위 평탄면은 과거 한반도가 평탄했음을 알려 주는 대표적인 지형이다. ( )
(4) 고위 평탄면에서는 여름철 서늘한 기후를 이용하여 고랭지 농업이 이루어진다. ( )

2 필수 자료의 지형에 대한 설명으로 옳은 것만을 〈보기〉에서 있는 대로 고르시오.

• 보기
ㄱ. 한반도가 융기 이전에 평탄하였다는 증거가 된다.
ㄴ. 배농사에 유리한 지형 및 기후 조건을 갖추고 있다.
ㄷ. 신생대 제3기 경동성 요곡 운동의 결과 형성되었다.
ㄹ. 적설 기간이 길어 봄철에도 토양에 수분이 안정적으로 공급된다.

서술형

3 다음 지형에서 주로 이루어지는 토지 이용 세 가지를 서술하시오.

출제 포인트

- 자료 (가)는 감입 곡류 하천, (나)는 자유 곡류 하천의 지형들이다.
- 지형도를 보고 감입 곡류 하천과 자유 곡류 하천을 구분하고, 하천 주변의 토지 이용, 주변 지형이 자주 출제된다. 따라서 감입 곡류 하천과 자유 곡류 하천 주변에 발달하는 지형의 특징과 토지 이용을 잘 정리해 두어야 한다.

필수 자료

(가)

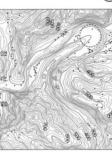

→ 감입 곡류 하천: 대하천 중 상류의 산지 지역에서 발달하며, 산지 사이를 곡류하는 하천으로 하천 주변의 경관이 아름답다며 관광 지역, 래프팅 활동 장소 등으로 이용된다. 주변에는 하안 단구(가)가 발달한다.

(나)

→ 자유 곡류 하천: 평야 지역을 곡류하는 하천으로 측방 침식이 우세하여 유로 변경이 잘 일어난다. 대하천 중 하류의 범람원 일대를 흐르는 자유 하천에서 잘 발달하고 하천의 유로 변경 과정에서 우각호, 구하도 등이 형성된다. 최근에는 직강 공사를 실시한 곳이 많아 자유 곡류 하천이 많이 사라졌다.

자료 해석

감입 곡류 하천 주변에는 주거지나 농경지로 이용되는 ① 가 발달되어 있다. 하안 단구는 대부분 산지에 지어 있다. 하안 단구는 대부분 신생대 지반의 변동으로 하천 침식이 활발해지면서 형성되었다. 하안 단구는 하상보다 해발 고도가 높다. 하안 단구는 하상보다 해발 고도가 낮다. 단구면의 퇴적층에는 하천의 영향으로 형성된 이나 모래가 분포한다.

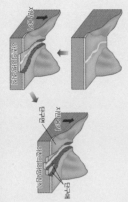

답 ❶ 하안 단구 ❷ 둥근 자갈

1등급 바탕 예제

1 지형과 특징을 바르게 연결하시오.

(1) 선상지 •   • ㉠ 선정, 선앙, 선단으로 구성
(2) 범람원 •   • ㉡ 자연 제방과 배후 습지로 구성
(3) 삼각주 •   • ㉢ 퇴적물의 평균 입자가 가장 작음
                  • ㉣ 하천 중·상류 지역에서 주로 형성됨

2 필수 자료 (가)~(다)에 대한 설명으로 옳은 것만을 〈보기〉에서 있는 대로 고르시오.

보기
ㄱ. (가)는 퇴적물의 평균 입자 크기가 가장 작게 나타난다.
ㄴ. (나)는 자연 제방과 배후 습지로 구성되어 있다.
ㄷ. (다)는 유속가 줄고 경사가 급한 지역에서 모래으로 퇴적된다.
ㄹ. (가), (나), (다) 순으로 하천 상류에서 하류 지역으로 발달한다.

3 서술형
다음 A, B 지형의 명칭을 쓰고, 토지 이용을 각각 서술하시오.

1등급 바탕 예제

1 감입 곡류 하천과 자유 곡류 하천의 특징을 바르게 연결하시오.

(1) 감입 곡류 하천 •
- • ㉠ 하안 단구 발달
- • ㉡ 측방 침식 우세

(2) 자유 곡류 하천 •
- • ㉢ 대하천 중·상류 지역에 발달
- • ㉣ 하방 침식 우세
- • ㉤ 직강 공사로 인해 많이 사라짐.

2 필수 자료 (가), (나)에 대한 설명으로 옳은 것만을 〈보기〉에서 있는 대로 고르시오.

• 보기 •
ㄱ. (가)의 A에서는 등고선 간격과 모래가 발전된다.
ㄴ. (가)의 A의 형성은 직강 공사로 인해 관련이 있다.
ㄷ. (나)는 최근 직강 공사로 형성되어 있다.
ㄹ. (나)는 측방 침식보다 하방 침식이 우세하여 형성되어 있다.

서술형

3 다음 물음에 답하시오.

(1) A 지형의 명칭을 쓰시오.

(2) A 지형의 형성 과정과 토지 이용을 서술하시오.

---

12 충적 지형(선상지, 범람원, 삼각주) 빈출도 ● ● ●

출제 포인트

- 자료는 충적 지형인 선상지, 범람원, 삼각주의 지형도이다.
- 지형도를 보고 선상지와 범람원, 삼각주를 구분할 수 있어야 하고, 각각의 지형이 하천의 상·중·하류 중 어디에서 발달하는지 구분할 수 있어야 한다.
- 충적 지형 중 범람원은 자연 제방과 배후 습지로 구성되어 있는데, 이 둘을 비교하는 내용이 문항 출제 빈도가 높다. 따라서 자연 제방과 배후 습지의 특징과 토지 이용을 잘 정리해 두어야 한다.

필수 자료

(가)

↑ 선상지: 하천 중·상류 지역에서 형성되며, 산지와 평지가 만나는 곡구에서 형성되는 부채 모양의 퇴적 지형이다. 주로 밭, 과수원, 주거지로 구성된다.

(나)

↑ 범람원: 하천 중·하류 지역에서 하천이 범람하면서 하천에 의해 운반된 물질이 퇴적되어 형성된 지형으로 자연 제방과 배후 습지로 구성된다.

(다)

↑ 삼각주: 하천이 바다와 만나는 하구 일대에 하천에 의해 운반된 물질이 퇴적되어 형성된 지형이다. 하천 운반 물질의 양이 조류에 의해 제거되는 물질의 양보다 많은 지역에서 잘 형성된다.

자료 해석

범람원의 구성과 특징

구분	자연 제방	배후 습지
해발 고도	🅐	낮음.
퇴적 물질	모래질 토양	점토질 토양
배수	양호	불량
토지 이용	밭, 과수원, 주거지	🅑

11 침식 분지

발문도 ●●●

출제 포인트

- 자료는 암구군 해안면의 지형도와 침식 분지 형성 과정을 나타낸 것이다.
- 침식 분지의 형성 원인과 토지 이용, 산지의 분지 내외 암석 분포를 묻는 문제가 자주 출제된다. 따라서 침식 분지의 형성 과정을 잘 이해하고 있어야 한다.

필수 자료

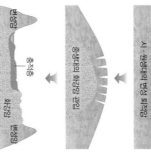

→ 위의 하천이 합류하는 곳에 위치한 해안면 분지의 기반암은 중생대에 관입한 화강암이고, 주변 산지의 기반암은 주로 변성암이다. 화강암은 변성암보다 풍화와 침식에 약해 침식 분지가 형성되었다. 북한강과 남한강이 합류하는 춘천도 대표적인 침식 분지에 해당한다.

자료 해석

침식 분지는 산지로 둘러싸인 평지로 암석이 ❶_____ 작용을 받아 형성된다. 주로 변성암이나 퇴적암이 화강암을 둘러싸고 있는 지역에서 하천의 합류 지점에 서 발달한다. 분지는 주변 산지로 둘러싸여 있어 하층의 기온이 상층보다 낮게 나타나는 ❷_____ 현상이 나타나기도 하며, 이로 인해 안개도 많이 발생한다.

답 ❶ 차별 ❷ 기온 역전

---

1 다음 설명이 맞으면 O표, 틀리면 X표 하시오.

(1) 침식 분지는 두 개 이상의 하천이 합류하는 지점에서 발달한다. ( )

(2) 침식 분지 내부는 변성암, 분지를 둘러싼 산지는 화강암으로 이루어져 있다. ( )

(3) 침식 분지 내부에서는 기온 역전 현상이 잘 나타나고 안개가 자주 발생한다. ( )

(4) 지반의 융기나 해수면의 하강으로 형성되어 듯근 지형과 모래가 섞게 발견된다. ( )

2 필수 자료의 지형에 대한 설명으로 옳은 것만 〈보기〉에서 있는 대로 고르시오.

● 보기
ㄱ. 암석의 차별 침식 작용으로 형성되어 있다.
ㄴ. 두 개 이상의 하천이 합류하는 지점에서 형성된다.
ㄷ. 서늘한 기후를 이용한 고랭지 농업과 풍력 발전이 이루어진다.
ㄹ. 분지 내부에서 기온 역전 현상이 발생하여 농작물의 냉해 피해가 나타난다.

3 서술형 다음 지형이 발달하는 조건을 서술하시오.

시험적중

내신전략

고등 한국지리

BOOK 1

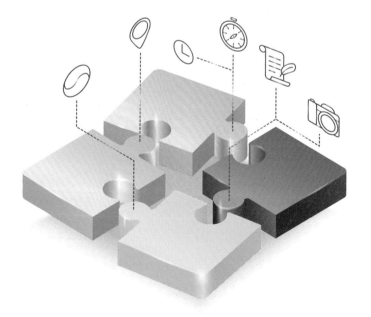

이 책의
구성과 활용

이 책은 3권으로 이루어져 있는데 본책인 BOOK 1·2의 구성은 아래와 같아.

주 도입

본격적인 본문 학습에 앞서, 재미있는 학습 만화를
살펴보며 이번 주에 공부할 내용을 확인할 수 있도
록 하였습니다.

1일 개념 돌파 전략

내신을 대비하기 위해 반드시 알아야 할 기본 개념을
익힌 뒤, 확인 문제를 풀며 개념을 확실히 이해했는지
확인할 수 있도록 하였습니다.

2일 3일 필수 체크 전략

실제 내신 시험에 자주 출제되는 유형의 필수 예제와
유제를 풀어 보면서 문제 풀이 과정과 해결 전략을
이해할 수 있도록 하였습니다.

4일 교과서 대표 전략

교과서에서 다루고 있는 주제를 대표 예제로 엄선하여
수록하였으며, 많은 문제를 풀어 봄으로써 문제에 대한
적응력을 높일 수 있도록 하였습니다.

주 마무리와 권 마무리의 특별 코너들로 한국지리 실력이 더 탄탄해 질 거야!

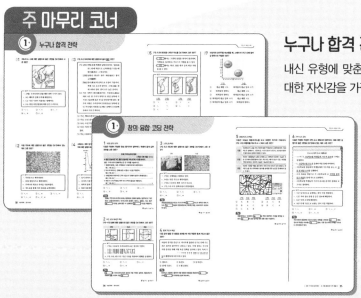

주 마무리 코너

누구나 합격 전략

내신 유형에 맞춘 기본 연습 문제를 풀어 보면서 학습에
대한 자신감을 가질 수 있도록 하였습니다.

창의·융합·코딩 전략

융합적 사고력과 창의력을 키우는 문제를
풀어 보면서 다양한 문제에 대한 적응력을
높일 수 있도록 하였습니다.

권 마무리 코너

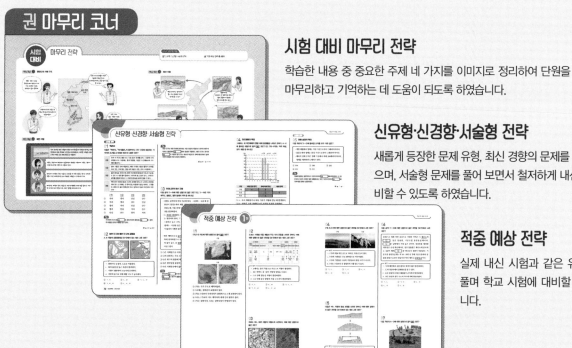

시험 대비 마무리 전략

학습한 내용 중 중요한 주제 네 가지를 이미지로 정리하여 단원을
마무리하고 기억하는 데 도움이 되도록 하였습니다.

신유형·신경향·서술형 전략

새롭게 등장한 문제 유형, 최신 경향의 문제를 다루었
으며, 서술형 문제를 풀어 보면서 철저하게 내신을 대
비할 수 있도록 하였습니다.

적중 예상 전략

실제 내신 시험과 같은 유형의 모의고사를
풀며 학교 시험에 대비할 수 있도록 하였습
니다.

이 책의 차례

I. 국토 인식과 지리 정보 ~
Ⅱ. 지형 환경과 인간 생활 ①

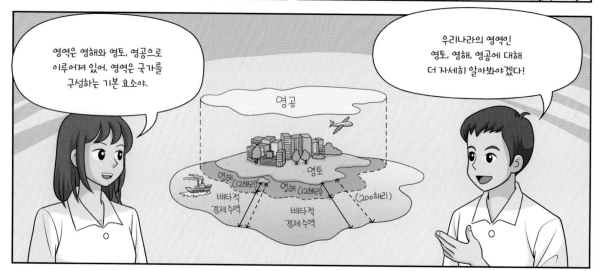

1주 1일 개념 돌파 전략 ①

개념 ❶ | 우리나라의 위치와 영역

(1) 우리나라의 위치

① **수리적 위치**: 위도와 경도로 표현되는 위치

• 위도: 중위도에 위치하여 사 **❶**〔   〕이 뚜렷한 냉·온대 기후

• 경도: 표준 경선은 동경 135°로 본초 자오선(영국 표준시)보다 9시간 빠름.

② **지리적 위치**: 대륙, 해양, 산천 등 지형지물로 표현되는 위치

③ **관계적 위치**: 주변 국가와의 정치적·경제적 관계에 따라 결정되는 위치

(2) 우리나라의 영역

① **영역**: 한 국가의 주권이 미치는 공간적 범위로, 영토, 영해, 영공으로 구성됨.

② **영토**: 한반도와 그 부속 도서로 구성됨.

③ **영해**: 일반적으로 기선에서부터 12해리까지의 수역을 말하며, 통상 기선과 **❷**〔   〕
기선을 적용하여 영해 설정

④ **영공**: 영토와 영해의 수직 상공

답 ❶ 계절 ❷ 직선

개념 ❷ | 한반도의 지체 구조와 지각 변동

(1) 한반도의 지체 구조

① **시·원생대**: 평북·개마 지괴, 경기 지괴, 영남 지괴 ➡ 형성 시기가 오래됨, 변성암 분포

② **고생대**: 평남 분지, 옥천 습곡대 형성, 조선 누층군에는 석회암이, 평안 누층군에는 무연탄이 주로 분포함.

③ **중생대**: 경상 분지, 육성층인 경상 누층군, **❶**〔   〕 발자국 화석 발견

④ **신생대**: 두만 지괴, 길주·명천 지괴, 동해안 일부 지역, 갈탄 매장

(2) 한반도의 지각 변동

① **중생대**

• 송림 변동: 한반도 북부 지방을 중심으로 영향을 주었으며, 랴오둥 방향의 지질 구조선 형성

• 대보 조산 운동: 한반도 중·남부 지방을 중심으로 영향을 주었으며, 중국 방향의 지질 구조선 형성, 대규모 마그마 관입

• 불국사 변동: 경상 분지를 중심으로 불국사 화강암 관입

② **신생대**

• 경동성 요곡 운동: 동해안을 중심으로 지각이 융기하여 비대칭인 **❷**〔   〕 지형 형성 ➡ 함경·낭림·태백산맥

• 화산 활동: 백두산, 제주도, 울릉도, 독도, 철원·평강 등지에 화산 지형 형성

답 ❶ 공룡 ❷ 경동

01

다음은 국기의 영역을 표현한 모식도이다. (가)~(다)에 들어갈 알맞은 말을 쓰시오.

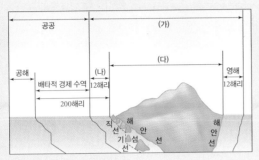

풀이 영토는 ❶ [ ]와 그 부속 도서로, 영해와 영공 설정의 기준이 된다. 연안국의 ❷ [ ]이 미치는 해양의 범위를 영해라고 한다.

❶ 한반도 ❷ 주권 **답** (가) - 영공, (나) - 영해, (다) - 영토

01-1

빈칸에 들어갈 말로 적절한 것은?

연안국의 주권이 미치는 해양의 범위를 [ ] 라고 하며, 영해의 폭을 설정하기 위한 기선으로부터 육지 쪽의 수역을 내수라고 한다.

① 영해   ② 영토
③ 영공   ④ 경제 수역
⑤ 배타적 경제 수역

02

지도는 한반도 지체 구조를 나타낸 것이다. (가)~(다)에 알맞은 말을 쓰시오.

(한국지리지, 2008)

풀이 시·원생대에 형성된 평북·개마 지괴, 경기 지괴, 영남 지괴에는 ❶ [ ]이 분포하며, 경상 분지는 ❷ [ ]대에 형성되었다.

❶ 변성암 ❷ 중생 **답** (가) - 평북·개마, (나) - 영남, (다) - 경상

02-1

빈칸에 들어갈 말로 적절한 것을 쓰시오.

[ ]는 중생대에 형성된 지체 구조로, 두꺼운 퇴적층이 형성되어 있고, 공룡 발자국과 뼈 화석이 발견된다.

개념 돌파 전략 ①

개념 ❶ | 산지 지형

(1) 우리나라 산지의 특징 동고서저의 [❶   ] 지형, 주로 저산성 산지, 고위 평탄면 분포

(2) 산지의 형성

① 1차 산맥: 신생대 제3기 경동성 요곡 운동으로 형성 **예** 함경산맥, 태백산맥

② 2차 산맥: 지질 구조선을 따라 차별적인 풍화와 침식을 받아 형성 **예** 차령산맥, 노령산맥

(3) 흙산과 돌산

① 흙산: [❷   ]이 오랜 기간에 걸쳐 풍화와 침식을 받음 **예** 지리산, 덕유산

② 돌산: 중생대에 관입한 화강암이 오랫동안 침식 작용을 받음 **예** 북한산, 설악산, 도봉산

탭 ❶ 경동 **❷** 편마암

개념 ❷ | 하천 지형

(1) 하천 중·상류에 발달하는 지형

① 감입 곡류 하천: 경동성 요곡 운동으로 지반 융기 ➡ 하방 침식 강화로 형성

② 하안 단구: 하천 주변에 분포하는 계단 모양의 지형, 둥근 [❶   ]이 발견됨.

③ 침식 분지: 암석이 차별적인 풍화와 침식을 받아 형성 ➡ 산지(변성암), 분지 바닥(화강암)

④ 선상지: 산지와 평지가 만나는 골짜기 입구에 형성 ➡ 선정, 선앙, 선단으로 구성

(2) 하천 중·하류에 발달하는 지형

① 자유 곡류 하천: 평야 위를 곡류하는 하천으로, 범람원, 우각호, 구하도, 하중도 등 발달

② 범람원: 자연 제방(모래질 토양, 밭)과 배후 습지([❷   ]질 토양, 논)로 구성

③ 삼각주: 조류로 사라지는 토사보다 하천이 공급하는 토사가 많은 곳에 형성

탭 ❶ 자갈 **❷** 점토

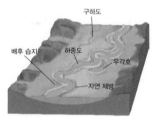
개념 ❸ | 해안 지형

(1) 해안 침식 지형

① 해식애: 파랑의 침식으로 형성된 급경사의 절벽

② 시 스택: 파랑의 침식으로 형성된 돌기둥

③ 해안 단구: [❶   ] 또는 해안 퇴적 지형이 지반의 융기 또는 해수면 하강에 의해 형성된 계단 모양의 지형

(2) 해안 퇴적 지형

① 사빈: 파랑과 연안류가 [❷   ]를 운반해 쌓은 지형

② 사구: 사빈의 모래가 바람에 날려 사빈의 배후에 퇴적되어 형성

③ 사주: 사빈의 모래가 연안류를 따라 이동하여 길게 퇴적되어 형성

④ 석호: 후빙기 해수면 상승으로 형성된 만의 입구를 사주가 가로막아 형성

탭 ❶ 파식대 **❷** 모래

01

다음 설명에 해당하는 지형을 무엇이라 하는지 쓰시오.

> 평지보다 해발 고도가 높기 때문에 기온이 낮고 습도가 높다. 이러한
> 자연환경은 배추, 무와 같은 채소나 목초를 재배하는 데 유리하다.

풀이 해발 고도가 높은 곳에 나타나는 비교적 기복이 작고 경사가 ❶[   ]한
❷[   ] 지형이다.

❶ 완만 ❷ 고원 **답** 고위 평탄면

02

다음 (가)~(다)에 나타나는 하천 충적 지형을 쓰시오.

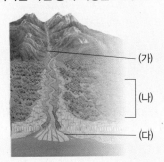

풀이 하천의 상류, 중류 ❶[   ]에 발달하는 지형이다. 부채꼴 모양의 ❷[   ]는
경사 급변점이 적은 우리나라에서 많이 발달하지 않는다.

❶ 하류 ❷ 선상지 **답** (가) – 선상지, (나) – 범람원, (다) – 삼각주

03

다음은 어느 지형의 형성 과정인지 쓰시오.

풀이 마지막 빙하기에 하구 부근에 깊은 골짜기가 형성되었고, 신생대 제4기 ❶[   ]
에 해수면이 상승하면서 골짜기에 만이 형성되었다. 이후 만의 입구에 사주가 발달하여 사주
안쪽의 ❷[   ]와 바다가 분리되어 석호가 형성되었다.

❶ 후빙기 ❷ 호수 **답** 석호

01-1

다음 설명에 해당하는 산을 〈보기〉에서 고르시오.

> 중생대에 관입한 화강암이 지표에 드러나 형성
> 된 산을 말하며, 북한산, 설악산, 금강산 등이 이
> 에 해당한다.

• 보기 •
ㄱ. 돌산   ㄴ. 흙산   ㄷ. 화산

02-1

다음은 동강을 하늘에서 바라본 사진이다. 동강에서
볼 수 있는 지형을 〈보기〉에서 고르시오.

• 보기 •
ㄱ. 자유 곡류 하천   ㄴ. 감입 곡류 하천
ㄷ. 하안 단구   ㄹ. 파식대

03-1

다음은 해안 단구의 모식도를 나타낸 것이다. A~C
중 교통로와 농경지로 활용되는 곳은?

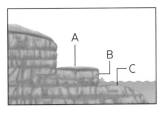

개념 돌파 전략 ②

국가의 위치를 나타내는 방법은 무엇이 있는가?

⇨ 위치는 위도와 경도로 표현되는 ❶ ⬜ 위치와 대륙, 해양, 반도 등 지형지물을 기준으로 표현되는 ❷ ⬜ 위치, 주변 국가와의 이해관계로 결정되는 관계적 위치가 있다.

답 ❶ 수리적 ❷ 지리적

1 다음 지도를 통해 알 수 있는 우리나라의 위치를 〈보기〉에서 고른 것은?

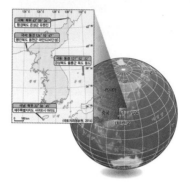

• 보기 •
ㄱ. 지리적 위치
ㄴ. 수리적 위치
ㄷ. 관계적 위치
ㄹ. 주변적 위치

① ㄱ, ㄴ   ② ㄱ, ㄹ   ③ ㄴ, ㄷ   ④ ㄴ, ㄹ   ⑤ ㄷ, ㄹ

한 국가의 주권이 미치는 공간적 범위로 영토, 영해, 영공으로 구성된 것을 무엇이라고 하는가?

⇨ 한반도와 그 부속 도서인 ❶ ⬜, 기선에서 12해리를 말하는 영해, 이 둘의 수직 상공인 영공으로 구성된 것을 ❷ ⬜ 이라고 한다.

답 ❶ 영토 ❷ 영역

2 자료의 ㉠~㉣에 대한 설명으로 옳지 않은 것은?

영역	영토	한반도와 그 ㉠ 부속 도서
	영해	• 일반적으로 기선에서 12해리까지의 수역 • 대부분의 동해안, 울릉도, 독도, 제주도는 ㉡ 통상 기선을 적용 • 서해안, ㉢ 남해안과 동해안 일부 지역은 직선 기선을 적용
	영공	영토와 영해의 상공
㉣ 배타적 경제 수역		기선에서 200해리까지의 범위 중 영해를 제외한 수역

• 보기 •
ㄱ. ㉠ – 무인도와 유인도는 포함되지 않는다.
ㄴ. ㉡ – 해안선이 복잡하거나 섬이 많을 경우에 적용한다.
ㄷ. ㉢ – 대한 해협은 3해리가 적용된다.
ㄹ. ㉣ – 연안국의 해양 자원 탐사 등에 대한 권리가 보장된다.

① ㄱ, ㄴ   ② ㄱ, ㄷ   ③ ㄴ, ㄷ   ④ ㄴ, ㄹ   ⑤ ㄷ, ㄹ

조선 후기 김정호가 제작한 지도로 분첩 절첩식으로 제작되어 휴대가 용이한 지도는 무엇인가?

⇨ 10리마다 ❶ ⬜ 을 찍어 거리 계산이 가능하며, 배가 다닐 수 있는 하천은 쌍선, 배가 다닐 수 없는 하천은 단선으로 표현한 이 지도를 ❷ ⬜ 라고 한다.

답 ❶ 방점 ❷ 대동여지도

3 다음은 대동여지도의 일부이다. 이에 대한 설명으로 옳은 것만을 〈보기〉에서 고른 것은?

• 보기 •
ㄱ. A는 관아가 있는 행정 중심지이다.
ㄴ. A에서 B까지의 거리는 약 30리이다.
ㄷ. A에서 B까지는 선박을 통해 이동할 수 있다.
ㄹ. 산의 해발 고도를 정확하게 알 수 있다.

① ㄱ, ㄴ   ② ㄱ, ㄹ   ③ ㄴ, ㄷ   ④ ㄴ, ㄹ   ⑤ ㄷ, ㄹ

한반도의 지질 시대별 암석 구성은 어떻게 나타나는가?

⇨ 한반도 암석의 약 42% 이상을 차지하며 가장 분포 면적이 넓은 **①** 은 주로 시·원생대에 형성되었다. 분포 면적이 두 번째로 넓은 화성암은 중생대에 형성된 **②** 과 신생대 화산암으로 이루어져 있고, 퇴적암은 고생대와 중생대 퇴적암이 대부분이다.

답 ❶ 변성암 **❷** 화강암

---

4 지도의 A~D 지역에 대한 설명으로 옳은 것은?

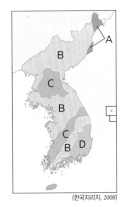

(한국지리지, 2008)

① A에는 변성암이 주로 분포한다.
② B에는 중생대 화산 활동으로 형성된 암석이 주로 분포한다.
③ C에는 탄산 칼슘이 주성분으로 이루어진 암석이 분포한다.
④ D는 시멘트 공업의 원료로 이용되는 암석이 주로 분포한다.
⑤ A~D 중 가장 형성 시기가 이른 암석이 분포하는 지역은 C이다.

해발 고도가 높은 곳에 나타나는 기복이 작고 경사가 완만한 고원 지형을 무엇이라고 하는가?

⇨ 신생대 제3기의 **①** 운동으로 형성된 지형으로, 해발 고도가 높아 여름철 서늘한 기후가 나타나는 지형을 **②** 이라고 한다.

답 ❶ 경동성 요곡 **❷** 고위 평탄면

---

5 지도에 표시된 (가) 지역에 대한 설명으로 옳은 것은?

① 주된 기반암은 현무암이다.
② 두 하천이 합류하는 지점에서 주로 나타난다.
③ 여름철 기온이 서늘해 고랭지 농업에 유리하다.
④ 기반암이 물에 용식되어 붉은색 토양이 나타난다.
⑤ 벼농사에 유리한 기후 및 지형 조건을 갖추고 있다.

해안 지형 중 하나로 침식 작용으로 형성된 기둥 모양의 지형은 무엇인가?

⇨ 해식애가 **①** 의 침식 작용으로 후퇴할 때 약한 부분은 깎이고 단단한 부분만 바위섬처럼 남아 형성된 기둥 모양의 지형을 **②** 라고 한다.

답 ❶ 파랑 **❷** 시 스택

---

6 지도의 (가), (나) 지역에서 주로 볼 수 있는 해안 지형으로 옳은 것은?

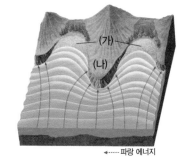

	(가)	(나)
①	사빈	사주
②	사빈	해식애
③	석호	사빈
④	시 스택	해식애
⑤	시 스택	사빈

전략 ❶ │ 우리나라의 위치와 영역

● **위치의 종류에는 절대적 위치와 상대적 위치가 있다.**
→ 절대적 위치에는 수리적 위치와 ❶ [   ] 위치가, 상대적 위치에는 관계적 위치가 있다.

✿ **우리나라의 영역은 영토, 영공, 영해로 구성된다.**
→ 영해는 일반적으로 기선에서 12해리까지로 규정하는데, 동해안 대부분 수역과 제주도, 울릉도, 독도는 통상 기선을 적용하고, 서·남해안, 동해안의 영일만, 울산만은 직선 기선을 적용한다.
→ 영해 기선으로부터 200해리까지의 바다에서 영해를 제외한 수역을 ❷ [   ] 수역이라고 한다.

답 ❶ 지리적 ❷ 배타적 경제

필수 예제 1

(1) 지도는 우리나라 4극의 위치를 나타낸 것이다. 이와 같이 표현한 위치를 무엇이라고 하는지 쓰시오.

(2) 그림은 국가의 영역을 표현한 모식도이다. A와 B를 무엇이라 부르는지 각각 쓰시오.

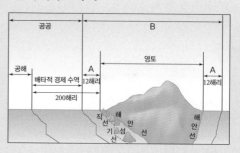

풀이

(1) 4극은 위도와 경도로 표현된 위치로 수리적 위치에 해당한다.

답 수리적 위치

(2) A는 기선에서 12해리까지인 영해, B는 영토와 영해의 수직 상공인 영공이다.

답 A-영해, B-영공

1-1

다음 글에서 설명하는 위치로 옳은 것은?

유라시아 대륙의 동안에 위치한 우리나라는 계절풍의 영향을 받아 기온의 연교차가 크고, 반도 국가로 해양과 대륙 진출에 용이하다.

① 수리적 위치   ② 지리적 위치
③ 관계적 위치   ④ 절대적 위치
⑤ 표준적 위치

1-2

㉠, ㉡에 해당하는 개념을 〈보기〉에서 골라 쓰시오.

㉠ 해안의 끝이나 최외곽의 섬을 연결한 선으로 해안선이 복잡하거나 섬이 많을 때 적용하는 기선
㉡ 연안의 최저 조위선에 해당하는 선으로 해안선이 단조롭고 섬이 해안에서 멀리 떨어져 있을 때 적용하는 기선

┌─ 보기 ─
a. 통상 기선   b. 직선 기선

㉠: (   ) ㉡: (   )

전략 ❷ | 고지도에 나타난 국토 인식

 혼일강리역대국도지도: 현존하는 우리나라의 가장 오래된 세계 지도로 조선을 상대적으로 크고 자세하게 표현하였으며 중국을 세계의 중심으로 생각하는 ❶[   ] 사상이 반영되어 있다. 지도에는 유럽, 아시아, 아프리카가 표현되어 있다.

● **천하도**: 조선 중기 이후 민간에서 제작한 관념적 세계 지도로, 중화사상과 천원지방의 세계관이 반영되어 있다.

 대동여지도: 조선 후기 김정호가 제작한 지도로 목판본으로 제작되어 대량 생산이 가능하고, 분첩 절첩식으로 휴대와 열람이 편리하다. ❷[   ] 마다 방점을 찍어 대략적인 거리 파악이 가능하도록 하였으며, 배가 다닐 수 있는 하천은 쌍선, 배가 다닐 수 없는 하천은 단선으로 표현하였다.

❶ 중화 ❷ 10리

필수 예제 2

(1) 다음 지도가 제작된 시기와 지도 명칭을 쓰시오.

(2) 다음과 같은 특징을 가진 지도는 무엇인가?

> 분첩 절첩식, 목판본, 10리마다 방점을 찍음, 지도표 사용, 항해 가능한 하천은 쌍선, 항해 불가능한 하천은 단선으로 표현, 조선 후기 김정호가 제작

풀이

(1) 혼일강리역대국도지도의 특징은 다음과 같다.

특징
① 우리나라에서 현존하는 가장 오래된 세계 지도
② 중화사상 반영(중국이 지도의 중심에 위치)
③ 주체적 국토 의식 반영(조선이 상대적으로 크게 표현)
④ 유럽, 아시아, 아프리카 표현, 신대륙 표현 안 됨.

답 조선 전기, 혼일강리역대국도지도

(2) 대동여지도의 특징은 다음과 같다.

특징
① 분첩 절첩식으로 휴대가 용이함.
② 목판본으로 대량 생산이 가능함.
③ 10리마다 방점을 찍어 거리 계산이 가능함.
④ 지도표를 사용하여 지리 정보를 효과적으로 표현함.
⑤ 배가 다닐 수 있는 하천을 쌍선, 배가 다닐 수 없는 하천을 단선으로 표현함.

답 대동여지도

2-1

다음 지도에 대한 설명으로 옳지 않은 것은?

① 관념적인 지도이다.
② 중화사상이 반영되었다.
③ 도교 사상이 반영되었다.
④ 천원지방의 세계관이 반영되었다.
⑤ 조선 전기에 국가 주도로 제작되었다.

2-2

다음 지도에 대한 설명으로 옳은 것은?

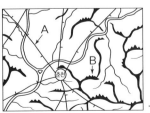

– 김정호, 「□□□□□」 –

① 중화사상이 반영됨.　② 조선 후기에 제작됨.
③ 국가 주도로 제작됨.　④ A는 하천을 표현함.
⑤ B의 정확한 해발 고도를 알 수 있음.

전략 ③ │ 고문헌에 나타난 국토 인식

✦ 관찬 지리지와 사찬 지리지 비교

구분	관찬 지리지	사찬 지리지
편찬 시기	조선 전기	조선 후기
편찬 주체	국가	개인(실학자)
편찬 배경	국가 통치의 기초 자료 확보	실학의 영향
서술 방식	❶ ⬚ 서술	설명식 서술
대표 지리지	「세종실록지리지」, 「신증동국여지승람」	이중환의 「택리지」, 신경준의 「도로고」

✦ **택리지**: 살기 좋은 곳의 입지 조건과 우리나라 각 지역의 특성을 기술한 지리지이다. 택리지에서 언급한 가거지의 조건으로는 지리, ❷ ⬚, 산수, 인심이 있다.

🔑 ❶ 백과사전식 ❷ 생리

필수 예제 ③

(1) 다음과 같은 지리지의 서술 방식을 쓰시오.

> 원주목(原州牧)
> [건치 연혁] 본래 고구려의 평원군이다. …
> [진관] 도호부가 1 춘천, 군이 3 정선·영월·평창 …
> [산천] 치악산은 주의 동쪽 25리에 있는 진산이다.

(2) 다음 글은 『택리지』의 '가거지' 조건 중 무엇에 해당하는지 쓰시오.

> 땅이 비옥하거나 물자 교류가 편리하여 경제적으로 유리한 특성을 갖춘 곳

풀이

(1) 조선 시대 지리지의 특징

관찬 지리지	• 조선 전기 국가 주도로 제작 • 백과사전식 서술
사찬 지리지	• 조선 후기 실학자들에 의해 제작 • 특정 주제를 종합적으로 서술

🔑 백과사전식 서술

(2) 가거지의 조건

지리(地理)	풍수지리 사상의 명당에 해당하는 곳
생리(生利)	경제적으로 유리한 특성을 갖춘 곳
인심(人心)	당쟁이 없으며 이웃의 인심이 온순하고 순박한 곳
산수(山水)	경치가 좋아 풍류를 즐길 수 있는 곳

🔑 생리

3-1

다음 지리지의 특징으로 옳지 <u>않은</u> 것은?

> 이 고을은 남한강 상류에 위치하여 물길로 왕래하는데 편리하므로 한양의 사대부가 예부터 이곳에 많이 살았다. …(중략)… 이 고을이 경기와 영남으로 가는 요충에 해당되어 유사시에는 반드시 격전지가 된다.

① 설명식 서술
② 조선 후기 제작
③ 백과사전식 서술
④ 실학자들에 의해 제작
⑤ 국토를 실용적으로 파악

3-2

다음 글은 『택리지』 내용의 일부이다. 밑줄 친 내용에 해당하는 '가거지' 조건으로 옳은 것은?

> 북쪽으로 조령과 가까워서 충청도, 경기도와 통하고, 동쪽으로 낙동강에 임해서 김해, 동래와 통한다. <u>짐을 운반하는 말과 배가 남쪽과 북쪽에서 육로와 물길로 모여드는데, 이것은 교역하기에 편리한 까닭이다.</u>

① 지리
② 생리
③ 산수
④ 인심
⑤ 풍수

전략 ④ | 지리 정보와 지역 조사

- **지리 정보**: 지표 공간상의 다양한 지리적 현상들을 확인·분석하고 그 특성을 파악하는 데 필요한 모든 정보를 말한다. 지리 정보의 종류에는 공간 정보, [**①**] 정보, 관계 정보, 시간 정보 등이 있다.
- **지리 정보 시스템(GIS)**: 지리 정보를 컴퓨터에 입력·저장하여 사용자의 요구에 따라 다양하게 표현해 주는 종합 정보 시스템이다.
- ✗ **지역 조사**: 지역의 다양한 정보를 수집, 분석, 종합하여 지역성과 지역 변화를 파악하는 활동으로 조사 계획 수립, 지리 정보 수집, 지리 정보 분석, 보고서 작성의 과정으로 진행된다.
  - ➡ 수집한 지리 정보를 분류하고 분석하는 지리 정보 분석 단계에서는 다양한 통계 지도가 활용되며, 통계 지도의 종류에는 점묘도, 유선도, 등치선도, [**②**] 구분도, 도형 표현도 등이 있다.

답 **①** 속성 **②** 단계

 필수 예제 ④

(1) 다음에서 설명하는 지역 조사의 단계는 무엇인지 쓰시오.

> 수집한 지리 정보를 분석·정리하여 표, 그래프, 주제도 등으로 표현한다.

(2) 다음은 통계 지도 유형 중 무엇인지 쓰시오.

풀이

(1) 지역 조사 과정

조사 계획 수립	조사 주제와 조사 지역 선정
지리 정보 수집	실내 조사와 야외 조사
지리 정보 분석	지리 정보를 분석·정리하여 그래프 표현
보고서 작성	조사 목적, 방법, 결론을 보고서로 작성

답 지리 정보 분석

(2) 통계 지도 유형

점묘도	통곗값을 일정한 단위의 점으로 표현
유선도	화살표의 방향과 두께로 이동을 표현
등치선도	통곗값이 같은 지점을 선으로 연결
단계 구분도	등급을 나눌 수 있는 값을 색상으로 표현
도형 표현도	통곗값의 차이를 도형으로 표현

답 등치선도

4-1

다음에 해당하는 지리 정보의 종류로 옳은 것은?

> 장소나 현상의 인문적·자연적 특성을 나타내는 정보

① 공간 정보　　② 속성 정보　　③ 관계 정보
④ 통계 정보　　⑤ 원격 정보

4-2

다음 글의 밑줄 친 내용을 표현하기에 가장 적합한 통계 지도로 옳은 것은?

> 지역 간 인구 이동에 대한 통계 지도 서비스가 제공되면 좋겠습니다.

① 점묘도　　② 유선도　　③ 등치선도
④ 단계 구분도　　⑤ 도형 표현도

1주 2일 필수 체크 전략 ②

1 다음은 우리나라의 수리적 위치를 나타낸 것이다. 이에 대한 설명으로 옳지 <u>않은</u> 것은?

① 혼합림이 분포한다.
② 냉·온대 기후가 나타난다.
③ 사계절의 변화가 뚜렷하다.
④ 경도가 0°인 영국보다 시간이 빠르다.
⑤ 대륙과 해양 양방향으로 진출하기에 유리하다.

> **Tip**
> 우리나라의 위치에는 수리적 위치, 지리적 위치, 관계적 위치가 있다. ❶ ⬜ 위치는 위도와 경도로 표현되는 위치이고, ❷ ⬜ 위치는 지형지물로 표현되는 위치이며, 관계적 위치는 주변 국가와의 정치·경제·문화적 이해 관계에 따라 결정되는 위치이다.
>
> 🅐 ❶ 수리적 ❷ 지리적

2 지도의 A~E에 대한 설명으로 옳지 <u>않은</u> 것은?

① A에서는 타국의 어선이 자유롭게 통과할 수 있다.
② B에서는 우리나라가 해상 풍력 발전기를 설치할 수 있다.
③ C는 중국과 일본의 어업 수역이 중첩되는 범위이다.
④ D의 상공은 우리나라의 영공이다.
⑤ E에서는 우리나라 어선이 조업할 수 있다.

> **Tip**
> A는 한중 잠정 조치 수역, B는 우리나라의 배타적 경제 수역, D는 우리나라의 ❶ ⬜, C와 E는 ❷ ⬜ 중간 수역이다.
>
> 🅐 ❶ 영해 ❷ 한일

3 지도에 대한 설명으로 옳은 것은?

① 신대륙이 표현되었다.
② 중화사상이 반영되었다.
③ 주체 의식이 반영되지 않았다.
④ 천원지방의 세계관이 반영되었다.
⑤ 조선 후기 민간에 의해 제작되었다.

> **Tip**
> 혼일강리역대국도지도는 조선 ❶ ⬜ 에 국가에 주도로 제작되었고, 중화사상이 반영되었으며, 한반도가 크게 그려져 ❷ ⬜ 의 식이 드러나 있다. 아시아, 유럽, 아프리카가 지도에 표현되었다.
>
> 🅐 ❶ 전기 ❷ 주체

4 (가), (나) 지리지에 대한 설명으로 옳은 것만을 〈보기〉에서 고른 것은?

(가)	(나)
[건치 연혁] 본래 맥국인데, 신라의 선덕왕 6년에 우수주로 하여 군주를 두었다. [속현] 기린현은 부의 동쪽 140리에 있다. 본래 고구려의 기지군이었다. [풍속] 풍속이 순후하고 아름답다. [산천] 봉산은 부의 북쪽 1리에 있는 진산(鎭山)이다. [토산] 옷, 잣, 오미자, 영양, 꿀, 지치, 석이버섯, 인삼, 지황, 복령, 누치, 여항이, 소가리, 송이 — 『신증동국여지승람』 제46권 춘천도호부 —	춘천은 옛 예맥이 천 년 동안이나 도읍했던 터로 소양강을 임했고, 그 바깥에 우두라는 큰 마을이 있다. 한나라 무제가 맹오를 시켜 우수주와 통하였다는 곳이 바로 이 지역이다. 산속에는 평야가 널따랗게 펼쳐졌고 두 강이 한복판으로 흘러간다. 토질이 단단하고 기후가 고요하여 강과 산이 맑고 환하며 땅이 기름져서 여러 대를 사는 사대부가 많다. — 『택리지』, 「팔도총론」 춘천 편 —

• 보기 •

ㄱ. (가)는 개인에 의해 제작되었다.

ㄴ. (나)는 백과사전식 서술 방식이다.

ㄷ. (가)는 (나)보다 제작 시기가 이르다.

ㄹ. (나)는 (가)보다 개인의 주관적 견해가 많이 담겨 있다.

① ㄱ, ㄴ   ② ㄱ, ㄷ   ③ ㄴ, ㄷ   ④ ㄴ, ㄹ   ⑤ ㄷ, ㄹ

Tip

관찬 지리지는 주로 조선 전기 **①** 주도로 국가 통치에 필요한 자료를 수집하여 제작하였고, **②** 식 서술이 이루어졌다. 사찬 지리지는 조선 후기 실학자들에 의해 제작되었으며, 특정 주제를 종합적, 체계적으로 서술하였다.

답 ① 국가 ② 백과사전

5 다음 내용을 표현하기에 가장 적합한 통계 지도의 유형을 〈보기〉에서 순서대로 고른 것은?

• 산업별 취업자 비율
• 지역별 단풍 시작일

• 보기 •

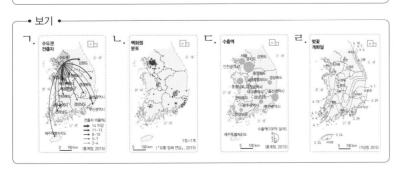

① ㄱ, ㄴ   ② ㄱ, ㄷ   ③ ㄴ, ㄷ   ④ ㄴ, ㄹ   ⑤ ㄷ, ㄹ

Tip

유선도는 통곗값을 **①** 의 방향과 굵기로 표현한 지도이다. **②** 는 통곗값의 차이를 도형으로 표현한 지도이다.

답 ① 화살표 ② 도형 표현도

전략 ① | 한반도의 지체 구조와 지각 변동

⭐ 한반도의 지체 구조

시·원생대	가장 오래되고 안정된 지층으로 평북·개마 지괴, ❶ [ ] 지괴, 영남 지괴가 형성되었고, 변성암이 넓게 분포한다.
고생대	평남 분지, 옥천 습곡대, 조선 누층군(석회암 분포), 평안 누층군(무연탄 분포)이 형성되었다.
중생대	경상 분지가 형성되었고, 공룡 화석이 분포한다.
신생대	두만 지괴, 길주·명천 지괴가 형성되었고, 갈탄이 분포한다.

⭐ 지각 변동

송림 변동	중생대 초기에 발생한 북부 지방 중심의 지각 변동으로 랴오둥 방향의 지질 구조선이 형성되었다.
대보 조산 운동	중생대 중기에 발생한 한반도 중·남부 지방에 영향을 미친 지각 변동으로, ❷ [ ] 방향의 지질 구조선이 형성되었다.
경동성 요곡 운동	신생대 제3기 동해안에 치우친 비대칭 요곡 운동으로, 태백산맥, 함경산맥이 형성되었다.
화산 활동	신생대 제3기 말에서 4기에 걸친 화산 활동으로 용암 대지 등의 화산 지형이 만들어졌고, 백두산, 울릉도, 독도, 제주도가 형성되었다.

답 ❶ 경기 ❷ 중국

필수 예제 1

(1) 지도는 한반도 지체 구조를 나타낸 것이다. 지도와 같은 지체 구조가 형성된 시기를 쓰시오.

(2) 신생대 제3기 경동성 요곡 운동으로 인해 형성된 산맥을 쓰시오.

풀이

(1) 시·원생대의 평북·개마 지괴, 영남 지괴에는 오랜 기간 열과 압력에 의해 성질이 변화된 변성암이 주로 분포한다.

답 시·원생대

(2) 신생대 제3기 경동성 요곡 운동으로 태백산맥과 함경산맥 등 높은 산지가 형성되었다.

답 함경산맥, 태백산맥

1-1

다음 지도와 같이 분포하는 암석이 형성된 시기를 쓰시오.

(   )

1-2

다음 글에서 설명하는 지각 변동이 무엇인지 쓰시오.

> 중생대 중기 한반도 중·남부 지방을 중심으로 영향을 미친 지각 변동으로, 넓은 범위에 걸쳐 화강암이 관입되었고, 중국 방향의 지질 구조선이 형성되었다.

(   )

전략 ❷ │ 산지 지형

● **1차 산맥과 2차 산맥**
- **1차 산맥**: 경동성 요곡 운동의 결과 형성된 산지로, 해발 고도가 높고 산줄기의 연속성이 뚜렷하다.
- **2차 산맥**: 지질 구조선을 따라 차별적인 풍화와 침식을 받아 형성된 산지로, 1차 산맥에 비해 해발 고도가 낮고 산줄기의 연속성이 미약하다.

✩ **흙산과 돌산**
- **흙산**: 편마암이 오랜 기간 풍화되어 두꺼운 토양층으로 덮인 산지이다.
- **돌산**: 중생대에 관입한 ❶ [   ]이 오랫동안 침식 작용을 받아 암석이 지표 위로 드러난 산지이다.

✩ **고위 평탄면**: 경동성 요곡 운동 과정에서 융기하여 형성된 지형으로 ❷ [   ] 농업, 목축업, 풍력 발전 단지로 이용된다.

🗒 ❶ 화강암 ❷ 고랭지

 필수 예제 2

(1) 사진은 서로 다른 산지의 모습을 나타낸 것이다. (가), (나) 산의 명칭을 각각 쓰시오. (단, 돌산, 흙산만 고려함.)

(가)

(나)

(2) 다음과 같은 지형에서 이루어지는 농업을 쓰시오.

풀이

(1) 우리나라에 발달한 산지들은 토양층이 두껍게 발달한 흙산, 암석이 지표 위로 드러나 있는 돌산으로 구분할 수 있다.

🗒 (가) – 돌산, (나) – 흙산

(2) 고위 평탄면은 해발 고도가 높은 곳에 위치하고 있으면서 지형의 기복이 적다. 해발 고도가 높기 때문에 여름철이 서늘하며 이를 이용해 배추, 무 등을 재배하는 고랭지 농업이 많이 이루어지고 있다.

🗒 고랭지 농업

2-1

흙산과 돌산의 특징을 바르게 연결하시오.

① 흙산 •
② 돌산 •

• ㉠ 편마암이 오랜 기간 풍화되어 두꺼운 토양층으로 덮여있다.
• ㉡ 화강암이 오랫동안 침식 작용을 받아 암석이 지표 위로 드러나 있다.

2-2

지도의 (가) 지형에 대한 설명으로 옳지 않은 것은?

① 여름이 서늘하다.
② 풍력 발전에 유리하다.
③ 고랭지 농업이 활발하다.
④ 경동성 요곡 운동의 결과 형성되었다.
⑤ 서로 다른 기반암의 차별 침식으로 형성되었다.

전략 ③ | 하천 지형

 하천 상류와 하류의 상대적인 특징 비교

	평균 경사	평균 하폭	평균 유량	퇴적물의 입자 크기	퇴적물의 원마도
상류	급함	좁음	적음	큼	❶
하류	완만함	넓음	많음	작음	높음

하천 중·상류: 감입 곡류 하천, 하안 단구, 선상지, 침식 분지가 발달한다.

하천 중·하류: ❷ 곡류 하천, 범람원, 삼각주가 발달한다.

답 ❶ 낮음 ❷ 자유

필수 예제 3

(1) 지도의 A에 나타나는 지형이 무엇인지 쓰시오.

(2) 다음에서 설명하는 (가), (나) 하천 지형이 무엇인지 각각 쓰시오.

> (가) 하천 하구에 형성된 삼각형 모양의 충적 평야로, 하천이 바다로 흘러 나가는 하구에 토사가 쌓여 형성된다.
> (나) 하천의 중·하류 지역에 토사가 퇴적되어 형성된 충적 평야로, 홍수 시 하천 범람에 의해 토사가 하천 양안에 퇴적되어 형성된다.

 풀이

(1) 하안 단구는 하천 주변에 분포하는 계단 모양의 지형으로 과거의 하천 바닥이나 범람원이 지반 융기 또는 해수면 하강에 따른 하천 침식으로 형성된다.

답 하안 단구

(2) 삼각주는 하천 하구에 형성된 삼각형 모양의 지형으로, 조류에 의해 제거되는 토사의 양보다 하천에서 공급받는 토사의 양이 많은 곳에서 발달한다. 범람원은 하천 범람에 의해 토사가 하천 양안에 퇴적되어 형성되며 주로 자연 제방과 배후 습지로 구성되어 있다.

답 (가) – 삼각주, (나) – 범람원

3-1

지도의 A에서 주로 나타나는 토지 이용을 쓰시오.

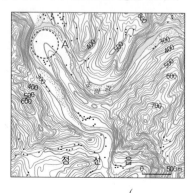

( )

3-2

다음은 범람원이 나타난 지형도이다. A, B 지형이 무엇인지 각각 쓰시오.

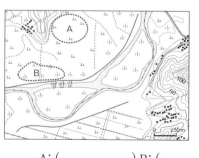

A: ( ) B: ( )

전략 ④ | 해안 지형

● **우리나라의 해안 특징**

• 동해안: 해안선이 단조롭고 석호 및 해안 단구가 분포한다.

• 서·남해안: 해안선이 복잡한 리아스 해안으로, 조차가 커 ❶[　　　　]이 발달하였고, 특수 항만 시설을 볼 수 있다.

✦**해안 침식 지형**: 곶에서 주로 형성되는 지형으로 해식애, 파식대, 해식동, 시 스택, 시 아치, 해안 단구가 발달한다.

✦**해안 퇴적 지형**: ❷[　　　　]에서 주로 형성되는 지형으로 사빈, 사주, 사구, 석호, 갯벌이 발달한다.

답 ❶ 갯벌 ❷ 만

 필수 예제 4

(1) 다음 내용이 서해안에 해당하면 '서', 동해안에 해당하면 '동' 이라고 쓰시오.

　① 해안선 가까이 평행하게 뻗은 산맥이 융기하여 섬이 　　적다. 　　　　　　　　　　　　　　　(　　)

　② 수심이 깊고 파랑 작용이 활발해 해안 침식 지형이 　　발달하였다. 　　　　　　　　　　　　(　　)

　③ 조류 작용이 활발하여 갯벌이 발달하였다. (　　)

(2) 각 지형의 형성에 영향을 준 요인을 바르게 연결하시오.

① 갯벌　　•　　　　•㉠ 지반의 융기
② 석호　　•　　　　•㉡ 조류의 퇴적 작용
③ 시 스택　•　　　•㉢ 파랑의 침식 작용
④ 해안 단구　•　　•㉣ 후빙기 해수면 상승

풀이

(1) 동해안은 해안선 가까이 평행하게 뻗은 산맥이 융기하여 섬이 적기 때문에 해안선이 단조롭다. 또한 수심이 깊고 파랑의 작용이 활발해 해안 침식 지형이 발달하였다. 서해안은 바다를 향해 뻗은 산맥이 후빙기 해수면 상승으로 침수되어 크고 작은 섬, 반도, 곶 등이 많아 해안선이 복잡하다. 또한 조류 작용이 활발하고 하천에서 공급된 퇴적물의 양이 많아 갯벌이 발달하였다.

답 ① - 동, ② - 동, ③ - 서

(2) 우리나라에서 볼 수 있는 해안 지형이다.

갯벌	조류에 의해 모래나 점토 등이 퇴적되어 형성된 지형
석호	해수면 상승으로 형성된 만의 입구를 사주가 가로막아 형성된 호수
시 스택	해식애가 파랑의 침식 작용을 받아 형성된 기둥 모양의 지형
해안 단구	지반의 융기 혹은 해수면 하강으로 현재 해수면보다 높은 곳에 평탄하게 남아있는 계단 모양의 지형

답 ① - ㉡, ② - ㉣, ③ - ㉢, ④ - ㉠

4-1

서해안과 동해안의 특징을 바르게 연결하시오.

① 서해안　•　　•㉠ 수심이 깊고 조차가 적으며, 파랑 작용이 활발해 해안 침식 지형이 발달하였다.

② 동해안　•　　•㉡ 수심이 얕고 조차가 크며, 해안선이 복잡한 리아스 해안이 나타난다.

4-2

다음 사진의 (가) 지형으로 옳은 것은?

(가)

① 석호　　　　② 사주　　　　③ 파식대
④ 시 아치　　　⑤ 해안 단구

1 지도는 한반도의 지체 구조를 나타낸 것이다. 이에 대한 설명으로 옳은 것은?

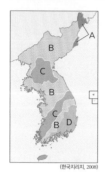

(한국지리지, 2008)

① A는 고생대에 형성되었다.
② B에는 변성암이 주로 분포한다.
③ C에는 갈탄이 주로 매장되어 있다.
④ D에는 석회암과 무연탄이 주로 매장되어 있다.
⑤ A, B, C, D 순으로 형성 시기가 이르다.

Tip
평북·개마 지괴, 경기 지괴, 영남 지괴는 ❶[　　　　]에 형성되어 ❷[　　　　]암이 주로 분포하고, 형성 시기가 가장 이르다.

🔒 ❶ 시·원생대 ❷ 변성

2 표의 A~C에 들어갈 지각 변동으로 옳은 것은?

지질시대	시·원생대		고생대				중생대			신생대	
	시생대	원생대	캄브리아기	…		석탄기-페름기	트라이아스기	쥐라기	백악기	제3기	제4기
지질계통	변성암복합체		조선 누층군	(결층)		평안 누층군		대동누층군	경상누층군	제3계	제4계
주요지각운동	변성작용			조륙운동			A↑	B↑	불국사변동	C↑	화산활동

	A	B	C
①	송림 변동	대보 조산 운동	경동성 요곡 운동
②	송림 변동	경동성 요곡 운동	대보 조산 운동
③	대보 조산 운동	송림 변동	경동성 요곡 운동
④	대보 조산 운동	경동성 요곡 운동	송림 변동
⑤	경동성 요곡 운동	송림 변동	대보 조산 운동

Tip
송림 변동은 중생대 초기 ❶[　　　　] 지방에, 대보 조산 운동은 한반도 중·남부 지방에 주로 영향을 주었으며, 신생대에 발생한 ❷[　　　　] 운동으로 높은 산지가 동쪽에 치우친 경동 지형이 형성되었다.

🔒 ❶ 북부 ❷ 경동성 요곡

3 다음 글의 ㉠~㉤에 대한 설명으로 옳은 것은?

> 중생대 초 송림 변동에 이어 중생대 중엽에는 가장 격렬했던 ㉠ 대보 조산 운동이 일어나 지질 구조선이 만들어졌다. 이 과정에서 마그마의 관입이 일어나 한반도의 ㉡ 화강암 분포에 영향을 주었다. 이때 ㉢ 관입된 암석과 주변 암석 간의 차별 침식은 특징적인 지형을 만들기도 했다. 중생대 후기에는 ㉣ 불국사 변동으로 ㉤ 경상 분지 곳곳에 마그마가 관입되었다.

① ㉠의 영향으로 남북 방향의 1차 산맥이 형성되었다.
② ㉡이 산 정상부를 이루는 경우 주로 흙산으로 나타난다.
③ ㉢의 결과로 침식 분지가 형성되었다.
④ ㉣은 동고서저 지형 형성의 주요 원인이다.
⑤ ㉤에는 갈탄이 광범위하게 매장되어 있다.

Tip
침식 분지는 산지를 이루는 ❶[　　　　]과 분지 바닥을 이루는 화강암의 차별 ❷[　　　　]을 통해 만들어졌다.

🔒 ❶ 변성암 ❷ 풍화·침식

4 지도의 A, B에 대한 설명으로 옳은 것만을 〈보기〉에서 고른 것은?

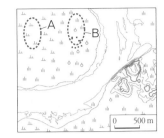

Tip

범람원은 자연 **①** (B)과 배후 **②**
(A)로 구성되어 있다.

답 **①** 제방 **②** 습지

• 보기 •
ㄱ. A는 B보다 배수가 양호하다.
ㄴ. A는 B보다 해발 고도가 높다.
ㄷ. A는 벼농사, B는 밭농사가 주로 발달한다.
ㄹ. A는 B보다 퇴적 물질의 평균 입자 크기가 작다.

① ㄱ, ㄴ   ② ㄱ, ㄷ   ③ ㄴ, ㄷ
④ ㄴ, ㄹ   ⑤ ㄷ, ㄹ

5 (가), (나)의 기반암에 대한 설명으로 옳지 <u>않은</u> 것은?

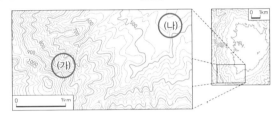

Tip

시·원생대에 형성된 **①** 이 기반암을
이루는 곳에 중생대에 화강암이 관입하였다.
이때 화강암이 차별 **②** 을 받아 침식
분지가 형성되었다.

답 **①** 변성암 **②** 침식

① (가)의 기반암은 오랫동안 변성 작용을 받았다.
② (가)의 기반암으로 이루어진 산지는 주로 흙산이 된다.
③ (나)의 기반암은 중생대 마그마가 관입하여 형성되었다.
④ (가)의 기반암은 (나)의 기반암보다 형성 시기가 이르다.
⑤ (나)의 기반암은 (가)의 기반암보다 풍화와 침식에 대한 저항력이 강하다.

6 모식도는 해안 지역을 나타낸 것이다. (가), (나) 지역에 대한 설명으로 옳은 것은?

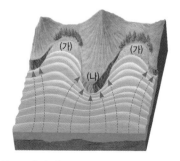

Tip

파랑의 힘이 집중되는 곳에서는 **①**
작용이 활발하고, 반대로 파랑의 힘이 분산되
는 **②** 에서는 퇴적 작용이 활발하다.

답 **①** 침식 **②** 만

① (가)는 곶이고, (나)는 만이다.
② (가)는 (나)보다 파랑의 힘이 집중된다.
③ (나)는 (가)보다 파랑의 침식 작용이 활발하다.
④ (가)에는 해식애, (나)에는 사빈이 주로 형성된다.
⑤ (가)에는 암석 해안, (나)에는 모래 해안이 주로 발달한다.

1주 4일 교과서 대표 전략 ①

대표 예제 1

지도는 우리나라의 4극을 나타낸 것이다. A~D 지점에 대한 설명으로 옳은 것만을 〈보기〉에서 고른 것은?

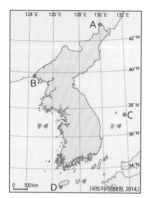

• 보기 •
ㄱ. A는 D보다 연평균 기온이 높다.
ㄴ. B는 C보다 일출 시각이 늦다.
ㄷ. C는 A보다 기온의 연교차가 작다.
ㄹ. A~D 중 우리나라의 표준 경선과 가장 가까운 지점은 B이다.

① ㄱ, ㄴ   ② ㄱ, ㄷ   ③ ㄴ, ㄷ
④ ㄴ, ㄹ   ⑤ ㄷ, ㄹ

대표 예제 2

지도의 A~E에 대한 설명으로 옳은 것은?

① A는 우리나라의 영해이다.
② B는 간척 사업으로 확대된다.
③ C에서는 중국 어선이 조업 활동을 할 수 있다.
④ D에서는 다른 국가의 어선이 자유롭게 조업할 수 있다.
⑤ E는 우리나라와 일본이 공동으로 관리하는 수역이다.

개념 가이드

영해는 기선에서부터 ❶＿＿＿해리로, 간척지가 개발된다고 해서 영해가 ❷＿＿＿되는 것은 아니다.

🅐 ❶ 12 ❷ 확장

대표 예제 3

다음 지도에 대한 설명으로 옳지 <u>않은</u> 것은?

① 중화사상이 반영되었다.
② 관념적이고 추상적이다.
③ 유럽, 아시아, 아프리카가 표현되었다.
④ 조선 중기 이후 민간에 의해 제작되었다.
⑤ 천원지방의 세계관을 토대로 제작되었다.

개념 가이드

천하도는 조선 중기 이후 ❶＿＿＿에 의해 제작되었고, 관념적이고 추상적인 지도로 ❷＿＿＿사상이 반영되었다.

🅐 ❶ 민간 ❷ 도교

개념 가이드

우리나라의 표준 경선은 동경 ❶＿＿＿이다. 따라서 본초 자오선 (0°)보다 ❷＿＿＿시간이 빠르다.

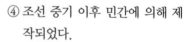

🅐 ❶ 135° ❷ 9

대표 예제 4

지도의 A~E에 대한 설명으로 옳은 것은?

지도표
○ 읍치(邑治)
■ 창고(倉庫)
⌘ 역참(驛站)
◐ 고현(古縣)

① A는 항해 가능한 하천이다.
② B는 국가 위기 시 통신 수단이다.
③ C는 해당 지역에 관아가 있는 곳이다.
④ E는 정확한 해발 고도를 알 수 있다.
⑤ D는 E보다 규모가 큰 산지이다.

개념 가이드

대동여지도는 [❶　　　]를 사용함으로써 다양한 정보를 수록하였다. 산의 크기를 선의 굵기로 표현하였으나 정확한 [❷　　　]는 알 수 없다.

답 ❶ 지도표 ❷ 해발 고도

대표 예제 5

자료는 조선 시대 지리지의 일부이다. (가), (나)에 대한 설명으로 옳은 것만을 〈보기〉에서 고른 것은?

(가) [관원] 목사·판관·교수 각 1인 [토산] 옥돌은 원주의 서쪽 탑전골에서 난다. 잣·오미자·인삼·꿀·쏘가리 등 [창고] 흥원창은 원주의 남쪽 30리에 있다.
(나) 원주는 감사가 다스리는 곳인데 서쪽으로 250리 거리에 한양이 있다. …(중략)… 영동 지방과 경기 지방 사이에 위치해 동해의 수산물, 인삼, 궁궐에 쓰일 재목들을 모으고 운반하는 가운데 도회지가 형성되었다.

• 보기 •
ㄱ. (가)는 통치를 목적으로 제작되었다.
ㄴ. (가)는 특정 주제를 체계적으로 서술하였다.
ㄷ. (나)는 백과사전식으로 서술되었다.
ㄹ. (가)는 (나)보다 제작 시기가 이르다.

① ㄱ, ㄴ ② ㄱ, ㄹ ③ ㄴ, ㄷ ④ ㄴ, ㄹ ⑤ ㄷ, ㄹ

개념 가이드

조선 시대 지리지는 조선 전기 국가 주도로 제작된 [❶　　　] 지리지와 조선 후기 실학자들에 의해 제작된 [❷　　　] 지리지가 있다.

답 ❶ 관찬 ❷ 사찬

대표 예제 6

(가), (나)를 각각 한 장의 통계 지도로 표현할 때 가장 적합한 유형을 〈보기〉에서 고른 것은?

(가) 지역별 경지율 현황
(나) 지역별 인구 이동 및 규모

• 보기 •

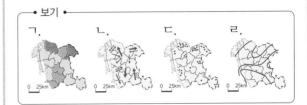

ㄱ.　　　ㄴ.　　　ㄷ.　　　ㄹ.
0 25km　0 25km　0 25km　0 25km

　　(가)　(나)　　　　(가)　(나)
① ㄱ　　ㄴ　　② ㄱ　　ㄷ
③ ㄴ　　ㄷ　　④ ㄴ　　ㄹ
⑤ ㄷ　　ㄹ

개념 가이드

단계 구분도는 통곗값을 몇 단계로 구분하여 [❶　　　]이나 패턴으로 표현한 지도이고, 유선도는 지역 간의 이동에 대한 통곗값을 화살표의 방향이나 [❷　　　]로 표현한다.

답 ❶ 음영 ❷ 굵기

대표 예제 7

다음은 지역 조사 과정을 나타낸 것이다. (가), (나)에 대한 설명으로 옳은 것만을 〈보기〉에서 있는 대로 고른 것은?

조사 주제 선정 → [(가)] → [(나)] → 보고서 작성

• 보기 •
ㄱ. (가)에는 실내 조사가 포함된다.
ㄴ. (가)에는 관찰, 인터뷰 등이 해당한다.
ㄷ. (나)는 지리 정보의 분석 과정에 해당한다.
ㄹ. 조사 결과의 통계 처리는 (가)에 해당한다.

① ㄱ, ㄴ ② ㄷ, ㄹ ③ ㄱ, ㄴ, ㄷ
④ ㄱ, ㄷ, ㄹ ⑤ ㄴ, ㄷ, ㄹ

개념 가이드

지리 정보의 수집 단계에서는 [❶　　　] 조사와 [❷　　　] 조사를 시행하며, 지리 정보 분석 단계에서는 수집한 지리 정보를 분석하여 통계 지도, 그래프, 표 등으로 표현한다.

답 ❶ 실내 ❷ 야외

대표 예제 8

다음 글의 (가), (나)가 주로 분포하는 지역을 지도의 A~D에서 고른 것은?

> (가) 탄산 칼슘이 주성분을 이루는 암석으로 고생대 조선 누층군에 주로 분포한다.
> (나) 시·원생대에 형성된 암석으로 오랜기간 열과 압력을 받아 성질이 변화하였다.

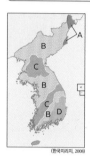
(한국지리지, 2008)

	(가)	(나)
①	A	C
②	B	A
③	B	D
④	C	B
⑤	C	D

개념 가이드

석회암은 ❶ [　　] 조선 누층군에 주로 분포하며 변성암은 ❷ [　　] 에 형성된 암석으로 한반도에서 가장 넓게 분포한다.

답 ❶ 고생대 ❷ 시·원생대

대표 예제 9

자료의 (가) 지형에 대한 설명으로 옳지 않은 것은?

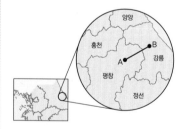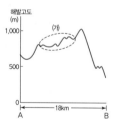

① 과거에 한반도가 평탄했다는 증거이다.
② 신생대 제3기 지반의 융기로 형성되었다.
③ 목축업과 풍력 발전 단지로 이용되기도 한다.
④ 기반암의 차별 침식으로 형성된 분지 지형이다.
⑤ 여름철 서늘한 기후를 이용한 고랭지 농업이 발달하였다.

개념 가이드

침식 분지는 기존의 ❶ [　　] 암에 중생대 화강암이 관입되어 기반암의 ❷ [　　] 침식으로 형성된 지형이다.

답 ❶ 변성 ❷ 차별

대표 예제 10

다음 자료에 대한 설명으로 옳은 것은? (단, A, B는 각각 돌산, 흙산 중 하나임.)

〈우리나라 지질 시대별 주요 지각 운동〉

지질 시대	시·원생대		고생대			중생대			신생대	
	시생대	원생대	캄브리아기	…	석탄기-페름기	트라이아스기	쥐라기	백악기	제3기	제4기
지질 계통	변성암 복합체		(가)	(결층)	평안 누층군		대동 누층군	경상 누층군	제3계	제4계
주요 지각 운동	변성 작용		조륙 운동				송림 변동	(나) 불국사 변동	(다)	화산 활동

A

B

① 제주도 화산체는 (나)에 의해 형성되었다.
② 화강암은 대부분 (다)에 의해 형성되었다.
③ B의 주된 기반암은 A의 주된 기반암보다 형성 시기가 이르다.
④ A의 주된 기반암은 (가)의 대부분을 차지한다.
⑤ B의 주된 기반암은 (나)에 의해 형성되었다.

개념 가이드

우리나라 대부분의 화강암은 ❶ [　　] 지각 변동으로 관입되었다. 돌산의 대부분은 화강암이며 금강산, 설악산, 북한산 등이 대표적이다. 흙산은 시·원생대의 ❷ [　　] 이 오랫동안 풍화 작용을 받아 형성된 산지이다.

답 ❶ 중생대 ❷ 편마암

대표 예제 11

지도의 (가), (나) 지형에 대한 설명으로 옳은 것은?

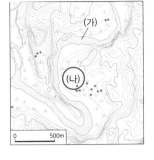

0 500m

① (가)는 하천의 중·하류에서 발달한다.

② (가)는 하방 침식보다 측방 침식이 활발하다.

③ (나)에서는 주로 논농사가 이루어진다.

④ (나)는 하천의 공격 사면에 잘 발달한다.

⑤ (가), (나) 모두 지반 융기의 영향으로 형성되었다.

개념 가이드

산지 사이를 흐르는 [❶] 곡류 하천 주변에서는 계단 모양의 [❷] 단구가 나타나기도 한다.

답 ❶ 감입 ❷ 하안

대표 예제 12

다음 자료는 하천의 유역 분지를 나타낸 것이다. ㉠ 지점과 비교한 ㉡ 지점의 상대적 특징으로 옳은 것만을 〈보기〉에서 고른 것은?

하천의 분수계

㉠

㉡

0 50km

*유역 분지 내 지질 분포는 단일하며, 지각 운동은 없음.

보기

ㄱ. 평균 유량이 많다.

ㄴ. 퇴적물의 원마도가 높다.

ㄷ. 하천 유로의 경사도가 높다.

ㄹ. 퇴적물의 평균 입자 크기가 크다.

① ㄱ, ㄴ ② ㄱ, ㄷ ③ ㄴ, ㄷ

④ ㄴ, ㄹ ⑤ ㄷ, ㄹ

개념 가이드

하천 상류는 하류보다 퇴적물 입자 크기가 [❶], 원마도가 낮고, 평균 유량이 [❷], 하천 유로의 경사도가 높다.

답 ❶ 크고 ❷ 적고

대표 예제 13

지도의 A~E에 대한 설명으로 옳지 않은 것은?

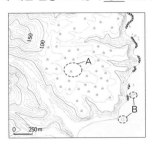

0 250m

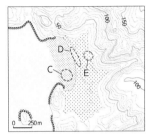

0 250m

① A는 지반의 융기나 해수면의 하강으로 형성되었다.

② B는 파랑의 에너지가 분산되는 만에서 잘 발달한다.

③ C는 조류의 퇴적 작용으로 형성되었다.

④ D는 파랑과 연안류에 의해 모래가 퇴적되어 형성되었다.

⑤ E는 D보다 퇴적물의 평균 입자 크기가 작다.

개념 가이드

파랑과 연안류에 의해 모래가 퇴적된 [❶]은 해수욕장으로 이용된다. 사빈의 모래가 바람에 의해 이동하여 사빈의 배후에 퇴적되어 형성된 모래 언덕을 [❷]라고 한다.

답 ❶ 사빈 ❷ 해안 사구

1주 4일 교과서 대표 전략 ②

01 다음은 대동여지도의 일부이다. 이에 대한 설명으로 옳은 것은?

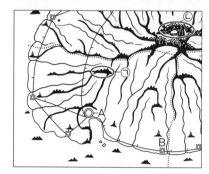

① A에는 성곽이 없다.
② A에서 B까지의 거리는 50리 이상이다.
③ ㉠은 ㉡보다 산지의 규모가 크다.
④ 통신을 위한 시설은 주로 내륙에 위치한다.
⑤ 지도 내의 모든 하천에서는 배가 다닐 수 없다.

> **Tip**
> 배가 다닐 수 있는 하천은 ❶ [　　　]으로 표시하며, 두 지점 간의 거리는 ❷ [　　　]의 개수로 파악할 수 있다.

립 ❶ 쌍선 ❷ 방점

02 (가)~(라) 지역에 대한 설명으로 옳은 것은?

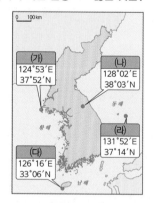

① (가)는 우리나라 영토의 최서단에 해당한다.
② (나)는 우리나라의 표준 경선이 지나는 곳이다.
③ (다)에는 우리나라의 종합 해양 과학 기지가 있다.
④ (라)는 (가)보다 일몰 시각이 이르다.
⑤ (다)와 (라)는 영해 설정 시 직선 기선을 적용한다.

> **Tip**
> 우리나라 표준 경선은 동경 135°이며 본초 자오선(0°)이 지나는 영국의 표준시보다 ❶ [　　　]시간이 빠르다. ❷ [　　　]에는 종합 해양 과학 기지가 있다.

립 ❶ 9 ❷ 이어도

03 (가), (나)는 조선 시대 지리지이다. 이에 대한 설명으로 옳은 것은?

(가)	(나)
원주목(原州牧) [건치 연혁] 본래 고구려의 평원군이다.… [진관] 도호부가 1 춘천, 군이 3 정선·영월·평창… [형승] 동쪽에는 치악이 서리고, 서쪽에는 성악이 달린다.… [산천] 치악산은 주의 동쪽 25리에 있는 진산이다. [토산] …영양, 잣, 오미자…	영월의 서쪽에 있는 원주는 감사가 다스리던 곳인데, 서쪽으로 250리 거리에 한양이 있다. 동쪽은 고개와 산기슭으로 이루어졌고, …(중략)… 산골짜기 사이에 고원 분지가 열려서 맑고 깨끗하여 그리 험준하지는 않다. 두메에 가깝기 때문에 난리가 나도 숨어 피하기 쉽고, 서울과 가까워 세상이 평안하면 벼슬길에 나아가기가 쉽기 때문에 한양의 사대부들이 이곳에 살기를 즐겼다.

① (가)는 통치를 위한 목적으로 제작되었다.
② (가)는 주제를 중심으로 체계적으로 서술되었다.
③ (나)는 조선 전기에 제작되었다.
④ (나)는 백과사전식으로 서술되었다.
⑤ (가)는 (나)보다 지역에 대한 개인의 주관적 해석이 많이 반영되었다.

> **Tip**
> 관찬 지리지는 주로 조선 ❶ [　　　]에 국가 통치에 필요한 자료를 수집하기 위해 제작되었고, 사찬 지리지는 조선 후기 국토를 실용적으로 파악하려는 ❷ [　　　]들에 의해 제작되었다.

립 ❶ 전기 ❷ 실학자

04 자료의 ㉠~㉤에 대한 설명으로 옳지 <u>않은</u> 것은?

> 중생대에 발생한 세 차례의 지각 운동은 한반도 지형 형성에 큰 영향을 주었다. ㉠ 중생대 초기에 한반도 북부를 중심으로 지각 운동이 일어나 지질 구조선이 형성되었다. 이어 ㉡ 대보 조산 운동으로 또 다른 지질 구조선이 만들어졌고, 그 과정에서 많은 마그마가 ㉢ 시·원생대에 형성되던 암석에 관입되어 대보 화강암이 형성되었다. 중생대 후기 백악기에는 ㉣ 경상 분지의 퇴적암이 형성되었고, 일부 지역에 마그마가 관입되어 불국사 ㉤ 화강암이 형성되었다.

① ㉠ – 랴오둥 방향의 지질 구조선이 형성되었다.
② ㉡ – 중생대의 지각 변동 중 가장 규모가 크다.
③ ㉢ – 흙산의 주된 기반암이다.
④ ㉣ – 갈탄이 매장되어 있다.
⑤ ㉤ – 돌산의 주된 기반암이다.

Tip
중생대 ❶ ☐☐☐ 변동으로 랴오둥 방향의 구조선이, 대보 조산 운동으로 ❷ ☐☐ 방향의 지질 구조선이 만들어졌다.

🔒 ❶ 송림 ❷ 중국

05 지도는 빙기와 후빙기의 해안선을 나타낸 것이다. (가) 시기와 비교한 (나) 시기의 특징으로 옳은 것만을 〈보기〉에서 고른 것은?

• 보기 •
ㄱ. 연평균 기온이 낮다.
ㄴ. 화학적 풍화 작용이 활발하다.
ㄷ. 육지의 평균 해발 고도가 높다.
ㄹ. 육지에서 빙하로 덮인 면적이 좁다.

① ㄱ, ㄴ ② ㄱ, ㄷ ③ ㄴ, ㄷ ④ ㄴ, ㄹ ⑤ ㄷ, ㄹ

Tip
빙기에는 해수면이 하강하여 육지의 면적이 ❶ ☐☐ 되고 ❷ ☐☐ 풍화 작용이 활발하다.

🔒 ❶ 확대 ❷ 물리적

06 다음 글의 ㉠~㉤에 대한 설명으로 옳은 것만을 〈보기〉에서 고른 것은?

> 하천의 퇴적 작용으로 형성된 충적 평야에는 ㉠ 선상지, ㉡ 범람원, 삼각주가 있다. ㉠ 선상지는 산지와 평지가 만나는 골짜기 입구에 유속의 감소로 하천이 운반하던 물질이 쌓여 형성된 지형이다. ㉡ 범람원은 범람에 의해 하천의 양안에 운반된 물질이 쌓여 형성되며, 주로 ㉢ 자연 제방과 ㉣ 배후 습지로 구성된다. 삼각주는 바다로 흘러드는 하천의 하구에 토사가 쌓여 형성된 지형이다.

• 보기 •
ㄱ. ㉠은 선정, 선앙, 선단으로 구성된다.
ㄴ. ㉠은 ㉡보다 우리나라에서 쉽게 볼 수 있다.
ㄷ. ㉢은 ㉣보다 홍수 피해가 적으며, 주로 밭으로 이용된다.
ㄹ. ㉣은 ㉢보다 퇴적물의 평균 입자 크기가 크며 투수성이 높다.

① ㄱ, ㄴ ② ㄱ, ㄷ ③ ㄴ, ㄷ ④ ㄴ, ㄹ ⑤ ㄷ, ㄹ

Tip
하천 중·상류에는 산지와 평지가 만나는 골짜기 입구에 토사가 쌓여 ❶ ☐☐☐ 가 형성된다. 선상지는 선정, 선앙, ❷ ☐☐ 으로 구성된다.

🔒 ❶ 선상지 ❷ 선단

07 사진의 A~E에 대한 설명으로 옳은 것은? (단, A~E는 각각 사구, 사빈, 사주, 석호, 해식애 중 하나임.)

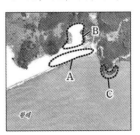 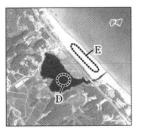

① D의 물은 농업용수 및 식수로 사용할 수 있다.
② E는 파랑과 연안류의 퇴적 작용으로 형성되었다.
③ A는 C보다 파랑의 에너지가 집중된다.
④ B는 A보다 퇴적물의 평균 입자 크기가 크다.
⑤ A와 E는 조류의 퇴적 작용으로 형성되었다.

Tip
해안 사구는 ❶ ☐☐ 의 모래가 바람에 날려 퇴적된 언덕으로, 사빈보다 퇴적물의 입자 크기가 ❷ ☐☐ .

🔒 ❶ 사빈 ❷ 작다

01 지도의 A~D에 대한 설명으로 옳은 것만을 <보기>에서 고른 것은?

----- 한국 영해선

• 보기 •

ㄱ. A에는 우리나라의 종합 해양 과학 기지가 있다.

ㄴ. B는 배타적 경제 수역에 해당한다.

ㄷ. C는 직선 기선이 적용되는 영해이다.

ㄹ. D는 한일 어업 협정에 의한 중간 수역이다.

① ㄱ, ㄴ   ② ㄱ, ㄷ   ③ ㄴ, ㄷ
④ ㄴ, ㄹ   ⑤ ㄷ, ㄹ

02 다음 지도에 대한 설명으로 옳은 것만을 <보기>에서 있는 대로 고른 것은?

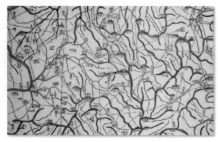

• 보기 •

ㄱ. 목판본으로 제작되었다.

ㄴ. 분첩 절첩식으로 제작되었다.

ㄷ. 우리나라 최초로 축척을 사용하였다.

ㄹ. 지도표를 통해 지리 정보를 표현하였다.

① ㄱ, ㄷ   ② ㄴ, ㄹ   ③ ㄱ, ㄴ, ㄷ
④ ㄱ, ㄴ, ㄹ   ⑤ ㄴ, ㄷ, ㄹ

03 (가), (나) 지리지에 대한 설명으로 옳지 <u>않은</u> 것은?

(가) [건치 연혁] 본래 백제의 남한산성이다. 성종(成宗) 2년에 처음으로 12목(牧)을 두었는데 광주(廣州)는 그 하나이다.

[군명] 남한산·한산주·한주·회안(淮安)·봉국군(奉國軍)

[형승] 한수(漢水)의 남쪽으로 토양이 기름지다. 백제 시조 온조의 말이다. 고적(古跡) 편에 나타나 있다. 면이 모두 높은 산이다.

(나) 여주 서쪽이 광주(廣州)이다. 석성산(石城山)에서 나온 한 가지가 북쪽으로 한강 남쪽에 가서 된 고을인데 읍은 만 길 산꼭대기에 있다. 광주의 서편은 수리산이며 안산(安山) 동쪽에 있다. 여기에서 서북쪽으로 뻗은 산맥이 수리산맥 중에서 가장 긴 맥이다.

① (가)는 백과사전식으로 서술되었다.

② (가)는 조선 전기에 국가 주도로 제작되었다.

③ (나)는 조선 후기 실학사상의 영향을 받았다.

④ (나)는 특정 주제를 종합적이고 체계적으로 서술하였다.

⑤ (가)는 (나)보다 개인의 주관적 견해가 많이 담겨 있다.

04 그래프는 최후 빙기 해수면 변동을 나타낸 것이다. (가) 시기에 대한 설명으로 옳은 것만을 <보기>에서 고른 것은?

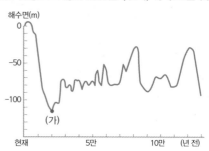

• 보기 •

ㄱ. 육지 면적이 축소되었을 것이다.

ㄴ. 산지의 식생 밀도가 낮아졌을 것이다.

ㄷ. 화학적 풍화 작용이 활발해졌을 것이다.

ㄹ. 하천 상류에서 퇴적 작용이 활발해졌을 것이다.

① ㄱ, ㄴ   ② ㄱ, ㄷ   ③ ㄴ, ㄷ
④ ㄴ, ㄹ   ⑤ ㄷ, ㄹ

05 (가), (나)의 분포를 나타낸 지도를 〈보기〉에서 고른 것은?

> • [(가)]에서는 고생대 삼엽충 화석이 발견되며, 석회동굴, 돌리네 등 카르스트 지형을 볼 수 있다.
> • [(나)]에서는 화산, 용암 대지 등의 화산 지형을 볼 수 있다.

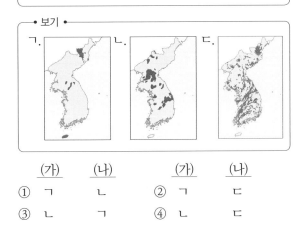

• 보기 •

	(가)	(나)		(가)	(나)
①	ㄱ	ㄴ	②	ㄱ	ㄷ
③	ㄴ	ㄱ	④	ㄴ	ㄷ
⑤	ㄷ	ㄱ			

06 그림은 곡류 하천의 유로 변경 과정을 나타낸 것이다. 이에 대한 설명으로 옳은 것만을 〈보기〉에서 고른 것은? (단, A, B는 침식 사면, 퇴적 사면 중 하나임.)

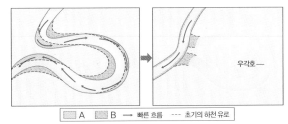

우각호―

▨ A ▨ B ⟶ 빠른 흐름 --- 초기의 하천 유로

• 보기 •

> ㄱ. A는 침식 사면, B는 퇴적 사면이다.
> ㄴ. B는 A보다 하천의 수심이 깊다.
> ㄷ. 우각호는 시간이 지날수록 규모가 확대된다.
> ㄹ. 그림과 같은 현상은 감입 곡류 하천보다 자유 곡류 하천에서 활발하다.

① ㄱ, ㄴ   ② ㄱ, ㄷ   ③ ㄱ, ㄹ
④ ㄴ, ㄹ   ⑤ ㄷ, ㄹ

07 선상지와 삼각주를 비교했을 때, 그래프의 (가), (나)에 들어갈 항목으로 적절한 것은?

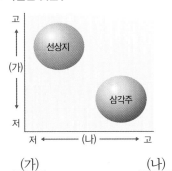

	(가)	(나)
①	평균 해발 고도	퇴적물의 평균 입자 크기
②	퇴적물의 원마도	평균 해발 고도
③	퇴적물의 원마도	퇴적물의 평균 입자 크기
④	퇴적물의 평균 입자 크기	평균 해발 고도
⑤	퇴적물의 평균 입자 크기	퇴적물의 원마도

08 지도의 A 지형에 대한 특징으로 옳은 것은?

① 조차가 큰 곳에서 발달한다.
② 후빙기 해수면 상승으로 형성되었다.
③ 밭농사보다 논농사가 주로 행해진다.
④ 빗물과 지하수의 용식 작용으로 형성되었다.
⑤ 둥근 자갈과 모래로 구성된 퇴적층을 볼 수 있다.

창의·융합·코딩 전략

1 우리나라의 영역

다음은 학생이 작성한 형성 평가지의 일부이다. 학생이 옳게 답한 것만을 고른 것은?

> **주제: 우리나라의 영해**
>
> △학년 □반 이름: ○○○
>
> ※ 옳은 진술이면 '예', 틀린 진술이면 '아니요'에 ∨표를 하시오.
>
> 질문: 우리나라의 영해 특성 중 한 가지를 서술하시오.
> 1. 영해의 범위는 모든 지역에서 12해리까지로 설정되었다.
>   예□아니요☑·· ㄱ
> 2. 독도와 마라도는 영해 설정 시 통상 기선을 적용한다.
>   예☑아니요□ ····································· ㄴ
> 3. 서해안에서 이루어진 간척 사업으로 영해의 범위가 확대되었다.
>   예☑아니요□ ····································· ㄷ
> 4. 해양 조사 및 측량을 위한 외국 선박의 출입은 제한된다.
>   예□아니요☑ ····································· ㄹ

① ㄱ, ㄴ ② ㄱ, ㄷ ③ ㄴ, ㄷ
④ ㄴ, ㄹ ⑤ ㄷ, ㄹ

Tip

영해는 연안국의 주권이 미치는 범위이며, 영해의 범위는 일반적으로 기선에서 12해리까지이다. 우리나라의 동해안, 제주도, 울릉도, 독도 등은 **❶**□□□ 기선을, 섬이 많은 서·남해안은 **❷**□□□ 기선을 적용한다.

🔑 ❶ 통상 ❷ 직선

2 주요 섬의 위치와 특징

(가)~(다) 섬에 대한 설명으로 옳은 것만을 〈보기〉에서 고른 것은?

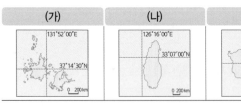

(가)	(나)	(다)
131°52′00″E / 37°14′30″N / 0 200km	126°16′00″E / 33°07′00″N / 0 200km	130°50′00″E / 37°30′00″N / 0 2km

> **보기**
> ㄱ. (가)는 (나)보다 우리나라의 표준 경선과 가깝다.
> ㄴ. (나)는 (다)보다 연평균 기온이 높다.
> ㄷ. (다)는 (가)보다 일출 시각이 이르다.
> ㄹ. (가), (나), (다) 모두 직선 기선을 적용하여 영해를 설정한다.

① ㄱ, ㄴ ② ㄱ, ㄷ ③ ㄴ, ㄷ
④ ㄴ, ㄹ ⑤ ㄷ, ㄹ

Tip

❶□□□는 우리나라의 표준 경선과 가장 가까운 섬이며, 최동단에 위치하여 일출 시각이 가장 **❷**□□□.

🔑 ❶ 독도 ❷ 이르다

3 고지도의 특징

(가), (나) 지도에 대한 설명으로 옳은 것만을 〈보기〉에서 고른 것은?

(가)	(나)
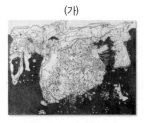	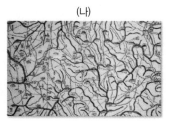

> **보기**
> ㄱ. (가)는 신대륙을 포함하고 있다.
> ㄴ. (나)는 민간 주도로 제작되었다.
> ㄷ. (가)는 (나)보다 제작 시기가 이르다.
> ㄹ. (가), (나) 모두 중화사상이 반영되었다.

① ㄱ, ㄴ ② ㄱ, ㄷ ③ ㄴ, ㄷ
④ ㄴ, ㄹ ⑤ ㄷ, ㄹ

Tip

혼일강리역대국도지도는 조선 전기에 **❶**□□□ 주도로 제작된 세계 지도로, **❷**□□□ 사상이 반영되었으며, 아시아, 유럽, 아프리카가 표현되어 있다.

🔑 ❶ 국가 ❷ 중화

4 통계 지도의 특징

다음 글의 밑줄 친 내용을 표현할 때 가장 적합한 통계 지도로 옳은 것은?

> 서울과 경기를 중심으로 지나치게 집중된 인구로 인해 수도권은 집적의 불이익이 나타나고 있다. 이에 정부는 인구의 지방 분산을 위해 지방 육성 정책을 실시하고 있다. 특히 수도권과 인접하고 교통이 발달한 충청권 지역으로 인구의 이동이 활발하게 이루어지고 있다.

① 점묘도 ② 유선도 ③ 등치선도
④ 단계 구분도 ⑤ 도형 표현도

Tip

유선도는 사람이나 물자의 이동 방향과 이동량을 화살표의 **❶**□□□과 선의 **❷**□□□로 표현하는 통계 지도이다.

🔑 ❶ 방향 ❷ 굵기

5 대동여지도의 특징

다음은 오늘날 대동여지도를 보고 여행한 작가의 기록이다. (가)~(다) 여행지를 지도의 A~C에서 고른 것은?

(가)	이곳에서 두 고을 간의 거리의 합은 약 80리로 표현되었지만, 위성 지도로 살펴보니 그것보다는 더 먼 것으로 보인다. 고산성과 봉수가 멀지 않고 성곽이 있었던 것 같다.
(나)	이곳은 사통팔달의 교통 요지였다고 표현되어 있지만, 지금은 주요 도로에서 한발 물러나 있다. 북으로는 배가 다닐 수 있는 하천을 직접 마주할 수 있지만, 지금은 기능하지 않는다.
(다)	이곳은 가까운 역참, 봉수와의 거리가 채 10리가 되지 않았다. 하지만 눈을 씻고 찾아봐도 봉수를 설치할 만한 공간은 존재하지 않는 것 같다.

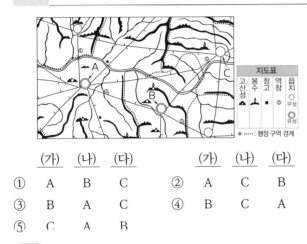

지도표

고산성	봉수	창고	역참	읍치
▲	♦	■	⊕	○ 무성 / ◎ 유성

＊‥‥‥ : 행정 구역 경계

	(가)	(나)	(다)		(가)	(나)	(다)
①	A	B	C	②	A	C	B
③	B	A	C	④	B	C	A
⑤	C	A	B				

Tip

대동여지도는 10리마다 ❶ 을 찍어 대략적인 거리를 확인할 수 있다. ❷ 은 공공 업무를 위한 교통·통신 시설이다.

답 ❶ 방점 ❷ 역참

6 지역 조사 과정

다음은 학생이 작성한 지역 조사 계획서의 일부이다. 이에 대한 설명으로 옳은 것만을 〈보기〉에서 있는 대로 고른 것은?

〈○○시 지역 조사 계획서〉

– ○○시 ㉠ 고등학교별 학생들의 거주지 분포를 주제로 설정한다.
– ㉡ 고등학교별 주소를 홈페이지를 통해 파악한다.
– 고등학교를 방문하여 학생들에게 거주지를 묻는 ㉢ 설문 및 면담 조사를 실행한다.
– 조사 자료를 바탕으로 각 고등학교의 ㉣ 지역별 통학 인구 비율을 통계 지도로 표현한다.
– 고등학교별 학생들의 거주지 분포를 분석한 결과를 보고서로 정리한다.

• 보기 •
ㄱ. ㉠은 등치선도로 표현하는 것이 가장 적합하다.
ㄴ. ㉡은 지리 정보 유형 중 공간 정보에 해당한다.
ㄷ. ㉢은 야외 조사에 해당한다.
ㄹ. ㉣은 단계 구분도로 표현는 것이 가장 적합하다.

① ㄱ, ㄴ
② ㄷ, ㄹ
③ ㄱ, ㄴ, ㄷ
④ ㄱ, ㄷ, ㄹ
⑤ ㄴ, ㄷ, ㄹ

Tip

지리 정보의 종류에는 장소의 위치나 형태를 나타내는 ❶ 정보, 장소의 특성을 나타내는 ❷ 정보, 다른 장소와의 관계를 나타내는 관계 정보가 있다.

답 ❶ 공간 ❷ 속성

7 한반도의 암석 분포

(가), (나) 암석과 관련 있는 지형을 고른 것은?

A

C

B

D

	(가)	(나)
①	A	B
②	A	D
③	C	B
④	D	A
⑤	D	C

Tip

고생대 초기 얕은 바다에서 형성된 석회암은 시멘트의 원료로 이용되며 고생대 ❶ 에 주로 분포한다. 중생대 마그마 관입으로 형성된 ❷ 은 건축 재료 등으로 이용된다.

답 ❶ 조선 누층군 ❷ 화강암

8 한반도 지각 변동의 특징

다음 자료의 (가)~(다) 지각 변동에 대한 설명으로 옳은 것만을 〈보기〉에서 고른 것은?

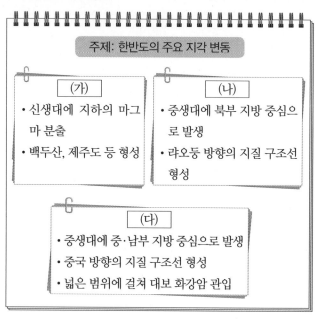

주제: 한반도의 주요 지각 변동

(가)
• 신생대에 지하의 마그마 분출
• 백두산, 제주도 등 형성

(나)
• 중생대에 북부 지방 중심으로 발생
• 랴오둥 방향의 지질 구조선 형성

(다)
• 중생대에 중·남부 지방 중심으로 발생
• 중국 방향의 지질 구조선 형성
• 넓은 범위에 걸쳐 대보 화강암 관입

보기

ㄱ. (가)의 영향으로 1차 산맥이 형성되었다.
ㄴ. (나)는 고위 평탄면과 하안 단구 형성에 영향을 주었다.
ㄷ. (다)의 영향으로 형성된 기반암은 돌산을 형성하는데 영향을 주었다.
ㄹ. (나)는 (다)보다 형성 시기가 이르다.

① ㄱ, ㄴ ② ㄱ, ㄷ ③ ㄴ, ㄷ
④ ㄴ, ㄹ ⑤ ㄷ, ㄹ

Tip

한반도 지각 변동은 중생대부터 활발해졌다. 중생대 초기 ❶ 변동으로 랴오둥 방향의 구조선이 발달하고, 중생대 중기 ❷ 운동으로 중국 방향의 구조선과 대규모의 화강암 관입이 일어났다.

답 ❶ 송림 ❷ 대보 조산

9 하천 지형의 특징

다음은 학생이 하천을 소재로 만든 시조의 일부이다. 밑줄 친 (가), (나)에 해당하는 지형을 지도의 A~D에서 바르게 찾은 것은?

- 경동성 요곡 운동에 지반이 융기하니
  하천은 갈 길 잃고 산 속을 휘감아 돌며
  강바닥 파고들어 (가) 하안 단구 만드누나
- 넓은 들판 그 사이로 하천이 흘러들고
  뱀과 같이 구불구불 정처 없이 지나갈 제
  하중도 (나) 우각호와 구하도를 만드누나

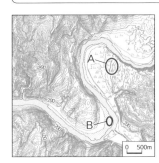

	(가)	(나)
①	A	B
②	A	C
③	B	D
④	D	B
⑤	D	C

Tip

하안 단구는 지반의 [❶]로 하방 침식이 강화되면서 형성된 계단 모양의 지형으로 농경지, 취락, 교통로 등으로 이용된다. [❷]는 하천 일부가 본래의 하천에서 분리되어 생긴 소뿔 모양의 호수를 말한다.

[답] ❶ 융기 ❷ 우각호

10 해안 지형의 특징

다음 자료는 다큐멘터리 촬영을 위한 장면 설정의 일부이다. A~D 지형에 대한 설명으로 옳은 것만을 〈보기〉에서 고른 것은?

전북 ○○에서 파도가 만들어 낸 절경을 담아 낸다.

강원도 ◇◇에서 바다와 호수가 어우러진 아름다운 경관을 촬영한다.

┌ • 보기 • ─────────────────────
│ ㄱ. A는 주로 만에서 볼 수 있는 지형이다.
│ ㄴ. A가 후퇴하면서 B가 확대된다.
│ ㄷ. C의 규모는 점차 축소된다.
│ ㄹ. D는 조류의 퇴적 작용으로 형성된다.
└──────────────────────────

① ㄱ, ㄴ   ② ㄱ, ㄷ   ③ ㄴ, ㄷ
④ ㄴ, ㄹ   ⑤ ㄷ, ㄹ

Tip

석호는 [❶] 해수면 상승으로 형성된 만의 전면에 파랑과 연안류의 [❷] 작용으로 형성된 사주가 가로막아 형성된 호수이다.

[답] ❶ 후빙기 ❷ 퇴적

Ⅱ. 지형 환경과 인간 생활 ② ~
Ⅳ. 거주 공간의 변화와 지역 개발 ①

4강 기후 환경과 인간 생활 ② ~ 거주 공간의 변화와 지역 개발 ①

개념 ❶ | 화산 지형과 카르스트 지형

(1) 화산 지형

① **백두산**: 전체적으로 순상 화산이고 정상부는 종상 화산, 정상에 칼데라호인 천지 형성

② **울릉도**: 종상 화산이며, 섬 중앙에 칼데라 분지인 나리 분지와 중앙 화구구인 알봉이 있는 이중 화산체

③ **독도**: 해저에서 분출된 마그마가 굳어 형성된 화산섬으로, 화산체 대부분이 해저에 있음.

④ **철원·평강 용암 대지**: 현무암질 용암의 열하 분출로 하곡이 메워져 형성

⑤ **제주도**: 한라산은 전체적으로 순상 화산이며 정상부는 종상 화산, 정상부에 화구호인 백록담 형성, ❶[　　　]동굴과 기생 화산 발달

(2) 카르스트 지형 석회암의 주성분인 탄산 칼슘이 용식 작용을 받아 형성된 지형(돌리네, 우발레, 석회동굴, 석회암 풍화토 등) ➡ 조선 누층군의 ❷[　　　] 지대에 발달

답 ❶ 용암 ❷ 석회암

> **Quiz**
> 한라산 중턱에서 용암이 추가 분출하여 생긴 작은 화산체를 오름 또는 (　　　)이라고 한다.

개념 ❷ | 우리나라의 기후 특성

(1) 기후의 이해

① **기후 요소**: 기온, 강수, 바람, 습도 등

② **기후 요인**: 위도, 수륙 분포, 지형, 해발 고도 등

(2) 우리나라의 기후 특성

① **주요 특징**: 대륙 동안에 위치하여 ❶[　　　]가 큰 대륙성 기후, 계절에 따라 풍향과 바람의 성질이 달라지는 계절풍 기후가 나타남.

② **기온**: 여름보다 겨울에 기온의 지역 차가 큼

③ **강수**: 연 강수량의 절반 이상이 여름에 집중, 북쪽으로 갈수록 연 강수량 감소

④ **바람**: 늦봄~초여름에 푄 현상에 의한 고온 ❷[　　　]한 북동풍인 높새바람이 붊.

답 ❶ 연교차 ❷ 건조

> **Quiz**
> 늦봄에서 초여름 사이에 부는 북동풍으로 영서·경기 지방에 가뭄 피해를 주는 바람을 (　　　)이라고 한다.

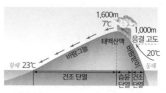

▲ 푄 현상

개념 ❸ | 기후와 주민 생활

(1) 기후 특성과 주민 생활

① **기온과 주민 생활**: 식생활(염장 식품, 김장 문화), 주생활(여름의 대청마루, 겨울의 온돌)

② **강수와 주민 생활**: 홍수가 자주 발생하는 지역 ➡ 터돋움집, 울릉도 ➡ 전통 가옥에 방설벽인 ❶[　　　] 설치

③ **바람과 주민 생활**: 겨울철 ❷[　　　] 계절풍을 막기 위한 배산임수 입지

④ **국지 기후**: 도시 열섬 현상, 기온 역전 현상

(2) 기후와 경제생활

① **기후와 농업**: 벼농사, 그루갈이, 고랭지 농업

② **기후와 생활**: 계절에 따른 기온 변화는 지역 축제, 여행, 스포츠 등에 영향을 미침.

답 ❶ 우데기 ❷ 북서

> **Quiz**
> 한 해에 두 가지 작물을 번갈아 심어 수확하는 농업 방식을 이모작 또는 (　　　)라고 한다.

01

다음 모식도의 A 지형에 대한 설명으로 옳지 않은 것은?

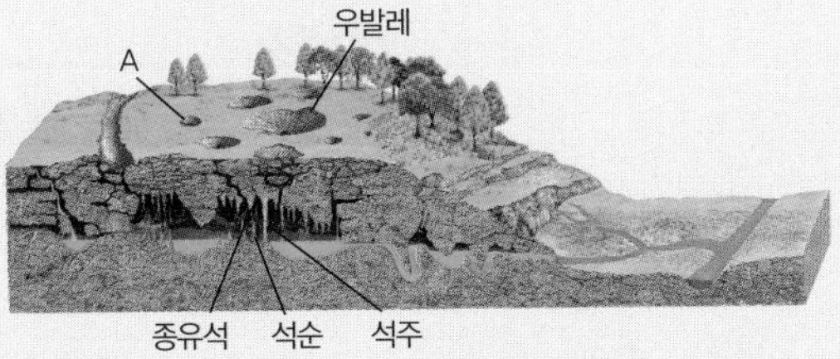

① 와지 모양이다.
② 카르스트 지형이다.
③ 밭으로 많이 이용된다.
④ 현무암이 용식되어 형성됐다.
⑤ A의 규모가 커지면 우발레라고 한다.

풀이 땅속의 ❶ [   ]이 녹아 원형 또는 타원형으로 움푹 파인 와지를 돌리네라고 하며, 배수가 잘되기 때문에 주로 ❷ [   ]으로 이용한다.

❶ 석회암 ❷ 밭 답 ④

01-1

다음 사진과 가장 관계 깊은 것은?

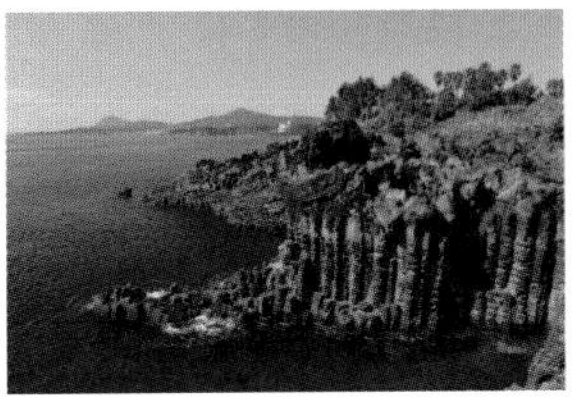

① 석회암
② 칼데라
③ 돌리네
④ 화산 지형
⑤ 카르스트 지형

02

오른쪽 지도는 강수의 지역 차를 나타낸 것이다. A, B가 가리키는 것을 각각 쓰시오.

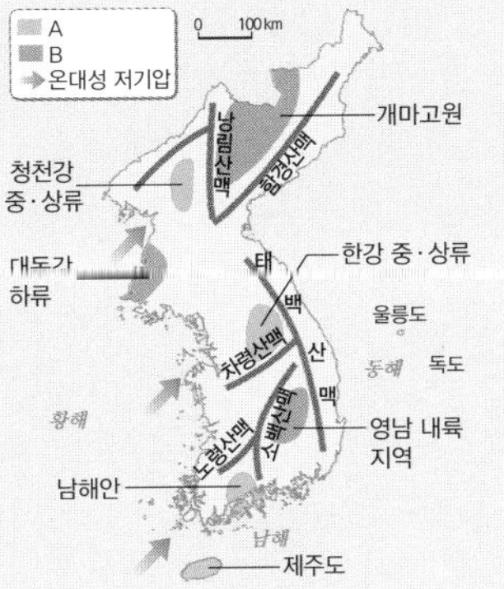

풀이 연 강수량은 대체로 ❶ [   ]쪽으로 갈수록 감소하며, ❷ [   ]과 풍향에 따라 지역 차가 발생한다. 주로 바람받이 지역이 다우지이고, 바람그늘 지역이 소우지이다.

❶ 북 ❷ 지형 답 A – 다우지, B – 소우지

02-1

다음 모식도가 표현한 기후 현상은?

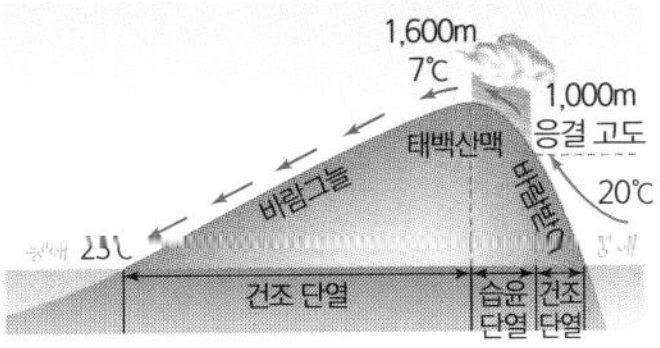

① 계절풍
② 푄 현상
③ 꽃샘추위
④ 대류성 강수
⑤ 기온 역전 현상

03

오른쪽 자료는 도시와 그 주변 지역의 기온 분포를 나타낸 것이다. 이와 같이 도심 지역의 기온이 주변 지역의 기온보다 높은 현상을 무엇이라고 하는지 쓰시오.

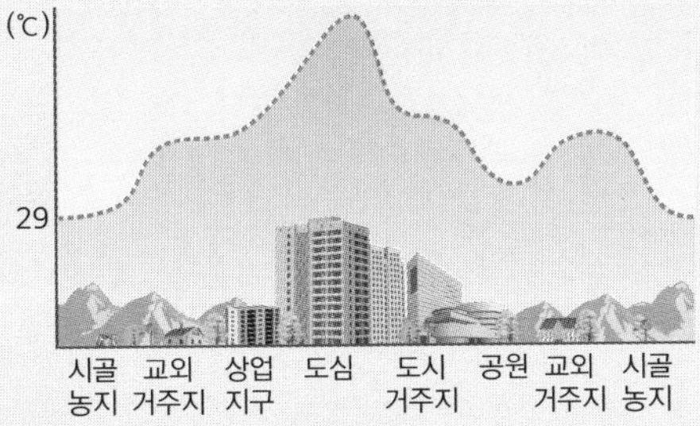

풀이 인공 열이 발생하여 도심 지역의 기온이 주변 지역보다 3~4℃ 높은 현상을 도시 ❶ [   ] 현상이라고 하며, 여름보다 ❷ [   ]에, 낮보다 새벽에 탁월하게 나타난다.

❶ 열섬 ❷ 겨울 답 도시 열섬 현상

03-1

사진은 홍수가 자주 발생하는 곳에서 볼 수 있는 가옥의 모습이다. 가옥의 명칭을 쓰시오.

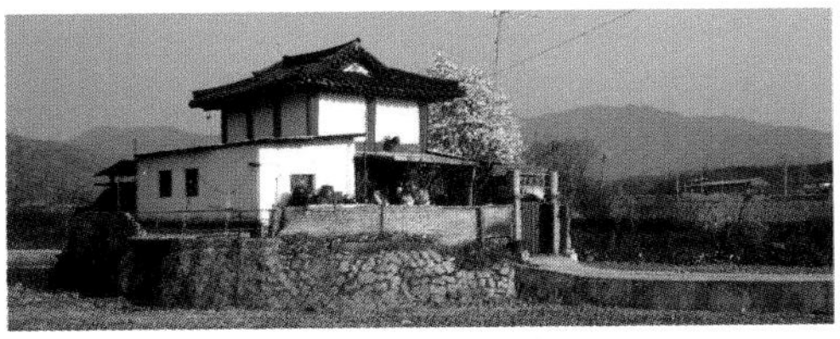

(   )

개념 ❶ │ 자연재해와 기후 변화

(1) 자연재해

① **기상 재해**: 태풍, 홍수, 폭설, 가뭄, 폭염 등

② **지형 재해**: 지진, 산사태, 화산 폭발

(2) 기후 변화

① 연평균 [❶] 상승(100년간 1.7℃ 상승), 연 강수량 증가

② 여름이 길어지고 겨울이 짧아짐, 작물 재배 가능 지역의 변화, [❷] 분포 면적 확대

(3) 우리나라의 식생과 토양

① **식생**: 저지대에서 고지대로 가면서 난대림, 온대림, 냉대림 순으로 분포

② **토양**: 성대 토양, 간대토양(테라로사, 현무암 풍화토 등)

답 ❶ 기온 ❷ 난대림

Quiz

태풍은 저위도 ( ) 해상에서 발생하여 중위도로 북상하며, 최대 풍속이 17m/s 이상인 폭풍우를 동반하는 열대 저기압이다.

개념 ❷ │ 촌락의 변화와 도시 발달

(1) 전통 촌락의 특징과 촌락의 변화

① **전통 촌락**: 배산임수의 입지, 집촌(농촌), [❶](산지촌)

② **촌락의 변화**: 청장년층·유소년층 인구 감소 ➡ 노동력 부족, 상업적 농업 확대

(2) 도시 발달과 도시 체계

① **도시의 발달**: 1960년대(급속한 도시화, [❷] 중심) ➡ 1970년대(남동 임해 공업 도시) ➡ 1980년대(대도시 주변 위성 도시 발달)

② **도시 체계**: 도시 사이에 기능적 상호 작용으로 형성되는 도시 간의 계층 질서로, 저차 중심지는 고차 중심지에 기능적으로 의존함. ➡ 우리나라는 수위 도시인 서울에 인구와 각종 기능이 집중된 종주 도시화 현상이 나타남.

답 ❶ 산촌 ❷ 대도시

Quiz

도시 사이의 상호 작용에 의해 나타나는 도시 간의 계층 질서를 (도시 체계 / 종주 도시화)라고 한다.

개념 ❸ │ 도시 구조와 대도시권

(1) 도시 내부 구조

① **도심**: 중심 업무 지구(CBD) 형성, [❶] 공동화 현상

② **부도심**: 교통의 결절점에 형성, 도심의 기능을 일부 분담

③ **중간 지역**: 도심 주변의 상업·공업·주거 기능이 혼재된 점이 지대

④ **주변 지역**: 도시와 농촌 경관 혼재, 공장, 아파트 단지 형성

⑤ **개발 제한 구역**: 시가지의 무질서한 팽창을 막고 녹지 공간의 보전을 위해 설정한 공간

(2) 대도시권의 형성과 확대

① **대도시권의 공간 구조**: 대도시 일일 생활권(중심 도시 + 통근 가능권) ➡ 우리나라에서는 [❷]이 가장 큰 대도시권, 1980년대 이후 신도시 건설과 함께 대도시권 확대

② **근교 농촌의 생활 변화**: 집약적 토지 이용, 상업적 농업 발달, 도시적 생활 양식 파급

답 ❶ 인구 ❷ 수도권

Quiz

(부도심 / 중간 지역)은 교통의 결절점에 위치하고, 도심의 각종 기능을 분담한다.

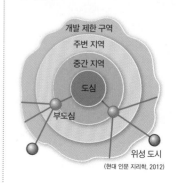

(현대 인문 지리학, 2012)

01

다음 지도가 표현하는 자연재해는?

① 태풍   ② 홍수   ③ 폭설   ④ 가뭄   ⑤ 지진

풀이 태풍 진행 방향의 ❶ [　　　] 반원은 태풍의 중심을 향해 불어 들어오는 바람과 편서풍이 부는 방향이 일치하는 ❷ [　　　] 반원이다.

❶ 오른쪽 ❷ 위험 **답** ①

01-1

기후 변화의 영향으로 나타나는 현상이 <u>아닌</u> 것은?

① 한류성 어종 감소
② 겨울철 지속 기간 증가
③ 냉대림 분포 면적 감소
④ 농작물 재배 북한계선의 북상
⑤ 한라산 식생 분포의 고도 한계 상승

02

오른쪽 그래프는 촌락 지역의 인구 변화를 나타낸 것이다. 이에 대한 설명으로 옳지 <u>않은</u> 것은?

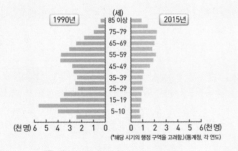

① 노동력이 부족해졌다.
② 청장년층 인구가 감소했다.
③ 유소년층 인구가 감소했다.
④ 산업화, 도시화와 관계 깊다.
⑤ 노년층 인구 비중이 감소했다.

풀이 농촌은 1970년대 이후 급속한 ❶ [　　　]로 청장년층이 유출되면서 인구의 ❷ [　　　]와 노동력 문제를 겪게 되었다.

❶ 도시화 ❷ 고령화 **답** ⑤

02-1

다음 내용과 같은 현상을 무엇이라 하는지 쓰시오.

> 인구 규모 1위 도시의 인구가 2위 도시의 인구보다 두 배 이상이 되는 현상

(　　　　　　　　　)

03

그림은 도시 내부 구조를 나타낸 것이다. A, B가 무엇인지 각각 쓰시오.

풀이 도심에는 중추 관리 기능, 전문 서비스업 등이 모여 있는 ❶ [　　　](CBD)가 나타난다. 부도심은 ❷ [　　　]이 편리하며, 사람들의 왕래가 많아 도심과 유사하게 금융 기관, 상업 시설 등이 들어서 있다.

❶ 중심 업무 지구 ❷ 교통 **답** A – 도심, B – 부도심

03-1

자료는 대도시권의 구조를 나타낸 것이다. A가 무엇인지 쓰시오.

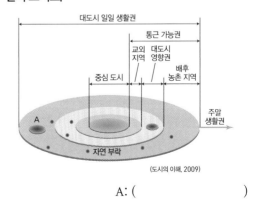

(도시의 이해, 2009)

A: (　　　　　　　　　)

2주 1일 개념 돌파 전략 ②

바탕 문제

우리나라의 대표적인 화산 지형은 무엇인가?

⇨ 우리나라의 대표적인 화산 지형으로는 우리나라에서 가장 높은 산인 **①** 과 기생 화산, 용암동굴 등이 많이 분포해 있는 **②** , 그리고 화산섬인 울릉도와 독도가 있다.

답 ❶ 백두산 ❷ 제주도

1 지도의 지역에 대한 설명으로 옳은 것은?

① 테라로사라고 불리는 토양이 분포한다.

② 강원도 남부와 경상북도 북부 일대이다.

③ 고생대 조선 누층군이 분포하는 지역이다.

④ 빗물에 석회암이 용식되어 형성된 지형이 많이 분포한다.

⑤ 소규모 용암 분출이나 화산 쇄설물에 의해 형성된 작은 화산체를 볼 수 있다.

바탕 문제

카르스트 지형에서 볼 수 있는 주요 지형은 무엇인가?

⇨ 지표면에서 석회암이 빗물에 용식되어 움푹 패인 지형인 **①** 와 석회암 지대에서 지하수의 용식 작용을 받아 형성된 **②** 등을 볼 수 있다.

답 ❶ 돌리네 ❷ 석회동굴

2 지도의 지역에 대한 설명으로 옳은 것만을 〈보기〉에서 고른 것은?

• 보기 •

ㄱ. 배수가 잘 이루어져 밭농사가 발달한다.

ㄴ. 유동성이 작고 점성이 큰 조면암이 많이 분포한다.

ㄷ. 시멘트 공업의 원료로 이용되는 암석이 많이 분포한다.

ㄹ. 한탄강 주변 지역으로 주상 절리 등의 지형을 볼 수 있다.

① ㄱ, ㄴ   ② ㄱ, ㄷ   ③ ㄴ, ㄷ   ④ ㄴ, ㄹ   ⑤ ㄷ, ㄹ

바탕 문제

여름과 겨울의 기압 배치는 어떠한가?

⇨ 여름에는 북태평양 고기압이 발달하고 한반도 북쪽에 저기압이 발달하여 **①** 형의 기압 배치가 나타난다. 겨울에는 대륙 내부에 시베리아 고기압이 발달하고, 일본 북동쪽 바다에 저기압이 발달하여 **②** 형의 기압 배치가 나타난다.

답 ❶ 남고북저 ❷ 서고동저

3 다음 일기도에 나타난 계절의 기후 특징으로 옳은 것은?

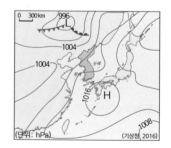

① 대류성 강수가 빈번하게 나타난다.

② 기온의 일교차가 가장 큰 계절이다.

③ 1년 중 산불 발생 빈도가 가장 높다.

④ 한랭 건조한 북서풍의 영향을 받는다.

⑤ 꽃샘추위와 황사가 나타나는 계절이다.

도시와 촌락의 특징은 무엇인가?

⇨ 도시는 촌락에 비해 토지를 **①** 으로 이용하는 반면 촌락은 조방적으로 이용한다. 또한 도시는 재화와 서비스를 제공하는 중심지 역할을 하는 반면 촌락은 도시의 **②** 에 해당하며, 도시에 식량과 여가 공간을 제공한다.

답 ① 집약적 ② 배후지

4 지도의 (가) 지역에 대한 (나) 지역의 상대적 특성으로 옳은 것만을 〈보기〉에서 고른 것은?

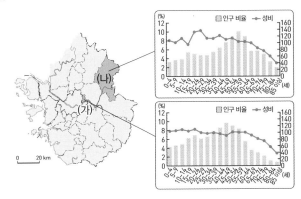

• 보기 •

ㄱ. 상업지의 평균 지가가 낮다.

ㄴ. 토지를 조방적으로 이용한다.

ㄷ. 2·3차 산업에 종사하는 주민 비율이 높다.

ㄹ. 재화와 서비스를 제공하는 중심지 역할을 한다.

① ㄱ, ㄴ　　② ㄱ, ㄷ　　③ ㄴ, ㄷ　　④ ㄴ, ㄹ　　⑤ ㄷ, ㄹ

대도시권의 공간 구조는 어떤 모습으로 나타나는가?

⇨ 대도시권은 중심 도시와 중심 도시로의 통근 가능권에 속하는 지역으로 구성된다. **①** 은 중심 도시와 인접해 주거·공업 기능 등의 도시 경관이 확대되는 지역이며, 배후 농촌 지역은 중심 도시로부터의 최대 **②** 가능 지역으로 상업적 원예 농업이 발달한다.

답 ① 교외 지역 ② 통근

5 자료는 대도시권의 공간 구조를 나타낸 것이다. 이에 대한 설명으로 옳지 않은 것은? (단, A~D는 각각 중심 도시, 위성 도시, 교외 지역, 배후 농촌 지역 중 하나임.)

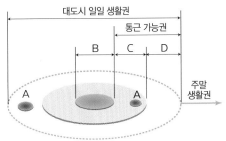

① B는 도시 내부 구조의 분화가 뚜렷하다.

② C는 도시 경관과 촌락 경관이 혼재되어 있다.

③ A는 B의 기능을 분담하는 위성 도시이다.

④ C는 D보다 주간 인구 지수가 높다.

⑤ D의 범위는 교통이 발달하면 확대될 수 있다.

필수 체크 전략 ①

전략 ❶ 우리나라의 화산 지형

✷우리나라에는 신생대 제3기 말~제4기에 형성된 화산 지형이 있다.

➡ 우리나라에서 가장 높은 산인 ❶〔   〕, 각종 화산 지형이 분포해 있는 제주도, 울릉도와 독도, 철원·평강 지역이 우리나라의 대표적인 화산 지형이다.

➡ 한라산은 점성이 작고 유동성이 큰 ❷〔   〕질 용암이 여러 차례 분출하여 만들어진 화산이며, 울릉도는 점성이 크고 유동성이 작은 조면암질 용암의 분출로 형성된 화산이다.

🔑 ❶ 백두산 ❷ 현무암

필수 예제 1

(1) 지도의 백두산 천지는 화구가 함몰된 곳에 물이 고여 만들어진 호수이다. 이러한 지형을 부르는 명칭을 쓰시오.

(2) 사진은 제주도의 해안에 형성된 다각형 기둥 형태의 지형 모습이다. 이러한 지형을 부르는 명칭을 쓰시오.

풀이

(1) 백두산 천지는 마그마가 분출한 이후 분화구 부근이 함몰되어 형성된 커다란 분지, 즉 칼데라에 물이 고여 형성된 호수이다.

🔑 칼데라호

(2) 제주도의 해안 지역에서는 용암이 급격히 냉각되는 과정에서 수축이 일어나면서 형성된 다각형 기둥 형태의 주상 절리를 볼 수 있다.

🔑 주상 절리

1-1

다음 글의 빈칸에 들어갈 용어를 쓰시오.

> 철원·평강, 연천 일대의 〔   〕는 현무암질 용암이 하곡을 메워 형성되었다. 주변에는 넓은 평야가 발달해 있으며, 주변의 수리 시설을 바탕으로 벼농사가 이루어지고 있다.

(   )

1-2

다음 글에서 설명하는 지형의 이름을 쓰시오.

> • 소규모 용암 분출이나 화산 쇄설물에 의해 형성된 작은 화산체
> • 제주도에서는 오름 또는 악이라고 부름.
> • 제주도에는 약 360여 개가 분포함.

(   )

전략 ❷ | 카르스트 지형

- 고생대 조선 누층군이 분포하는 일대에 카르스트 지형이 발달해 있다.
  → 카르스트 지형은 ❶ [   ]의 주성분인 탄산 칼슘이 빗물이나 지하수의 용식 작용을 받아 형성된다.

- ✦주요 카르스트 지형: 돌리네, 석회동굴, 석회암 풍화토(테라로사) 등
  → 카르스트 지형 중 석회암이 빗물에 용식되어 형성된 깔때기 모양의 지형을 ❷ [   ]라고 하며, 배수가 잘되기 때문에 주로 밭으로 이용된다.
  → 석회암의 용식 과정에서 남은 철분이 산화되어 형성된 붉은색 토양을 석회암 풍화토(테라로사)라고 한다.

🗒 ❶ 석회암 ❷ 돌리네

 필수 예제 2

(1) 다음 지도와 같이 분포하는 암석의 명칭을 쓰시오.

(2) 지도의 A에 나타나는 지형의 명칭을 쓰시오.

풀이

(1) 고생대 조선 누층군이 분포하는 강원도 남부, 충청북도 북동부, 경상북도 북부 일대를 중심으로 석회암이 많이 분포한다.

🗒 석회암

(2) 지도는 카르스트 지형이 나타나는 지역의 지도이다. 이 지도에서 A는 석회암의 용식 작용으로 형성된 돌리네를 의미하며, 움푹 파인 구덩이를 표시한 것이다.

🗒 돌리네

2-1

모식도는 카르스트 지형을 나타낸 것이다. 모식도에서 찾아 볼 수 없는 지형은?

① 석순   ② 종유석
③ 돌리네   ④ 석회동굴
⑤ 주상 절리

2-2

다음 글에서 설명하는 토양의 이름은?

> 석회암이 용식된 후 남은 철분 등이 산화되어 형성된 붉은색 토양으로 배수가 잘 이루어진다. 따라서 이 토양으로 이루어진 지역은 논농사보다는 밭농사가 주로 이루어진다.

① 흑토   ② 포드졸
③ 테라로사   ④ 라테라이트
⑤ 현무암질 풍화토

전략 ❸ | 우리나라의 기후 특징

● **기후 요소와 기후 요인**: 기후를 구성하는 대기 현상인 기후 요소에는 기온, 강수, 바람, 습도 등이 있고, 기후 요소에 영향을 미치는 요인인 기후 요인에는 위도, 수륙 분포, 지형, 해발 고도 등이 있다.

✿ **우리나라의 기후 특징**

➡ 냉대 및 온대 기후: 북반구 중위도에 위치하여 [❶　　　　]이 뚜렷하다.

➡ 대륙성 기후: 유라시아 대륙 동안에 위치하여 비슷한 위도의 대륙 서안에 비해 기온의 [❷　　　　]가 크다.

➡ 계절풍 기후: 계절에 따라 풍향과 바람의 성질이 다른 계절풍의 영향을 받아 겨울철에는 한랭 건조한 북서 계절풍이 불고, 여름철에는 고온 다습한 남동·남서 계절풍이 분다.

➡ 높새바람: 늦봄에서 초여름 사이 북동풍이 태백산맥을 넘으면서 푄 현상을 일으켜, 영서 지방에 부는 고온 건조한 바람이다.

🄰 ❶ 사계절 ❷ 연교차

필수 예제 **3**

(1) 기후 요인과 그 설명을 바르게 이어 보시오.

① 수륙 분포 •　　　• ㉠ 해발 고도가 높아질수록 기온이 낮아진다.

② 해발 고도 •　　　• ㉡ 같은 위도상의 내륙은 바다의 영향을 크게 받는 해안보다 연교차가 크다.

(2) 오른쪽 지도는 두 시기의 지역별 바람장미를 나타낸 것이다. A, B에 해당하는 계절을 각각 쓰시오.

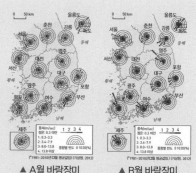

▲ A월 바람장미　　▲ B월 바람장미

풀이

(1) 기후 요인에는 위도, 수륙 분포, 지형, 해발 고도 등이 있다.

위도	위도에 따른 일사량 차이로 저위도 지역은 덥고 고위도 지역은 춥다.
수륙 분포	대륙과 해양의 비열 차로 같은 위도상의 내륙이 바다의 영향을 크게 받는 해안보다 연교차가 크다.
지형	주로 강수에 영향을 주는 기후 요인으로 산지 지역이 평야 지역보다 강수량이 많다.
해발 고도	해발 고도가 높아질수록 기온이 낮아진다.

🄰 ①-㉡, ②-㉠

(2) 우리나라는 계절에 따라 풍향과 바람의 성질이 다른 바람이 분다. 여름에는 북태평양에서 발달한 고기압의 영향으로 고온 다습한 남동·남서풍이 주로 불고, 겨울에는 시베리아에서 발달한 고기압의 영향으로 한랭 건조한 북서풍이 탁월하다.

🄰 A - 여름, B - 겨울

3-1

빈칸 ㉠, ㉡에 들어갈 알맞은 말을 쓰시오.

> 북반구 중위도에 위치한 우리나라는 사계절이 뚜렷한 [㉠] 기후가 나타나고 유라시아 대륙 동안에 위치하여 계절풍의 영향을 많이 받는다. 또한 대륙의 영향을 많이 받아 기온의 연교차가 큰 [㉡] 기후가 나타난다.

㉠: (　　　　) ㉡: (　　　　)

3-2

다음 글에서 설명하는 바람을 쓰시오.

> • 오호츠크해 기단의 영향으로 불어오는 바람
> • 영서 지방과 경기 지방으로 부는 고온 건조한 북동풍
> • 영서 지방과 경기 지방에 가뭄 피해를 유발함.

(　　　　　　)

전략 ❹ | 우리나라의 기온과 강수의 특징

✦ 연평균 기온은 남에서 북으로 갈수록, 해안에서 내륙으로 갈수록 대체로 낮아진다.
  → ❶ [   ] 의 영향으로 해안 지역이 비슷한 위도의 내륙 지역에 비해 기온이 높다.

✦ 우리나라는 강수의 계절 차가 크고 강수의 연 변동이 매우 크며, 강수 분포의 지역 차가 크다.
  → 대체로 남쪽에서 북쪽으로 갈수록 연 강수량이 감소하며, 지형과 풍향에 따라 지역 차가 발생한다.
  → 한강 중·상류 지역, 남해안 일대, 청천강 중·상류 지역 등은 우리나라의 대표적인 다우지이다.
  → 개마고원, 관북 해안, 영남 내륙 지역 등은 우리나라의 대표적인 ❷ [   ] 이다.

🔑 ❶ 수륙 분포 ❷ 소우지

필수예제 4

(1) 다음 글을 읽고 괄호 안의 내용 중 알맞은 것을 고르시오.

> • 연평균 기온은 남에서 북으로 갈수록, 해안에서 내륙으로 갈수록 대체로 (낮아진다 / 높아진다).
> • 8월 평균 기온은 1월 평균 기온에 비해 지역 차가 (작다 / 크다).

풀이

(1) 연평균 기온은 남에서 북으로 갈수록, 해안에서 내륙으로 갈수록 대체로 낮아진다. 또 8월 평균 기온은 1월 평균 기온에 비해 지역 차가 작다.

🔑 낮아진다, 작다

(2) 다음 설명이 맞으면 ○표, 틀리면 ×표 하시오.

① 대체로 우리나라는 남쪽에서 북쪽으로 갈수록 연 강수량이 감소하며, 지형과 풍향에 따라 지역 차가 발생한다. (○ / ×)

② 개마고원 일대와 영남 내륙 지역은 우리나라의 대표적인 소우지이다. (○ / ×)

(2) 연 강수량은 대체로 남부 지방에서 북부 지방으로 갈수록 줄어들며 지형과 풍향에 따라 지역 차가 발생한다. 바람그늘 지역인 영남 내륙 지역과 개마고원 일대, 높은 산지가 없는 대동강 하류는 상대적으로 강수량이 적은 소우지에 해당한다.

🔑 ① - ○, ② - ○

4-1

그래프는 (가)~(라) 지역의 기후 특성을 나타낸 것이다. (가)~(라)에 해당하는 지역을 지도의 A~D에서 골라 쓰시오.

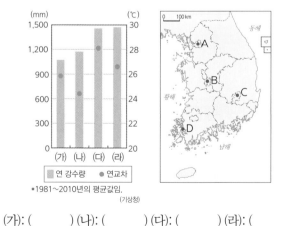

*1981~2010년의 평균값임.
(기상청)

범례: 연 강수량 / ● 연교차

(가): (   ) (나): (   ) (다): (   ) (라): (   )

4-2

지도는 우리나라의 강수량 분포를 나타낸 것이다. 이를 통해 알 수 있는 사실로 옳은 것은?

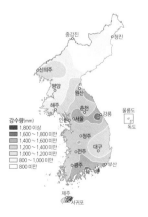

① 청진은 평양보다 강수량이 많다.
② 남해안 일대는 소우지에 해당한다.
③ 호남은 영남보다 강수량이 적은 편이다.
④ 영남 내륙 일대는 대표적인 다우지이다.
⑤ 대동강 하류 일대는 연 강수량이 적은 편이다.

필수 체크 전략 ②

3강_지형 환경과 인간 생활 ② ~
기후 환경과 인간 생활 ①

1 제주도의 화산 지형과 관련된 설명으로 옳지 <u>않은</u> 것은?

① 한라산의 정상부에는 화구호인 백록담이 있다.

② 제주도는 여러 차례의 화산 활동으로 형성되었다.

③ 한라산의 산중턱에서 오름으로 불리는 기생 화산을 볼 수 있다.

④ 유동성이 큰 용암이 흘러 지나간 자리에 용암 동굴이 형성되어 있다.

⑤ 한라산의 산 정상부를 중심으로 용천대가 형성되어 주민들에게 용수를
공급한다.

> **Tip**
>
> 한라산 정상의 백록담은 분화구에 물이 고여
> 형성된 **①** 이다. **②** 은 소규
> 모 용암 분출이나 화산 쇄설물에 의해 형성된
> 작은 화산체이다.
>
> 답 **①** 화구호 **②** 기생 화산(측화산, 오름)

2 다음은 한국지리 수업 장면의 일부이다. 교사의 질문에 바르게 답한 학생은?

다음 지역을 답사할
때 파악할 수 있는 지역의
특징을 설명해 보세요.

① 갑 – 벼농사가 활발히 이루어져요.

② 을 – 용암 대지가 넓게 펼쳐져 있어요.

③ 병 – 물에 의해 용식된 지형들을 볼 수 있어요.

④ 정 – 세계 자연 유산에 등재된 동굴을 볼 수 있어요.

⑤ 무 – 화산 쇄설물에 의해 형성된 화산체를 볼 수 있어요.

> **Tip**
>
> 석회암이 용식 작용을 받아 형성된 지형을
> **①** 지형이라고 한다. 특히 지하수의
> 용식 작용을 받아 형성된 동굴인 **②**
> 에서는 종유석, 석순, 석주 등과 같은 지형을
> 볼 수 있다.
>
> 답 **①** 카르스트 **②** 석회동굴

3 지도의 A~E에 대한 설명으로 옳지 <u>않은</u> 것은?

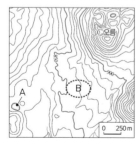

① A는 화구의 함몰로 형성된 칼데라이다.

② B는 점성이 작은 용암이 굳어서 형성되었다.

③ C의 기반암은 용암 대지보다 형성 시기가 이르다.

④ D에서는 현무암의 주상 절리를 볼 수 있다.

⑤ E에는 논농사가 활발하게 이루어지고 있다.

> **Tip**
>
> 한탄강 일대의 **①** 는 현무암질 용암이
> 하곡이나 분지를 메워 형성되었다. 한탄강 주
> 변에서는 기둥 모양의 지형인 **②** 를
> 볼 수 있다.
>
> 답 **①** 용암 대지 **②** 주상 절리

4 다음은 우리나라에 영향을 미치는 주요 기단에 대한 내용이다. (가)~(다) 내용과 관련 있는 기단을 지도의 A~C에서 고른 것은?

> (가) 냉량 습윤하고 높새바람, 여름철 냉해 등에 영향을 준다.
> (나) 한랭 건조하고 겨울철 한파와 봄철 꽃샘추위 등에 영향을 준다.
> (다) 장마 전선 형성에 영향을 주고, 무더위, 열대야 발생과 관계가 깊다.

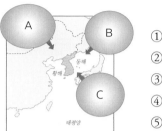

	(가)	(나)	(다)
①	A	B	C
②	B	A	C
③	B	C	A
④	C	A	B
⑤	C	B	A

5 런던과 비교한 서울의 상대적인 기후 특색만을 〈보기〉에서 있는 대로 고른 것은?

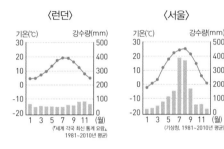

> • 보기 •
> ㄱ. 연 강수량이 많다.
> ㄴ. 기온의 연교차가 크다.
> ㄷ. 여름 강수 집중률이 높다.
> ㄹ. 최한월 평균 기온이 높다.

① ㄱ, ㄴ ② ㄱ, ㄷ ③ ㄴ, ㄷ ④ ㄱ, ㄴ, ㄷ ⑤ ㄴ, ㄷ, ㄹ

6 지도는 두 시기의 바람장미를 나타낸 것이다. 이에 대한 설명으로 옳은 것은? (단, (가), (나)는 각각 1월, 7월 중 하나임.)

① (가) 시기는 남동풍의 발생 빈도가 높다.
② (가) 시기에는 서고동저의 기압 배치가 나타난다.
③ (나) 시기는 대륙성 기단의 영향이 크다.
④ (나) 시기에는 폭설, 대설 등과 같은 자연재해가 나타난다.
⑤ (가) 시기보다 (나) 시기에 난방용 전력 소비량이 많다.

 2^주 3^일 **필수 체크 전략 ①**

전략 ❶ | 기후 변화가 우리나라에 미친 영향

- **기후 변화:** 기후가 자연적 또는 인위적 요인으로 장기간에 걸쳐 변화하는 현상이다.
- **전 지구적 규모의 기후 변화:** 기온이 상승하는 [❶] 현상이 전 지구적으로 나타나며, 이를 해결하기 위해 국제 사회는 기후 변화 협약, 교토 의정서, 파리 협정 등을 채택하는 등의 노력을 하고 있다.
- ✿**기후 변화가 우리나라에 미친 영향:** 여름의 계절 길이는 길어지고 겨울의 계절 길이는 짧아지며, 농작물의 재배 [❷] 과 재배 적지가 북상하고 있다. 또한 냉대림 분포 면적이 축소되고, 병충해 및 열대성 질병의 발생이 증가하고 있다.

🔖 ❶ 지구 온난화 ❷ 북한계선

필수 예제 ①

(1) 다음 글을 읽고 괄호 안의 내용 중 알맞은 것을 고르시오.

> (가) 기후 변화로 인해 여름의 기간은 (길어 / 짧아)지고, 겨울의 시작일은 (앞당겨 / 늦추어)지고 있다.
> (나) 기후 변화로 인해 냉대림 분포 면적은 (축소 / 확대)되고, 난대림 분포 면적은 (축소 / 확대)되고 있다.

(2) 자료 A, B에 들어갈 국제 협약을 쓰시오.

구분	특징
A	1992년 전 세계 국가들이 기후 변화 방지를 위한 노력을 하겠다는 일반적인 원칙을 담고 있음.
B	선진국에만 온실가스 감축 의무를 부과한 교토 의정서의 한계를 극복하고, 모든 국가가 온실가스 감축에 참여할 수 있는 장치를 마련함.

풀이

(1) 기후 변화로 인해 여름의 기간은 길어지고, 겨울의 시작일은 늦추어지고 있다. 또 냉대림의 분포 면적은 축소되고, 난대림의 분포 면적은 확대되고 있다.

🔖 (가) – 길어, 늦추어, (나) – 축소, 확대

(2) 기후 변화 협약은 브라질 리우데자네이루에서 열린 유엔 환경 개발 회의에서 채택되었다. 2015년에 채택된 파리 협정은 모든 국가가 온실가스 감축에 참여할 수 있는 장치를 마련하였다.

🔖 A – 기후 변화 협약, B – 파리 협정

1-1

기후 변화가 우리나라에 미친 영향으로 옳지 <u>않은</u> 것은?

① 냉대림의 분포 면적이 축소하고 있다.
② 여름은 길어지고 겨울은 짧아지고 있다.
③ 봄과 여름의 시작일이 점점 앞당겨지고 있다.
④ 병충해 및 열대성 질병의 발생 빈도가 감소하고 있다.
⑤ 농작물의 재배 북한계선 및 재배 적지가 북상하고 있다.

1-2

다음 글과 밀접한 관련이 있는 국제 협약은?

> 선진국에만 온실가스 감축 의무를 부과한 1997년 협약의 한계를 극복하고 모든 국가가 온실가스 감축에 참여할 수 있는 장치를 마련하였다.

① 파리 협정　　　② 교토 의정서
③ 람사르 협약　　④ 기후 변화 협약
⑤ 몬트리올 의정서

전략 ❷ | 우리나라의 자연재해

● 자연재해란 자연 현상이 인간 활동에 인적·물적 피해를 주는 것으로 발생 요인에 따라 기상 재해와 지각 변동에 의한 **❶**⬚⬚⬚ 재해로 구분할 수 있다.

➡ 기상 재해에는 홍수, 가뭄, 폭설, 태풍 등이 있으며, 지형 재해에는 지진, 화산 폭발 등이 있다.

✎ 중심 부근의 최대 풍속이 17m/s 이상으로 폭풍우를 동반하는 열대 저기압을 **❷**⬚⬚⬚ 이라고 한다.

답 ❶ 지형 ❷ 태풍

필수예제 2

(1) 자료 A, B에 들어갈 자연재해의 명칭을 쓰시오.

구분	특징 및 영향
A	진행 속도가 느리고, 산불 발생 가능성을 높임.
B	호흡기 및 안과 질환 발생, 항공기 결항, 정밀 기계 및 전자 기기 고장의 원인이 됨.

(2) 지도는 어떤 자연재해의 이동 방향을 나타낸 것인지 쓰시오.

풀이

(1) A는 오랜 기간 비가 내리지 않거나 강수량이 적어 물 부족을 겪는 현상인 가뭄이다. 가뭄은 진행 속도가 느리고, 산불 발생 가능성을 높인다. B는 몽골과 중국의 사막 등지에서 발생한 모래 먼지가 편서풍을 타고 우리나라로 이동하는 현상인 황사이다.

답 A-가뭄, B-황사

(2) 태풍은 필리핀 동부 해상에서 발생하여 느리게 북서쪽으로 올라오다가 편서풍의 영향으로 북동쪽으로 진로를 바꾸어 빠른 속도로 이동한다. 우리나라에는 주로 7~9월에 피해를 준다.

답 태풍

2-1
그래프는 도별 자연재해 피해액을 나타낸 것이다. A~D에 들어갈 자연재해를 쓰시오. (단, A~D는 각각 대설, 지진, 태풍, 호우 중 하나임.)

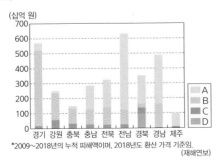

A: ( ) B: ( ) C: ( ) D: ( )

2-2
지도는 어떤 자연재해의 이동 방향을 나타낸 것이다. 이 자연재해의 특징으로 옳지 않은 것은?

① 바람에 의한 피해가 크다.
② 지형적 요인에 따른 자연재해이다.
③ 강풍과 많은 비를 동반하여 풍수해를 유발한다.
④ 자연재해의 피해액은 남부 지방이 중부 지방보다 크다.
⑤ 우리나라 부근에서 진행 방향은 편서풍의 영향을 받는다.

2주 3일 필수 체크 전략 ①

전략 ③ | 도시 체계

● **중심지 이론**

→ 중심지의 계층 구조와 분포에 관한 이론으로 중심지는 주변 지역에 재화와 서비스를 제공하는 지역이며, 중심지로부터 재화와 서비스를 제공받는 지역은 **❶** 라고 한다.

★ **도시 간 계층 구조**

구분	최소 요구치	재화의 도달 범위	중심지 기능	중심지 수	중심지 간 거리	사례
고차 중심지	크다.	넓다.	많다.	적다.	멀다.	대도시
❷ 중심지	작다.	좁다.	적다.	많다.	가깝다.	소도시

탑 ❶ 배후지 **❷** 저차

필수 예제 ③

(1) 그림의 제목 A에 들어갈 용어를 쓰시오.

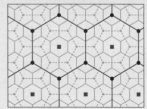

■ 대도시 ● 중도시 · 소도시 (경제지리학, 2011)

▲ A의 계층 구조

(2) 도표 A, B, C, D에 들어갈 알맞은 말을 쓰시오.

중심지	중심지 기능	중심지 수	중심지 간 거리	사례
(A) 중심지	많다.	(C).	멀다.	대도시
저차 중심지	(B).	많다.	(D).	소도시

풀이

(1) 그림은 중심지의 계층 구조를 나타낸 것으로 대도시는 넓은 배후지를 갖는 고차 중심지이며, 중도시나 소도시는 낮은 계층의 중·저차 중심지에 해당한다.

탑 중심지

(2) 도시가 보유한 중심지 기능에 따라 계층 구조가 다르게 나타난다. 고차 중심지는 대도시로서 중심지 기능이 많고, 중심지 수는 적다. 또 중심지 간 거리는 멀다. 저차 중심지는 이와 반대로 나타난다.

탑 A-고차, B-적다, C-적다, D-가깝다

3-1

다음 중 중심지 이론에 대한 설명으로 옳은 것만을 〈보기〉에서 고른 것은?

• 보기 •

ㄱ. 소도시는 대도시보다 배후지가 넓다.

ㄴ. 대도시는 저차, 소도시는 고차 중심지에 해당한다.

ㄷ. 중심지 이론은 중심지의 계층 구조와 분포에 관한 이론이다.

ㄹ. 대도시와 중소 도시 간의 공간 관계를 중심지의 계층 구조라고 한다.

① ㄱ, ㄴ   ② ㄱ, ㄷ   ③ ㄴ, ㄷ

④ ㄴ, ㄹ   ⑤ ㄷ, ㄹ

3-2

지도의 A와 비교한 B의 상대적 특징으로 옳은 것은?

① 중심지 수가 적다.

② 대도시에 해당한다.

③ 중심지 기능이 많다.

④ 중심지 간 거리가 가깝다.

⑤ 고차 중심지의 특징을 가지고 있다.

전략 ❹ | 도시의 지역 분화와 도시 내부 구조

● 지역 분화 과정

➡ 집심 현상: 상업·업무 기능 등이 도심으로 집중하는 현상

➡ **❶**   : 주거·공업 기능 등이 도심에서 주변 지역으로 이동하는 현상

☆ 도시 내부 구조

➡ 도심: 주로 도시 중심부에 형성되며, 접근성과 지대 및 지가가 높다.

➡ 부도심: 도시가 성장함에 따라 도심과 주변 지역을 연결하는 교통의 결절점에 형성된다.

➡ 중간 지역: 도시가 팽창함에 따라 이동해 온 상업, 공업, 주거 기능 등이 섞인 점이 지대이다.

➡ 주변 지역: 지대가 낮아 주택, 공장 등이 입지하며, 일부 지역에서는 도시 경관과 농촌 경관이 혼재되어 나타난다.

➡ **❷**   : 시가지의 무질서한 팽창을 방지하고 녹지 공간을 보전하기 위해 설정한 공간이다.

🔖 ❶ 이심 현상 ❷ 개발 제한 구역

필수 예제 4

(1) 자료는 인구 공동화 현상을 나타낸 것이다. A, B에 해당하는 용어를 쓰시오.

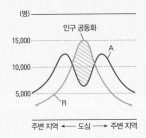

(2) 도시 내부 구조와 특징을 바르게 연결하시오.

① 도심 ·   · ㉠ 도심의 일부 기능을 분담함.

② 부도심 ·   · ㉡ 주간 인구 지수가 매우 높음.

③ 중간 지역 ·   · ㉢ 상업과 주거 기능 등이 섞여 있음.

풀이

(1) 인구 공동화 현상은 주거 기능의 이심 현상으로 도심의 상주인구가 감소하는 현상을 말한다. 도심에는 주간 인구가 많고, 상주인구는 적다. 반면 주변 지역에는 주간 인구는 적고, 상주인구는 많다.

🔖 A-상주인구, B-주간 인구

(2) 도시는 주간 인구 지수가 높은 도심과 도심의 역할을 일부 분담하는 부도심, 상업·공업·주거 기능 등이 섞인 중간 지역, 도시 경관과 농촌 경관이 혼재되어 나타나는 주변 지역으로 나누어진다.

🔖 ①-㉡, ②-㉠, ③-㉢

4-1

다음 글의 A, B에 들어갈 알맞은 말을 쓰시오.

> 도시가 성장하고 기능이 다양해지면서 도시 내부가 기능에 따라 여러 지역으로 나뉘는 현상을 (A)라고 한다. (A)는 소도시보다 대도시에서 뚜렷하게 나타나며, 상업·업무 기능 등이 도심으로 집중하는 (B) 현상과 주거·공업 기능 등이 도심에서 주변 지역으로 이동하는 이심 현상으로 나뉜다.

A: (   ) B: (   )

4-2

그림은 도시 내부 구조를 나타낸 것이다. A에 해당하는 도시 내부 구조를 쓰시오.

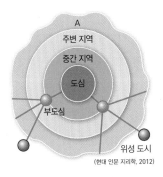

(현대 인문 지리학, 2012)

A: (   )

1 다음 글은 과거에 기록된 우리나라의 기후 현상에 관한 것이다. (가)~(나)에 대한 설명으로 옳은 것만을 〈보기〉에서 있는 대로 고른 것은? (단, (가)~(나)는 각각 태풍, 황사 중 하나임.)

> (가) 백제 무왕 7년에 왕도(王都)에서 흙이 비처럼 떨어져 …(중략)… 신라 진평왕 49년에는 흙이 비처럼 5일 넘게 떨어졌다.
>
> (나) 경덕왕 22년 7월 경주에서 큰 바람이 불어 기와가 날아가고 나무가 뽑혔다. 원성왕 9년 8월에 큰 바람이 불어 나무가 부러지고 벼가 쓰러졌다.

• 보기 •
ㄱ. (가)는 주로 장마 전선이 정체할 때 발생한다.
ㄴ. (가)는 대기 중 먼지 농도를 높여 항공 교통의 장애를 유발한다.
ㄷ. (나)는 열대 해상에서 발생하여 강풍과 폭우를 동반한다.
ㄹ. 편서풍은 (가), (나)의 진행 방향에 영향을 준다.

① ㄱ, ㄷ ② ㄴ, ㄷ ③ ㄴ, ㄹ ④ ㄱ, ㄷ, ㄹ ⑤ ㄴ, ㄷ, ㄹ

Tip
황사는 중국 내륙의 흙먼지가 **❶** 을 타고 우리나라로 이동해 오는 현상이며, 태풍은 **❷** 해상에서 발생하여 중위도로 북상하는 열대 저기압을 말한다.

답 ❶ 편서풍 ❷ 열대

2 그래프는 서울의 계절 변화 추이를 나타낸 것이다. 이에 대한 설명으로 옳은 것만을 〈보기〉에서 고른 것은?

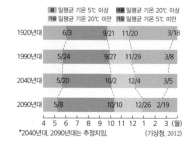

봄 일평균 기온 5℃ 이상 여름 일평균 기온 20℃ 이상
가을 일평균 기온 20℃ 미만 겨울 일평균 기온 5℃ 미만

1920년대	6/3	9/21	11/20	3/18
1990년대	5/24	9/27	11/29	3/8
2040년대	5/20	10/2	12/4	3/5
2090년대	5/8	10/10	12/26	2/19

4 5 6 7 8 9 10 11 12 1 2 3 (월)
*2040년대, 2090년대는 추정치임. (기상청, 2012)

• 보기 •
ㄱ. 1920년대 이후 겨울 기간은 점점 줄어들고 있다.
ㄴ. 1920년대의 여름 시작일은 1990년대보다 빨랐다.
ㄷ. 2040년대의 여름 종료일은 1990년대에 비해 늦을 것이다.
ㄹ. 2090년대에는 여름이 나머지 계절 기간을 합한 것보다 길다.

① ㄱ, ㄴ ② ㄱ, ㄷ ③ ㄴ, ㄷ ④ ㄴ, ㄹ ⑤ ㄷ, ㄹ

Tip
서울의 **❶** 기간은 점점 길어지지만 겨울 기간은 짧아지고 있다. 또한 봄과 여름의 시작일은 점점 앞당겨지고, 가을과 겨울의 **❷** 은 늦춰지고 있다.

답 ❶ 여름 ❷ 시작일

3 지도의 (가) 지역과 비교한 (나) 지역의 상대적 특징으로 옳은 것은?

① 인구 밀도가 높다.
② 토지 이용이 집약적이다.
③ 노년층 인구 비율이 높다.
④ 2·3차 산업 종사자 비중이 높다.
⑤ 행정·상업 시설 등이 밀집되어 있다.

Tip
촌락은 토지 이용이 **❶** 인 반면 도시의 토지 이용은 집약적이다. 또 촌락은 **❷** 산업 종사자 수 비중이 높고, 도시는 2·3차 산업 종사자 수 비중이 높다.

답 ❶ 조방적 ❷ 1차

4 그래프는 시기별 우리나라 도시의 인구 규모와 순위를 나타낸 것이다. 이에 대한 설명으로 옳은 것만을 〈보기〉에서 있는 대로 고른 것은?

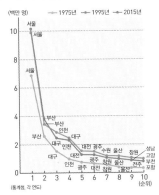

• 보기 •

ㄱ. 1975년, 1995년, 2015년 모두 종주 도시화 현상이 나타난다.

ㄴ. 1995년 대비 2015년에 6대 도시 중 인구가 감소한 도시는 서울과 부산이다.

ㄷ. 1975년 대비 1995년에 10대 도시 중 인구가 가장 많이 증가한 도시는 서울이다.

ㄹ. 1975년 대비 2015년에 10대 도시에 포함된 도시 수는 영남권은 증가하였고, 충청권은 감소하였다.

① ㄱ, ㄴ   ② ㄱ, ㄷ   ③ ㄴ, ㄷ

④ ㄱ, ㄴ, ㄷ   ⑤ ㄴ, ㄷ, ㄹ

5 그림은 대도시의 내부 구조를 나타낸 것이다. A, B 지역의 상대적 특징이 그래프와 같이 나타날 때, (가), (나)에 들어갈 항목으로 옳은 것은?

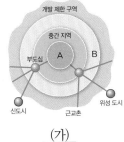

	(가)	(나)
①	토지 이용 집약도	대기업 본사 수
②	토지 이용 집약도	거주자의 평균 통근 거리
③	초등학교 학생 수	거주자의 평균 통근 거리
④	초등학교 학생 수	출근 시간대 순 유출 인구수
⑤	출근 시간대 순 유출 인구수	대기업 본사 수

대표 예제 1

오른쪽 지도의 A~D 지역에 대한 설명으로 옳지 <u>않은</u> 것은?

① A – 화구가 함몰된 후 물이 고여 형성된 칼데라호를 볼 수 있다.

② B – 유동성이 큰 현무암질 용암이 기존의 평야와 하천을 메워 형성된 지형을 볼 수 있다.

③ C – 순상 화산으로 유네스코 세계 자연 유산으로 등재되어 있다.

④ D – 배수가 양호하여 주로 밭농사가 이루어진다.

⑤ A~D는 화산 폭발로 형성된 화산 지형이다.

개념 가이드

백두산 천지는 화구가 함몰된 후 물이 고여 형성된 ❶◻◻◻ 호이며, 제주도에서는 배수가 양호하여 주로 ❷◻◻ 농사가 이루어진다.

🅐 ❶ 칼데라 ❷ 밭

대표 예제 2

표는 동굴의 유형을 구분한 것이다. (가), (나) 동굴에 대한 설명으로 옳지 <u>않은</u> 것은?

구분	사례
(가)	대금굴, 환선굴, 성류굴, 백룡 동굴, 고씨 동굴, 고수 동굴
(나)	만장굴, 김녕굴, 협재굴, 당처물 동굴, 용천 동굴, 벵뒤굴

① (가)는 화산 활동으로 형성되었다.

② (가)에서는 종유석, 석순을 볼 수 있다.

③ (나)의 기반암은 주로 현무암이다.

④ (가)의 기반암은 (나)보다 먼저 형성되었다.

⑤ (가) 인근의 토양은 붉은색이며, (나) 인근의 토양은 흑갈색이다.

개념 가이드

석회암이 용식 작용을 받아 형성된 동굴은 ❶◻◻ 동굴이고, 용암의 냉각 속도 차이에 의해 형성된 동굴은 ❷◻◻ 동굴이다

🅐 ❶ 석회 ❷ 용암

대표 예제 3

오른쪽 지도의 지역에 대한 설명으로 옳은 것은?

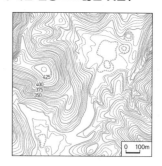

① A에서는 벼농사가 활발하게 이루어진다.

② A는 알봉 주변에 비해 경사가 급한 편이다.

③ A는 석회암이 풍화된 검은색의 토양이 나타난다.

④ 우리나라 동쪽 끝에 위치한 섬이다.

⑤ 알봉은 칼데라 분지 내부에서 형성된 중앙 화구구이다.

개념 가이드

울릉도는 점성이 큰 ❶◻◻◻ 용암이 분출하여 형성된 화산으로, 섬 중앙부에 ❷◻◻◻ 분지인 나리 분지가 있다.

🅐 ❶ 조면암질 ❷ 칼데라

대표 예제 4

지도의 지역에 대한 설명으로 옳은 것은?

① 흑갈색 풍화토가 분포한다.

② 벼농사가 활발하게 이루어진다.

③ 시멘트 공장을 주변에서 볼 수 있다.

④ 규모가 큰 용암동굴의 흔적을 볼 수 있다.

⑤ 신생대 제3기 말에 형성된 화산 지형이 분포한다.

개념 가이드

카르스트 지형의 기반암은 ❶◻◻◻ 이며, 이 암석은 ❷◻◻ 공업의 원료로 사용된다.

🅐 ❶ 석회암 ❷ 시멘트

대표 예제 5

다음 중 기후 요인과 이를 설명하는 내용으로 옳은 것은?

	기후 요인	내용
①	해류	산지 정상부로 갈수록 기온이 낮아진다.
②	지형	바다에서 내륙으로 갈수록 연교차가 커진다.
③	위도	남부 지방은 북부 지방에 비해 기온이 높다.
④	수륙 분포	사면에 따라 기온과 강수량의 지역차가 발생한다.
⑤	해발 고도	수심이 깊은 동해의 영향을 받는 동해안이 서해안보다 겨울 기온이 높다.

개념 가이드

기온, 강수, 바람 등과 같이 기후를 구성하는 대기 현상을 ❶[ ]라고 하며, 기후 요소에 영향을 미치는 요인을 ❷[ ]이라고 한다.

답 ❶ 기후 요소 ❷ 기후 요인

대표 예제 7

그림과 같은 현상이 나타날 때의 기후 현상과 관련 있는 것으로 옳은 것은?

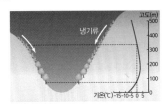

① 대류 활동이 활발해진다.
② 일교차가 작은 장마철에 잘 나타난다.
③ 지면이 가열되면 이러한 현상이 강화된다.
④ 지면의 냉각에 따라 안개가 자주 발생한다.
⑤ 대기가 불안정한 흐린 날의 새벽에 잘 나타난다.

개념 가이드

고도가 높아질수록 기온이 상승하는 현상을 ❶[ ] 현상이라고 한다. 이러한 현상은 주로 내륙 ❷[ ]에서 잘 나타난다.

답 ❶ 기온 역전 ❷ 분지

대표 예제 6

다음 자료와 관련된 내용으로 옳은 것은?

도시	위도	경도	최한월 평균 기온	최난월 평균 기온
서울	37.5°N	126.9°E	-2.5℃	25.4℃
런던	51.5°N	0°	3.8℃	16.5℃

① 서울은 런던보다 기온의 연교차가 작다.
② 서울은 런던보다 위도에 따른 일사량이 적다.
③ 서울은 런던보다 시베리아 고기압의 영향을 많이 받는다.
④ 서울은 해양성 기후, 런던은 대륙성 기후의 특성이 나타난다.
⑤ 서울은 편서풍의 영향을, 런던은 계절풍의 영향을 크게 받는다.

개념 가이드

우리나라는 대륙의 동안에 위치하여 대륙의 영향을 많이 받아 ❶[ ] 기후의 특징이 나타나지만, 영국은 대륙의 서안에 위치하여 바다의 영향을 많이 받아 ❷[ ] 기후가 나타난다.

답 ❶ 대륙성 ❷ 해양성

대표 예제 8

(가), (나)는 어느 지역의 전통 가옥 구조이다. 이에 대한 설명으로 옳은 것은?

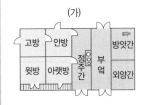 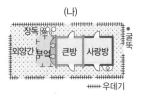

① (가)는 개방적인 가옥 구조를 보이고 있다.
② (가)의 정주간은 추운 겨울을 대비하기 위한 공간이다.
③ (나)는 제주도형 가옥 구조이다.
④ (가)는 (나)보다 위도가 낮은 곳에서 볼 수 있다.
⑤ (가)는 대설, (나)는 추위에 대비한 가옥 구조이다.

개념 가이드

관북형 가옥 구조에는 추운 겨울을 대비하기 위한 ❶[ ]이 있고, 울릉도형 가옥 구조에는 방설벽인 ❷[ ]가 있다.

답 ❶ 정주간 ❷ 우데기

대표 예제 9

지도와 같은 변화가 나타나게 된 배경으로 옳은 것은?

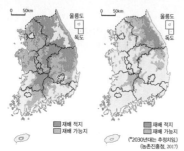

▲ 사과 재배 지역의 변화

① 산성비가 증가하였다.
② 화석 연료 사용량이 증가하였다.
③ 태풍의 발생 일수가 증가하였다.
④ 시베리아 기단의 세력이 확장되었다.
⑤ 오존층 파괴로 자외선 유입이 증가하였다.

개념 가이드

기후 변화의 원인으로는 삼림 파괴, ❶[   ] 연료 사용 등이 있으며, 기후 변화로 인해 지구의 평균 기온이 급격히 ❷[   ]하고 있다.

답 ❶ 화석 ❷ 상승

대표 예제 10

그래프는 어느 자연재해의 월별 발생 횟수를 나타낸 것이다. 이 자연재해에 대한 설명으로 옳지 않은 것은?

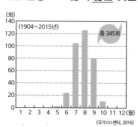

① 저위도 해상에서 발생한다.
② 강풍과 더불어 집중 호우가 발생한다.
③ 인도양에서는 사이클론이라고 부른다.
④ 수온이 높은 바다 위를 지날 때 약화된다.
⑤ 해일과 산사태 등과 같은 피해가 발생한다.

개념 가이드

태풍은 강한 비바람을 동반하여 ❶[   ]를 유발하지만, 가뭄 피해 방지, 적조 현상 해소 등의 ❷[   ]인 기능도 한다.

답 ❶ 풍수해 ❷ 긍정적

대표 예제 11

다음은 한국지리 수업 장면의 일부이다. 교사의 질문에 대한 대답으로 옳은 것만을 〈보기〉에서 있는 대로 고른 것은?

우리나라의 식생 분포 특징을 발표해 볼까요?

• 보기 •
ㄱ. 식생 중 온대림의 분포 면적이 가장 넓어요.
ㄴ. 한라산은 금강산보다 식생의 수직적 분포가 다양해요.
ㄷ. 냉대림은 낭림산맥, 함경산맥, 개마고원에 주로 분포해요.
ㄹ. 식생의 수직적 분포와 수평적 분포는 기온보다 강수량의 영향이 더 커요.

① ㄱ, ㄴ   ② ㄱ, ㄷ   ③ ㄷ, ㄹ
④ ㄱ, ㄴ, ㄷ   ⑤ ㄴ, ㄷ, ㄹ

개념 가이드

식생은 저위도에서 고위도로 가면서 난대림－온대림－❶[   ] 순으로 나타난다. ❷[   ]가 높은 산지에서는 고도에 따라 식생의 수직적 분포가 다양하게 나타난다.

답 ❶ 냉대림 ❷ 해발 고도

대표 예제 12

다음은 전통 촌락의 형태와 관련된 글이다. 밑줄 친 (가), (나)의 일반적 특성에 대한 설명으로 옳지 않은 것은?

> 전통 촌락의 형태는 자연적 조건과 사회 경제적 조건 등의 차이로 인해 다양하게 나타나는데, (가) 특정 장소에 가옥이 밀집하여 분포하는 형태의 촌락과 (나) 가옥이 서로 어느 정도 거리를 유지하면서 흩어져 분포하는 형태의 촌락으로 구분할 수 있다.

① (가)는 집촌, (나)는 산촌이다.
② (가)는 협동 노동이 필요한 벼농사 지역에 주로 분포한다.
③ (나)는 혈연 중심의 동족촌에서 전형적으로 나타난다.
④ (가)는 (나)보다 가옥과 경지의 결합도가 낮다.
⑤ (나)는 (가)보다 경지 규모가 협소한 산간 지역에서 나타나는 경우가 많다.

개념 가이드

집촌은 협동 노동의 필요성이 큰 [❶] 지역에서 주로 형성되며, [❷]은 주로 밭농사 지역에서 형성된다.

🅐 ❶ 벼농사 ❷ 산촌

대표 예제 13

그림은 중심지의 정주 체계를 나타낸 것이다. A와 비교한 B의 상대적 특징으로 옳지 않은 것은? (단, A, B는 각각 읍, 중소 도시 중 하나임.)

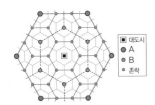

① 배후지의 범위가 좁다.
② 중심지 간 평균 거리가 가깝다.
③ 중심지가 수행하는 기능이 단순하다.
④ 고차 기능을 수행하는 중심지 수가 많다.
⑤ 배후 지역에 거주하는 주민들의 중심지 이용 빈도가 높다.

개념 가이드

대도시에서 촌락으로 갈수록 [❶] 중심지가 나타나며, 저차 기능을 수행하는 중심지는 배후 지역의 범위가 [❷].

🅐 ❶ 저차 ❷ 좁다

대표 예제 14

그래프는 지도에 표시된 (가), (나) 역의 출·퇴근 시간대별 승·하차 인원수를 나타낸 것이다. 해당 지역에 대한 설명으로 옳은 것만을 〈보기〉에서 고른 것은?

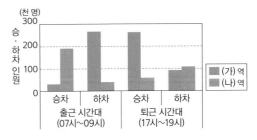

> **보기**
> ㄱ. (가) 역의 승차 인원은 퇴근 시간대보다 출근 시간대에 많다.
> ㄴ. (나) 역이 있는 지역은 (가) 역이 있는 지역보다 주간 인구 지수가 높다.
> ㄷ. 토지 이용 집약도는 (나) 역의 주변 지역보다 (가) 역의 주변 지역이 높다.
> ㄹ. (가) 역이 있는 지역은 (나) 역이 있는 지역보다 생산자 서비스업의 비중이 높다.

① ㄱ, ㄴ   ② ㄱ, ㄷ   ③ ㄴ, ㄷ
④ ㄴ, ㄹ   ⑤ ㄷ, ㄹ

개념 가이드

접근성이 높은 도심에는 [❶]가 형성되어 있기 때문에 [❷] 지수가 높다.

🅐 ❶ 중심 업무 지구 ❷ 주간 인구

01 지도의 지역에 대한 설명으로 옳은 것은?

① 화구의 침몰로 형성된 칼데라호가 분포한다.
② 벼농사를 하기에 유리한 조건을 갖추고 있다.
③ 빗물이 지하로 잘 스며들어 지표수가 부족하다.
④ 시멘트 공업에 유리한 화강암이 많이 분포한다.
⑤ 신생대 제3기 말에 형성된 암석이 주로 분포한다.

Tip

돌리네는 빗물이 지하로 잘 스며들기 때문에 **❶** 가 부족
하다. 따라서 돌리네에서는 **❷** 가 주로 행해진다.

🔒 ❶ 지표수 ❷ 밭농사

02 (가), (나)에 들어갈 기후 요인으로 옳은 것은?

기후 요인	사례
(가)	• 춘천은 강릉보다 기온의 연교차가 크다. • 홍천은 인천보다 연간 열대야 일수가 많다.
(나)	• 제주도는 중강진보다 연평균 기온이 높다. • 목포는 인천보다 최한월 평균 기온이 높다.

	(가)	(나)			(가)	(나)
①	위도	지형		②	위도	수륙 분포
③	지형	위도		④	수륙 분포	위도
⑤	수륙 분포	지형				

Tip

기후 요소에 변화를 주는 요인을 **❶** 이라고 한다. 같은
위도상에 있는 내륙은 바다의 영향을 크게 받는 해안보다
❷ 가 대체로 크다.

🔒 ❶ 기후 요인 ❷ 연교차

03 지도는 계절에 따라 우리나라에 부는 바람을 나타낸 것이
다. 이에 대한 설명으로 옳은 것은?

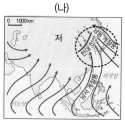

① (가)는 주로 여름에 많이 분다.
② (가) 바람은 고온 다습하여 강수량이 많다.
③ (나)의 영향으로 배산임수의 촌락이 나타난다.
④ (가)보다 (나)의 평균 풍속이 강하다.
⑤ 계절에 따라 (가), (나)의 풍향이 바뀌는 것은 대륙
과 해양의 비열 차이 때문이다.

Tip

계절에 따라 풍향과 성질이 달라지는 바람을 **❶** 이라고
한다. 우리나라는 여름에는 남동·남서 계절풍이 주로 불며, 겨울
에는 **❷** 계절풍이 주로 분다.

🔒 ❶ 계절풍 ❷ 북서

04 자료는 우리나라에 영향을 미치는 주요 기단을 나타낸 것
이다. A~D 기단에 대한 설명으로 옳지 <u>않은</u> 것은?

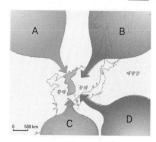

① A는 높새바람에 영향을 준다.
② A는 꽃샘추위와 삼한 사온에 영향을 준다.
③ B는 장마 전선에 영향을 준다.
④ C의 영향을 받을 때 태풍이 발생한다.
⑤ D는 무더위, 열대야 발생과 관계가 깊다.

Tip

겨울에 영향을 미치는 **❶** 기단은 고위도 내륙에 위치하
며 한랭 건조하다. 적도 주변의 해양에서 형성되는 고온 다습한
❷ 기단은 여름철 태풍 형태로 우리나라에 영향을 미
친다.

🔒 ❶ 시베리아 ❷ 적도

05 (가)~(다) 자연재해에 대한 설명으로 옳은 것은? (단, (가)~(다)는 각각 폭염, 한파, 황사 중 하나임.)

구분	안전 문자 내용
(가)	낮 동안 야외 활동을 자제하며 수분 섭취를 충분히 해 주시고 물놀이 안전 등에 유의하시기 바랍니다.
(나)	어린이·노약자는 외출을 자제하고 보건용 마스크를 착용하기 바랍니다. 외출 후에는 손, 얼굴을 씻기 바랍니다.
(다)	노약자 외출 자제, 동파 예방, 빙판길에서의 안전에 주의하기 바라며, 시설물 관리와 건강에 유의하기 바랍니다.

① (가)는 주로 서고동저형 기압 배치가 나타날 때 발생한다.

② (나)는 오호츠크해 기단과 관련이 깊다.

③ (다)는 한반도에 장마 전선이 정체할 때 발생한다.

④ (가), (다)는 강수보다 기온과 관련이 높은 자연재해이다.

⑤ 우리나라 전통 가옥에서 대청마루는 (다), 온돌은 (가)에 대비한 시설이다.

> **Tip**
> 황사는 중국과 몽골의 사막 등에서 [**❶**]을 타고 우리나라로 이동한다. 폭염은 한여름에 발생하며 이때 기압 배치는 [**❷**]형의 기압 배치를 보인다.
>
> 답 ❶ 편서풍 ❷ 남고북저

06 다음 글의 ㉠~㉤에 대한 설명으로 옳은 것만을 〈보기〉에서 고른 것은?

> 우리나라의 전통 촌락은 풍수적 길지에 입지한 경우가 많은데, 이곳은 마을 뒤에 산이 있고 마을 앞에 하천이 있는 [㉠]의 조건을 갖춘 곳이 많다. 또한 ㉡ 용수, 지형, 기후 등의 자연적 조건과 ㉢ 교통, 방어 등의 사회·경제적 조건도 전통 촌락의 입지에 영향을 주었다.
>
> 전통 촌락은 가옥의 밀집도에 따라 특정 장소에 가옥이 집중되어 있는 [㉣]과 가옥이 분산되어 있는 [㉤]으로 구분할 수 있다.

> **보기**
> ㄱ. ㉠에 입지한 촌락은 ㉣의 형태를 이루는 경우가 많다.
> ㄴ. ㉡은 전통적인 제주도 해안 취락의 입지 배경과 관련이 많다.
> ㄷ. ㉢은 과거보다 그 중요성이 많이 낮아졌다.
> ㄹ. ㉤은 ㉣보다 대체로 주민들 간의 공동체 의식이 높다.

① ㄱ, ㄴ   ② ㄱ, ㄷ   ③ ㄱ, ㄹ
④ ㄴ, ㄹ   ⑤ ㄷ, ㄹ

> **Tip**
> 특정 장소에 가옥의 밀집도가 높은 촌락을 [**❶**]이라고 부른다. 반면 [**❷**]은 가옥이 분산되어 있는 형태의 촌락이다.
>
> 답 ❶ 집촌 ❷ 산촌

07 지도는 대구광역시의 두 지역을 나타낸 것이다. (가), (나) 지역에 대한 설명으로 옳은 것만을 〈보기〉에서 고른 것은? (단, (가), (나)는 각각 도심, 주변 지역 중 하나임.)

(가)   (나)

> **보기**
> ㄱ. (가)는 (나)보다 토지 이용 집약도가 높다.
> ㄴ. (가)는 (나)보다 상주인구에 대한 주간 인구의 비율이 높다.
> ㄷ. (나)는 (가)보다 상업 용지의 평균 지가가 높다.
> ㄹ. (나)는 (가)보다 생산자 서비스업 종사자 비중이 높다.

① ㄱ, ㄴ   ② ㄱ, ㄷ   ③ ㄴ, ㄷ
④ ㄴ, ㄹ   ⑤ ㄷ, ㄹ

> **Tip**
> 시청, 은행, 백화점 등이 입지하고 있는 곳은 [**❶**]이며, 도심에서 분산된 공장, 대규모 아파트, 쇼핑센터 등이 입지하고 있는 곳은 [**❷**]이다.
>
> 답 ❶ 도심 ❷ 주변 지역

01 지도의 지역에 대한 설명으로 옳은 것은?

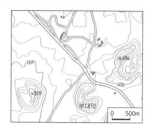

① 석회암이 기반암을 이룬다.
② '악'은 칼데라를 부르는 명칭이다.
③ 밭농사보다 벼농사가 잘 이루어진다.
④ 평상시 하천은 말라 있는 경우가 많다.
⑤ 부대악은 중생대 말기 화강암의 관입에 의해 형성된 것이다.

02 다음 자료의 (가)에 들어갈 내용으로 옳은 것은?

동굴 천장에 고드름같이 달려 있는 것은 종유석, 그리고 돌기둥은 석주이다. 이와 같은 동굴이 분포하는 지역은 기반암의 특성상 _____ 가 _____.

① 농경지는 대부분 논으로 이용된다.
② 다양한 생물종이 서식하는 습지가 많다.
③ 동굴 주변에서 현무암 풍화토를 볼 수 있다.
④ 물이 일시적으로 흐르는 건천이 발달해 있다.
⑤ 주상 절리로 이루어진 폭포가 곳곳에 나타난다.

03 빈칸에 들어갈 (가)에 대한 설명으로 옳은 것은?

▲ (가) 의 발생 모식도

① 바람그늘 사면의 기온을 상승시킨다.
② 영동 지방에 가뭄을 가져오기도 한다.
③ 바람의 발원지는 열대 해상 지역이다.
④ 영동 지방의 기온의 일교차를 커지게 한다.
⑤ 겨울에는 영서 지방에 많은 눈을 내리게 한다.

04 그래프는 (가), (나) 지역의 월평균 기온과 강수량을 나타낸 것이다. (가)와 비교한 (나) 지역의 상대적 특징으로 옳은 것은?

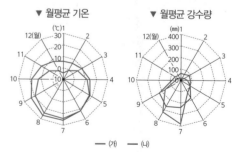

① 무상 기간이 짧다.
② 저위도에 위치한다.
③ 강수의 하계 집중률이 높다.
④ 봄꽃의 개화 시기가 느리다.
⑤ 바다보다 대륙의 영향을 크게 받는다.

05 다음 신문 기사와 같은 변화의 원인이 지속될 경우 나타날 수 있는 현상으로 옳은 것만을 〈보기〉에서 고른 것은?

○○ 신문

숲 속 생물 시계가 빨라지다!
산림 생물들의 생체 리듬이 빨라져 꽃의 개화 시기가 앞당겨지고, 우리나라 중·북부의 수종들이 북쪽으로 이동하는 반면 남방계 수종이 전역으로 확산되고 있다.

□□ 신문

지역 축제가 달라지다!
치악산 복사꽃 축제는 개화 시기를 맞추기 어려워 폐지되었고, 제주를 대표하던 유채꽃 축제는 전국으로 확산되었으며, 부산에서는 고등어 축제가 2008년부터 시작되었다.

• 보기 •
ㄱ. 열대성 질병의 발생이 감소할 것이다.
ㄴ. 냉대림의 분포 면적이 늘어날 것이다.
ㄷ. 고산 식물의 분포 범위가 축소할 것이다.
ㄹ. 해안 저지대의 침수 위험이 커질 것이다.

① ㄱ, ㄴ ② ㄱ, ㄷ ③ ㄴ, ㄷ
④ ㄴ, ㄹ ⑤ ㄷ, ㄹ

06 우리나라의 식생 분포를 나타낸 것이다. 이에 대한 분석으로 옳은 것은?

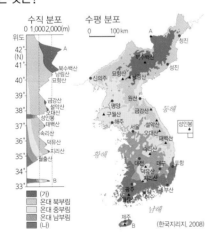

(한국지리지, 2008)

① A의 고지대에는 난대림이 넓게 분포한다.
② B에는 냉대림의 분포 지역이 가장 넓다.
③ B는 A보다 식생의 수직적 분포가 다양하게 나타난다.
④ (가)의 분포 고도 하한선은 B보다 A가 높다.
⑤ 지구 온난화로 (나)의 분포 면적이 축소되고 있다.

07 그래프는 도심으로부터의 거리에 따른 기능별 지대 변화를 나타낸 것이다. 이에 대한 설명으로 옳은 것은?

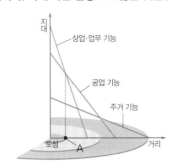

① A는 공업 기능, 주거 기능이 혼재된 점이 지대이다.
② 도심에서는 상업·업무 기능보다 주거 기능의 지대가 높다.
③ 도시 내에서 차지하는 면적은 공업 지역이 주거 지역보다 넓다.
④ 도심에 상업·업무 기능이 입지하는 것은 정치적 요인이 가장 크다.
⑤ 도심으로부터의 거리 증가에 따른 지대 감소율은 상업·업무 기능이 가장 크다.

08 자료는 대도시권의 공간 구조를 나타낸 것이다. 이에 대한 설명으로 옳은 것은? (단, A~D는 각각 중심 도시, 위성 도시, 교외 지역, 배후 농촌 지역 중 하나임.)

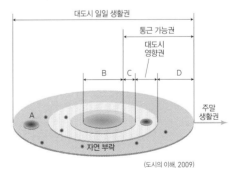

(도시의 이해, 2009)

① 대도시권이 확대되면 B의 주간 인구 지수는 낮아진다.
② D의 범위는 교통이 발달할수록 축소된다.
③ A는 B보다 도시 발달의 역사가 대체로 오래되었다.
④ C는 D보다 B로의 통근자 수 비율이 높다.
⑤ D는 C보다 도시적 경관이 뚜렷하다.

창의·융합·코딩 전략

1 석회동굴의 특징

지도의 (가) 동굴에 대한 설명으로 옳은 것은?

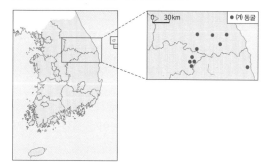

① 중생대 경상계에 주로 분포한다.

② 동굴에는 용암이 흘러간 흔적이 보인다.

③ 동굴 주변에는 주상 절리가 많이 분포한다.

④ 동굴 주변 기반암은 시멘트 공업의 주요 원료로 이용된다.

⑤ 동굴 주변에는 기반암이 풍화된 검은색 토양을 볼 수 있다.

> **Tip**
> 석회동굴은 석회암이 지하수의 ❶ ⬚ 작용을 받아 형성된 동굴이다. 동굴 내부에서는 석순과 종유석, 그리고 석순과 종유석이 연결되어 형성된 ❷ ⬚ 을 볼 수 있다.
>
> 달 ❶ 용식 ❷ 석주

2 우리나라의 화산 지형

지도의 A~E 지역에 대한 설명으로 옳지 않은 것은?

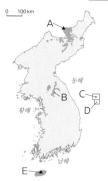

① A – 산 정상부에는 분화구가 함몰되어 형성된 칼데라호가 있다.

② B – 현무암질 용암이 분출하여 형성된 용암 대지가 있다.

③ C – 유동성이 작은 용암이 분출하여 형성된 순상 화산체이다.

④ D – 화산체 대부분이 해저에 있는 종상 화산체이다.

⑤ E – 산록부는 순상 화산, 산 정상부는 종상 화산을 이루고 있다.

> **Tip**
> 우리나라의 화산 지형은 주로 ❶ ⬚ 제3기 말~제4기 초에 형성되었다. 울릉도는 유동성이 작은 용암이 분출하여 형성된 ❷ ⬚ 화산체이며, 중앙에 칼데라 분지와 중앙 화구구인 알봉이 있는 이중 화산체이다.
>
> 달 ❶ 신생대 ❷ 종상

3 기후 요인과 기후 분포

(가), (나)에 해당하는 사례로 적절한 것만을 〈보기〉에서 고른 것은?

〈기후 요인과 기후 분포〉

> • 해발 고도가 높을수록 기온이 낮아진다.
>   → 사례: _____ (가)
> • 같은 위도에서 해안 지역은 내륙 지역보다 기온이 높다.
>   → 사례: _____ (나)

┌ 보기 ┐

ㄱ. (가) – 목포는 인천보다 연평균 기온이 높다.

ㄴ. (가) – 백두산 천지는 청진보다 7월 평균 기온이 낮다.

ㄷ. (나) – 인천은 홍천보다 1월 평균 기온이 높다.

ㄹ. (나) – 대관령은 춘천보다 최난월 평균 기온이 낮다.

① ㄱ, ㄴ ② ㄱ, ㄷ ③ ㄴ, ㄷ

④ ㄴ, ㄹ ⑤ ㄷ, ㄹ

> **Tip**
> 기후에 영향을 주는 기후 요인에는 위도, 수륙 분포, 지형, 해발 고도 등이 있다. 저위도에서 ❶ ⬚ 로 갈수록 기온이 낮아지며, 같은 위도상에서 해안 지역이 ❷ ⬚ 지역보다 기온이 낮다.
>
> 달 ❶ 고위도 ❷ 내륙

4 계절별 기후 특징

자료는 지역의 축제 포스터를 나타낸 것이다. 각 지역의 축제가 개최되는 (가)~(다) 계절에 대한 설명으로 옳은 것만을 〈보기〉에서 고른 것은? (단, (가)~(다)는 각각 가을, 겨울, 여름 중 하나임.)

(가)	(나)	(다)

보기
ㄱ. (가)는 (나)보다 시베리아 기단의 영향을 많이 받는다.
ㄴ. (가)는 (다)보다 난방용 전력 소비량이 많다.
ㄷ. (나)는 (다)보다 낮의 길이가 짧다.
ㄹ. (다)는 (가)보다 대설로 인한 피해가 자주 발생한다.

① ㄱ, ㄴ   ② ㄱ, ㄷ   ③ ㄴ, ㄷ
④ ㄴ, ㄹ   ⑤ ㄷ, ㄹ

Tip
화천 산천어 축제는 겨울, 김제 지평선 축제는 ❶[ ]에 개최되며, 보령의 머드 축제는 ❷[ ]에 개최된다.

답 ❶ 가을 ❷ 여름

5 기후와 주민 생활

(가), (나)는 어느 지역의 전통 가옥 구조이다. 이에 대한 설명으로 옳은 것만을 〈보기〉에서 고른 것은?

(가)	(나)
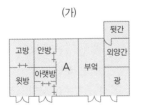	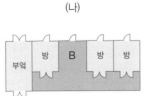

보기
ㄱ. (가)는 (나)보다 꽃의 개화 시기가 이르다.
ㄴ. (나)는 (가)보다 겨울철 기온이 높다.
ㄷ. (가), (나) 모두 남부 지방에서 주로 볼 수 있는 가옥이다.
ㄹ. A는 정주간, B는 대청마루이다.

① ㄱ, ㄴ   ② ㄱ, ㄷ   ③ ㄴ, ㄷ
④ ㄴ, ㄹ   ⑤ ㄷ, ㄹ

Tip
(가)는 겨울이 춥고 긴 ❶[ ] 지방의 전통 가옥 구조로 A는 정주간이다. (나)는 남부 지방에서 나타나는 가옥 구조로 B는 ❷[ ]이다.

답 ❶ 관북 ❷ 대청마루

6 지구 온난화의 영향

지도와 같은 변화가 지속될 경우 나타날 수 있는 현상으로 옳은 것만을 〈보기〉에서 고른 것은?

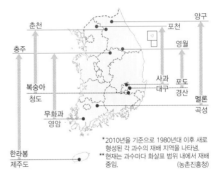

*2010년을 기준으로 1980년대 이후 새로 형성된 각 과수의 재배 지역을 나타냄.
**현재는 과수마다 화살표 범위 내에서 재배 중임. (농촌진흥청)

보기
ㄱ. 단풍 시기가 빨라진다.
ㄴ. 작물의 북한계선이 북상한다.
ㄷ. 고산 식물의 고도 하한선이 높아질 것이다.
ㄹ. 한반도 해안 저지대의 침수 가능성이 낮아진다.

① ㄱ, ㄴ   ② ㄱ, ㄷ   ③ ㄴ, ㄷ
④ ㄴ, ㄹ   ⑤ ㄷ, ㄹ

Tip
한반도의 기온이 상승하면 해안 저지대가 ❶[ ]될 수 있고, 작물의 ❷[ ]은 상승한다.

답 ❶ 침수 ❷ 북한계선

7 우리나라의 기후 변화

우리나라의 기후 변화 추세에 대한 설명으로 옳은 것은?

	구분	기후 변화의 추세
①	태풍	해가 갈수록 태풍의 강도가 약해진다.
②	기온 상승	여름의 길이가 줄어든다.
③	식생 변화	난대림 분포지가 점점 북상한다.
④	강수량 변화	강수량이 감소한다.
⑤	해수 온도 상승	난류성 어족의 어획량이 감소한다.

Tip

지구 온난화의 영향으로 해수 온도가 ❶⬜⬜⬜하여 난류성 어족이 증가하고 있으며, 난대림의 분포 지역이 남해안 지역에서 내륙 지역으로 점점 ❷⬜⬜하고 있다.

🔑 ❶ 상승 ❷ 북상

8 전통 촌락의 특징

다음 글의 밑줄 친 ㉠~㉢에 대한 설명으로 옳은 것만을 〈보기〉에서 있는 대로 고른 것은?

> ㉠농촌은 우리나라의 대표적인 촌락이며, 주로 농업 활동이 중심을 이룬다. 일반적으로 농촌은 ㉡농경지와 산지가 만나는 산기슭에 자리 잡으며 자연 발생적으로 형성되는 경우가 많다. ㉢산지촌은 사면의 경사가 급하고 경지가 좁기 때문에 논농사를 짓기 어렵다. 따라서 산지촌 주민들은 밭농사, 임산물 채취, 목축업을 주된 생업으로 한다. 어촌은 바다와 해안 지역에서 경제 활동을 영위하는 촌락이다. 대부분의 어촌은 농업과 어업에 함께 종사하는 ㉣반농 반어촌을 이룬다.

• 보기 •

ㄱ. ㉠ – 협동 노동의 필요성이 크기 때문에 집촌을 형성하는 경우가 많다.

ㄴ. ㉡ – 배산임수 입지로 땔감, 우물, 영농 등을 고려한 입지이다.

ㄷ. ㉢ – 경지가 협소하여 촌락의 규모가 작고 산촌을 형성하는 경우가 많다.

ㄹ. ㉣ – 암석 해안에 입지한 촌락에서 전형적으로 나타난다.

① ㄱ, ㄷ   ② ㄱ, ㄹ   ③ ㄱ, ㄴ, ㄷ

④ ㄱ, ㄴ, ㄹ   ⑤ ㄴ, ㄷ, ㄹ

Tip

벼농사가 활발하게 이루어져 온 농촌은 협동 노동의 필요성이 크기 때문에 ❶⬜⬜⬜을 이루는 경우가 많다. 반농 반어촌은 ❷⬜⬜ 해안에 위치한 촌락보다 모래 해안에 입지한 촌락에서 더 잘 나타난다.

🔑 ❶ 집촌 ❷ 암석

9 촌락의 인구 변화

그래프는 촌락 지역의 인구 변화를 나타낸 것이다. 이에 대한 추론으로 옳지 않은 것은?

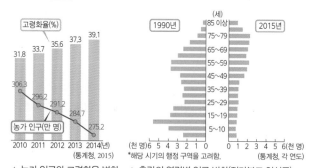

▲ 농가 인구와 고령화율 변화   ▲ 촌락의 연령별 인구 변화(전라북도 임실군)

① 휴경지가 증가하였을 것이다.

② 노령화 지수가 증가하였을 것이다.

③ 초등학교 학급 수가 많아졌을 것이다.

④ 노동력 부족 현상이 나타났을 것이다.

⑤ 농가당 경지 면적은 증가하였을 것이다.

Tip

촌락 지역은 청장년층 중심의 인구 유출로 노년층의 비율이 증가하여 ❶⬜⬜⬜ 부족 현상을 겪고 있다. 이에 따라 폐가와 휴경지 면적은 ❷⬜⬜하고 있다.

🔑 ❶ 노동력 ❷ 증가

10 우리나라의 도시 분포 변화

지도는 두 시기 우리나라의 도시 분포를 나타낸 것이다. 이를 보고 분석한 내용으로 옳지 <u>않은</u> 것은?

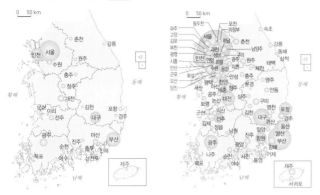

▲ 1960년의 도시 분포 　　　▲ 2015년의 도시 분포

① 서울과 부산을 잇는 경부축 도시들이 성장하였다.

② 중소 도시에 비해 대도시의 인구 성장이 뚜렷하다.

③ 수도권은 도시 수와 도시 인구가 가장 많이 증가하였다.

④ 위성 도시 및 공업 도시가 전통적인 지방 중심 도시보다 인구 성장이 뚜렷하다.

⑤ 영남 지방은 해안 지역보다 내륙 지역에서 도시 인구 규모가 더 크게 증가하였다.

Tip

2015년에는 1960년에 비해 [❶]이 인구 성장이 뚜렷했다. 영남 지방은 원료 수입과 제품 수출에 유리한 [❷] 지역의 인구 규모가 내륙 지역보다 더 크게 증가하였다.

답 ❶ 대도시 ❷ 해안

11 도시 내부의 분화 과정

그림의 A, B에 대한 설명으로 옳은 것은?

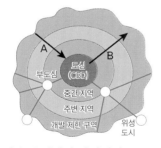

① A 방향으로 갈수록 지가가 낮아진다.

② A 방향으로 가는 업종은 대체로 지대 지불 능력이 낮다.

③ B 방향으로 갈수록 접근성이 좋아진다.

④ B 방향으로 갈수록 중심 업무 기능이 많아진다.

⑤ A는 집심 현상, B는 이심 현상을 의미한다.

Tip

접근성이 높은 도심에 집중하는 것을 [❶] 현상이라고 하며, 반대로 접근성이 낮은 지역으로 이진하는 것을 [❷] 현상이라고 한다.

답 ❶ 집심 ❷ 이심

12 도심과 주변 지역의 특징

그래프는 서울의 구(區)별 주간 인구 지수와 상주인구를 나타낸 것이다. 이에 대한 설명으로 옳은 것만을 〈보기〉에서 있는 대로 고른 것은?

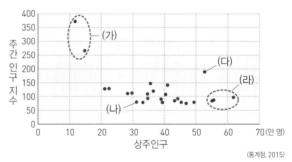

(통계청, 2015)

보기

ㄱ. (가)는 주간 인구 지수가 높으므로 도심에 해당한다.

ㄴ. (라)는 출근 시간대에 유출 인구보다 유입 인구가 많다.

ㄷ. (다)는 (나)보다 초등학교 학급 수가 많다.

ㄹ. (라)는 (가)보다 상업지의 평균 지가가 높다.

① ㄱ, ㄴ 　　② ㄱ, ㄷ 　　③ ㄴ, ㄷ

④ ㄴ, ㄹ 　　⑤ ㄷ, ㄹ

Tip

도심은 주변 지역보다 주간 인구는 많지만 [❶]는 적다. 따라서 주변 지역에서 도심으로 갈수록 [❷] 지수가 높아진다.

답 ❶ 상주인구 ❷ 주간 인구

마무리 전략

핵심 개념 ❶ 한반도의 지체 구조

평북·개마 지괴는 한반도에서 생성 시기가 가장 오래된 지괴로, 변성암이 많이 분포해.

두만 지괴

길주·명천 지괴

평북·개마 지괴

평남 분지

경기 지괴

옥천 습곡대

경상 분지

오랜 시간 퇴적물이 쌓여 형성된 경상 분지의 퇴적암층에서는 공룡 발자국을 볼 수 있어.

고생대의 퇴적 작용으로 평남 분지와 옥천 습곡대가 만들어졌어.

두만 지괴, 길주·명천 지괴는 한반도 일부가 바다에 잠겨 형성된 퇴적층으로, 갈탄이 매장되어 있어.

핵심 개념 ❷ 해안 지형

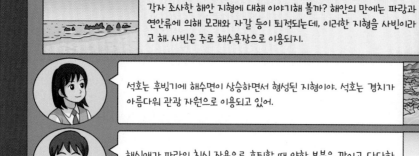

각자 조사한 해안 지형에 대해 이야기해 볼까? 해안의 만에는 파랑과 연안류에 의해 모래와 자갈 등이 퇴적되는데, 이러한 지형을 사빈이라고 해. 사빈은 주로 해수욕장으로 이용되지.

석호는 후빙기에 해수면이 상승하면서 형성된 지형이야. 석호는 경치가 아름다워 관광 자원으로 이용되고 있어.

해식애가 파랑의 침식 작용으로 후퇴할 때 약한 부분은 깎이고 단단한 부분이 작은 바위섬처럼 남아 형성된 지형을 시 스택이라고 해.

파식대는 파랑의 침식 작용으로 비교적 평평한 바위 면을 말하고, 이러한 파식대 뒤에 만들어지는 해안 절벽을 해식애라고 해.

핵심 개념 **❸**   화산 지형

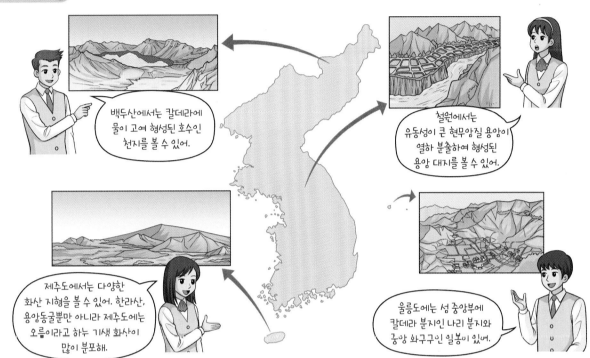

백두산에서는 칼데라에 물이 고여 형성된 호수인 천지를 볼 수 있어.

철원에서는 유동성이 큰 현무암질 용암이 열하 분출하여 형성된 용암 대지를 볼 수 있어.

제주도에서는 다양한 화산 지형을 볼 수 있어. 한라산, 용암동굴뿐만 아니라 제주도에는 오름이라고 하는 기생 화산이 많이 분포해.

울릉도에는 섬 중앙부에 칼데라 분지인 나리 분지와 중앙 화구구인 일봉이 있어.

핵심 개념 **❹**   도시 내부 구조

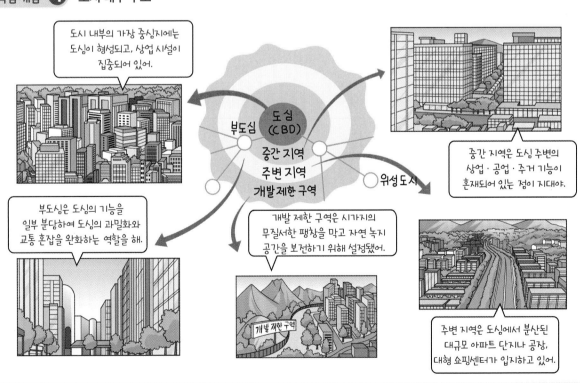

도시 내부의 가장 중심지에는 도심이 형성되고, 상업 시설이 집중되어 있어.

부도심   도 심 (CBD)
중간 지역
주변 지역
개발제한 구역
위성도시

중간 지역은 도심 주변의 상업·공업·주거 기능이 혼재되어 있는 점이 지대야.

부도심은 도시의 기능을 일부 분담하여 도심의 과밀화와 교통 혼잡을 완화하는 역할을 해.

개발 제한 구역은 시가지의 무질서한 팽창을 막고 자연 녹지 공간을 보전하기 위해 설정됐어.

개발 제한 구역

주변 지역은 도심에서 분산된 대규모 아파트 단지나 공장, 대형 쇼핑센터가 입지하고 있어.

신유형·신경향·서술형 전략

01 택리지

다음은 『택리지』 「복거총론」의 일부이다. (가)~(라)에 해당하는 가거지의 조건을 순서대로 바르게 나열한 것은?

(가)	먼저 수구(水口)를 보고, 다음 들의 형세를 본다. 다음에 산의 모양을 보고, 다음에는 흙의 빛깔을, 다음은 조산(朝山)과 조수(朝水)를 본다. …
(나)	땅이 기름진 곳이 제일이고, 배와 수레와 사람과 물자가 모여들어서, 있는 것과 없는 것을 서로 바꿀 수 있는 곳이 그 다음이다. …
(다)	옳은 풍속을 가리지 아니하면 자신에게 해로울 뿐 아니라 자손들도 반드시 나쁜 물이 들어서 그르치게 될 근심이 있다. 그러므로 살터를 잡음에 있어서 그 지방의 풍속을 살피지 않을 수 없다. …
(라)	백두산은 여진(女眞)과 조선의 경계에 있어, 온 나라의 눈썹처럼 되어 있다. 산 위에는 큰 못이 있는데 둘레가 팔십 리이다. 그 못물이 서쪽으로 흘러 압록강이 되고, 동쪽으로 흘러 두만강이 되었으며 …

	(가)	(나)	(다)	(라)
①	지리	생리	인심	산수
②	지리	생리	산수	인심
③	생리	지리	인심	산수
④	생리	인심	지리	산수
⑤	인심	산수	생리	지리

Tip

가거지의 조건 중 [❶]는 풍수지리의 중요성, [❷]는 경제적 이점을 강조한 내용을 담고 있다.

📖 ❶ 지리 ❷ 생리

02 하안 단구와 해안 단구의 공통점

A, B 지형의 공통점만을 〈보기〉에서 있는 대로 고른 것은?

• 보기 •

ㄱ. 취락이나 농경지, 도로로 이용된다.

ㄴ. 퇴적 물질 중 둥근 자갈이 발견된다.

ㄷ. 지형이 평탄하여 논농사에 유리하다.

ㄹ. 지반의 융기로 인해 해발 고도가 높아졌다.

① ㄱ, ㄷ   ② ㄴ, ㄹ   ③ ㄱ, ㄴ, ㄹ
④ ㄱ, ㄷ, ㄹ   ⑤ ㄴ, ㄷ, ㄹ

Tip

하안 단구는 하천 주변에 분포하는 계단 모양의 지형으로 과거의 하천 바닥이나 범람원이 [❶]하여 형성된 지형이다. 해안 단구는 과거의 [❷]가 지반의 융기 또는 해수면 하강으로 현재 해수면보다 높아지면서 형성된 계단 모양의 지형이다.

📖 ❶ 융기 ❷ 파식대

03 우리나라의 화산 지형

다음 글의 ㉠~㉢에 대한 설명으로 옳은 것은? (단, ㉠~㉢은 각각 제주도, 울릉도, 철원 일대의 지역 중 하나임.)

• 강원도 삼척부의 바다 가운데 있다. …(중략)… 숙종 때 장한상이 함경도에서 배를 띄우고 동남쪽을 향해 이 섬을 찾았는데, 이틀 만에 ㉠ 큰 돌산이 바다 복판에 솟아 있는 것을 발견하였다. 　　　　　　　　　 – 『택리지』 –

• ㉡ 진산은 한라였다. 주의 남쪽에 있는데, 일명 두무악 또는 원산이라 한다. 그 고을 관원이 제사를 지내는데, 둥그스름하고 높고 크며, 그 ㉢ 꼭대기에는 큰 못이 있다. …(중략)… 이상한 일은 고려 목종 5년 탐라산에 구멍 네 개가 뚫려서 시뻘건 물이 치솟아 올랐다. 　　　　　 – 『세종실록지리지』 –

• 땅은 메마르나 ㉣ 들이 크고, 산이 낮아 평탄하며 두 강 안쪽에 위치하였으니 또한 두메 속의 도회지이다. 들 복판의 물이 깊고, ㉤ 벌레 먹은 듯한 검은 돌이 있는데 매우 이상스럽다. 　　　　　　　　　　　 – 『택리지』 –

① ㉠은 석회암으로 이루어져 있다.

② ㉡의 산록부는 주로 조면암질 용암이 분출하여 형성되었다.

③ ㉢은 화구의 함몰에 의해 형성된 칼데라호이다.

④ ㉣은 현무암질 용암의 열하 분출에 의해 형성되었다.

⑤ ㉤은 석회동굴에서 많이 볼 수 있다.

Tip

한라산의 [❶]은 화구에 물이 들어차 형성된 화구호이며, 백두산의 [❷]는 화구가 함몰되어 만들어진 칼데라에 물이 들어차 형성된 칼데라호이다.

📖 ❶ 백록담 ❷ 천지

04 자연재해의 특징

그래프는 세 자연재해의 월별 피해 발생률을 나타낸 것이다. A~E에 들어갈 내용으로 옳지 <u>않은</u> 것은? (단, (가)~(다)는 각각 대설, 호우, 태풍 중 하나임.)

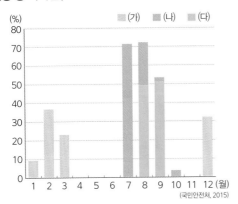

(국민안전처, 2015)

구분	재해 발생 원인	재해 피해 특성	재해 대책
(가)	A	B	
(나)		C	D
(다)		E	

① A – 북서 계절풍이나 북동 기류가 지형과 만날 때 발생한다.
② B – 빙판길 교통 장애와 농업 시설물 붕괴를 유발한다.
③ C – 하천이 범람하여 주변 지역이 침수된다.
④ D – 제설 장비를 갖추어 대비한다.
⑤ E – 강한 바람으로 선박 및 항공기 운항에 지장을 준다.

Tip

겨울에 주로 발생하는 자연재해는 ❶ ⬚ 로 북서 계절풍이나 북동 기류가 지형과 만날 때 발생한다. 8~9월에 주로 발생하는 태풍은 ❷ ⬚ 해상에서 발생하여 강한 바람을 동반한다.

답 ❶ 대설 ❷ 열대

05 영해 설정의 특징

다음 자료의 ㉠~㉢에 들어갈 숫자를 모두 더한 값은?

- 대한 해협에서 영해는 직선 기선으로부터 ㉠해리까지이다.
- 울릉도에서 영해는 통상 기선으로부터 ㉡해리까지이다.
- 배타적 경제 수역은 영해 기선에서 최대 200해리까지이며, 영해를 제외하면 ㉢해리가 된다.

① 194   ② 198   ③ 203
④ 212   ⑤ 215

Tip

영해의 범위는 일반적으로 기선으로부터 ❶ ⬚ 해리까지이다. 단, 일본과의 거리가 가까운 대한 해협에서는 직선 기선으로부터 ❷ ⬚ 해리까지를 영해로 설정하였다.

답 ❶ 12 ❷ 3

06 범람원의 특징

지도의 A 지형과 비교한 B 지형의 상대적 특징을 오른쪽 그림의 A~E에서 고른 것은?

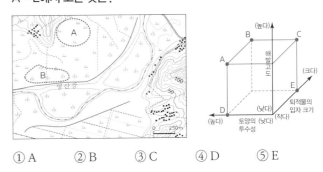

① A   ② B   ③ C   ④ D   ⑤ E

Tip

자연 제방은 배후 습지보다 해발 고도가 높고, 퇴적물의 입자 크기가 커 배수가 ❶ ⬚ 하며, 주로 취락, 교통로, ❷ ⬚ 으로 활용된다.

답 ❶ 양호 ❷ 밭

07 계절별 강수량의 특징

지도는 두 계절의 강수량 분포를 나타낸 것이다. (가), (나)에 대한 설명으로 옳지 <u>않은</u> 것은? (단, (가), (나)는 각각 여름과 겨울 중 하나임.)

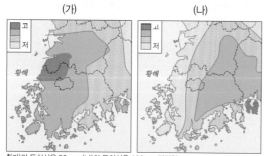

*(가)의 등치선은 20mm, (나)의 등치선은 100mm 간격임.   (1981~2010)

① (가) 시기에는 서고동저의 기압 배치가 자주 나타난다.

② (나) 시기에는 대류성 강수가 자주 발생한다.

③ (가) 시기는 (나) 시기보다 평균 강수량이 많다.

④ (나) 시기에는 (가) 시기보다 태풍의 영향을 많이 받는다.

⑤ (가) 시기는 대륙성 기단, (나) 시기는 해양성 기단의 영향을 주로 받는다.

Tip

여름에는 ❶　　　 기단의 영향을 주로 받으며, 대류성 강수인 소나기가 자주 발생한다. 겨울에는 대륙성 기단의 영향을 주로 받으며, ❷　　　 의 기압 배치가 자주 나타난다.

🗒 ❶ 해양성 ❷ 서고동저

08 대도시권의 공간 구조

다음은 도시 단원에 대한 한국지리 수업 장면이다. 발표 내용이 옳지 <u>않은</u> 학생을 〈보기〉에서 고른 것은?

〈대도시권의 형성과 공간 구조〉

○의미: 대도시를 중심으로 ㉠ 일상적인 생활이 이루어지는 범위
○형성 배경
 • 대도시의 성장 및 교외화
 • ㉡ 대도시와 주변 지역 간의 접근성 향상
 • ㉢ 신도시 개발
○공간 구조
 • ㉣ 중심 도시와 통근 가능권 지역으로 구분됨
 • 통근 가능권 지역은 ㉤ 교외 지역과 ㉥ 배후 농촌 지역으로 구분할 수 있음.

밑줄 친 ㉠~㉥에 대해 발표해 볼까요?

• 보기 •

갑: ㉠에는 중심 도시로의 통근·통학권도 포함돼요.

을: ㉡은 지하철·시내버스 노선 연장의 영향이 커요.

병: ㉢의 거주자가 신도시 내에서 일자리를 찾기 어려운 경우가 많아요.

정: ㉣이 대도시권에서 차지하는 인구 비중은 지속적으로 높아져요.

무: ㉤은 ㉥보다 시가지, 공장의 면적 비중이 높아요.

① 갑　　② 을　　③ 병　　④ 정　　⑤ 무

Tip

대도시권은 ❶　　　 와 통근·통학 가능권으로 구성된다. 대도시권이 확대되면서 인구 교외화 현상이 활발해지고, 도심에서는 인구 공동화 현상이 나타나기 때문에 대도시권에서 중심 도시가 차지하는 인구 비중은 ❷　　　 .

🗒 ❶ 중심 도시 ❷ 낮아진다

09 침식 분지의 특징
지형도를 보고 물음에 답하시오.

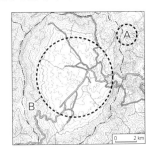

(1) 위 지형도에 나타난 지형의 명칭을 쓰시오.

(2) 위 지형의 형성 원인을 A, B 지역의 기반암 명칭을 포함하여 서술하시오.

Tip
침식 **❶**[   ]는 두 개 이상의 하천이 합류하거나 변성암이 기반암을 이루는 곳에 화강암이 관입한 이후 **❷**[   ] 침식을 받아 형성된다.

답 ❶ 분지 ❷ 차별

10 석호의 특징
(가) 지형의 형성 원인을 제시된 〈조건〉의 내용을 포함하여 서술하시오.

─● 조건 ●─
• 후빙기 해수면 상승   • 파랑   • 연안류   • 사주

Tip
석호는 만의 입구를 **❶**[   ]가 가로막아 형성되며, 석호로 흘러드는 하천 운반 물질로 인해 규모가 점점 **❷**[   ]된다.

답 ❶ 사주 ❷ 축소

11 대륙 동안과 대륙 서안 기후의 특징 비교
두 그래프를 보고 대륙 서안과 비교한 대륙 동안의 기후 특색을 서술하시오.

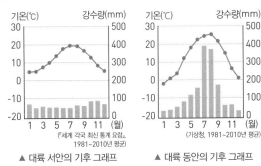

▲ 대륙 서안의 기후 그래프   ▲ 대륙 동안의 기후 그래프

Tip
중위도 대륙 동안은 **❶**[   ]풍의 영향을 받는 반면에 대륙 서안은 **❷**[   ]풍의 영향을 많이 받는다.

답 ❶ 계절 ❷ 편서

12 촌락의 인구 변화
그래프는 어느 지역의 연령별 인구 구성 변화를 나타낸 것이다. 이를 보고 물음에 답하시오.

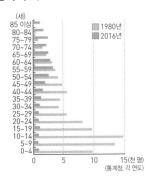

(1) 1980년과 비교한 2016년의 인구 구성 특징을 서술하시오.

(2) 인구 구성의 변화로 인해 나타날 수 있는 문제점을 두 가지만 서술하시오.

Tip
촌락 지역은 유소년층 인구가 **❶**[   ]하면서 폐교가 늘어나고, 노년층 인구 비중이 증가하면서 **❷**[   ] 현상이 심화되고 있다.

답 ❶ 감소 ❷ 고령화

적중 예상 전략 1회

01

(가), (나) 지도에 대한 설명으로 옳지 않은 것은?

(가)

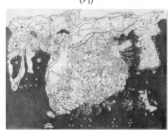

(나)

① (가)는 국가 주도로 제작되었다.

② (나)에는 경위선이 표현되어 있다.

③ (가)는 (나)보다 우리나라가 상대적으로 크게 표현되어 있다.

④ (나)는 (가)보다 지도 제작자의 세계 인식 범위가 좁다.

⑤ (가)는 중화사상, (나)는 실학사상이 반영되어 있다.

02

도표는 시대별 지질 계통과 주요 지각 운동을 나타낸 것이다. 이에 대한 설명으로 옳은 것만을 〈보기〉에서 있는 대로 고른 것은?

지질 시대	시·원생대		고생대			중생대			신생대	
	시생대	원생대	캄브리아기	…	석탄기-페름기	트라이아스기	쥐라기	백악기	제3기	제4기
지질 계통	변성암 복합체		A		결층	평안 누층군	대동 누층군	경상 누층군	제3계	제4계
주요 지각 운동	변성 작용		조륙 운동			송림 변동	B	불국사 변동	C	화산 활동

◦ 보기 ◦

ㄱ. A에서는 용식 작용으로 카르스트 지형이 형성된다.

ㄴ. B는 한반도 중·남부 지방에 영향을 주었다.

ㄷ. C로 인해 경동 지형이 발달하였다.

ㄹ. C로 인해 중국 방향의 지질 구조선이 발달하였다.

① ㄱ, ㄴ ② ㄷ, ㄹ ③ ㄱ, ㄴ, ㄷ

④ ㄱ, ㄷ, ㄹ ⑤ ㄴ, ㄷ, ㄹ

03

자료는 어느 하천 지형의 지형도와 사진이다. 이에 대한 설명으로 옳은 것은?

① 선단은 취락과 논으로 이용된다.

② 하천의 유속이 빨라지면서 형성된다.

③ 하천 중·하류 지역에서 주로 나타난다.

④ 하천이 바다로 유입되는 하구에 주로 나타난다.

⑤ 하천 충적 평야 중 퇴적물의 입자 크기가 가장 작다.

04

(가), (나) 산에 대한 설명으로 옳은 것만을 〈보기〉에서 고른 것은?

(가)   (나)

• 보기 •
ㄱ. (가)의 대표적인 산으로 지리산, 덕유산 등이 있다.
ㄴ. (나)의 기반암은 주로 편마암으로 이루어졌다.
ㄷ. (가)의 기반암은 (나)의 기반암보다 형성 시기가 이르다.
ㄹ. (나)는 (가)보다 산 정상부의 식생 밀도가 높다.

① ㄱ, ㄴ   ② ㄱ, ㄷ   ③ ㄴ, ㄷ
④ ㄴ, ㄹ   ⑤ ㄷ, ㄹ

05

다음은 어느 지형의 형성 과정을 나타낸 것이다. 이에 대한 설명으로 옳은 것만을 〈보기〉에서 있는 대로 고른 것은?

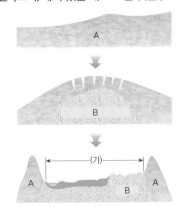

• 보기 •
ㄱ. (가) 지형은 주로 하천의 중·상류에 발달한다.
ㄴ. (가)에서는 기온 역전 현상이 나타나 안개가 자주 발생한다.
ㄷ. A는 시·원생대의 변성암이 주를 이룬다.
ㄹ. B는 A보다 풍화와 침식에 대한 저항력이 강하다.

① ㄱ, ㄴ   ② ㄱ, ㄷ   ③ ㄴ, ㄷ
④ ㄱ, ㄴ, ㄷ   ⑤ ㄴ, ㄷ, ㄹ

06

다음 글의 ㉠~㉣에 대한 설명으로 옳은 것만을 〈보기〉에서 고른 것은?

유네스코 세계 자연 유산으로 지정된 지역은 ㉠ 제주도의 ⟨㉡⟩, 성산 일출봉, 거문오름 용암동굴계이다. ⟨㉡⟩은 남한에서 가장 높은 산이며, 정상부를 제외한 대부분은 순상 화산체이다. 성산 일출봉은 제주도에 분포하는 360여 개의 ⟨㉢⟩ 중 하나로서 경관이 아름답다. 거문오름 용암동굴계는 약 10~30만 년 전에 거문오름에서 분출된 용암으로부터 만들어진 여러 개의 ㉣ 용암동굴이다.

• 보기 •
ㄱ. ㉠의 해안에서 공룡 발자국 화석이 많이 발견되었다.
ㄴ. ㉡의 정상부에서 칼데라호를 볼 수 있다.
ㄷ. ㉢은 용암이나 화산 쇄설물이 굳어져서 형성되었다.
ㄹ. ㉣은 용암의 냉각 속도의 차이에 의해 형성되었다.

① ㄱ, ㄴ   ② ㄱ, ㄷ   ③ ㄴ, ㄷ
④ ㄴ, ㄹ   ⑤ ㄷ, ㄹ

07

다음 자료의 A~D에 대한 설명으로 옳지 <u>않은</u> 것은?

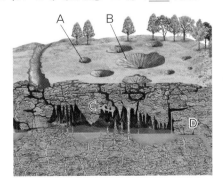

① A는 주로 용식 작용을 받아 형성된다.
② A는 배수가 불량하여 논농사에 유리하다.
③ A의 규모가 확대되면 B가 된다.
④ C는 동굴 천장에서 자라는 종유석이다.
⑤ D 암석은 고생대에 형성되었다.

08

A~D 지역의 강수량에 대한 설명으로 옳은 것만을 〈보기〉에서 고른 것은?

• 보기 •

ㄱ. A는 하계 강수 집중률이 가장 높다.

ㄴ. B는 겨울철 북동풍이 불 때 눈이 많이 내린다.

ㄷ. C는 바람그늘 사면에 해당해 여름철 강수량이 적다.

ㄹ. D의 여름철 강수량은 남쪽보다 북쪽 지역이 많다.

① ㄱ, ㄴ   ② ㄱ, ㄷ   ③ ㄴ, ㄷ

④ ㄴ, ㄹ   ⑤ ㄷ, ㄹ

09

그림과 같은 기후 현상이 나타날 때 발생할 수 있는 재해로 옳은 것은?

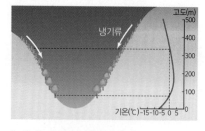

① 많은 눈이 내려 시설물이 붕괴한다.

② 태풍으로 인해 침수 피해가 발생한다.

③ 냉기류가 형성되어 냉해 피해가 발생한다.

④ 미세 먼지가 발생하여 기관지염 등의 피해를 입는다.

⑤ 고온 건조한 바람이 불어 분지 지표 부근에 가뭄의 피해가 발생한다.

10

다음 글의 ⓒ과 비교한 ⊙의 상대적 특징을 그림의 A~E에서 고른 것은?

농촌은 우리나라의 대표적인 촌락 형태이다. 농업 활동은 협동 노동의 필요성이 큰 경우가 많기 때문에 [⊙]을 이루는 경우가 많다. 산지촌은 경사가 급하고 경지가 좁아서 주민의 상당수는 밭농사, 임산물 채취, 목축업 등을 하며 생활한다. 산지촌은 가옥이 드문드문 흩어져 분포하는 [ⓒ]인 경우가 많다.

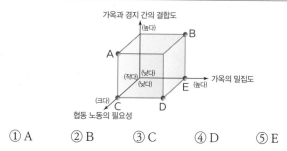

① A   ② B   ③ C   ④ D   ⑤ E

11

그림은 중심지의 계층 구조를 나타낸 것이다. 이에 대한 설명으로 옳은 것은?

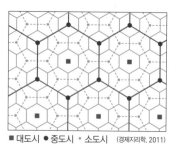

■ 대도시 ● 중도시 • 소도시 (경제지리학, 2011)

① 대도시는 중도시에 비하여 최소 요구치가 작다.

② 중심지 수는 소도시 < 중도시 < 대도시 순으로 많다.

③ 중도시는 소도시에 비하여 배후지의 범위가 넓다.

④ 동일 계층의 중심지 간 거리는 대도시 < 중도시 < 소도시 순으로 멀다.

⑤ 주민의 소득이 향상되면 대도시의 중심지는 발달하지만 중도시와 소도시의 중심지는 쇠퇴한다.

12

다음 지도를 보고 물음에 답하시오.

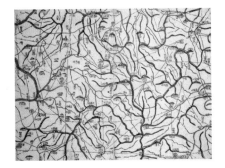

(1) 위 지도의 명칭을 쓰시오

_____

(2) 위 지도의 장점을 세 가지만 서술하시오.

_____

_____

13

다음은 어느 지형의 형성 과정을 나타낸 것이다. 이를 보고 물음에 답하시오.

(1) A 지형의 명칭을 쓰시오.

_____

(2) A 지형의 형성 과정을 서술하시오.

_____

_____

14

자료는 도시와 그 주변 지역의 기온 분포를 나타낸 것이다. 이를 보고 물음에 답하시오.

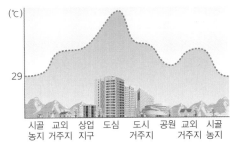

(1) 그림과 같이 도심 지역이 다른 지역에 비해 기온이 높은 현상을 무엇이라고 하는지 쓰시오.

_____

(2) 도심 지역이 주변 지역보다 기온이 높은 이유를 두 가지만 서술하시오.

_____

15

그림은 대도시의 내부 구조를 나타낸 것이다. 이를 보고 물음에 답하시오.

(현대 인문 지리학, 2012)

(1) A, B의 명칭을 쓰시오.

_____

(2) 개발 제한 구역을 설치하는 목적을 두 가지만 서술하시오.

_____

_____

적중 예상 전략 2회

01

다음 글에 해당하는 지역을 지도의 A~E에서 고른 것은?

> 우리나라의 정치적·경제적 주권이 미치는 바다의 범위로, 그 수직 상공으로는 우리나라의 허가 없이 다른 나라의 비행기가 통과할 수 없다.

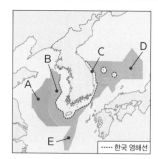

① A
② B
③ C
④ D
⑤ E

02

(가), (나)는 조선 시대에 제작된 지리지의 일부이다. 이에 대한 설명으로 옳은 것은?

> (가) 【관원】 목사·판관·교수 각 1인
> 【군명】 탐라·탁라·탐모라·동영주
> 【풍속】 초목과 곤충은 겨울이 지나도 죽지 않으며 폭풍이 자주 인다. 또 초가가 많고 빈천한 백성들은 부엌과 온돌이 없고 땅바닥에서 자고 거처한다. …『동문감』에 "그 땅에 돌이 많고 건조하여, ㉠ 본래 논은 없고 오직 보리·콩·조만 생산된다."고 하였다.
>
> (나) 태백산과 소백산 또한 토산이지만, 흙빛이 모두 수려하다. 태백산에는 황지라는 훌륭한 곳이 있다. ㉡ 산 위에 들판이 펼쳐져 두메 사람들이 제법 마을을 이루었다. 화전을 일구어 살고 있었으나 지세가 높고 서리가 일찍 내린다.

① (가)는 특정 주제를 중심으로 서술되었다.
② (나)는 국가가 통치를 목적으로 제작하였다.
③ (가)는 (나)보다 제작 시기가 늦다.
④ ㉠은 이 지역의 강수량이 적기 때문이다.
⑤ ㉡에서는 목축업과 고랭지 농업이 주로 이루어진다.

03

지도는 우리나라의 산맥도를 나타낸 것이다. 이에 대한 설명으로 옳은 것만을 〈보기〉에서 고른 것은?

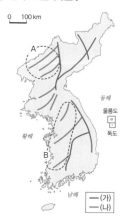

> • 보기 •
> ㄱ. (가)는 신생대 제3기 경동성 요곡 운동으로 형성되었다.
> ㄴ. (나)는 (가)보다 해발 고도가 높다.
> ㄷ. A는 랴오둥 방향, B는 중국 방향의 지질 구조선이다.
> ㄹ. B 방향의 지질 구조선은 A 방향의 지질 구조선보다 형성 시기가 이르다.

① ㄱ, ㄴ   ② ㄱ, ㄷ   ③ ㄴ, ㄷ
④ ㄴ, ㄹ   ⑤ ㄷ, ㄹ

04

그림은 어느 지형의 형성 과정을 나타낸 것이다. A 지형에 대한 설명으로 옳은 것만을 〈보기〉에서 고른 것은?

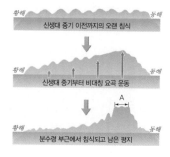

> • 보기 •
> ㄱ. 한반도가 평탄했다는 증거가 된다.
> ㄴ. 목축업과 고랭지 농업이 발달한다.
> ㄷ. 다른 암석의 차별 침식으로 형성된다.
> ㄹ. 이른 새벽 기온 역전 현상이 자주 일어난다.

① ㄱ, ㄴ   ② ㄱ, ㄷ   ③ ㄴ, ㄷ
④ ㄴ, ㄹ   ⑤ ㄷ, ㄹ

05

다음 자료는 『택리지』의 일부이다. 밑줄 친 (가)~(라)에 해당하는 지형을 지도의 A~E에서 고른 것은?

- 금사사(金沙寺)의 바닷가는 모두 모래사장이다. 모래가 무척 고와서 금빛과 같으며 햇빛을 받으면 20리 너머까지 반짝인다. 바람이 불 때마다 모래가 이리저리 움직여서 (가)모래 언덕이 동쪽에 생겼다가 서쪽에 생기는 등 갑자기 좌우로 움직여 그 위치가 일정치 않다.
- 나주 서쪽에는 칠산 바다가 있다. 예전에는 수심이 깊었으나 근래에는 모래와 (나)뻘이 쌓여 얕아지면서 썰물 때면 수심이 겨우 무릎이 빠질 정도이다.
- 경포대 앞의 (다)호수는 둘레가 20리이며, 물 깊이는 사람의 배꼽에 닿을 정도지만 작은 배는 다닐 수 있다. 동편에 강문교가 있고, 다리 너머에는 (라)흰 모래 둑이 바다를 가로막고 있다. 호수에는 바닷물이 드나들고, 둑 너머로는 푸른 바다가 하늘까지 이어져 있다.

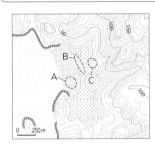

	(가)	(나)	(다)	(라)
①	A	E	C	D
②	B	A	D	E
③	B	C	E	A
④	C	A	D	E
⑤	C	B	D	A

06

사진은 화산 지형의 일부를 나타낸 것이다. 이 지형에 대한 설명으로 옳은 것만을 〈보기〉에서 고른 것은?

• 보기 •

ㄱ. 주상 절리라고 한다.

ㄴ. 석회동굴 주변에서 흔히 볼 수 있다.

ㄷ. 유동성이 큰 용암이 굳어서 형성되었다.

ㄹ. 중생대 말기에 조산 운동으로 형성되었다.

① ㄱ, ㄴ   ② ㄱ, ㄷ   ③ ㄴ, ㄷ
④ ㄴ, ㄹ   ⑤ ㄷ, ㄹ

07

그래프는 (가)~(마) 지역의 기후 특성을 나타낸 것이다. 이에 해당하는 지역을 지도의 A~E에서 고른 것은?

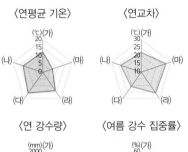
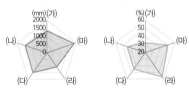

	(가)	(나)	(다)	(라)	(마)
①	A	E	B	D	C
②	B	E	D	C	A
③	C	B	E	D	A
④	C	D	A	B	E
⑤	C	D	E	B	A

08

표는 계절별 특징을 정리한 것이다. ⊙~⑩의 내용으로 옳은 것은?

계절	특징
봄	⊙ 꽃샘추위, 건조한 날씨
여름	ⓒ 장마 전선 형성, 집중 호우의 발생, 북태평양 기단, ⓒ 열대야 현상, 대류성 강수
가을	ⓐ 청명한 날씨, 일조량 풍부
겨울	⑩ 시베리아 기단, 한파

① ⊙ – 오호츠크해 기단의 영향으로 발생한다.

② ⓒ – 북태평양 기단과 시베리아 기단이 만나면서 형성된다.

③ ⓒ – 도심 지역이 주변 지역보다 심하게 나타난다.

④ ⓐ – 저기압의 영향으로 농작물 결실에 유리하다.

⑤ ⑩ – 한랭 습윤한 특징을 가지고 있다.

09

그래프는 서울의 계절 변화 추이를 나타낸 것이다. 이와 같은 현상이 지속될 때 나타나는 현상으로 옳은 것은?

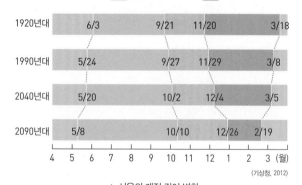

| 봄 일평균 기온 5℃ 이상 | 여름 일평균 기온 20℃ 이상 |
| 가을 일평균 기온 20℃ 미만 | 겨울 일평균 기온 5℃ 미만 |

1920년대	6/3	9/21	11/20	3/18
1990년대	5/24	9/27	11/29	3/8
2040년대	5/20	10/2	12/4	3/5
2090년대	5/8	10/10	12/26	2/19

4 5 6 7 8 9 10 11 12 1 2 3 (월)

(기상청, 2012)

▲ 서울의 계절 길이 변화

① 무상 일수가 길어진다.

② 단풍 시기가 빨라진다.

③ 작물의 북한계선이 남하한다.

④ 냉대림의 분포 범위가 확대된다.

⑤ 한류성 어족의 포획량이 증가한다.

10

그림은 도시 내부 구조를 나타낸 것이다. A~D에 대한 설명으로 옳은 것만을 〈보기〉에서 고른 것은?

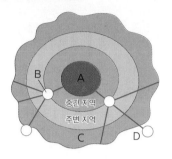

- 보기 -

ㄱ. A에서는 인구 공동화 현상이 나타난다.

ㄴ. B에서는 농촌과 도시 경관이 혼재한다.

ㄷ. C는 도시의 무분별한 팽창을 막기 위한 것이다.

ㄹ. D는 도심의 기능을 분담한다.

① ㄱ, ㄴ   ② ㄱ, ㄷ   ③ ㄴ, ㄷ

④ ㄴ, ㄹ   ⑤ ㄷ, ㄹ

11

자료는 대도시권의 공간 구조를 나타낸 것이다. 이에 대한 설명으로 옳지 않은 것은?

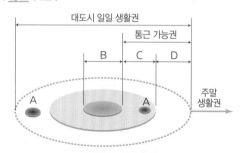

① A에는 중심 업무 기능이 밀집되어 있다.

② B의 도시 내부 구조는 기능에 따라 분화되어 있다.

③ C는 도시 경관과 촌락 경관이 혼재되어 있다.

④ D의 범위는 교통이 발달하면 확대될 수 있다.

⑤ A는 B보다 자족 기능이 부족하다.

서술형

12

지도를 보고 물음에 답하시오.

(1) A, B 지형의 명칭을 쓰시오.

_____

(2) A, B 지형의 형성 요인을 쓰고, 토지 이용 사례를 서술하시오.

_____

_____

13

지도를 보고 물음에 답하시오.

(1) A, B 지형의 명칭을 쓰시오.

_____

(2) A 지형과 비교한 B 지형의 상대적 특징을 〈조건〉의 내용을 포함하여 서술하시오.

┌─ • 조건 • ─────────────────────────┐
│ • 배수   • 해발 고두   • 입자 크기   • 토지 이용 │
└────────────────────────────────┘

_____

14

다음은 두 지역의 전통 가옥 구조를 나타낸 것이다. 이를 보고 물음에 답하시오.

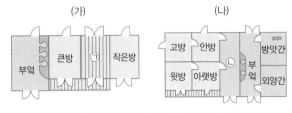

(1) (가)의 ㉠, (나)의 ㉡에 들어갈 용어를 쓰시오.

_____

(2) (나)의 ㉡의 역할을 기후와 관련하여 서술하시오.

_____

_____

15

그래프는 대도시의 주·야간 인구 분포를 나타낸 것이다. A 지역과 비교한 B 지역의 상대적 특징을 〈조건〉의 내용을 포함하여 서술하시오.

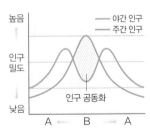

┌─ 조건 • ─────────────────────────┐
│ • 교통 혼잡   • 상주인구   │
│ • 주간 인구   • 인구 공동화   │
└────────────────────────────────┘

_____

_____

Memo

단기간 고득점을 위한 2주

전략 질주

고등 전략

내신전략 시리즈

국어/영어/수학/사회/과학

필수 개념을 꽉~ 잡아 주는 초단기 내신 전략서!

수능전략 시리즈

국어/영어/수학/사회/과학

빈출 유형을 철저히 분석하여 반영한 고효율·고득점 전략서!

book.chunjae.co.kr

교재 내용 문의 .... 교재 홈페이지 ▶ 고등 ▶ 교재상담
교재 내용 외 문의 .... 교재 홈페이지 ▶ 고객센터 ▶ 1:1문의
발간 후 발견되는 오류 .... 교재 홈페이지 ▶ 고등 ▶ 학습지원 ▶ 학습자료실

중간고사 기말고사 고득점을 예약하자!

시험적중

내신전략

고등 **한국지리**

BOOK 2

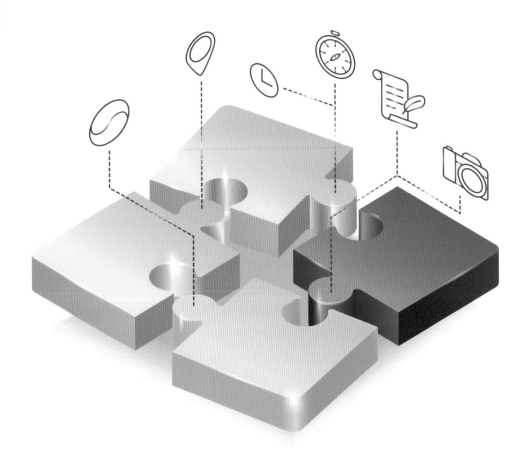

천재교육

내신전략
고등 한국지리

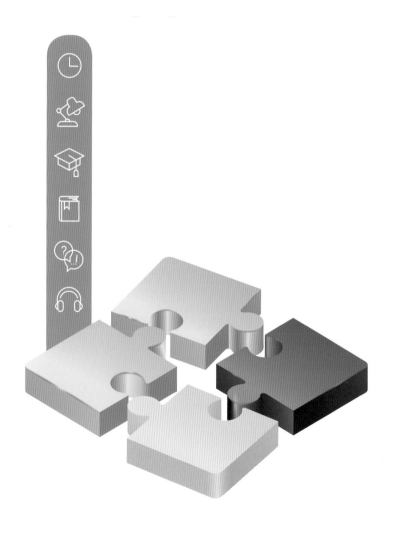

내신적략 | 고등 한국지리

시험에 잘 나오는
개념BOOK 2

시험에 잘 나오는
개념BOOK 2

내신적략
고등 한국지리

천재교육

Memo

내신전략

고등 한국지리

시험에 잘 나오는 개념 BOOK 2

개념 BOOK 하나면
한국지리 공부 끝!

시험에 잘 나오는 개념 Book이야~ 차례부터 한번 살펴보자!

---

14 1 (1) × (2) ○ (3) ○ (4) ×　　2 ㄴ, ㄷ
3 2060년은 1960년에 비해 유소년층 인구 비율이 낮고 노년층 인구 비율이 높아 노동력의 고령화, 청년층의 사회적 부담 증가 등의 문제점이 발생할 수 있다. 해결 방안으로는 임신 및 양육에 대한 재정적 지원, 지속 가능한 연금 제도 정착 등이 있다.

15 1 (1) × (2) ○ (3) ×　　2 ㄱ, ㄴ, ㄹ
3 (1) (가)-외국인 근로자, (나)-결혼 이민자 (2) 촌락은 결혼 적령기 여성 인구 유출에 따른 남초 현상이 나타나 외국인 중 결혼 이민자 비율이 높게 나타난다.

16 1 (1) × (2) ○ (3) × (4) ×　　2 ㄴ, ㄷ, ㄹ
3 북한은 산지가 많고 기후가 한랭하여 남한보다 논농사 대비 밭농사의 비율이 높기 때문에 밭작물인 옥수수 생산량이 많다.

17 1 (1) ㄴ (2) ㄱ (3) ㅁ (4) ㄹ (5) ㄷ　　2 ㄱ, ㄴ
3 (1) (가)-서울, (나)-인천, (다)-경기 (2) 넓은 공장 부지를 확보하기 쉽기 때문이다.

18 1 (1) ㄴ (2) ㅁ (3) ㄱ (4) ㄷ (5) ㄹ　　2 ㄱ, ㄹ
3 1980년대 후반 석탄 산업 합리화 정책의 영향으로 석탄 산업이 쇠퇴하면서 지역 경제가 침체되고 총인구도 감소하였다. 이에 지역 경제를 활성화하기 위해 폐광 지역을 활용하여 석탄 박물관을 건설하는 등 관광 산업을 육성하고 있다.

19 1 (1) ㄷ (2) ㄱ (3) ㄴ (4) ㅁ (5) ㄹ　　2 ㄷ
3 수도권 전철이 연장된 천안·아산, 제조업이 발달한 서산·당진, 혁신 도시가 조성된 진천·음성, 행정 중심 복합 도시로 출범한 세종을 중심으로 인구가 증가하였다.

20 1 (1) ㅁ (2) ㄹ (3) ㄴ (4) ㄷ (5) ㄱ　　2 ㄷ, ㄹ
3 호남 지방은 정부의 지원을 바탕으로 1970년대에 여수에 석유 화학 단지가, 1980년대에 광양에 대규모 제철소가 건설되었다. 1990년대 이후에는 광주가 자동차 공업과 광(光)산업 중심지로 성장하였다.

21 1 (1) ㄴ (2) ㄱ (3) ㅁ (4) ㄷ (5) ㄹ　　2 ㄷ, ㄹ
3 (1) (가)-영남 내륙 공업 지역, (나)-남동 임해 공업 지역 (2) 원료 및 제품 수출입에 유리한 항만과 정부의 중화학 공업 육성 정책을 바탕으로 성장하였다.

01
1 (1)ㄴ,ㄷ (2)ㄱ (3)ㄷ 2 ㄷ,ㄹ
3 수목 재개발 (2)기존 건물의 활용도가 높고, 연가주민의 재정착률이 높으며, 지역 주민의 참여도가 높다.

02
1 (1)ㄴ,ㄷ (2)ㄱ,ㄹ 2 ㄱ,ㄴ,ㄹ
3 경제적 형평성을 추구하니, 지역 주민의 의사 결정을 존중하고, 지역 주민의

03
1 (1)× (2)○ (3)×(4)○ 2 ㄱ,ㄴ,ㄹ
3 (1) 석회석 (2) 석회석은 고생대 조선 누 군이 분포하는 강원 남부, 충북 북동부에 주로 매장되어 있으며, 시멘트 공업의 주원료로 이용된다.

04
1 (1)× (2)○ (3)×(4)○ 2 ㄱ,ㄴ,ㄹ
3 (1) A-석탄, B-석유, C-천연가스 D-원자력 (2) 천연가스는 주로 가정용 연료로 이용된다.

05
1 (1)ㄴ (2)ㄴ (3)ㄱ 2 ㄱ,ㄹ
3 장점: 소량의 연료로 대량의 발전이 가능하다./ 단점: 방사능 누출 및 안전성 문제가 있다.

06
1 (1)ㄴ (2)ㄱ (3)ㄹ (4)ㄴ 2 ㄱ,ㄴ,ㄷ
3 (1) (가)-태양광, (나)-수력, (다)-풍력 (라)-조력 (2) 조수 간만의 차가 큰 해안 지역이 발전에 유리하다.

07
1 (1)○(2)○(3)× 2 ㄱ,ㄹ
3 1970~2019년에 농가당 경지 면적은 증가 하였다. 이는 경지 면적이 감소하는 것보다 농가가 더 빠르게 감소했기 때문이다.

08
1 (1)ㄴ (2)ㄱ (3)ㄷ 2 ㄴ,ㄷ,ㄹ
3 (1) (가)-벼, (나)-맥류, (다)-과수 (2) 충남은 평야가 널리 발달해 벼 재배 면적 이 높지만, 제주도는 절리가 잘 생기는 기반 의 특성상 논농사가 어려워서 벼 재배 면적 의 비율이 매우 낮다.

09
1 (1)× (2)○ (3)○ 2 ㄱ,ㄴ
3 우리나라는 중소기업과 대기업 간 발전 격차가 큰 공업의 이중 구조 문제가 나타난 다. 이를 해결하기 위해서는 중소기업의 육성 과 지원을 통해 공업 구조를 개선해야 한다.

10
1 (1)ㄴ (2)ㄹ (3)ㄱ (4)ㄷ 2 ㄱ,ㄷ,ㄹ
3 (1) A-경기, B-울산 (2) 수도권은 고급 연구 인력이 풍부하며 관련 업체와의 협력 에 유리하여 지식 기반 산업의 중심지로 성 장하였고, 특히 경기는 넓은 공장 부지를 확보하기 쉬워 지식 기반 제조업이 발달하 였기 때문이다.

11
1 (1)적다(2)많다(3)많다 2 ㄱ,ㄴ,ㄷ
3 (1) 무점포 소매업, (나)-백화점, (다)-대형 마트 (2) 백화점은 대형 마트보다 최소 요구치의 범위가 넓어 점포 간 거리가 멀기 때문이다.

12
1 (1)ㄴ (2)ㄱ (3)ㄹ (4)ㄷ 2 ㄱ,ㄹ
3 (1)A-철도, B-지하철, C-도로, D-해운, E-항공 (2) 기종점 비용이 저렴하다.

13
1 (1)ㄴ (2)ㄷ (3)ㄹ (4)ㄱ 2 ㄱ,ㄷ,ㄹ
3 인구 변천 모형의 제3단계에서는 가족 계획, 자녀에 대한 가치관 변화 등으로 인해 출생률이 감소한다.

1 지역의 특징을 바르게 연결하시오.

(1) 거제 •　　• ㉠ 대구의 교외 도시

(2) 경산 •　　• ㉡ 대규모 조선소 입지

(3) 안동 •　　• ㉢ 람사르 협약에 등록된 습지 분포

(4) 창녕 •　　• ㉣ 경남도청의 소재지, 기계 공업 발달

(5) 창원 •　　• ㉤ 유네스코 세계 문화유산에 등록된 역사 마을 분포

2 필수 자료에 대한 설명으로 옳은 것을 〈보기〉에서 있는 대로 고르시오.

보기
ㄱ. (가)는 광역시에 해당한다.
ㄴ. (나)는 영남 내륙 공업 지역에 위치한다.
ㄷ. (다)는 (가)보다 1인당 지역 내 총생산이 많다.
ㄹ. (가)~(다)는 모두 정부의 종화한 공업 육성 정책으로 성장한 공업 도시이다.

3 서술형

지도는 영남 지방의 두 공업 지역을 나타낸 것이다. 이를 보고 물음에 답하시오.

국가 산업 단지
일반 산업 단지
(한국산업단지공단, 2016)
0　30 km
동해

(1) (가), (나) 공업 지역의 명칭을 각각 쓰시오.

(2) (나) 공업 지역의 성장 배경을 서술하시오.

---

01 도시 재개발의 방법

빈출도 ●●●

출제 포인트
• 자료는 철거 재개발과 수복 재개발의 사례이다.
• 도시 재개발 사례를 제시하고 해당 재개발의 특징을 찾는 문항이 자주 출제된다. 따라서 재개발 방법의 특징을 비교하여 정리해 두어야 한다.

필수 자료
(가) 서울특별시 관악구에 위치한 ○○ 지역 재개발 사업이 추진되었다. ○○ 지역 재개발 사업은 기존의 달동네 지역을 전면 철거하고 새로운 아파트 단지를 건설하는 방식으로 재개발하였다. 그 결과 주택의 유형뿐만 아니라 거주하는 주민들도 대부분 바뀌었다. → 철거 재개발

(나) 울산광역시 남구에 위치한 '□□ 마을'은 인근의 조선단지에서 철거 민들이 집단 이주해 와 형성된 대표적인 달동네였다. 그러나 2010년 '마을 미술 프로젝트' 사업 대상지로 선정되어 지역 주민들이 힘심하여 마을 곳곳에 벽화를 그리고 조형물을 설치하면서 관광객들이 즐겨 찾는 문화 예술 공간으로 변화하였다. → 수복 재개발

자료 해석
(가)는 철거 재개발, (나)는 수복 재개발 사례이다. 철거 재개발은 수복 재개발에 비해 원가 주민의 이주율이 높고, 투입 자본의 규모가 크며, 개발 후 건물 증수가 높다. 수복 재개발은 철거 재개발보다 기존 건물의 활용도, 원가주민 재정착률, 지역 주민의 참여도가 높다.

도시 재개발의 방법
철거 재개발	기존의 시설을 완전히 ❶ 하고 새로운 시설물로 대체하는 방법
보존 재개발	역사·문화적 보존 가치가 있는 지역이 환경 악화를 예방·유지·관리하는 방법
❷	기존 건물을 최대한 유지하는 수준에서 필요한 부분만 수리·개조하여 부족한 점을 보완하는 방법

답 ❶ 철거　❷ 수복 재개발

21 영남 지방

출제 포인트

· 그래프는 거제, 울산, 포항의 제조업종별 출하액 비중을, 지도는 영남 지방의 시·군별 행정 구역을 나타낸 것이다.

· 지도에 표시된 지역에 대한 설명의 옳고 그름을 판단하거나, 통계 자료와 지도의 지역을 연결하는 문항이 출제되므로 주요 지역을 지도에서 위치와 특색을 함께 알아야 한다. 영남 지방은 제조업, 문화유산 관련 문항의 출제 빈도가 높다.

필수 자료

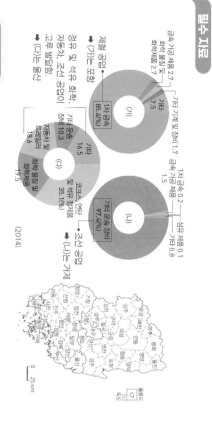

제조업 출하액 〈(가)는 포항

· 1차 금속 85.4%
· 금속 가공 및 화학제품 2.7
· 기타 가계 및 장비 1.7
· 금속 기공 제품
· 기타 7.5

〈(다)는 울산
· 기타 운송 16.5
· 자동차 및 트레일러 18.6
· 화학 물질 및 화학제품 19.5
· 코크스 연탄 및 석유 정제품 35.1%
· 기타 10.3

〈(나)는 거제
· 1차 금속 0.2
· 섬유 제품 기타 0.1
· 기타 0.8
· 기타 운송 장비 97.4%
· 조선 공업

(2014)

0   25 km

자료 해석

영남 지방의 특색

· 정부의 거점 개발 정책과 ① [   ]의 교외화로 인해 울산, 경산 등의 도시가 성장
· 대도시인 교외화로 인해 울산, 경산 등의 도시가 성장

특색	우리나라 제2의 도시
부산	섬유 화학·자동차·조선 공업
울산	자동차 공업, 섬유 공업
대구	② [ ]의 교육 도시
경산	경북도청, 섬유 미를(세계 문화유산)
안동	경남도청, 하회 미를(세계 문화유산)
청명	경남 인구 1위, 기계 공업
경주	영등 미를(세계 문화유산)

김해, 양산	
경산	대구의 교외 도시
청명	경북 인구 1위, 제철 공업
포항	경북 인구 1위, 제철 공업
구미	전자 공업

1등급 바탕 예제

1

도시 재개발의 방법과 특징을 바르게 연결하시오.

(1) 철거 재개발 · · ⊙ 역사·문화적으로 보존할 가치가 있는 지역의 환경 악화를 예방하고 유지하는 방법

(2) 보존 재개발 · · ⓒ 기존의 시설을 완전히 철거하고 새로운 시설물로 대체하는 방법

(3) 수복 재개발 · · ⓒ 기존 건물을 최대한 유지하는 수준에서 필요한 부분만 수리·개조하여 부족한 점을 보완하는 방법

2

필수 자료의 (가) 도시 재개발 방법과 비교한 (나) 도시 재개발 방법의 상대적 특징으로 옳은 것만을 〈보기〉에서 있는 대로 고르시오.

〈보기〉
ㄱ. 투입 자본의 규모가 크다.   ㄴ. 건물의 고층화·정도가 높다.
ㄷ. 기존 건물의 활용도가 높다.   ㄹ. 원거주민의 재정착률이 높다.

3 서술형

다음 재개발 사례를 보고 물음에 답하시오.

□□시의 대표적인 달동네였던 ○○마을은 낙후된 마을 모습을 유지한 채 필요한 부분만 수리·개조하는 마을 미술 프로젝트를 시행하여 아름다운 벽화 마을로 변화하였다.

(1) 위 사례에 나타난 도시 재개발 방법의 명칭을 쓰시오.

(2) 위 사례에 나타난 도시 재개발 방법의 특징을 세 가지만 서술하시오.

02 지역 개발

출제 포인트

- 자료는 성장 거점 개발(불균형 개발)과 균형 개발의 특징을 나타낸 모식도이다.
- 성장 거점 개발과 균형 개발의 특징을 비교하는 문항이 자주 출제되므로 두 개발 방식의 장단점, 개발 목표 등을 표 형태로 정리해 두는 것이 좋다.

필수 자료

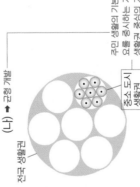

성장 거점 개발 → (가)

핵심부의 성장으로 주변부가 발전하는 효과

전국 생활권

중소 도시 생활권

(나) ← 균형 개발

주민 생활의 기본 수요를 중시하는 지역 생활권 중심의 개발 방식

자료 해석

(가)는 성장 가능성이 높은 지역을 거점으로 선정하여 집중 투자함으로써 주변부로의 파급 효과를 기대하는 성장 거점 개발(불균형 개발), (나)는 낙후 지역에 우선적으로 투자하여 다른 지역과의 격차를 줄여 지역 간의 균형을 추구하는 균형 개발을 그림으로 나타낸 것이다.

지역 개발의 방법

구분	성장 거점 개발	균형 개발
추진 방식	주로 하향식 개발	주로 ❶ 개발
개발 방법	투자 효과가 큰 지역 선정, 집중 투자	낙후 지역에 우선적으로 투자
개발 목표	경제적 성장, 경제적 ❷	지역 간 균형 성장, 경제적 형평성 추구
장점	지역의 효율적 투자 가능	・지역 간 균형 성장 ・지역 주민의 의사 결정 존중
단점	파급 효과보다 역류 효과가 클 경우 지역 격차가 심화될 수 있음.	・투자의 효율성이 낮음. ・지역 이기주의가 초래될 수 있음.

---

1 지역의 특징을 바르게 연결하시오.

(1) 담양 ・   ・ ㉠ 나비 축제 개최
(2) 순천 ・   ・ ㉡ 대규모 석유 화학 산업 단지 입지
(3) 여수 ・   ・ ㉢ 전북도청 소재지, 매사냥놀이 개최
(4) 전주 ・   ・ ㉣ 람사르 협약에 등록된 연안 습지 분포
(5) 함평 ・   ・ ㉤ 죽세공품으로 유명, 습지 시티로 지정

2 필수 자료의 (가)~(다)에 대한 설명으로 옳은 것만을 〈보기〉에서 있는 대로 고르시오.

〈보기〉
ㄱ. (가)에는 지방 행정의 중심이 되는 도청이 위치한다.
ㄴ. (다)는 (가)보다 총인구가 많다.
ㄷ. (나)와 (다)는 광양만권 경제 자유 구역에 속한다.
ㄹ. (가)~(다) 중 제조업 종사자에은 (나)가 가장 많다.

3 서술형

지도에 표시된 세 지역을 포함하여 호남 지방의 제조업 성장 과정을 서술하시오.

0 20km

20 호남 지방

빈출도 ●●●

출제 포인트

- 그래프는 광양, 광주, 여수의 제조업종별 출하액 비율을, 지도는 호남 지방의 시·군별 행정 구역을 나타낸 것이다.
- 지도에 표시된 지역에 대한 설명의 옳고 그름을 판단하거나, 통계 자료와 지도의 지역을 연결하는 문항이 출제되므로 주요 지역의 위치와 특색을 함께 알아 두어야 한다. 호남 지방은 제조업, 지역 축제, 슬로 시티 관련 지역이 자주 출제된다.

필수 자료

전자 부품 컴퓨터·
영상 음향 및
통신 장비 7.5
기타 7개 계열 14.6

전기 장비 8.7

기타 16.2

자동차 및
트레일러 제조업
44.9% → (가)

(가)는 광주

코크스, 연탄 및
석유 정제품 47.4 → (나)

화학 물질 및
화학 제품
(의약품 제외)
50.8%

기타 1.8

1차 금속
87.1% → (다)

기타 8.6

비금속 광물 제품 4.3

→ (나)는 여수

제철 공업
→ (다)는 광양

(2018)

지료 해석

호남 지방의 특성

특색
- 우리나라 최대의 곡창 지대, 대규모 농지 개간 및 건축 사업 진행
- 발전을 위한 정부의 지원을 바탕으로 지역을 이끄는 첨단 산업 육성

전주	전북도청, 전북 인구수 1위, 대사습놀이, 세계 소리 축제, 한옥 마을
무안	전남도청, 국제공항
광주	ⓑ 제철 공업, 매화 축제
군산	자동차 공업	나주	혁신 도시
김제	지평선 축제	담양	죽세공품, 슬로 시티
남원	신앙, 자동차 공업	보성	다향제
순창	전주 축제	함평	나비 축제	순천	석유 화학 공업	여수

답 ⓐ 균형 ⓑ 광(光)

1등급 바탕 예제

1 지역 개발 방식과 특징을 바르게 연결하시오.

(1) 성장 거점 개발 •
(2) 균형 개발 •

- ⓐ 주로 상향식 개발
- ⓑ 주로 하향식 개발
- ⓒ 경제적 효율성 추구
- ⓓ 경제적 형평성 추구

2 필수 자료 (가), (나)에 대한 설명으로 옳은 것만을 <보기>에서 있는 대로 고르시오.

보기

ㄱ. (가)는 주로 하향식 개발로 추진된다.
ㄴ. (가)를 채택할 경우 역류 효과로 인해 지역 격차가 커질 수 있다.
ㄷ. (나)는 지역의 효율적인 투자가 가능하다.
ㄹ. (나)는 낙후 지역에 우선적으로 투자하는 개발 방식이다.

3 [서술형] 다음 글의 (가) 개발 방식에 대한 (나) 개발 방식의 상대적 특징 세 가지만 서술하시오.

지역 개발은 지역의 잠재력을 실현한 지역 주민의 삶의 질을 높이기 위한 다양한 활동이다. 지역 개발이 큰 지역에 집중적으로 투자하는 (가) , (나) 방식이 있으며, (가)는 성장 잠재력이 큰 지역에 집중적으로 투자하는 (나)는 낙후 지역에 우선적으로 투자하는 개발 방식이다.

03 광물 자원의 분포

빈출도 ● ● ● ○

출제 포인트

- 자료는 철광석, 고령토, 석회석의 지역별 생산량 비율을 나타낸 그래프이다.
- 주요 광물 자원이 지역별 생산되는 해당 광물 자원의 특징을 묻는 문항이 자주 출제된다.

따라서 우리나라에서 생산되는 주요 광물 자원(석회석, 고령토, 철광석 등)이 어느 지역에서 주로 생산되는지, 어떠한 분야에 이용되는지 등의 특징을 알아 두어야 한다.

필수 자료

철광석 ➡ (가)

총생산량 3.4 십만 톤
강원 100(%)

생산량이 가장 적고, 강원에서 만 생산됨.

(2019)

고령토 ➡ (나)

기타 10.0
전남 10.1
경남 22.1
경북 22.1
강원 35.7 (%)
총생산량 12.3 십만 톤

경남·북도에서 상대적으로 생산량이 많음.

석회석 ➡ (다)

기타 3.0
충북 26.2
강원 70.8%
총생산량 894.6 십만 톤

생산량이 가장 많고, 강원, 충 북에서 대부분 생산됨.

(통계청)

자료 해석

(가)는 세 광물 중 생산량이 가장 적고, 강원(홍천, 양양 등)에서만 생산되는 것으로 보아 철 광석이다. (나)는 강원도에서 가장 많이 생산되나 상대적으로 경남, 경북 등에서 생산량이 많은 고령토이다. (다)는 세 광물 중 생산량이 가장 많고, 강원, 충북에서 대부분 생산되는 것으로 보아 석회석이다.

주요 광물 자원의 분포와 이용

구분	주요 분포 지역	이용 및 특징
철광석	강원(홍천, 양양)	• 제철 공업의 원료로 이용 • 대부분 **①** 에 매장되어 있고 남한에서는 소량 생산
석회석	강원(영월, 삼척) 충북(제천, 단양)	• **②** 공업의 원료, 제철 공업의 첨가물로 이용 • 고생대 조선 누층군에 주로 분포하며, 가채 연수가 김
고령토	경남, 경남(하동, 산청)	도자기 및 내화 벽돌, 화장품의 원료로 이용
텅스텐	강원(영월군 상동)	특수강 및 합금용 원료로 이용

답 ❶ 북한 ❷ 시멘트

---

1 지역의 특징을 바르게 연결하시오.

(1) 세종 • • ㉠ 혁신 도시 조성
(2) 진천 • • ㉡ 중부도청의 소재지
(3) 청주 • • ㉢ 행정 중심 복합 도시로 출범
(4) 태안 • • ㉣ 중남도청의 소재지, 내포 신도시 건설
(5) 홍성 • • ㉤ 관광 레저형 기업 도시 조성, 해안 사구 발달

2 필수 자료를 참고하여 밑줄 친 '이 지역'을 〈보기〉에서 고르시오.

이 지역은 수도권 과밀화 해소와 국토 균형 발전의 일환으로 수도권으로부터 공업이 이전하여 전자 및 자동차 제조업이 성장하고 있으며, 2008년 수도권 과 전철로 연결되면서 인구도 빠르게 증가하고 있다. 또한 이 지역은 오랜 역 사를 지닌 온천을 활용하여 지역 마케팅을 시행하고 있다.

┌─ 보기 ┐
ㄱ. 서산시   ㄴ. 당진시   ㄷ. 아산시   ㄹ. 충주시   ㅁ. 세종특별자치시

서술형

3 필수 자료를 보고 2000~2015년에 충청 지방에서 인구가 증가한 시·군과 그 원인을 서술하시오.

출제포인트
- 지도는 충청 지방의 시·군별 인구 증감과 제조업 출하액을 나타낸 지도이다.
- 지도에 표시된 지역에 대한 설명의 옳고 그름을 판단하거나, 통계 자료와 지도의 지역을 연결하는 문항이 출제되므로 주요 지역은 지도에서의 위치와 특색을 많이 두어야 한다. 충청 지방은 인구 증감과 주요 지역의 제조업, 기업 및 혁신 도시 관련 지역과 출제 빈도가 높다.

필수 자료

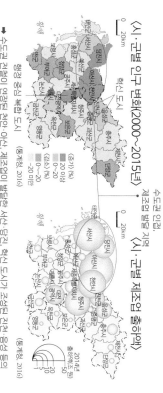

〈시·군별 인구 변화(2000~2015년)〉
(통계청, 2016)

수도권 인접, 제조업 발달 지역

〈시·군별 제조업 출하액〉
(통계청, 2016)

지료 해석
충청 지방의 특성

특색	수도권 과밀화에 따른 분산 정책 시행으로 수도권 각종 기능이 이전하여 수도권과 인접한 생활권을 형성하면서 빠르게 성장함. • 수도권 공장 ❶ 가 시행됨에 따라 수도권의 공장 이전이 활발함.		
대덕	내륙 연구 개발 특구	진천·음성	혁신 도시
대전	행정 중심 복합 도시	태안·충주	태안-관광 레저형 기업 도시, 충주-지식 기반형 기업 도시
세종	❷ 내륙 신도시, 충남도청		
청주	충청북도, 충북 인구수 1위, 국제 공항, 첨단 산업 발달(오송, 오창)	서산	석유 화학 공업
천안	충남 인구수 1위, 수도권 전철	당진	제철 공업
아산	전자·자동차 공업, 수도권 전철		

답 | ❶ 총량제 ❷ 충성 · 예산

---

1 다음 설명이 맞으면 ○표, 틀리면 ×표 하시오.

(1) 철광석은 제철 공업의 원료로 이용되며, 국내보다 남한에 매장이 많다. ( )

(2) 석회석은 고생대 조선 누층군에 주로 분포하며, 기계 연수가 긴 편이다. ( )

(3) 텅스텐은 시멘트 공업의 원료로 이용되며 강원과 충북에 매장량이 많다. ( )

(4) 고령토는 도자기 및 내화 벽돌, 화장품의 원료로 이용된다. ( )

2 필수 자료의 (가)~(다)에 대한 설명으로 옳은 것을 〈보기〉에서 있는 대로 고르시오.

〈보기〉
ㄱ. (가)는 제철 공업의 주된 원료이다.
ㄴ. (나)는 도자기 및 내화 벽돌, 화장품의 원료로 이용된다.
ㄷ. (다)는 중생대 퇴적층에서 주로 발견된다.
ㄹ. (가)~(다) 중 가채 연수가 가장 긴 광물 자원은 (다)이다.

서술형
3 지도는 A 지역의 분포를 나타낸 것이다. 이를 보고 물음에 답하시오.

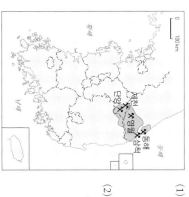

(1) A 지역의 명칭을 쓰시오. (단, 고령토, 석회석, 철광석만 고려함)

(2) A 지역의 특징을 분포와 이용의 측면에서 ㄱ 지역만 서술하시오.

1등급 바탕 예제

1 지역의 특징을 바르게 연결하시오.

(1) 원주 • • ㉠ 강원도청이 소재지
(2) 철원 • • ㉡ 의료 기기 산업 클러스터 조성
(3) 춘천 • • ㉢ 석탄 박물관을 활용한 관광 산업 육성
(4) 태백 • • ㉣ 고랭지 농업 활발, 2018년 동계 올림픽 개최
(5) 평창 • • ㉤ 용암 대지에서 지리적 표시제로 등록된 쌀 생산

2 필수 자료의 태백시에 대한 분석으로 옳은 것만을 〈보기〉에서 있는 대로 고르시오.

┌─ 보기 ─────────────────────────────
│ ㄱ. 1986년에는 총종사자 중 광업 종사자 수가 가장 많았다.
│ ㄴ. 2014년에는 농림 · 어업 종사자 수가 광업 종사자 수보다 많다.
│ ㄷ. 1986~2014년 석탄 산업 합리화 정책이 실시되면서 총인구가 증가하였다.
│ ㄹ. 1986~2014년 2차 산업 중심에서 3차 산업 중심으로 산업의 구조가 변화하였다.
└─────────────────────────────────────

서술형

3 필수 자료의 1986~2014년 태백시에 나타난 변화와 해결 노력을 서술하시오.

---

04 에너지 자원의 소비와 생산

빈출도 ● ● ●

출제 포인트

- 자료는 1차 에너지의 시 · 도별 생산량과 에너지원별 공급량 비율을 나타낸 그래프이다.
- 에너지 자원의 지역별 소비(또는 생산) 그래프를 보고 각 자원이 무엇인지 파악한 뒤, 지원에 대한 설명이 옳고 그른 문항이 출제된다. 따라서 에너지원별로 어떤 지역에서 소비(또는 생산)되는지 지역의 지리적 환경과 관련하여 기억해 두면 좋다.

필수 자료

경북의 비율이 가장 높고 원자력 발전소가 입지한 곳에서만 생산 및 소비 ← (다), D는 원자력

〈시 · 도별 1차 에너지 생산〉   〈에너지 총공급량 상위 6개 지역의 1차 에너지원별 공급량 비율〉

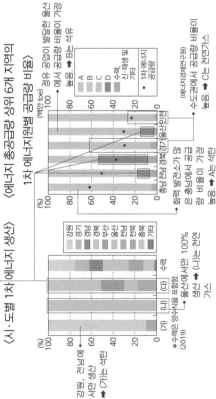

자료 해석

- 〈시 · 도별 1차 에너지 생산〉에서 (가)는 고생대 _____에 주로 매장되어 있는 석탄 (무연탄)으로, 강원, 전남에서만 생산된다. 울산에서 100% 생산되는 (나)는 천연가스로, 현재 울산 앞바다의 통해 가스전에서 소량 생산되고 있다.
- 〈1차 에너지원별 공급량 비율〉에서 A는 화력 발전소가 많은 충남에서 공급량 비율이 가장 높은 석탄이고, B는 정유 및 석유 화학 공업이 발달한 울산에서 공급량 비율이 높은 석유 이며, C는 _____ 공급량이 잘 갖추어진 수도권의 경기, 인천 등에 공급량 비율이 높은 천연가스이다. D와 (다)는 원자력 발전소가 두 곳에 있는 경북의 공급(생산) 비율이 가장 높고, 원자력 발전소가 입지한 부산, 울산, 전남(영광)에서만 비율이 나타나므로 원자력이다.

답 ❶ 평안 누층군 ❷ 도시가스

(18) 강원 지방

빈출도 ●●●

출제 포인트
- 그래프도 석탄 산업 합리화 정책 이후 태백시의 산업별 종사자 비율 변화를, 지도는 강원 지방의 시·군별 행정 구역을 나타낸 것이다.
- 지도에 표시된 지역에 대한 설명이 옳고 그름을 판단하거나, 통계 자료와 지도의 지역을 연결하는 문항이 출제되므로 주요 지역의 지도에서의 위치와 특색을 알아 두어야 한다. 강원 지방은 배출 지역의 산업 구조 변화, 관광 지방과 관련된 내용이 자주 출제된다.

필수 자료
〈태백시의 산업별 종사자 비율 변화〉

1986년 총 30,320명
- 광업 61.1
- 도소매업 18.1
- 서비스업 10.2
- 제조업 3.3
- 건설업 2.5
- 운수 창고 통신업 2.5
- 금융 보험 부동산 및 사업 서비스업 1.9
- 전기 가스 및 수도 사업 0.3
- 농림어업 0.1(%)

석탄 산업 합리화 정책 → 인구 감소

2014년 총 17,573명
- 서비스업 34.2
- 도소매업 28.7
- 금융 보험 부동산 및 사업 서비스업 9.3
- 제조업 8.3
- 운수 창고 통신업 7.3
- 건설업 6.2
- 광업 5.9
- 전기 가스 및 수도 사업 1.2
- 농림어업 0.1(%)

2차 산업 중심에서 3차 산업 중심으로 변화

▲ 2014년

0 25 km

지도 해석
강원 지방의 특성
- ❶ 을 경계로 영서 지방과 영동 지방으로 구분
- 1980년대 이후 ❷ 산업 합리화 정책으로 석탄 산업 쇠퇴 → 광업 지역의 경제 침체 및 인구 감소

특색	발전별 지역의 경제 침체 및 인구 감소 / 발전별 중심으로 1차 산업 발달, 첨단 산업 중심의 산업 구조로 고도화 추진(춘천, 원주, 강릉 등), 관광 산업 육성		
평창	고랭지 농업, 2018 동계 올림픽	태백	광업 도시, 폐광 유산 활용(태백 석탄)
춘천	도청 소재지, 2018 동계 올림픽	정선	광업 도시, 폐광 유산 활용(태백 석탄), 박물관, 정선 카지노 활용
원주	강원 내 인구수 1위, 기업 도시, 혁신 도시, 의료 기기 클러스터	강릉	해안 단구, 해안 퇴적 지형
철원	지리적 표시제(쌀), 용암 대지		

답 | ❶ 태백산맥 ❷ 석탄

1등급 비트·예제

1 다음 설명이 맞으면 ○표, 틀리면 ×표 하시오.
(1) 원자력은 전라남에서 생산량이 가장 많다. ( )
(2) 석탄는 울산에서 공급량 비율이 가장 높다. ( )
(3) 석탄은 고생대 조선 누층군에서 주로 매장되어 있다. ( )
(4) 천연가스는 수도권에서 공급량 비율이 상대적으로 높다. ( )

2 필수 자료의 (가)~(다)에 대한 설명으로 옳은 것만을 〈보기〉에서 있는 대로 고르시오.

보기
ㄱ. (가)는 고생대 평안 누층군에 주로 분포한다.
ㄴ. (나)는 냉동 액화 기술의 발달로 사용량이 급증하였다.
ㄷ. (다)는 (나)보다 연소 시 대기오염 물질의 배출량이 많다.
ㄹ. 우리나라는 (다)보다 (가)의 소비량 비율이 높다.

3 서술형
그래프도 우리나라의 1차 에너지 공급량 비율 변화를 나타낸 것이다. 이를 보고 물음에 답하시오.

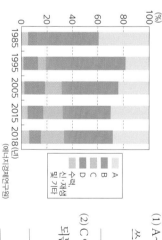

(범례: A, B, C, D, 수력·신·재생 및 기타)
(%) 100 80 60 40 20 0
1985 1995 2005 2015 2018(년)
(에너지경제연구원)

(1) A~D 에너지 자원의 명칭을 각각 쓰시오.

(2) C 에너지 자원이 주로 어떻게 이용되는지 서술하시오.

1 지역의 특징을 바르게 연결하시오.

(1) 고양 •　　•　㉠ 경기도청의 소재지
(2) 수원 •　　•　㉡ 수도권 1기 신도시 건설
(3) 이천 •　　•　㉢ 자동차 공업 발달, 수도권 2기 신도시 건설
(4) 과주 •　　•　㉣ 출판 산업 단지 위치, 수도권 2기 신도시 건설
(5) 화성 •　　•　㉤ 지리적 표시제로 등록된 쌀 생산, 도자기 축제 개최

2 필수 자료의 그래프에 대한 설명으로 옳은 것만을 〈보기〉에서 있는 대로 고르시오.

〈보기〉
ㄱ. 경기는 서울보다 정보 통신 기기 제조업 종사자 수가 많다.
ㄴ. 수도권의 정보 통신 서비스업 종사자 수는 비수도권보다 많다.
ㄷ. 정보 통신 산업의 종종사자 수는 인천>서울>경기 순으로 많다.
ㄹ. 정보 통신 기기 제조업은 정보 통신 서비스업보다 수도권이 차지하는 비율이 높다.

3 **서술형** 그래프는 수도권 정보 통신 산업의 시·도별 종사자 수 비율을 나타낸 것이다. 이를 보고 물음에 답하시오.

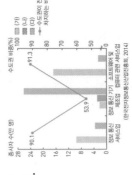

(1) (가)~(다) 지역의 명칭을 각각 쓰시오.
(2) (다)가 (가)에 비해 정보 통신 서비스업 종사자 수는 적은 반면 정보 통신 기기 제조업 종사자 수가 많은 이유를 서술하시오.

빈출도 ● ● ●

05 전력의 생산과 분포

출제 포인트
• 자료는 수력, 화력, 원자력 발전 설비의 분포와 용량을 나타낸 지도이다.
• 주요 발전 설비의 지역적 분포와 특징을 묻는 문항이 출제된다. 따라서 각 발전 양식의 입지를 실제 사례와 연결하여 이해하고, 장단점을 비교하여 두는 것이 좋다.

필수 자료

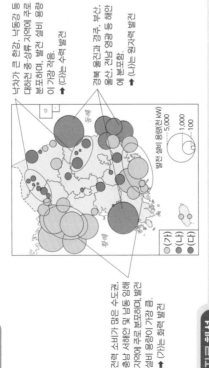

낙차가 큰 한강, 낙동강 등 대하천 중·상류 지역에 주로 분포하며, 발전 설비 용량이 가장 작음. ↑ (다)는 수력 발전

경북 울진과 경주, 부산, 울산, 전남 영광 등 해안에 분포함. ↑ (나)는 원자력 발전

전력 소비가 많은 수도권, 충남 서해안 및 남동 임해 지역에 주로 분포하며, 발전 설비 용량이 가장 큼 ↑ (가)는 화력 발전

발전 설비 용량(천 kW)
5,000
1,000
100

(가)
(나)
(다)

자료 해석

(가)는 전력 소비량이 많은 대도시 및 공업 지역에 많이 분포하는 화력 발전으로, 지역적 입지 제약이 적어 연료 수입이 용이하고 ❶ 와 가까운 지역에 주로 입지한다. (나)는 경북 울진과 경주(월성), 부산(고리), 울산(신고리), 전남 영광에 냉각수 확보가 용이한 전남 영광에 위치한 원자력 발전으로, 방사능 누출 위험이 있어 지역에 입지한다. (다)는 유량이 풍부하고 낙차가 큰 대하천 중·상류 지역에 주로 입지한 수력 발전이다.

발전 양식별 장단점

수력	송전 비용이 낮이 듦, 기후적 제약이 많아 안정적 전력 생산이 어려움.
화력	• 발전소 건설 및 송전 비용이 저렴함. • 발전 시 대기 오염 물질 배출량이 많음. 연료(화석 에너지) 비용이 많이 듦.
원자력	• 소량의 연료로 대용량 발전이 가능, 발전 시 온실가스 배출량이 적음. • 발전 후 폐기물 처리 비용이 비쌈, 방사능 누출 및 안정성 문제가 있음.

답 ❶ 대소비지 ❷ 해안

17 수도권

빈출도 ●●●●

출제 포인트

- 그래프는 수도권의 시·도별 지식 기반 산업 종사자 수를, 지도는 수도권의 시·군별 행정 구역을 나타낸 것이다.
- 지도에 표시된 지역에 대한 설명이 옳고 그름을 판단하거나, 통계 자료와 지도의 지역을 연결하는 문항이 출제되므로 주요 지역의 위치와 특색을 함께 알아야 한다. 수도권은 산업 유형에 따른 공간 분포, 1기 및 2기 신도시 등의 출제 비율이 높다.

필수 자료

〈수도권의 정보 통신 산업 종사자 수〉

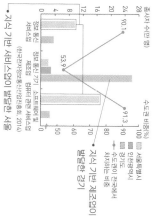

종사자 수(만 명) / 수도권 비중(%)
- 서울특별시
- 인천광역시
- 경기도
- 수도권이 전국에서 차지하는 비중

(한국정보통신진흥협회, 2014)

지식 기반 서비스업이 발달한 경기

필수 지도

0   15 km

자료 해석

수도권의 특성

특색	· 인구, 경제력, 정치·행정·교육·문화 기능 집중 · 서울의 교통 기능이 인천·경기와 버스수도권으로 이전하여 서울은 3차 산업 비율이 매우 높고, 인천·경기는 2차 산업 비율이 상대적으로 높음. · 서울은 지식 기반 서비스업, 경기는 지식 기반
인천	수도권의 관문, 국제공항 / 파주 2기 신도시(운정), 출판 단지
수원	도청 소재지, 경기도 인구수 1위 / 안산 조력 발전소, 산업 단지
고양	1기 신도시(일산) / 화성 2기 신도시(동탄), 자동차 공업
성남	1기(분당)·2기(판교) 신도시 / 이천 지리적 표시제(쌀), 도자기 축제

답 | ❶ 첨단도 ❷ 제조업

1등급 바탕 예제

1
발전 양식과 특징을 바르게 연결하시오.

(1) 화력 • • ㉠ 기후적 제약이 큼.
(2) 원자력 • • ㉡ 발전 시 대기 오염 물질의 배출량이 많음.
(3) 수력 • • ㉢ 건설한 지반과 풍부한 냉각수가 필요함.

2
필수 자료의 (가)~(다) 발전 설비에 대한 설명으로 옳은 것만을 〈보기〉에서 있는 대로 고르시오.

〈보기〉
ㄱ. (가)는 연료의 수입이 유리하고 전력 소비량이 많은 대도시 주변에 입지한다.
ㄴ. (다)는 소량의 연료로 대용량의 발전이 가능하다.
ㄷ. (가)~(다) 중 발전 시 대기 오염 물질의 배출량은 (나)가 가장 많다.
ㄹ. 발전 양식별 발전량 비중은 (가)>(나)>(다) 순으로 높다.

3
지도는 주요 발전 설비의 분포와 용량을 나타낸 것이다. (나) 발전 양식의 장점과 단점을 한 가지씩 서술하시오. (단, 수력, 화력, 원자력만 고려함)

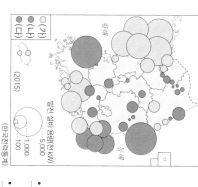

발전 설비 용량(천 kW)
- ● (가)
- ● (나)
- ● (다)

(2015)
5,000 / 1,000 / 100
(한국전력통계)

· 장점:
· 단점:

답 |

1등급 바탕 예제

1 남북한의 농업 현황에 대한 설명이 맞으면 ○표, 틀리면 ✕표 하시오.

(1) 북한은 남한보다 토지 생산성이 높다. ( )
(2) 북한은 남한보다 밭 면적 비율이 높다. ( )
(3) 남한은 북한보다 농경지 면적이 넓다. ( )
(4) 북한은 식량 작물 중 옥수수 생산량이 가장 많다. ( )

2 필수 자료에 대한 설명으로 옳은 것만을 〈보기〉에서 있는 대로 고르시오.

〈보기〉
ㄱ. 북한은 남한보다 논 면적 비율이 높다.
ㄴ. 북한은 남한보다 옥수수 생산량이 많다.
ㄷ. 북한은 식량 작물 생산량의 절반 이상이 A에서 재배된 작물이다.
ㄹ. 남한에서 식량 자급률은 (가)가 (나)보다 높다.

3 서술형

그래프는 남한과 북한의 식량 작물 생산량을 나타낸 것이다. 북한이 남한보다 (나) 작물의 생산량이 많은 이유를 자연환경과 관련지어 서술하시오. (단, (가), (나)는 쌀, 옥수수 중 하나임.)

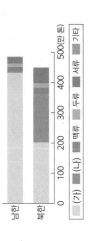

06 신·재생 에너지

출제 포인트

- 자료는 조력, 태양광, 풍력 발전소의 분포를 나타낸 지도이다.
- 신·재생 에너지의 분포와 특징을 묻는 문항이 출제된다. 따라서 주요 신·재생 에너지의 특징을 주로 생산되는 지역의 지리적 환경과 연결하여 알아 두어야 한다.

필수 자료

*태양광·풍력 발전소는 5MW 이상 규모만 나타냄.

조차가 큰 서해안의 시화호 (인산만)에만 분포 ➔ C는 조력

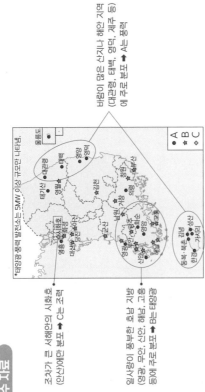

일사량이 풍부한 호남 지방 (광주, 무안, 신안, 해남, 고흥 등)에 주로 분포 ➔ B는 태양광

바람이 많은 산지나 해안 지역 (대관령, 태백, 영덕, 제주 등)에 주로 분포 ➔ A는 풍력

- A
★ B
◇ C

자료 해석

❶ ____ 지역에 발전에 유리하며, 경북, 강원, 제주 등에서 발전량 비율이 높다. B는 영

A는 대관령, 태백, 영덕, 제주 등에 주로 분포하는 풍력이다. 풍력은 바람이 많은 해안이나 광, 무안, 해남, 고흥 등 호남 지방에 많이 분포하는 태양광이다. 태양광은 일사량이 많은 전 남, 전북 등에서 발전량 비율이 높다. C는 경기 안산의 ____❷____에서만 발전에 유리하다. 조력이다. 조력은 조수 간만의 차가 큰 해안 지역이 발전에 유리하다.

주요 신·재생 에너지의 지역별 발전

태양광	총발전량이 수력·풍력·조력보다 많고, 전남·전북 등에서 발전량 비율이 높음.
수력	대하천 중·상류 지역에 위치한 강원·충북 등에서 발전량 비율이 높음.
풍력	바람이 많은 산지와 해안이 있는 경북·강원·제주 등에서 발전량 비율이 높음.
조력	태양광, 수력, 풍력보다 총발전량이 적고, 경기에서만 발전이 이루어짐.

답 | ❶ 산지 ❷ 시화호

16 남북한의 인문 환경

빈출도 ●●●

출제 포인트

* 자료는 남북한의 식량 작물 생산량과 논·밭 면적 비율을 비교하여 나타낸 그래프이다.
* 북한의 1차 에너지 공급 구조 및 전력 생산, 농업 현황 등은 남한과 비교하여 정리해 두는 것이 좋다.
* 자료는 남한과 비교하여 정리해 두는 것이 좋다.

필수 자료

※ (가), (나)는 각각 쌀, 옥수수 중 하나이며, A, B는 각각 논, 밭 중 하나임.

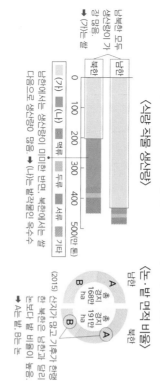

〈식량 작물 생산량〉

남북한이 가장 많이 생산하는 (가)는

〈논·밭 면적 비율〉 (2015)

자료 해석

(가)는 남북한 모두 생산량이 가장 많은 것으로 보아 주식인 쌀이다. (나)는 남한에서는 생산량이 미미한 반면, 북한에서는 쌀 다음으로 생산량이 많으므로 옥수수이다.

산지가 많고 기온이 한랭한 북한은 논(B) 면적보다 밭(A) 면적 비율이 높아 식량 생산 량 중 옥수수, 메밀, 감자 등의 밭작물이 차지하는 비율이 높다. 또한 북한은 남한보다 경지 면적이 넓지만 평야가 많고 직물의 생장 기간이 짧아 토지 생산성은 낮은 편이다.

남한은 평야가 널리 발달하여 논 면적이 넓은 남한은 이 식량 작물 생산량의 약 85% 이상을 차지한다.

남북한의 에너지 현황 비교(2019년)

구분	1차 에너지 공급 구조	전력 생산 구조
남한	석유 > 석탄 > 천연가스 > 원자력 > 신·재생 > 수력	화력 > 원자력 > 신·재생 > 수력
북한	석탄 > 수력 > 신·재생 > 석유	화력 > 수력

답 ❶ 옥수수 ❷ 쌀

1등급 바탕 예제

1

신·재생 에너지와 입지 조건을 바르게 연결하시오.

(1) 태양광 •   • ㉠ 바람이 많은 산지와 해안 지역
(2) 풍력 •   • ㉡ 조수 간만의 차가 큰 해안 지역
(3) 수력 •   • ㉢ 일사량이 풍부한 지역
(4) 조력 •   • ㉣ 유량이 많고 낙차가 큰 하천 중·상류 지역

2

필수 자료의 A~C 에너지에 대한 설명으로 옳은 것을 〈보기〉에서 있는 대로 고르시오.

〈보기〉
ㄱ. A는 바람이 많은 해안이나 산지 지역에 입지하는 것이 발전에 유리하다.
ㄴ. B는 일사량이 풍부한 전남, 전북 등에서 발전량이 많다.
ㄷ. C는 조수 간만의 차가 큰 지역에서 발전이 이루어진다.
ㄹ. A~C 중 발전량이 가장 많은 에너지는 C이다.

3 서술형

그래프는 (가)~(라) 신·재생 에너지의 총발전량과 지역별 발전량 비율을 나타낸 것이다. 이를 보고 물음에 답하시오. (단, 수력, 조력, 풍력, 태양광만 고려함.)

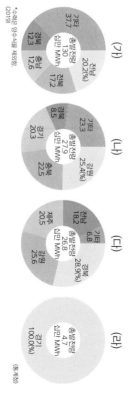

(2019)

(1) (가)~(라) 신·재생 에너지의 명칭을 각각 쓰시오.

(2) (라) 신·재생 에너지 발전에 유리한 입지 조건을 서술하시오.

1등급 비탈 예제

1 다음 설명이 맞으면 ○표, 틀리면 ×표 하시오.

(1) 총 국제결혼 건수는 촌락이 도시보다 많다. (　)

(2) 외국인 근로자는 제조업과 서비스업에 종사하는 비율이 높다. (　)

(3) 촌락 지역은 결혼 적령기 연령층 성비가 높아 전체 성비가 높게 나타난다. (　)

2 필수 자료에 대한 설명으로 옳은 것만을 〈보기〉에서 있는 대로 고르시오.

> • 보기 •
> ㄱ. 외국인 중 외국인 근로자 비율은 수도권의 제조업 발달 지역에서 높다.
> ㄴ. 휴전선 인근의 강원 북부 지역은 영남 내륙의 촌락 지역보다 성비가 높다.
> ㄷ. 중화학 공업이 발달한 도시는 서비스업이 발달한 대도시보다 성비가 낮다.
> ㄹ. 외국인 중 결혼 이민자 비율은 장년층의 남초 현상이 나타나는 촌락에서 높다.

3 <서술형> 지도는 국내 체류 외국인의 공간적 분포를 나타낸 것이다. 이를 보고 물음에 답하시오. (단, 결혼 이민자, 외국인 근로자만 고려함.)

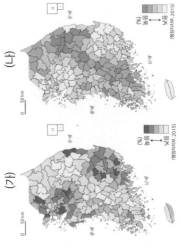

(가)　　　　(나)

(%)
농업
낮음
(행정자치부, 2015)

(1) (가), (나)의 표현 기준이 된 외국인 유형을 쓰시오.

(2) (나)에서 수치가 높은 지역의 특성을 외국인 유형과 관련지어 서술하시오.

---

07 우리나라 농업의 변화

출제 포인트

• 자료는 우리나라의 농촌 인구와 경지 면적 변화를 나타낸 그래프이다.

• 산업화·도시화로 농업 구조가 급격히 변화하면서 이와 관련된 자료를 분석하는 문항이 종종 출제된다. 따라서 농촌 인구, 경지 면적, 영농 방식, 재배 작물 등의 농업 구조 변화 양상을 알아 둘 필요가 있다.

필수 자료

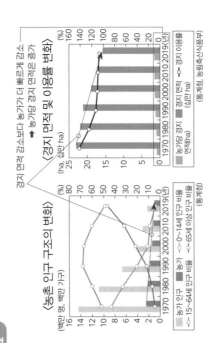

〈농촌 인구 구조의 변화〉

(백만 명, 천 가구)
16
14
12
10
8
6
4
2
0
1970 1980 1990 2000 2010 2019(년)
(통계청)

농가 인구 / 농가 / 0~14세 인구 비율 / 15~64세 인구 비율 / 65세 이상 인구 비율

〈경지 면적 및 이용률 변화〉

경지 면적 감소보다 농가가 더 빠르게 감소

(%)
160
140
120
100
80
60
40
20
0
1970 1980 1990 2000 2010 2019(년)
(심만 ha)
(통계청, 농림축산식품부)

경지 면적 / 경지 이용률 / 농업가구 경지 면적(ha)

자료 해석

• 농촌은 산업화·도시화 과정에서 ❶ ▢▢▢ 현상이 나타나 농가 및 농가 인구가 감소하였고, 농경지가 주택·도로·공장 등으로 전환되면서 경지 면적도 감소하였다. 또한 노년층 인구 비율은 증가한 반면, 청장년층 인구와 유소년층 인구 비율이 감소함에 따라 고령화와 노동력 부족 문제가 나타났다.

• 경지 면적보다 농가가 더 빠르게 감소하여 농가당 경지 면적은 ❷ ▢▢▢▢하는 추세이며, 휴경지가 증가하고 그루갈이가 감소하여 경지 이용률은 감소하였다. 또한 식생활이 변화하고 영농 구조가 다각화되면서 벼·맥류 등 식량 작물의 재배 면적 비율이 점차 감소한 반면, 채소·과수 등 원예 작물의 재배 면적 비율이 증가하는 추세이다.

답 | ❶ 이촌향도 ❷ 증가

15 다양한 인구 지표의 공간적 분포

빈출도 ● ● ● ●

출제 포인트

- 자료는 성비, 외국인 근로자, 결혼 이민자의 분포를 나타낸 지도이다.
- 시·군·구별 구분을 보고 각 지표의 분포가 무엇인지 추론하는 문항이 주로 출제된다. 따라서 성비, 외국인 근로자, 결혼 이민자 등이 어느 지역에서 상대적으로 수치가 높게 나타나는지 알고 있어야 한다.

필수 자료

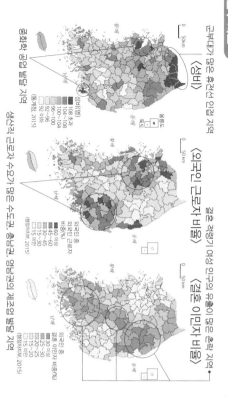

〈성비〉
군부대가 많은 촌락선 인접 지역

(통계청, 2015)

성비(명)
108 초과
104~108
100~104
96~100
92~96
92 이하

〈외국인 근로자 비율〉
결혼 적령기 여성 인구의 유출이 많은 촌락 지역

(행정자치부, 2015)

외국인 근로자 비율(%)
60 이상
45~60
30~45
15~30
15 미만

〈결혼 이민자 비율〉
생산직 근로자 수요가 많은 수도권, 충남권, 영남권의 제조업 발달 지역

(행정자치부, 2015)

외국인 중
결혼 이민자 비율(%)
30 이상
25~30
20~25
15~20
15 미만

자료 해석

- 성비는 군부대가 많은 강원 북부 지역과 거제(조선), 당진(제철), 화성(자동차) 등 남성 노동력을 필요로 하는 중화학 공업이 발달한 지역에서 높게 나타난다. 촌락은 결혼 적령기 여성은 농지만 여성 인구 비율이 높아서 전체 성비는 낮게 나타난다.
- 외국인 근로자는 제조업과 서비스업에 종사하는 비율이 높고, 생산직 근로자 수요가 많은 수도권, 충청권, 영남권의 제조업 발달 지역에 주로 분포한다. 실제로 전체 외국인 근로자 중 절반 이상이 수도권에 거주하며, 산업 단지가 많은 경기·인천에 많이 분포한다.
- 결혼 이민자는 청장년층의 남초 현상이 나타나는 도시가 많지만, 국제결혼 비율은 촌락이 높다. 지역에서의 분포가 분포한다.

답 ❶ 중화학 ❷ 촌락

---

1 우리나라의 농업 구조에 대한 설명이 맞으면 ○표, 틀리면 ×표 하시오.

(1) 휴경지가 증가하여 경지 이용률은 감소하는 추세이다. ( )
(2) 농촌의 이촌 향도 현상이 나타나 유소년층 인구 비율이 감소하고 노년층 인구 비율이 증가하였다. ( )
(3) 식생활이 변화하면서 식량 작물의 재배 면적 비율은 증가하고, 채소·과수의 재배 면적 비율은 감소하고 있다. ( )

2 필수 지료에 대한 분석으로 옳은 것을 〈보기〉에서 있는 대로 고르시오.

보기

ㄱ. 1970~2019년에 농가당 경지 면적은 증가하는 추세이다.
ㄴ. 1970~2019년에 청장년층 인구 비율은 꾸준히 감소하였다.
ㄷ. 1970~2019년에 벼의 그루갈이 재배 면적은 증가하였을 것이다.
ㄹ. 2019년 농촌은 고령화로 노동력 부족 문제가 나타났을 것이다.

3 서술형

그래프는 경지 면적과 경지 이용률의 변화를 나타낸 것이다. 1970~2019년 농가당 경지 면적의 변화 양상과 그러한 변화가 나타나게 된 원인을 서술하시오.

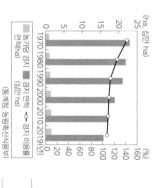

(ha, 실만 ha)
25
20
15
10
5
0

(%)
160
140
120
100
80
60
40
20
0

1970 1980 1990 2000 2010 2019(년)

농가당 경지(만세/ha)
경지 면적 ○ 경지 이용률

(통계청, 농림축산식품부)

1등급 바탕 예제

1 우리나라의 인구 구조 변화에 대한 설명이 맞으면 ○표, 틀리면 ×표 하시오.

(1) 총부양비는 청장년층 인구 비율과 비례한다. ( )

(2) 노령화 지수는 꾸준히 증가할 것으로 예상된다. ( )

(3) 유소년층 인구 비율이 감소하고 노년층 인구 비율이 증가하였다. ( )

(4) 우리나라는 1960년대 이전까지 방추형 인구 구조였으나, 1990년대 이후 피라미드형 인구 구조로 변화하였다. ( )

2 필수 자료에 대한 설명으로 옳은 것만을 〈보기〉에서 있는 대로 고르시오.

보기
ㄱ. 2015년은 2060년보다 총부양비가 높다.
ㄴ. 1960년은 2015년보다 유소년 부양비가 높다.
ㄷ. 2060년은 1960년보다 노령화 지수가 높을 것이다.
ㄹ. 세 시기 중 중위 연령이 가장 높은 시기는 1960년이다.

3 서술형 그래프는 우리나라의 인구 구조 변화를 나타낸 것이다. 1960년과 비교한 2060년 인구 구조의 문제점과 해결 방안을 서술하시오.

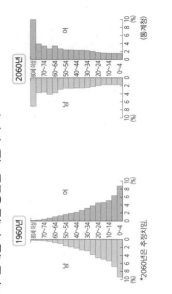

*2060년은 추정치임.

---

08 지역별 작물의 재배 면적

빈출도 ●●●

출제 포인트

• 자료는 지역별 작물(과수, 맥류, 벼, 채소)의 재배 면적 비율을 나타낸 지도이다.

• 주요 지역의 작물별 재배 면적, 또는 주요 작물의 지역별 재배 비율을 통해 각 작물이 특징을 묻는 문항이 자주 출제된다. 따라서 각 작물이 어느 지역에서 많이 재배되는지, 각 지역에서 상대적으로 재배 면적 비율이 높은 작물이 무엇인지 정리해 두는 것이 좋다.

필수 자료

평야가 널리 발달한 충남, 전북, 전남 등에서 비율이 특히 높음. ↑ A는 벼

겨울철 기후가 온화한 남부 지방의 전북, 전남에서 상대적으로 높음. ↑ B는 맥류

기후 조건이 유리한 강원, 제주, 경남, 전남에서 비율이 높음. ↑ C는 채소

감귤 재배가 활발한 제주, 기온의 일교차가 큰 경북에서 비율이 높음. ↑ D는 과수

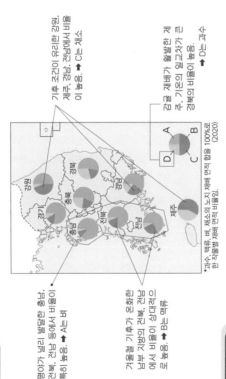

*과수, 맥류, 벼, 채소의 노지 재배 면적 합을 100%로 한 작물별 재배 면적 비율임. (2020)

자료 해석

A는 제주를 제외한 전 지역에서 재배 면적 비율이 가장 높은 작물이 벼이다. 벼는 평야가 널리 발달한 충남, 전북, 전남 등이 중·남부 지방에서 주로 재배되며, ① ㅣ 은/는 절리 가 발달하는 기반암의 특성상 논 조성이 어렵기 때문에 벼를 거의 재배하지 않는다. B는 대부분의 지역에서 재배 면적 비율이 낮지만, 전북, 전남, 제주에서 재배 면적 비율이 상대 적으로 높은 것으로 보아 맥류이다. 주로 벼의 그루갈이로 재배되는 ② ㅣ 은/는 겨울 기온이 온화한 남부 지방에서 많이 재배된다. C는 강원, 제주, 경남, 전남에서 많이 재배된다. 채소는 대소비지와 가깝거나, 대도시에서 멀지만 기후 조건이 유리한 지역에서 주로 재배된다. D는 감귤 재배가 활발한 제주, 기온의 일교차가 커 사과, 복숭아 등의 재배가 활발한 경북에서 재배 면적 비율이 높다.

답 | ① 제주 ② 맥류(보리)

14 우리나라의 인구 구조 변화 · 빈출도 ●●●

출제 포인트
- 자료는 우리나라의 1960년, 2015년, 2060년 인구 피라미드이다.
- 인구 피라미드를 토대로 우리나라의 시기별 인구 구조의 변화 양상이 자주 출제된다. 따라서 저출산·고령화 현상이 지속될 것으로 예상됨에 따라 연령층·성별 인구 구조가 어떻게 변화하는지 인구 부양비 개념과 함께 알아 두어야 한다.

필수 자료

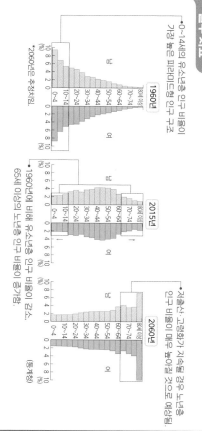

- 0~14세의 유소년층 인구 비율이 가장 높은 피라미드형 인구 구조
- *2060년은 추정치임.
- 저출산·고령화가 지속될 경우 나타날 인구 피라미드형 인구 구조
- 1960년에 비해 유소년층 인구 비율 감소, 65세 이상의 노년층 인구 비율이 증가함.
- 저출산·고령화가 매우 높아질 것으로 예상됨.

(통계청)

자료 해석
- 1960년은 출생률이 높아 0~14세의 유소년층 인구 비율이 매우 높은 ❶ 형 인구 구조가 나타났다. 이후 출생률이 낮아져 유소년층 인구 비율이 감소하고 노년층 인구 비율이 증가하면서 2015년에는 방추형에 가까운 인구 구조가 나타난다. 현재의 저출산이 지속된다면 2060년에는 노년층 인구 비율이 매우 높은 방추형 인구 구조가 나타날 것으로 예상된다.
- 유소년층 인구 비율이 감소함에 따라 1990년대 대비 2015년과 2060년(추정)에 유소년 부양비는 낮고 노년 부양비는 높아진다. 총부양비는 1960~2010년대 중반까지 감소하다가, 향후 청장년층 인구가 감소하면서 다시 증가할 것으로 예상된다.
- 유소년 부양비는 (유소년층 인구÷청장년층 인구)×100, 노년 부양비는 (노년층 인구÷청장년층 인구)×100, 총부양비는 {(유소년층 인구+노년층 인구)÷청장년층 인구}×100, 노령화 지수는 (노년층 인구÷유소년층 인구)×1000이다.

답 ❶ 피라미드 ❷ 저출산

1등급 비법 예제

1 작물의 특징을 바르게 연결하시오.
(1) 벼(쌀) •   • ㉠ 주로 벼의 그루갈이 작물로 재배됨.
(2) 맥류(보리) •   • ㉡ 충남, 전북, 전남 등 평야가 발달한 지역에서 재배 비율이 높음.
(3) 채소 •   • ㉢ 대도시와 인접하거나 기후 조건이 유리한 지역에서 주로 재배됨.

2 필수 자료의 A~D 작물에 대한 설명으로 옳은 것만을 〈보기〉에서 고르시오.
보기
ㄱ. A는 식생활 변화로 소비량이 증가하고 있다.
ㄴ. C는 기후 조건이 유리한 지역에서 재배 면적 비율이 상대적으로 높다.
ㄷ. B는 주로 A의 그루갈이 작물로 재배된다.
ㄹ. D는 B보다 전국 재배 면적이 넓다.

3 서술형
지도는 시·도별 작물 재배 현황을 나타낸 것이다. 이를 보고 물음에 답하시오. (단, (가)~(다)는 벼, 맥류, 과수만 고려함.)

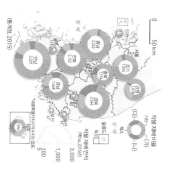
(통계청, 2015)

(1) (가)~(다) 작물의 명칭을 각각 쓰시오.
(2) 충남과 제주의 (가) 작물 재배 현황을 지리적 측면에서 비교해 서술하시오.

1 인구 변천 모형의 단계별 특징을 바르게 연결하시오.

(1) 제1단계 •

(2) 제2단계 •

(3) 제3단계 •

(4) 제4단계 •

• ㉠ 출생률과 사망률이 모두 낮음.
 (소산 소사의 저위 정체기)

• ㉡ 높은 출생률, 사망률 급감
 (다산 감소의 초기 확장기)

• ㉢ 출생률 급감, 낮은 사망률
 (감산 소사의 후기 확장기)

• ㉣ 출생률과 사망률이 모두 높음.
 (다산 다사의 고위 정체기)

2 필수 자료에 대한 설명으로 옳은 것만을 〈보기〉에서 있는 대로 고르시오.

〈보기〉
ㄱ. 제1단계는 인구가 정체하는 시기이다.
ㄴ. 제2단계는 출생률이 급증하여 인구가 급증하는 시기이다.
ㄷ. 제3단계에서 출생률이 급감하는 원인으로 인구 자녀에 대한 가치관 변화가 있다.
ㄹ. 우리나라는 현재 인구 변천 모형의 제4단계에 해당한다.

3 그래프의 (다) 시기에 출생률이 감소하는 이유를 서술하시오.

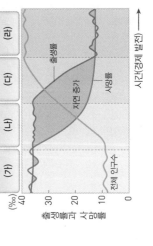

---

09 우리나라 공업의 특색

빈출도 ● ● ● ●

출제 포인트

• 자료는 우리나라 공업의 지역적 편재와 이중 구조를 나타내는 그래프이다.
• 권역별·기업 규모별 제조업 현황을 분석하여 우리나라의 공업 특색을 도출하는 문항이 종종 출제된다. 따라서 자료를 분석하여 어느 권역에 제조업이 집중되어 있는지, 대기업과 중소기업 간 발전 격차가 어느 정도인지 파악할 수 있어야 한다.

필수 자료

〈권역별 제조업 사업체 수 비율〉

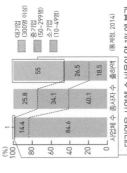

수도권(A)과 영남권(B)에만 약 80%의 제조업 사업체가 집중되어 있음.
↑ 공업의 지역적 편재

〈기업 규모별 제조업〉
〈사업체 수, 종사자 수, 출하액 비율〉

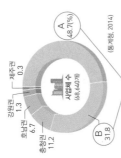

(통계청, 2014)

• 대기업은 사업체 수 비율이 약 1%에 불과하지만 출하액 비율은 약 55%를 차지해 중소기업과의 발전 격차가 매우 큼.
↑ 공업의 이중 구조

자료 해석

• 〈권역별 제조업 사업체 수 비율〉 A는 인구가 많은 수도권을, B는 영남권이다. 그래프에서 수도권(A), 영남권(B)에 약 80%의 제조업 사업체 수가 집중된 것으로 보아 공업의 지역적 ❶ 가 나타나고 있다. 우리나라는 정부 주도의 수출 지향 정책으로 인해 수도권과 영남권에 과도하게 공업이 집중되어 국토의 불균형 성장을 초래하였다. 이를 해결하기 위해서는 공업의 분산 정책이 필요하다.

• 〈기업 규모별 제조업 사업체 수, 종사자 수, 출하액 비율〉 ❷ 은 제조업 사업체 수 비율이 약 1% 정도로 매우 낮은 반면, 출하액 비율은 약 55%를 차지하고 있는 것으로 보아 제조업 사업체 수 비율이 매우 높은 반면 발전 격차가 매우 큰 공업의 이중 구조가 나타나고 있다. 이를 해결하기 위해서는 중소기업의 육성 및 지원 정책이 필요하다.

답 | ❶ 편재 ❷ 대기업

(13) 우리나라의 인구 변천

빈출도 ●●●

출제 포인트

- 자료는 지역적 출생률, 사망에 의한 인구 변화를 나타낸 인구 발전 모형이다.
- 인구 변천 모형의 단계별 모양과 및 사망률 출생률 변화 양상을 묻는 문항이 종종 출제된다. 따라서 단계별 모양과 사망률·출생률 변화를 묻는 인구 변동과 관련하여 정리해 두고, 우리나라의 인구 성장 과정을 인구 변천 단계와 접목하여 알고 있어야 한다.

필수 자료

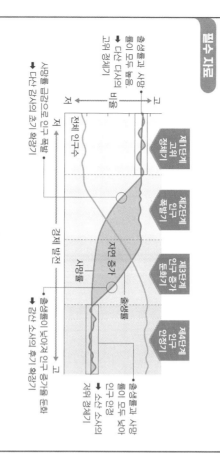

- 출생률과 사망률이 모두 높음.
  → 고위 정체기
- 사망률 급감으로 인구 폭발
  → 다산 다사의 초기 확장기
- 출생률이 낮아져 인구 증가율 둔화
  → 소산 소사의 저위 정체기
- 출생률과 사망률이 모두 낮아 인구 안정
  → 감소 소사의 저위 정체기

자료 해석

인구 변천 모형 제1단계는 사망률과 출생률이 모두 높은 다산다사의 고위 정체기이며, 제2단계는 출생률이 여전히 높지만 의료의 발달로 이 급감하여 인구가 폭발하는 ② 이 다산 감사의 초기 확장기이다. 제3단계는 기족 계획, 자녀에 대한 가치관 변화 등으로 낮아져 인구 증가율이 둔화되는 소산 소사의 후기 확장기이다. 제4단계는 사망률과 출생률이 모두 낮아 인구가 안정되는 소산 소사의 저위 정체기이다. 저출산·고령화 현상이 나타나는 우리나라는 현재 제4단계에 해당한다.

답 | ❶ 사망률 ❷ 둔화

1등급 바탕 예제

1

우리나라의 공업 특색과 관련된 설명이 맞으면 O표, 틀리면 ×표 하시오.

(1) 우리나라는 중소기업이 제조업 종사자의 절반 이상을 차지한다. (　)

(2) 우리나라의 공업은 수도권과 영남권에 과도하게 집중되어 지역적 편재가 심하다. (　)

(3) 공업의 지역적 편재를 해결하기 위해서는 공업의 분산 정책이, 공업의 이중 구조를 개선하기 위해서는 중소기업을 지원 및 육성하는 정책이 필요하다.
(　)

2

필수 자료에 대한 분석으로 옳은 것만을 〈보기〉에서 있는 대로 고르시오.

(　)

〈보기〉
ㄱ. 우리나라는 공업의 지역적 편재가 심하다.
ㄴ. 우리나라는 공업의 이중 구조가 나타난다.
ㄷ. 중소기업은 대기업보다 종사자당 제조업 출하액이 많다.
ㄹ. 2014년 기준 수도권은 비수도권보다 제조업 사업체 수가 많다.

3

서술형

그래프는 기업 규모별 제조업 사업체 및 종사자 수, 출하액의 비율을 나타낸 것이다. 이를 통해 알 수 있는 우리나라 공업의 문제점과 해결 방안을 서술하시오.

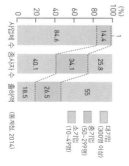

	(%) 100		
80	14.4	25.8	55
60		34.1	
40	84.6		
20		26.5	18.5
0		40.1	
	사업체 수	중소사업자 수	출하액

□ 대기업(300인 이상)
□ 중기업(50~299명)
□ 소기업(10~49명)

(통계청, 2014)

- 문제점:

- 해결 방안:

10 주요 제조업의 시·도별 출하액 비율 _{빈출도}

출제 포인트
• 그래프는 섬유, 제철, 석유 화학, 자동차, 전자 공업의 지역별 출하액 비율을 나타낸 것이다.
• 제조업의 지역별 출하액 비율을 보고 지역 또는 제조업종을 추론하는 문항이 자주 출제된다. 따라서 주요 제조업의 출하액 상위 3개 지역 정도는 암기해 두는 것이 좋다.

필수 자료
※ (가)~(마)는 각각 섬유 제품(의복 제외), 1차 금속, 화학 물질 및 화학 제품(의약품 제외), 자동차 및 트레일러, 전자 부품·컴퓨터·영상·음향 및 통신 장비 제조업 중 하나임.

대구를 제외 제철소가 있는 경북(포항), 전남(광양), 충남(당진)의 출하액 비율이 높음. → (나)는 1차 금속

울산, 전남(여수), 충남 (서산)의 출하액 비율이 높음. → (다)는 화학 물질 및 화학 제품

출하액 상위 지역에 대구, 부산, 서울 등 대도시가 있음. → (가)는 섬유 제품

출하액 상위 5개 지역에 광주가 있음. → (라)는 자동차 및 트레일러

*종사자 규모 10인 이상 사업체를 대상으로 함. 경기의 출하액 비율이 50% 이상임. → (마)는 전자 부품·컴퓨터·영상·음향 및 통신 장비 (2019)

자료 해석
• (가)는 경기, 경북, 대구, 부산, 서울 등에서 출하액이 많은 섬유 제품(의복 제외) 제조업이다. 섬유 공업은 전통적으로 ❶ 이 풍부한 대도시 및 그 주변 지역에 발달해 있다.
• (나)는 대규모 제철소가 위치한 경북(포항), 전남(광양), 충남(당진)의 출하액 비율이 높은 것으로 보아 1차 금속 제조업이다.
• (다)는 대규모 석유 화학 공단이 조성된 울산, 전남(여수), 충남(서산) 순으로 출하액이 많은 것으로 보아 화학 물질 및 화학 제품(의약품 제외) 제조업이다.
• (라)는 경기(화성), 울산, 충남(아산), 광주에서 출하액이 많은 자동차 및 트레일러 제조업이다.
• (마)는 지식 기반 제조업인 ❷ 의 출하액 비율이 매우 높은 것으로 보아 전자 부품·컴퓨터·영상·음향 및 통신 장비 제조업이다.

답 | ❶ 노동력 ❷ 경기

1등급 비상 예제

1 교통수단의 특징을 바르게 연결하시오.

(1) 도로 •
(2) 철도 •
(3) 해운 •
(4) 항공 •

• ㉠ 정시성과 안전성이 우수함.
• ㉡ 문전 연결성이 좋음.
• ㉢ 신속한 수송이 가능하여 고부가 가치 화물 수송에 유리함.
• ㉣ 주행 비용 증가율이 가장 낮음.

2 필수 자료의 각각 A~C 교통수단에 대한 설명으로 옳은 것만을 〈보기〉에서 있는 대로 고르시오.

〈보기〉
ㄱ. A는 C보다 지형적 제약이 많다.
ㄴ. B는 A보다 국내 화물 수송 분담률이 높다.
ㄷ. C는 B보다 정시성과 안전성이 우수한 편이다.
ㄹ. A~C 중 기종점 비용이 가장 저렴한 교통수단은 C이다.

3 (서술형) 그래프는 교통수단별 여객 수송 분담률을 나타낸 것이다. 이를 보고 물음에 답하시오.

(통계청)

(1) A~E에 해당하는 교통수단의 명칭을 각각 쓰시오.

_____

(2) E와 비교한 C의 장점을 한 가지 만 서술하시오.

12 교통수단별 특징

빈출도 ●●●●

출제 포인트
- 자료는 교통수단별 국내 여객 및 화물 수송 분담률 변화를 나타낸 그래프이다.
- 교통수단별 국내 여객 및 화물 수송 분담률을 그래프를 토대로 각 교통수단의 특징을 묻는 문항이 자주 출제된다. 따라서 교통수단별 특징과 함께 여객과 화물 수송 분담률 순위를 알아 두어야 한다.

필수 자료

→ 여객 수송 분담률이 두 번째로 높음

국내 여객(억 명)

범례: A · B · C / 해운 · 항공

연도	A	B	C	해운	항공
1970년	95.2	4.6		0.2	
1990년	87.8	7.6	4.5	0.1	
2010년	73.8	17.7	8.2	0.1	0.2
2014년	87.4	8.3	4.1	0.1	0.1

→ 화물 수송 분담률이 세 번째로 높고, 2014년 수송 분담률이 크게 낮아짐 → A는 철도

국내 화물(톤)

연도				항공
1970년	30.3	59.4	10.3	
1990년	63.8	17.2	19	
2010년	79	5	15.9	0.1
2014년	90.6	2.2	7.1	0.1

→ 화물 수송 분담률이 가장 높고, 화물 수송 분담률이 꾸준히 증가함 → C는 도로

(국토교통부, 각 연도)

자료 해석
국내 여객 수송 분담률은 도로(C)>지하철(B)>철도(A)>항공>해운 순으로 높다. 철도는 신설 철도의 신설로 수송 분담률이 크게 낮아졌으며, 대도시의 통근·통학 인구 수송에 큰 역할을 하는 지하철은 화물 수송에 이용되지 않는다. ❶ 은/는 국내 여객과 화물 수송 분담률 모두 가장 높고, ❷ 신설 성장으로 화물 수송 분담률이 꾸준히 높아지고 있다.
국내 화물 수송 분담률은 도로(C)>해운>철도(A)>항공 순으로 높다. 해운은 국내 화물 수송 분담률이 두 번째로 높음

답 ❶ 도로 ❷ 택배

1등급 바탕 예제

1 제조업과 총한액 상위 5개 지역(2019년)을 바르게 연결하시오.
(1) 섬유 제품(의복 제외) • • ㉠ 울산, 전남, 충남, 경기, 충북
(2) 1차 금속 • • ㉡ 경기, 경북, 대구, 부산, 서울
(3) 화학 물질 및 화학 제품(의약품 제외) • • ㉢ 경기, 울산, 충남, 전남, 광주
(4) 자동차 및 트레일러 • • ㉣ 경북, 전남, 충남, 울산, 경기

2 필수 자료의 (가)~(마) 제조업에 대한 설명으로 옳은 것을 <보기>에서 있는 대로 고르시오.

• 보기 •
ㄱ. (가)는 (나)보다 우리나라의 공업화를 주도한 시기가 이르다.
ㄴ. (라)의 최종 제품은 (마)의 주요 원료로 이용된다.
ㄷ. (다)는 (가)보다 종사자당 출하액이 많다.
ㄹ. (다), (라) 모두 적정 지향형 공업에 해당한다.

3 서술형
그래프는 주요 제조업의 시·도별 출하액 비율을 나타낸 것이다. 이를 보고 물음에 답하시오.
(단, (가)~(마)는 각각 금속 제품, 1차 금속, 화학 물질 및 화학 제품(의약품 제외), 자동차 및 트레일러, 전자 부품·컴퓨터·영상·음향 및 통신 장비 제조업 중 하나이며, A, B는 각각 경기, 울산 중 하나임.)

차트 레이블:
(가) A 경북 대구 부산서울 기타
(나) 경북 전남 충남 B A 기타
(다) B 전남 충남 경남 광주 충북 기타
(라) A B 충남 경북 경남 인천 기타
(마) A 경북 충북 기타
*종사자 규모 10인 이상 사업체를 대상으로 함. (2019)

(1) A, B에 해당하는 지역의 명칭을 각각 쓰시오. (   )
(2) (마) 제조업 출하액에서 A 지역이 차지하는 비율이 가장 높은 이유를 서울과 연관 지어 서술하시오.

1등급 바탕 예제

1 괄호 안의 내용 중 알맞은 것을 고르시오.

(1) 백화점은 편의점보다 사업체 수가 (많다 / 적다).

(2) 무점포 소매업은 대형 마트보다 매출액이 (많다 / 적다).

(3) 대형 마트는 편의점보다 사업체당 종사자 수가 (많다 / 적다).

2 필수 자료의 A~C에 대한 설명으로 옳은 것만을 〈보기〉에서 있는 대로 고르시오.

─ 보기 ─
ㄱ. A는 B보다 고가 상품의 판매 비율이 높다.
ㄴ. B는 C보다 최소 요구치의 범위가 넓다.
ㄷ. C는 A보다 점포 간의 평균 거리가 짧다.
ㄹ. 종사자 수는 편의점 > 백화점 > 대형 마트 순으로 많다.

서술형

3 그래프는 주요 소매 업태별 사업체 수와 매출액을 나타낸 것이다. 이를 보고 물음에 답하시오. (단, 대형 마트, 무점포 소매, 백화점만 고려함.)

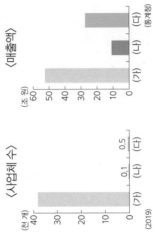

〈사업체 수〉
(천 개)
40 / 30 / 20 / 10 / 0
(가) / (나) 0.1 / (다) 0.5
(2019)

〈매출액〉
(조 원)
60 / 50 / 40 / 30 / 20 / 10 / 0
(가) / (나) / (다)
(통계청)

(1) (가)~(다)에 해당하는 소매 업태의 명칭을 각각 쓰시오.

(2) (나) 소매 업태의 사업체 수가 (다)보다 적은 이유를 서술하시오.

---

11 소매 업태별 특징

빈출도 ● ● ● ○

출제 포인트

• 자료는 주요 소매 업태(대형 마트, 백화점, 편의점, 무점포 소매업)의 사업체 수, 종사자 수, 매출액을 비교하여 나타낸 그래프이다.

• 주요 소매 업태의 현황을 보고 업태를 구분한 뒤, 각 소매 업태에 대한 설명이 옳고 그름을 판단하는 문항이 자주 출제된다. 따라서 주요 소매 업태의 지표 크기를 비교하여 정리해 두어야 한다.

필수 자료

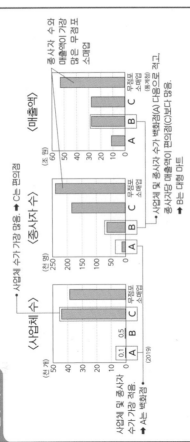

〈사업체 수〉
(천 개)
50 / 40 / 30 / 20 / 10 / 0
A 0.1 / B 0.5 / C
무점포 소매업
(2019)

사업체 및 종사자 수가 가장 적음.
↑ A는 백화점

〈종사자 수〉
(천 명)
250 / 200 / 150 / 100 / 50 / 0
A / B / C
무점포 소매업

사업체 수가 가장 많음.
↑ C는 편의점

〈매출액〉
(조 원)
60 / 50 / 40 / 30 / 20 / 10 / 0
A / B / C
무점포 소매업

종사자 수와 매출액이 가장 많은 무점포 소매업

사업체 및 종사자 수가 백화점(A) 다음으로 적고, 종사자당 매출액이 편의점(C)보다 많음.
↑ B는 대형 마트

자료 해석

A는 사업체 수와 종사자 수가 가장 적은 것으로 보아 고가 상품의 판매 비율이 높아 최소 요구치가 가장 ❶ 백화점이다. 백화점은 전자 상거래 활성화로 매장 방문 고객이 감소해 주요 소매 업태 중 매출액이 가장 적다. B는 백화점(A)에 이어 사업체 및 종사자 수가 두 번째로 작은 대형 마트이다. 사업체 수가 가장 많은 C는 일상 용품을 주로 판매하여 최소 요구치가 가장 ❷ 편의점이다. 소비자를 따라 곳곳에 입지한 편의점은 2018년 까지 빠르게 성장하였지만 최근 동일 소매 업태인 무점포 소매업과 최근 전자 상거래 활성화로 빠르게 되었다. 종사자 수와 매출액이 가장 많은 무점포 소매업은 최근 상거래 활성화로 빠르게 성장하여 택배 산업 발달에 큰 영향을 주었다.

답 | ❶ 큰 ❷ 작은

시험적중
내신전략
고등 한국지리

BOOK 2

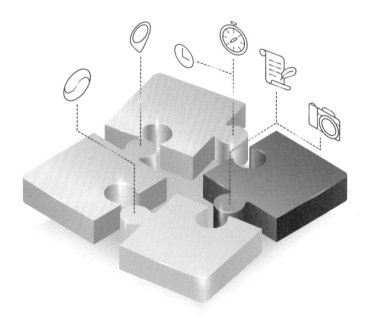

구성과 활용

이 책은 3권으로 이루어져 있는데 본책인 BOOK 1·2의 구성은 아래와 같아.

주 도입

본격적인 본문 학습에 앞서, 재미있는 학습 만화를
살펴보며 이번 주에 공부할 내용을 확인할 수 있도
록 하였습니다.

1일 개념 돌파 전략

내신을 대비하기 위해 반드시 알아야 할 기본 개념을
익힌 뒤, 확인 문제를 풀며 개념을 확실히 이해했는지
확인할 수 있도록 하였습니다.

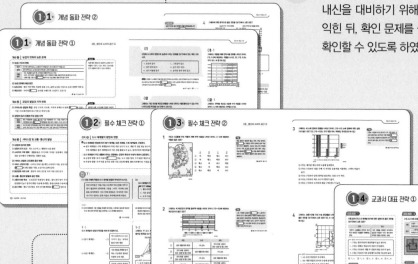

2일 3일 필수 체크 전략

실제 내신 시험에 자주 출제되는 유형의 필수 예제와
유제를 풀어 보면서 문제 풀이 과정과 해결 전략을
이해할 수 있도록 하였습니다.

4일 교과서 대표 전략

교과서에서 다루고 있는 주제를 대표 예제로 엄선하여
수록하였으며, 많은 문제를 풀어 봄으로써 문제에 대한
적응력을 높일 수 있도록 하였습니다.

부록 시험에 잘 나오는 개념 BOOK

학교 시험에 자주 나오는 출제 포인트를 제시하고 필수 자료와
해석을 넣어 철저히 분석하였으며, 바탕 예제를 수록하여 기본
유형의 문제를 접해 볼 수 있도록 하였습니다.

주 마무리와 권 마무리의 특별 코너들로 한국지리 실력이 더 탄탄해 질 거야!

주 마무리 코너

누구나 합격 전략

내신 유형에 맞춘 기본 연습 문제를 풀어 보면서 학습에
대한 자신감을 가질 수 있도록 하였습니다.

창의·융합·코딩 전략

융합적 사고력과 창의력을 키우는 문제를
풀어 보면서 다양한 문제에 대한 적응력을
높일 수 있도록 하였습니다.

권 마무리 코너

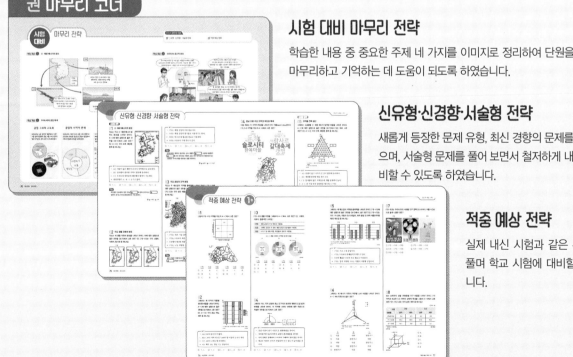

시험 대비 마무리 전략

학습한 내용 중 중요한 주제 네 가지를 이미지로 정리하여 단원을
마무리하고 기억하는 데 도움이 되도록 하였습니다.

신유형·신경향·서술형 전략

새롭게 등장한 문제 유형, 최신 경향의 문제를 다루었
으며, 서술형 문제를 풀어 보면서 철저하게 내신을 대
비할 수 있도록 하였습니다.

적중 예상 전략

실제 내신 시험과 같은 유형의 모의고사를
풀며 학교 시험에 대비할 수 있도록 하였습
니다.

이 책의 차례

1주

I. 국토 인식과 지리 정보
~ II. 지형 환경과 인간 생활 ①

2주

II. 지형 환경과 인간 생활 ②
~ IV. 거주 공간의 변화와 지역 개발 ①

권 마무리 코너

1강 거주 공간의 변화와 지역 개발 ②

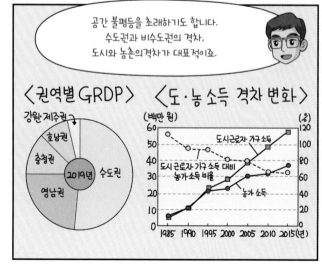

개념 ❶ | 도시 계획과 재개발, 지역 개발과 공간 불평등

(1) 도시 계획 주거 공간, 도시 기능의 합리적 배치를 위한 계획 수립

(2) 도시 재개발

① 시행 방법에 따른 구분

철거 재개발	기존 건물과 시설을 완전히 철거, 새로운 시설 조성
보존 재개발	역사·문화적 보전 가치가 있는 지역의 환경을 유지·관리
수복 재개발	기존 골격 유지, 필요한 부분만 수리·개조하여 보완

② 영향: 주거 환경 개선, 원거주민의 공동체 해체(❶   ) 등

(3) 지역 개발 방식

① 성장 거점 개발: 주로 하향식, 효율성 추구, 역류 효과 발생 우려

② 균형 개발: 주로 상향식, ❷   추구, 지역 이기주의 초래

(4) 공간 및 환경 불평등 수도권과 비수도권의 격차, 도시와 농촌의 격차, 환경 불평등

답 ❶ 젠트리피케이션 **❷** 형평성

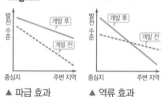

수복 재개발은 철거 재개발보다 원거주민의 재정착률이 (높다 / 낮다).

Clip! 파급 효과와 역류 효과

▲ 파급 효과   ▲ 역류 효과

개념 ❷ | 자원의 의미와 자원 문제

(1) 자원의 분류와 특성

분류	• 좁은 의미의 자원(주로 천연자원)과 넓은 의미의 자원(인적·문화적 자원 등을 모두 포함) • 재생 자원과 비재생 자원
특성	• 가변성: 기술 수준, 경제적 조건, 문화적 배경 등에 따라 자원의 가치가 달라짐. • 유한성: 자원 대부분은 매장량이 한정되어 있어 언젠가는 고갈됨. • 편재성: 일부 자원이 특정 지역에 편중되어 분포함.

(2) 자원의 분포와 이용

광물 자원	• 철광석: 강원 홍천·양양 등에 분포, 대부분 수입 • 텅스텐: 강원 영월(상동) 등에 분포 • 석회석: 강원 삼척, 충북 단양 등에 분포, 가채 연수가 긴 편 • 고령토: 강원, 경남 하동·산청 등에 분포
에너지 자원	• 석탄: 산업용, 발전용 연료 • 석유: 소비량이 가장 많음, 수송용 연료 및 화학 공업의 원료 • 천연가스: 주로 가정용 연료, 냉동 액화 기술의 발달로 소비량 급증, ❶ 배출량이 적음.
전력 자원	• 화력: 연료 수입에 유리하고 소비지와 가까운 지역에 입지 • 원자력: 지반이 견고하고 냉각수 확보가 용이한 지역에 입지 예 울진, 경주(월성), 울산(고리), 영광 • 수력: 유량이 풍부하고 낙차가 큰 하천 중·상류 지역에 입지

(3) 자원 문제와 신·재생 에너지

① 자원 문제: 자원 고갈, 높은 해외 의존도, 환경 오염 등

② 신·재생 에너지: 풍력은 바람이 많은 해안·산간·도서 지역, ❷   은 일사량이 풍부한 지역, 조력은 조차가 큰 만입부에 입지

답 ❶ 대기 오염 물질 **❷** 태양광

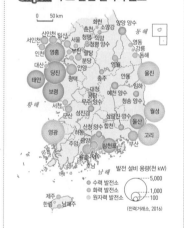

우리나라에서 소비량이 가장 많은 에너지 자원은 (   )이다.

Clip! 주요 발전 설비의 분포

발전 설비 용량(천 kW)
○ 수력 발전소
○ 화력 발전소
○ 원자력 발전소
(전력거래소, 2016)

01

그림은 두 지역 개발 방식을 모식적으로 나타낸 것이다. (나) 개발 방식의 특징이 <u>아닌</u> 것은?

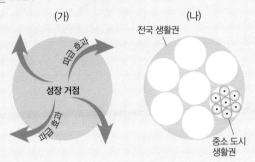

① 하향식 개발
② 균형 발전 추구
③ 지역 이기주의 초래
④ 낙후 지역에 우선 투자
⑤ 주민의 의사 결정 존중

풀이 (가)는 ❶⬜⬜⬜ 개발 방식이고, (나)는 균형 개발 방식이다. 성장 거점 개발은 주로 하향식으로, 균형 개발은 주로 ❷⬜⬜⬜으로 추진된다.

❶ 성장 거점 ❷ 상향식 **답**①

01-1

다음 글에서 설명하는 용어가 무엇인지 〈보기〉에서 고르시오.

> 지역 개발에 따른 이익이 주변으로 확산되어 동반 성장하지 못하고, 주변 지역에서 거점 지역으로 인구 및 자본이 집중하여 개발 후 지역 격차가 커지는 효과를 말한다.

• 보기 •
ㄱ. 역류 효과　　　　ㄴ. 파급 효과

02

그림은 재생 가능성에 따른 자원의 분류를 나타낸 것이다. (가)에 해당하는 자원을 〈보기〉에서 있는 대로 고르시오.

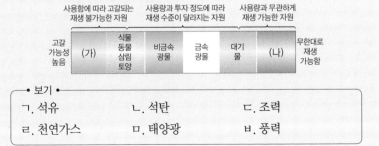

• 보기 •
ㄱ. 석유　　　ㄴ. 석탄　　　ㄷ. 조력
ㄹ. 천연가스　　ㅁ. 태양광　　ㅂ. 풍력

풀이 태양광, 풍력, 조력 등과 같은 ❶⬜⬜ 자원은 사용량보다 보충량이 많아서 인간이 이용하여도 고갈되지 않는 자원이다. 반면 석탄, 석유, 천연가스 등은 사용할수록 양이 점차 줄어드는 ❷⬜⬜⬜ 자원이다.

❶ 재생 ❷ 비재생 **답** ㄱ, ㄴ, ㄹ

02-1

그림은 의미에 따른 자원의 분류를 나타낸 것이다. (가), (나)에 들어갈 자원을 〈보기〉에서 각각 고르시오.

• 보기 •
ㄱ. 경제적 의미의 자원
ㄴ. 기술적 의미의 자원

개념 ❶ | 농업의 변화와 농촌 문제

(1) 농업 구조의 변화

인구	인구의 사회적 감소, 노년층 인구 비율 증가, 유소년층 인구 비율 감소
경지	경지 면적 감소, 농가당 경지 면적 증가, 경지 이용률 감소
작물 생산	• 쌀: 자급률이 높은 편, 소비량과 재배 면적 감소 추세 • 보리: 주로 쌀의 그루갈이 형태로 남부 지방에서 재배, 재배 면적과 생산량 감소 추세 • 원예 작물: 대도시 ❶ [　　　]에서 주로 시설 재배, 재배 면적 증가 추세

(2) 농업 문제와 해결 방안

① 농업 문제: 생산 기반 약화, 복잡한 유통 구조, 값싼 농산물 수입으로 농업 경쟁력 약화 등
② 해결 방안: 지리적 ❷ [　　　], 농산물 브랜드화, 로컬푸드 운동 등

답 ❶ 근교 ❷ 표시제

Quiz

이촌 향도 현상으로 농촌의 노년층 인구 비율이 (증가 / 감소)하고, 유소년층 인구 비율이 (증가 / 감소)하였다.

개념 ❷ | 공업의 발달과 지역 변화

(1) 우리나라 공업의 특징
공업 구조의 고도화, 지역적 편재(수도권과 ❶ [　　　]에 집중), 이중 구조(대기업과 중소기업 간 격차가 큼)

(2) 공업의 입지 유형과 주요 공업 지역

입지 유형	원료 지향형(예 시멘트, 통조림), 시장 지향형(예 가구, 인쇄), 적환지 지향형(예 제철, 정유), 노동 지향형(예 섬유), ❷ [　　　]지향형(예 석유 화학, 자동차, 조선), 입지 자유형(예 반도체)
공업 지역	수도권 공업 지역(최대의 공업 지역), 태백산 공업 지역, 충청 공업 지역(수도권에서 분산되는 공업 입지), 호남 공업 지역, 영남 내륙 공업 지역, 남동 임해 공업 지역(최대의 중화학 공업 지역)

답 ❶ 영남권 ❷ 집적

Quiz

편리한 교통, 수도권에 인접한 지리적 위치를 바탕으로 수도권에서 분산되는 공업이 입지하는 공업 지역은?

개념 ❸ | 서비스업 및 교통·통신의 발달

(1) 상업의 입지와 변화
① 상점의 유지 조건: 최소 요구치 ≤ 재화의 도달 범위
② 소비자의 구매 행태: 생활용품은 주거지와 가까운 상점에서, 전문 상품은 백화점이나 전문 상가에서 구매하려는 경향이 있음.

(2) 서비스 산업의 고도화와 공간 변화
① 서비스 산업의 유형: 소비자 서비스업(개인 소비자가 이용, 분산 입지), 생산자 서비스업(❶ [　　　]의 생산 활동 지원, 도심·부도심에 집적)
② 탈공업화 사회 도래: 생산자 서비스업 및 지식 기반 산업 증가

(3) 교통·통신의 발달과 공간 변화
① 교통수단별 특성: 도로(문전 연결성이 좋음), 철도(정시성이 우수함), 해운(화물 수송 분담률이 높고 장거리 화물 수송에 유리함), 항공(신속한 수송에 유리함)
② 공간 변화: 대도시권 형성, 전자 상거래 확대로 ❷ [　　　] 성장 등

답 ❶ 기업 ❷ 택배업

Quiz

상점의 유지를 위해서는 재화의 도달 범위가 최소 요구치의 범위와 같거나 (넓어야 / 좁아야) 한다.

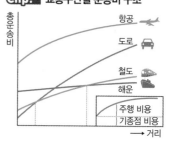

Clip! 교통수단별 운송비 구조

01

산업화·도시화의 영향으로 농촌에 나타난 변화를 〈보기〉에서 있는 대로 고르시오.

• 보기 •
ㄱ. 휴경지 증가
ㄴ. 그루갈이 감소
ㄷ. 경지 면적 증가
ㄹ. 농가 인구 감소
ㅁ. 경지 이용률 증가
ㅂ. 농가당 경지 면적 감소

풀이 산업화·도시화로 인해 전체 경지 면적이 감소하였고, 경지 면적보다 농가가 더 빠르게 감소하여 농가당 경지 면적은 **①** 하였다. 또한 노동력 부족으로 휴경지가 증가하고, 그루갈이가 감소하여 경지 이용률은 **②** 하였다.

❶ 증가 ❷ 감소 답 ㄱ, ㄴ, ㄹ

01-1

그래프는 작물별 재배 면적 비율 변화를 나타낸 것이다. (가), (나)에 해당하는 작물을 쓰시오. (단, (가), (나)는 각각 과수, 벼 중 하나임.)

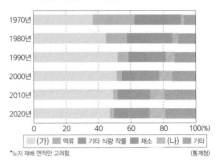

[범례] (가) | 맥류 | 기타 식량 작물 | 채소 | (나) | 기타
*노지 재배 면적만 고려함. (통계청)

02

그래프는 기업 규모별 제조업 현황을 나타낸 것이다. 이를 통해 알 수 있는 우리나라의 공업 특징을 〈보기〉에서 고르시오.

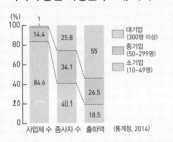

[범례] 대기업(300명 이상) | 중기업(50~299명) | 소기업(10~49명)

• 보기 •
ㄱ. 공업의 이중 구조
ㄴ. 공업 구조의 고도화
ㄷ. 공업의 지역적 편재

풀이 우리나라는 **①** 의 사업체 수와 종사자 수 비율이 대기업보다 압도적으로 높은 반면, 생산액 비율은 중소기업이 대기업보다 훨씬 낮으므로 중소기업과 대기업 간의 발전 격차가 **②** .

❶ 중소기업 ❷ 크다 답 ㄱ

02-1

그래프는 권역별 제조업 사업체 수의 비율을 나타낸 것이다. A, B에 해당하는 권역을 쓰시오.

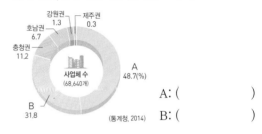

강원권 1.3 / 제주권 0.3
호남권 6.7
충청권 11.2
사업체 수 (68,640개)
A 48.7(%)
B 31.8
(통계청, 2014)

A: ( )

B: ( )

03

그림 A, B 중 상점이 유지될 수 있는 조건을 고르시오.

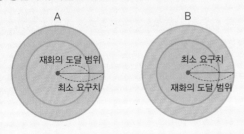

A
재화의 도달 범위
최소 요구치

B
최소 요구치
재화의 도달 범위

풀이 상점을 유지하는 데 필요한 최소한의 수요를 최소 **①** 라고 하고, 상점으로부터 재화가 도달할 수 있는 **②** 의 공간 범위를 재화의 도달 범위라고 한다. 상점이 유지되기 위해서는 재화의 도달 범위가 최소 요구치의 범위와 같거나 넓어야 한다.

❶ 요구치 ❷ 최대 답 B

03-1

다음 글은 ○○편의점이 유지되기 위한 조건을 설명한 것이다. 괄호 안에 알맞은 숫자를 쓰시오.

○○편의점은 최소 100만 원 이상의 이익이 발생해야 유지될 수 있으며, 이를 만족하는 범위는 반경 300m이다. 따라서 이 편의점은 고객이 최소 ( )m 범위 안에 분포해야 유지될 수 있다.

1주 1일 개념 돌파 전략 ②

도시 재개발에는 어떤 유형이 있는가?

➡ 도시 재개발에는 기존의 시설을 완전히 철거하는 **❶** , 역사·문화적으로 보존 가치가 있는 곳을 유지하는 **❷** , 기존 건물을 최대한 유지하는 수준에서 부분적으로 수리하는 수복 재개발이 있다.

🔒 ❶ 철거 재개발 ❷ 보존 재개발

1 (가), (나) 도시 재개발에 대한 설명으로 옳은 것만을 〈보기〉에서 고른 것은?

(가)	서울의 대표적 낙후 지역인 강북구의 ○○동은 최근 뉴타운 개발 사업으로 대규모의 아파트 단지가 건설되고 있다.
(나)	한양 도성에 인접한 □□동은 주거 환경 관리 사업의 일환으로, 역사와 문화적 특성을 보전하면서 기반 시설을 확충하고 주택을 개량하는 중이다.

• 보기 •
ㄱ. (가)는 (나)보다 기존 건물 활용도가 높다.
ㄴ. (가)는 (나)보다 투입 자본의 규모가 크다.
ㄷ. (나)는 (가)보다 원거주민의 이주율이 높다.
ㄹ. (나)는 (가)보다 지역 공동체의 유지 가능성이 높다.

① ㄱ, ㄴ ② ㄱ, ㄷ ③ ㄴ, ㄷ ④ ㄴ, ㄹ ⑤ ㄷ, ㄹ

제1차, 제3차 국토 종합 개발 계획에는 어떤 차이가 있는가?

➡ 제1차 국토 종합 개발 계획은 **❶** 개발 방식을 채택하였고, 제3차 국토 종합 개발 계획은 **❷** 개발 방식을 채택하였다.

🔒 ❶ 성장 거점 ❷ 균형

2 (가), (나) 국토 종합 개발 계획에 대한 설명으로 옳은 것은? (단, (가), (나)는 각각 제1차, 제3차 국토 종합 개발 계획 중 하나임.)

구분	(가)	(나)
기본 목표	• 사회 간접 자본 확충 • 생활 환경 개선	• 지방 분산형 국토 개발 • 통일에 대비한 기반 조성
개발 전략	• 공업 기반 구축 • 교통·통신 및 에너지망 정비	• 수도권 집중 억제 • 자연환경 부문의 투자

① (가)는 경제적 형평성을 우선적으로 추구한다.
② (가)의 시행 결과 경부축 중심의 발전이 두드러졌다.
③ (나)는 파급 효과를 기대하는 개발 방식이다.
④ (가)는 (나)보다 개발 시 지역 주민의 의사가 많이 반영되었다.
⑤ (나)는 (가)보다 개발 도상국에서의 채택 비율이 높다.

우리나라의 에너지 자원 소비 구조는 시대별로 어떻게 변화하였는가?

➡ 1950년대는 신탄, 1960년대는 **❶** , 1970년대 이후에는 석유 중심으로 에너지 소비 구조가 변화하였다. 특히 1990년대 이후에는 **❷** 소비량이 증가하였고, 신·재생 에너지 개발이 활발하다.

🔒 ❶ 석탄 ❷ 천연가스

3 그래프는 우리나라의 1차 에너지원별 공급량 변화를 나타낸 것이다. (가)~(다)에 해당하는 에너지원으로 옳은 것은?

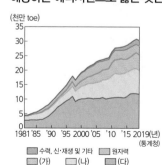

	(가)	(나)	(다)
①	석유	석탄	천연가스
②	석유	천연가스	석탄
③	석탄	석유	천연가스
④	천연가스	석유	석탄
⑤	천연가스	석탄	석유

농촌 인구와 경지 면적은 어떻게 변화하였는가?

⇨ 우리나라 농촌은 ❶ □□□ 현상으로 인구
가 감소하였으며, 산업화와 도시화로 농경지가
다른 용도로 전환됨에 따라 경지 면적이
❷ □□ 하였다.

답 ❶ 이촌 향도 ❷ 감소

4 그래프에 대한 분석으로 옳은 것만을 〈보기〉에서 고른 것은?

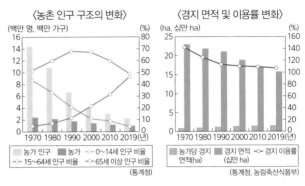

〈농촌 인구 구조의 변화〉 (백만 명, 백만 가구) (통계청)

〈경지 면적 및 이용률 변화〉 (ha, 십만 ha) (통계청, 농림축산식품부)

• 보기 •
ㄱ. 농가당 경지 면적은 감소하는 추세이다.
ㄴ. 농촌은 초등학교 통폐합 비율이 낮아질 것이다.
ㄷ. 농촌은 노동력 부족에 따라 휴경지가 증가할 것이다.
ㄹ. 농가의 고령화 현상은 이촌 향도 현상과 관련이 깊다.

① ㄱ, ㄴ　　② ㄱ, ㄷ　　③ ㄴ, ㄷ　　④ ㄴ, ㄹ　　⑤ ㄷ, ㄹ

우리나라 주요 공업 지역의 특징은 무엇인가?

⇨ 국내 최대의 종합 공업 지역은 수도권 공업
지역이고, 국내 최대의 중화학 공업 지역은
❶ □□□ 이다. 풍부한 지하자원을 바탕으로
원료 지향형 공업이 발달한 지역은 ❷ □□□
이며, 과거 풍부한 노동력과 편리한 육상 교통
을 바탕으로 노동 집약적 경공업이 발달한 공업
지역은 ❸ □□□ 이다.

답 ❶ 남동 임해 공업 지역 ❷ 태백산 공업 지역
❸ 영남 내륙 공업 지역

5 (가), (나) 공업 지역을 지도의 A~E에서 고른 것은?

(가)	(나)
풍부한 지하자원을 바탕으로 시멘트 공업 등의 원료 지향형 공업이 발달하였음.	섬유 및 전자 조립 공업이 발달하였으며, 최근 기술 집약적인 첨단 산업이 발달하고 있음.

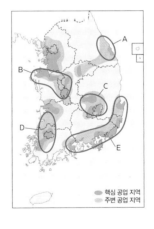

■ 핵심 공업 지역
■ 주변 공업 지역

	(가)	(나)
①	A	B
②	A	C
③	B	E
④	C	D
⑤	C	E

운송비 구조는 교통수단별로 어떻게 다른가?

⇨ 도로는 ❶ □□□ 비용이 가장 저렴하고
주행 비용 증가율이 철도나 해운보다 높아 단
거리 수송에 유리하다. ❷ □□ 은 기종점
비용이 높지만 주행 비용 증가율이 도로나 철도
보다 낮아 대량 화물의 장거리 수송에 유리
하다.

답 ❶ 기종점 ❷ 해운

6 그래프에 대한 설명으로 옳은 것은?

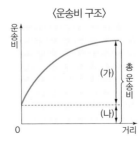

〈운송비 구조〉

〈교통수단별 운송비 구조〉

① (가)는 기종점 비용이다.　　② (나)는 주행 비용이다.
③ A는 정시성이 우수하다.　　④ B는 문전 연결성이 좋다.
⑤ C는 기상 조건의 제약이 크다.

전략 ❶ | 도시 재개발의 방법과 영향

✦ 도시 재개발은 방법에 따라 철거 재개발, 보존 재개발, 수복 재개발로 구분된다.

➡ 철거 재개발은 수복 재개발보다 투입 자본 규모가 크고, 개발 후 건물 평균 층수가 높으며, 원거주민의 **[❶   ]**이 높다.

수복 재개발은 철거 재개발보다 기존 건물 활용도가 높고, 원거주민의 재정착률이 높으며, 지역 주민 참여도가 높다.

● 도시 재개발이 주민 생활에 끼치는 영향에는 긍정적 측면과 부정적 측면이 공존한다.

➡ 긍정적 영향: 토지 이용의 **[❷   ]** 상승, 도시 경관 정비, 주거 환경 개선으로 인한 삶의 질 향상

➡ 부정적 영향: 주거 비용 증가로 인한 기존 공동체 해체, 젠트리피케이션, 이권을 둘러싼 갈등 발생

🔑 ❶ 이주율 ❷ 효율성

필수 예제 1

(1) 다음 사례에 적용된 도시 재개발 방법이 무엇인지 쓰시오.

> 부산 감천동은 '마을 미술 프로젝트'에 선정돼 지역 주민이 협심하여 담벼락에 그림을 그리고 거리에 조형물을 설치하였다. 이로 인해 감천동은 아시아의 '산토리니'라고 불리는 문화 마을로 자리매김하게 되었다.

(2) 도시 재개발이 주민 생활에 끼친 부정적 영향으로 옳은 것만을 〈보기〉에서 있는 대로 고르시오.

> • 보기 •
> ㄱ. 젠트리피케이션   ㄴ. 도시 경관의 정비
> ㄷ. 기존 공동체의 해체
> ㄹ. 토지 이용의 효율성 상승

풀이

(1) 수복 재개발은 기존 건물을 최대한 유지하는 수준에서 필요한 부분만 수리·개조하여 부족한 점을 보완하는 도시 재개발 방법이다.

🔑 수복 재개발

(2) 재개발 후 토지 이용 효율성이 높아지고 도시 경관이 정비되어 쾌적한 환경이 만들어진다. 그러나 주거 비용 상승으로 기존 공동체 해체 또는 대규모 상업 자본의 유입으로 젠트리피케이션이 발생할 수도 있다.

🔑 ㄱ, ㄷ

1-1

도시 재개발의 방법과 특징을 바르게 연결하시오.

(1) 철거 재개발 •

(2) 보존 재개발 •

(3) 수복 재개발 •

• ㉠ 역사·문화적으로 보존 가치가 있는 지역의 환경 악화 예방

• ㉡ 기존 건물을 최대한 유지하는 수준에서 필요한 부분만 수리·개조

• ㉢ 기존의 시설을 완전히 철거하고 새로운 시설물로 대체

1-2

그래프는 두 도시 재개발 방법을 비교한 것이다. (가), (나)에 들어갈 항목을 〈보기〉에서 있는 대로 골라 쓰시오.

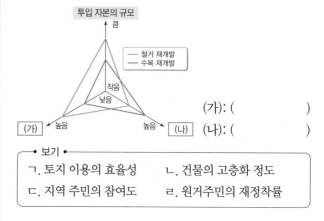

(가): (   )
(나): (   )

> • 보기 •
> ㄱ. 토지 이용의 효율성   ㄴ. 건물의 고층화 정도
> ㄷ. 지역 주민의 참여도   ㄹ. 원거주민의 재정착률

전략 ❷ | 우리나라의 국토 개발에 따른 공간 불평등

우리나라의 국토 종합 (개발) 계획

구분	제1차 국토 종합 개발 계획	제2차 국토 종합 개발 계획	제3차 국토 종합 개발 계획	제4차 국토 종합 계획
방식	❶ 개발	광역 개발	❷ 개발	
시기	1972~1981년	1982~1991년	1992~1999년	2000~2020년
특징	대규모 공업 기반 구축, 사회 간접 자본 확충	인구의 지방 분산 유도, 국토의 다핵 구조 형성	지방 육성, 수도권 집중 억제, 신산업 지대 조성	균형 국토, 개방 국토, 녹색 국토, 통일 국토

➡ 수도권과 ❸   의 격차는 1960년대 이후 추진된 성장 위주의 하향식 개발이, 도시와 농촌의 격차는 1960년대 산업화 과정에서 도시 중심의 일자리 증가에 따른 이촌 향도 현상이 원인이 되었다.

🔁 ❶ 성장 거점 ❷ 균형 ❸ 비수도권

필수예제 2

(1) 우리나라 국토 종합 개발 계획의 시기별 특징을 바르게 연결하시오.

① 제1차 •　　　• ㉠ 광역 개발 추진

② 제2차 •　　　• ㉡ 신산업 지대 조성

③ 제3차 •　　　• ㉢ 대규모 공업 기반 구축

(2) 그래프는 권역별 지역 내 총생산 비율을 나타낸 것이다. 자료의 A, B에 해당하는 권역을 쓰시오.

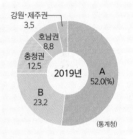

강원·제주권 3.5
호남권 8.8
충청권 12.5
2019년
A 52.0(%)
B 23.2
(통계청)

풀이

(1) 1970년대 제1차 국토 종합 개발 계획은 경부축을 중심으로 대규모 공업 기반을 구축했으며, 1980년대 제2차 국토 종합 개발 계획을 중심으로 광역 개발 정책을 추진하였고, 1990년대 이후 균형 개발을 위해 신산업 지대를 조성하는 등 제3차 국토 종합 개발 계획을 시행하였다.

🔁 ①-㉢, ②-㉠, ③-㉡

(2) 1960년대 이후 수도권 중심의 개발 정책으로 인구와 시설이 수도권에 집중되었고, 거점 개발의 효과가 주변 지역으로 파급되지 못하면서 수도권과 비수도권과의 지역 격차가 커졌다. 수도권은 우리나라 면적의 약 12%에 불과하나, 국내 총생산의 약 52%를 차지한다.

🔁 A-수도권, B-영남권

2-1

표는 우리나라의 주요 국토 종합 개발 계획을 정리한 것이다. (가)~(라)에 대한 설명으로 옳은 것은?

구분	제1차(1972~1981년)	제3차(1992~1999년)
방식	(가)	(나)
목표	국토의 효율적 관리	지역 균형 발전 촉진
특징	(다)	(라)

① (가)는 주로 상향식으로 추진된다.

② (나)는 주로 중앙 정부가 주도한다.

③ (다)에는 지방 도시 육성이 들어갈 수 있다.

④ (라)에는 사회 간접 자본 확충이 들어갈 수 있다.

⑤ (가)는 (나)보다 개발 도상국의 채택 비율이 높다.

2-2

그래프는 도시와 농촌의 소득 격차 변화를 나타낸 것이다. 이에 대한 설명으로 옳지 않은 것은?

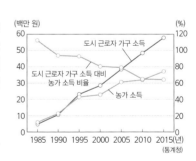

(백만 원) (%)
도시 근로자 가구 소득
도시 근로자 가구 소득 대비 농가 소득 비율
농가 소득
1985 1990 1995 2000 2005 2010 2015(년)
(통계청)

① 농가 소득은 꾸준히 증가하고 있다.

② 도시 근로자 가구 소득은 꾸준히 증가하고 있다.

③ 농가 소득은 도시 근로자 가구 소득보다 증가율이 낮다.

④ 도농 간 소득 격차의 근본적 원인은 급격한 이촌 향도이다.

⑤ 도시 근로자 가구 소득 대비 농가 소득 비율은 증가 추세이다.

전략 ❸ | 광물 자원과 에너지 자원의 분포

● 주요 광물 자원으로는 철광석, 텅스텐, 석회석, 고령토 등이 있다.

➡ 철광석과 텅스텐은 에, 석회석은 강원도 남부와 충청북도 북동부에, 고령토는 하동을 비롯한 경남 서부 지역에 주로 분포한다.

✿ 1차 에너지 소비 구조: 2019년 기준 석유 > 석탄 > ❷ > 원자력 > 신·재생 에너지 > 수력 순으로 높다.

● 1차 에너지의 지역별 생산: 2019년 기준 석탄의 경우 강원·전남에서, 천연가스는 울산에서, 원자력은 경북·부산·울산·전남에서만 생산된다.

답 ❶ 강원도 ❷ 천연가스

필수 예제 3

(1) 표는 두 광물 자원의 특징을 정리한 것이다. (가), (나)에 해당하는 광물 자원이 무엇인지 쓰시오.

(가)	(나)
• 제철 공업의 주된 원료 • 대부분 북한에 매장 • 남한에서는 강원 홍천, 양양 등에 소량 매장	• 시멘트 공업의 주된 원료 • 고생대 조선 누층군에 분포 (강원 남부, 충북 북동부) • 가채 연수가 긺.

(2) 그래프는 1차 에너지 공급 구성비 변화를 나타낸 것이다. (가)에 해당하는 자원을 쓰시오.

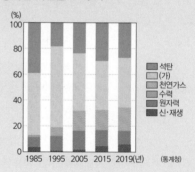

풀이

(1) 철광석은 강원도에서, 석회석은 강원도와 충청북도에서 많이 생산된다. 철광석은 제철 공업, 석회석은 시멘트 공업의 주된 원료이다.

답 (가)-철광석, (나)-석회석

(2) 2019년 기준 우리나라의 1차 에너지 자원 공급량은 석유 > 석탄 > 천연가스 > 원자력 순으로 많다. 석유는 우리나라에서 가장 많이 소비되는 에너지 자원이다.

답 석유

3-1

다음 설명에 해당하는 자원으로 옳은 것은?

> 주로 특수강 및 합금용 원료로 이용되며, 강원도 영월의 상동에 많이 매장되어 있다. 값싼 중국산 수입으로 국내 광산이 폐광되었으나 최근 재개발이 추진 중이다.

① 고령토   ② 석회석
③ 철광석   ④ 텅스텐
⑤ 알루미늄

3-2

그래프는 우리나라 1차 에너지원별 공급량 변화를 나타낸 것이다. (가)~(라)에 해당하는 에너지 자원을 쓰시오.

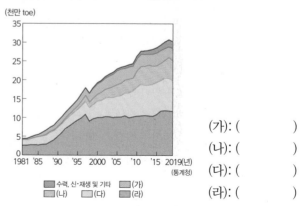

(가): (　　　　　)

(나): (　　　　　)

(다): (　　　　　)

(라): (　　　　　)

전략 ④ | 전력 및 신·재생 에너지의 생산과 분포

✧ 우리나라는 전력 대부분을 화력, 원자력, 수력 발전을 통해 생산한다.

➡ 2019년 기준 발전 설비 용량과 발전량 비율은 **❶**〔　　　　〕> 원자력 > 수력 순, 1차 에너지원별 발전량 비율은 **❷**〔　　　　〕>
원자력 > 천연가스 > 석유, 수력 순으로 높다.

✧ 태양광은 일사량이 풍부한 지역, 수력은 대하천 중·상류 지역, 풍력은 바람이 많은 해안이나 산지 지역, 조력은 조수 간만의 차가
큰 해안 지역이 발전에 유리하다.

➡ 2019년 기준 태양광은 전남, 전북 등에서, 풍력은 경북, 강원, 제주 등에서 발전량 비율이 높다. 조력은 시화호 조력 발전소
가 위치한 **❸**〔　　　　〕에서만 발전이 이루어진다.

🔖 ❶ 화력 ❷ 석탄 ❸ 경기

필수
예제 **4**

(1) 그래프는 1차 에너지원별 발전량 비율을 나타낸 것이다.
(가), (나)에 해당하는 에너지 자원을 쓰시오.

*수력은 양수식만 포함하며, 연료 사용량 기준임.
(통계청)

(2) 그래프는 두 신·재생 에너지의 지역별 발전량 비율을 나타낸
것이다. (가), (나)에 해당하는 에너지 자원을 쓰시오.

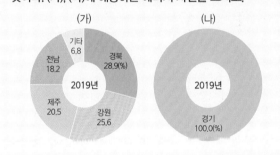

풀이

(1) 2019년 1차 에너지원별 발전량 비율은 석탄 > 원자력 > 천연가스 >
석유, 수력 순으로 높다. 석유는 발전 단가가 높아 발전량 비율이 낮다.

🔖 (가)–석탄, (나)–석유

(2) (가)는 산지·해안이 많은 경북, 강원, 제주에서 발전량이 많은 풍력,
(나)는 시화호 조력 발전소(안산)가 있는 경기에서만 생산되는 조력이다.

🔖 (가)–풍력, (나)–조력

4-1

지도는 우리나라의 주요 발전 설비 분포를 나타낸 것이다.
(가)~(다)에 해당하는 발전 양식을 쓰시오.

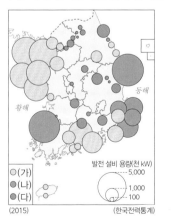

(2015)　　　　　(한국전력통계)

(가): (　　　　　)

(나): (　　　　　)

(다): (　　　　　)

4-2

그래프는 두 신·재생 에너지의 지역별 발전량 비율을 나타낸 것이
다. (가), (나)에 해당하는 에너지 자원을 쓰시오. (단, (가), (나)는
각각 수력, 태양광 중 하나임.)

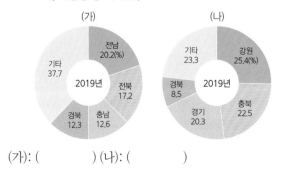

(가): (　　　　　) (나): (　　　　　)

1 다음은 두 도시 재개발 사례를 나타낸 것이다. (가), (나)에 대한 설명으로 옳은 것만을 〈보기〉에서 고른 것은?

(가)	(나)
울산광역시 남구에 있는 '○○ 마을'은 인근에 공단이 조성되면서 철거민들이 집단 이주해 이루어진 대표적인 달동네이다. 최근에는 마을 곳곳에 벽화가 그려지고 조형물이 설치되면서 관광객들이 즐겨 찾는 문화 예술 공간으로 변화하게 되었다.	인천광역시 동구에 있는 □□ 일대는 일제 강점기부터 궁핍한 이들이 터를 잡기 시작한 달동네이다. 1990년대 후반 환경 개선 사업의 일환으로 대규모 아파트 단지가 조성되고, 공원과 박물관이 들어서면서 과거의 모습이 자취를 감추게 되었다.

• 보기 •
ㄱ. (가)는 (나)보다 상주인구 증가율이 높다.
ㄴ. (가)는 (나)보다 원거주민의 재정착률이 높다.
ㄷ. (나)는 (가)보다 개발 후 건물의 평균 층수가 높다.
ㄹ. (나)는 (가)보다 단위 면적당 평균 개발비가 저렴하다.

① ㄱ, ㄴ ② ㄱ, ㄷ ③ ㄴ, ㄷ
④ ㄴ, ㄹ ⑤ ㄷ, ㄹ

> **Tip**
> 도시 재개발의 방법 중 기존의 시설을 완전히 철거하는 방법은 **❶_____**, 기존 건물을 최대한 유지하는 수준에서 필요한 부분만 수리·개조하여 부족한 점을 보완하는 방법은 **❷_____**이다.
>
> 🔑 ❶ 철거 재개발 ❷ 수복 재개발

2 그래프는 ○○ 국가의 지역 개발 자료이다. 이 국가가 채택했을 것으로 예상되는 개발 방식의 특징으로 옳은 것만을 〈보기〉에서 고른 것은?

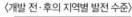
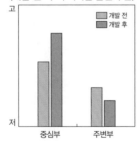

〈개발 전·후의 지역별 발전 수준〉

• 보기 •
ㄱ. 경제적 효율성을 추구한다.
ㄴ. 지역 간 불균형 성장을 초래한다.
ㄷ. 주로 경제 발전 수준이 높은 국가에서 실시한다.
ㄹ. 주로 상향식 의사 결정 방식으로 개발이 이루어진다.

① ㄱ, ㄴ ② ㄱ, ㄷ ③ ㄴ, ㄷ
④ ㄴ, ㄹ ⑤ ㄷ, ㄹ

> **Tip**
> 지역 개발 시 **❶_____** 개발을 채택할 경우 주변 지역에서 거점으로 인구, 자본 등이 집중되어 주변 지역의 발전을 저해하는 **❷_____** 효과가 나타날 수 있다.
>
> 🔑 ❶ 성장 거점 ❷ 역류

3 지도는 우리나라 광물 자원의 주요 매장지를 나타낸 것이다. A~D 광물 자원에 대한 설명으로 옳은 것은?

① 우리나라에서 A는 대부분 남한에 매장되어 있다.
② B는 광산 개발 이후부터 꾸준히 생산되고 있다.
③ C는 주로 고생대 평안 누층군에 분포한다.
④ D는 제철 공업의 주된 원료로 사용되고 있다.
⑤ A~D 중 가채 연수가 가장 긴 자원은 D이다.

Tip

주요 광물 자원 중 영월(상동)에 주로 분포하는 자원은 **❶** 이며, 삼척, 단양 일대에 주로 분포하는 자원은 **❷** 이고, 경남 서부 지역에 주로 분포하는 자원은 고령토이다.

답 ❶ 텅스텐 ❷ 석회석

4 지도는 세 신·재생 에너지 발전소 분포를 나타낸 것이다. A~C에 대한 설명으로 옳은 것은? (단, A~C는 각각 조력, 태양광, 풍력 중 하나임.)

① A는 조수 간만의 차가 큰 해안이 발전에 유리하다.
② B는 일사량이 풍부한 지역이 발전에 유리하다.
③ C는 바람이 많은 해안이나 산지 지역이 유리하다.
④ A는 C보다 발전 시 기상 조건의 영향을 적게 받는다.
⑤ A~C 중 2019년 총발전량은 B가 가장 적다.

Tip

조력은 시화호 조력 발전소가 입지한 경기에만, **❶** 은 주로 바람이 많은 산지와 해안이 있는 경북, 강원, 제주 등에, 태양광은 주로 **❷** 이 많은 전남, 전북 등에 발전소가 입지해 있다.

답 ❶ 풍력 ❷ 일사량

전략 ❶ | 농업 구조의 변화와 지역별 주요 작물의 재배 면적

✦**농업 구조의 변화**: 농가 인구, 경지 면적, 유소년층 인구 비율, 경지 이용률, 벼·맥류 등의 식량 작물 재배 면적 비율은 감소한 반면, 노년층 인구 비율, 농가당 경지 면적, 휴경지, 채소·과수 재배 면적 비율은 ❶ ☐☐☐☐ 하였다.

✦**지역별 주요 작물의 재배 면적 비율**: 벼(쌀)는 평야가 발달한 충남, 전북, 전남 등에서, 벼의 ❷ ☐☐☐☐ 작물로 재배되는 맥류는 겨울철 기후가 온화한 전북, 전남 등에서, 채소는 대도시와 가깝거나 기후 조건이 유리한 강원, 제주, 경남 등에서, 과수는 제주, 경북 등에서 재배 면적 비율이 높다.

🔑 ❶ 증가 ❷ 그루갈이

필수 예제 1

(1) 자료의 ㉠에 들어갈 알맞은 용어를 쓰시오.

그래프의 ㉠ 은 전체 경지 면적에 대해 일 년 동안 실제로 농작물을 재배한 면적의 비율을 의미하며, 최근 감소 추세이다.

(2) 지도는 도(道)별 주요 작물의 재배 면적 비율을 나타낸 것이다. A, B 작물의 이름을 쓰시오.

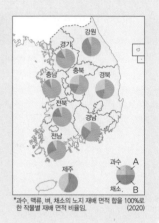

*과수, 맥류, 벼, 채소의 노지 재배 면적 합을 100%로 한 작물별 재배 면적 비율임. (2020)

풀이

(1) 산업화·도시화 영향으로 휴경지가 증가하고, 그루갈이가 감소하면서 경지 이용률은 꾸준히 감소하는 추세이다.

🔑 경지 이용률

(2) 벼는 충남, 전남, 전북 등 평야가 널리 발달한 지역에서 주로 재배되고, 맥류는 겨울 기후가 온화한 남부 지방에서 주로 재배된다.

🔑 A−벼, B−맥류

1-1

그래프에 대한 설명으로 옳은 것만을 〈보기〉에서 고르시오.

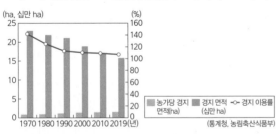

┌─ 보기 ─────────────────┐
ㄱ. 경지 면적은 증가 추세이다.
ㄴ. 경지 이용률은 감소 추세이다.
ㄷ. 농가당 경지 면적은 감소 추세다.
└────────────────────────┘

1-2

그래프는 세 도(道)의 작물별 재배 면적 비율을 나타낸 것이다. 도(道) 이름과 그래프를 바르게 연결하시오.

(1) 강원도   (2) 경상북도   (3) 전라북도

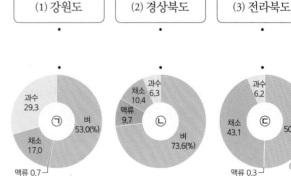

전략 ❷ 공업의 입지 유형과 주요 공업의 입지

● 공업의 입지 유형별 사례

원료 지향형	시장 지향형	적환지 지향형	노동 지향형	❶ 지향형
시멘트, 통조림	가구, 제빙, 인쇄	제철, 정유	섬유	석유 화학, 자동차, 조선

✦ **주요 공업의 입지**: 섬유 공업은 경기, 경북, 대구에서, 제철 공업은 경북(포항), 전남(광양), 충남(당진)에서, ❷ 공업은 울산, 전남(여수), 충남(서산)에서, 자동차 공업은 경기(화성), 울산, 충남(아산)에서, 조선 공업은 경남(거제), 전남(영암), 울산에서, 전자 공업은 경기에서 출하액이 많다.

🔑 ❶ 집적 ❷ 석유 화학

(1) 공업의 입지 유형과 사례를 바르게 연결하시오.

① 시장 지향형 •　　　　　　• ㉠ 가구

　　　　　　　　　　　　• ㉡ 제철

　　　　　　　　　　　　• ㉢ 인쇄

② 원료 지향형 •　　　　　　• ㉣ 정유

　　　　　　　　　　　　• ㉤ 시멘트

③ 적환지 지향형 •　　　　　• ㉥ 통조림

풀이

(1) 소비자와 잦은 접촉이 필요한 공업은 시장에, 제조 과정에서 원료의 무게나 부피가 감소하는 공업은 원료 산지에, 부피가 크거나 무거운 원료를 대량 수입하는 공업은 항구 주변에 입지하는 것이 유리하다.

🔑 ①-㉠, ㉢ / ②-㉤, ㉥ / ③-㉡, ㉣

(2) 표는 두 공업의 출하액 기준 상위 3개 지역을 나타낸 것이다. (가), (나)에 해당하는 공업을 쓰시오. (단, (가), (나)는 각각 섬유, 제철 공업 중 하나임.)

순위	(가)		(나)	
	시·도	비율(%)	시·도	비율(%)
1	경기	26.9	경북	25.0
2	경북	20.4	전남	14.6
3	대구	14.6	충남	13.5

* 종사자 규모 10인 이상 사업체를 대상으로 함. (2019)

(2) 섬유 공업은 노동력이 풍부한 경기, 경북, 대구에서, 제철 공업은 대규모 제철소가 입지한 경북(포항), 전남(광양), 충남(당진)에서 출하액이 많다.

🔑 (가)-섬유 공업, (나)-제철 공업

2-1

(가), (나)에 해당하는 공업의 입지 유형을 쓰시오.

(가)	생산비에서 노동비가 차지하는 비율이 높은 공업으로, 값싸고 풍부한 노동력이 분포하는 곳에 주로 입지한다. 대표적 사례로 섬유나 전자 조립 공업이 있다.
(나)	석유 화학 공업 등의 한 가지 원료로 여러 제품을 생산하는 계열화된 공업, 또는 자동차, 조선 공업과 같이 제품 생산에 많은 부품이 필요한 조립형 공업이다.

(가): (　　　　　　) (나): (　　　　　　)

2-2

지도는 두 공업의 지역별 종사자 비율과 생산액을 나타낸 것이다. (가), (나)에 해당하는 공업을 쓰시오. (단, 석유 화학, 자동차, 조선 공업만 고려함.)

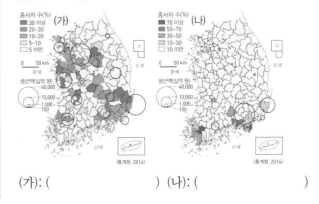

(가): (　　　　　　) (나): (　　　　　　)

전략 ❸ | 상업의 입지와 주요 소매 업태별 특성 비교

● 상점(중심지)이 유지되려면 ❶ [   ] 가 최소 요구치의 범위와 같거나 넓어야 한다.
  ➡ 인구 밀도가 증가하거나 구매력이 향상되면 최소 요구치의 범위는 축소되고, 교통이 발달하면 재화의 도달 범위는 확대된다.

☆ 주요 소매 업태에는 백화점, 대형 마트, 편의점, 무점포 소매업이 있다.
  ➡ 2019년 사업체 수는 최소 요구치가 가장 큰 백화점이 가장 적고, 그 다음으로 대형 마트가 적다. 최소 요구치가 가장 작은
  ❷ [   ] 은 사업체 수가 가장 많으며, 정보 통신 기술 발달로 급성장한 무점포 소매업은 종사자 수와 매출액이 가장 많다.

🔲 ❶ 재화의 도달 범위 ❷ 편의점

필수 예제 3

(1) 그림은 상점(중심지)의 성립 조건을 나타낸 것이다. (가), (나)에 해당하는 용어를 쓰시오. (단, (가), (나)는 각각 재화의 도달 범위, 최소 요구치의 범위 중 하나임.)

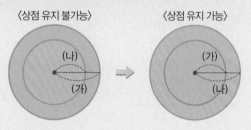

(2) 그래프의 A~C에 해당하는 소매 업태를 쓰시오. (단, A~C는 각각 대형 마트, 백화점, 편의점 중 하나임.)

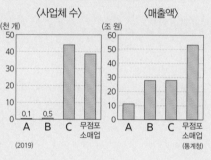

풀이

(1) 상점(중심지)의 기능은 재화의 도달 범위가 최소 요구치 범위와 같거나 넓어야 유지될 수 있다.

🔲 (가)–최소 요구치의 범위, (나)–재화의 도달 범위

(2) 백화점은 사업체 수와 매출액이 가장 적고, 편의점은 사업체 수가 가장 많으며, 대형 마트는 사업체 수가 백화점 다음으로 적다.

🔲 A–백화점, B–대형 마트, C–편의점

3-1

다음 글의 ㉠~㉣에 대한 설명으로 옳은 것만을 〈보기〉에서 고르시오.

> 인구 밀도의 증가로 ㉠ 최소 요구치의 범위가 축소되고, 교통의 발달로 ㉡ 재화의 도달 범위가 확대되면서 ㉢ 정기 시장이 ㉣ 상설 시장으로 변화하였다.

보기
ㄱ. ㉠은 상점이 유지되기 위한 최소한의 수요를 확보할 수 있는 공간 범위이다.
ㄴ. ㉡은 중심 기능이 미치는 최대한의 공간 범위이다.
ㄷ. ㉢이 유지되려면, ㉡이 ㉠보다 넓어야 한다.
ㄹ. ㉣이 유지되려면, ㉠이 ㉡과 같거나 넓어야 한다.

3-2

A~C 소매 업태에 대한 설명으로 옳은 것만을 〈보기〉에서 고르시오. (단, A~C는 각각 대형 마트, 백화점, 편의점 중 하나임.)

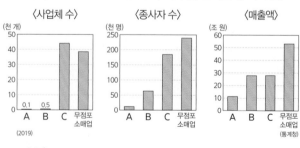

보기
ㄱ. A는 백화점, B는 대형 마트, C는 편의점이다.
ㄴ. A는 B보다 최소 요구치의 범위가 넓다.
ㄷ. B는 C보다 사업체당 종사자 수가 적다.
ㄹ. C는 A보다 고가 상품의 판매 비율이 높다.

전략 ❹ | 산업 구조의 변화 및 교통수단별 수송 분담률

● 우리나라의 산업 구조 변화: 1960년대까지 농업 중심의 산업 구조였으나, 1990년대부터 2차 산업 종사자 비율이 감소하기 시작하였으며, 3차 산업 종사자 비율이 크게 ❶[   ]하였다.

✸ 교통수단별 수송 분담률

국내 여객 수송	국내 화물 수송	국제 여객 수송	국제 화물 수송
❷[ ]>지하철>철도>항공>해운	❷[ ]>해운>철도	항공>해운	해운>항공

* 여객은 인, 화물은 톤 기준임.   (2017)

❶ 증가 ❷ 도로

필수예제 ❹

(1) 그래프는 우리나라의 산업별 종사자 수 비율 변화를 나타낸 것이다. (가)~(다)에 해당하는 산업을 쓰시오.

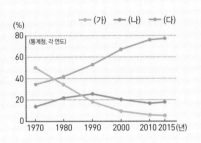

(2) 그래프는 우리나라의 교통수단별 여객 수송 분담률을 나타낸 것이다. A~C에 해당하는 교통수단을 쓰시오.

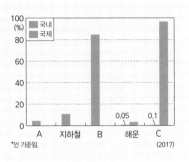

【풀이】

(1) 1970년대는 1차 산업 비율이 가장 높았으나, 공업화 사회로 접어들며 2차 산업 종사자 비율이 증가하였고, 1990년대 이후 탈공업화 사회가 도래하면서 2차 산업 비율이 감소하고 3차 산업 비율이 증가하였다.

답 (가)-1차, (나)-2차, (다)-3차

(2) 국내 여객 수송 분담률이 가장 높은 B는 도로이고 지하철 다음으로 높은 A는 철도이며, 국제 여객 수송 분담률이 가장 높은 C는 항공이다. 분단 국가인 우리나라는 국제 수송에 도로, 철도가 이용되지 않는다.

답 A-철도, B-도로, C-항공

4-1

그래프는 우리나라의 산업별 종사자 수 변화를 나타낸 것이다. (가) 시기에 대한 (나) 시기의 상대적 특징을 〈보기〉에서 고르시오.

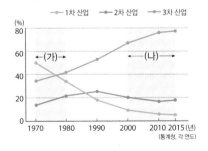

• 보기 •
ㄱ. 생산자 서비스업의 비율이 높다.
ㄴ. 서비스업의 내부화 경향이 강화된다.
ㄷ. 농·임·어업의 취업자 수 비율이 높다.
ㄹ. 생산 과정에서 지식, 정보의 중요도가 높다.

4-2

그래프는 우리나라의 교통수단별 화물 수송 분담률을 나타낸 것이다. 이에 대한 설명으로 옳지 않은 것은? (단, A~D는 각각 도로, 철도, 항공, 해운 중 하나임.)

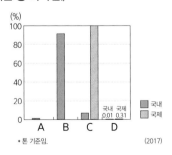

① A는 정시성과 안전성이 우수하다.
② B는 국내 여객 수송 분담률이 가장 높다.
③ C는 기상 조건의 영향을 많이 받는다.
④ D는 기종점 비용이 가장 비싸다.
⑤ C는 A, B보다 주행 비용 증가율이 높다.

필수 체크 전략 ②

1 지도는 도(道)별 주요 작물의 재배 면적 비율을 나타낸 것이다. A~D에 해당하는 작물로 옳은 것은?

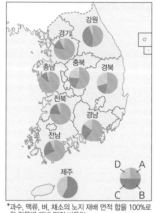

*과수, 맥류, 벼, 채소의 노지 재배 면적 합을 100%로 한 작물별 재배 면적 비율임.
(2020)   (통계청)

	A	B	C	D
①	벼	맥류	채소	과수
②	벼	채소	맥류	과수
③	채소	벼	과수	맥류
④	채소	벼	맥류	과수
⑤	채소	맥류	벼	과수

> **Tip**
>
> 벼는 평야가 발달한 충남, 전북, 전남 등에서, ❶ 는 겨울철 기후가 온화한 남부 지방에서 주로 재배된다. 채소는 대도시와 인접해 있거나 기후 조건이 유리한 강원, 제주, 경남, 전남 등에서, ❷ 는 감귤 재배가 활발한 제주와 사과 재배가 활발한 경북 등에서 주로 재배된다.
>
> 🔑 ❶ 맥류 ❷ 과수

2 그래프는 세 제조업의 권역별 출하액 비율을 나타낸 것이다. (가)~(다)에 해당하는 제조업으로 옳은 것은?

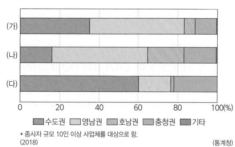

■ 수도권 ■ 영남권 ■ 호남권 ■ 충청권 ■ 기타
* 종사자 규모 10인 이상 사업체를 대상으로 함.
(2018)   (통계청)

	(가)	(나)	(다)
①	섬유 제품(의복 제외)	1차 금속	전자 부품·컴퓨터·영상·음향 및 통신 장비
②	전자 부품·컴퓨터·영상·음향 및 통신 장비	섬유 제품(의복 제외)	1차 금속
③	전자 부품·컴퓨터·영상·음향 및 통신 장비	1차 금속	섬유 제품(의복 제외)
④	1차 금속	섬유 제품(의복 제외)	전자 부품·컴퓨터·영상·음향 및 통신 장비
⑤	1차 금속	전자 부품·컴퓨터·영상·음향 및 통신 장비	섬유 제품(의복 제외)

> **Tip**
>
> 노동 지향형 공업인 ❶ 은 노동력이 풍부한 경기, 경북 등에서, 적환지 지향형 공업인 제철 공업은 경북(포항), 전남(광양), 충남(당진) 등에서 출하액 비율이 높다. 입지가 자유로운 ❷ 은 수도권에 위치한 경기의 출하액 비율이 압도적으로 높다.
>
> 🔑 ❶ 섬유 공업 ❷ 전자 공업

3 그래프는 세 소매 업태의 현황을 나타낸 것이다. (가)~(다) 소매 업태에 대한 설명으로 옳은 것은? (단, (가)~(다)는 각각 대형 마트, 백화점, 편의점 중 하나임.)

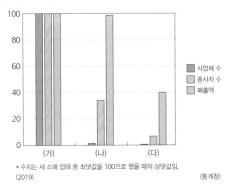

* 수치는 세 소매 업태 중 최댓값을 100으로 했을 때의 상댓값임.
(2019)　　　　　　　　　　　　　　　　(통계청)

① (가)는 대부분 대도시의 도심에 입지한다.
② (가)는 (나)보다 상품 구매 시 자가용 승용차를 이용하는 고객의 비율이 높다.
③ (나)는 (가)보다 단위 면적당 분포하는 상점 수가 적다.
④ (나)는 (다)보다 최소 요구치 범위가 넓다.
⑤ (다)는 (가)보다 소비자의 평균 구매 빈도가 높다.

4 그래프는 교통수단별 국내 수송 분담률을 나타낸 것이다. A~D에 대한 설명으로 옳은 것만을 〈보기〉에서 고른 것은? (단, A~D는 각각 도로, 지하철, 철도, 해운 중 하나임.)

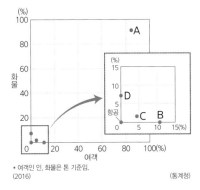

* 여객은 인, 화물은 톤 기준임.
(2016)　　　　　　　　　　　　　　(통계청)

〈보기〉
ㄱ. A는 문전 연결성이 우수하다.
ㄴ. B는 대량 화물의 장거리 수송에 유리하다.
ㄷ. C는 D보다 평균 수송 거리가 짧다.
ㄹ. D는 B보다 정시성과 안전성이 우수하다.

① ㄱ, ㄴ　② ㄱ, ㄷ　③ ㄴ, ㄷ　④ ㄴ, ㄹ　⑤ ㄷ, ㄹ

1주 4일 교과서 대표 전략 ①

대표 예제 ①

다음 글의 (가), (나) 재개발 방식에 대한 설명으로 옳은 것만을 〈보기〉에서 고른 것은?

(가)	(나)
기존의 시설물을 완전히 철거하고 새로운 시설물로 대체하는 방법	기존 건물을 최대한 유지하며 필요한 부분만 수리·개조하여 부족한 점을 보완하는 방법

• 보기 •
ㄱ. (가)는 원거주민의 재정착률이 높은 편이다.
ㄴ. (나)는 대체로 대규모의 자본이 투입된다.
ㄷ. (가)는 (나)보다 개발 후 건물의 평균 층수가 높다.
ㄹ. (나)는 (가)보다 기존 공동체가 유지될 가능성이 높다.

① ㄱ, ㄴ ② ㄱ, ㄷ ③ ㄴ, ㄷ ④ ㄴ, ㄹ ⑤ ㄷ, ㄹ

개념 가이드

기존의 시설을 완전히 철거하는 ❶ ▢▢▢ 재개발 방식은 수복 재개발 방식보다 원거주민의 ❷ ▢▢▢▢ 이 낮고, 투입되는 자본의 규모가 크다.

답 ❶ 철거 ❷ 재정착률

대표 예제 ②

표는 우리나라의 국토 종합 개발 계획을 정리한 것이다. (가)~(라)에 대한 설명으로 옳은 것만을 〈보기〉에서 고른 것은?

구분	제1차	제2차	제3차
개발 방식	(가)	광역 개발	(나)
주요 정책	(다)	(라)	수도권 집중 억제와 지방 도시 육성, …

• 보기 •
ㄱ. (가)는 주로 하향식 개발로 추진된다.
ㄴ. (나)는 지역 간 형평성보다 경제적 효율성을 중시한다.
ㄷ. (다)에는 '사회 간접 자본 확충'이 들어갈 수 있다.
ㄹ. (라)에는 '신산업 지대 조성'이 들어갈 수 있다.

① ㄱ, ㄴ ② ㄱ, ㄷ ③ ㄴ, ㄷ ④ ㄴ, ㄹ ⑤ ㄷ, ㄹ

개념 가이드

제1차 국토 종합 개발 계획은 투자 효과가 큰 지역을 집중 투자하는 ❶ ▢▢▢ 개발 방식을, 제3차 국토 종합 개발 계획은 낙후 지역에 우선적으로 투자하는 ❷ ▢▢ 개발 방식을 채택하였다.

답 ❶ 성장 거점 ❷ 균형

대표 예제 ③

(가), (나) 자원 유형의 변화를 그림의 A~C에서 고른 것은?

(가)	강원도 ○○광업소는 1964년부터 운영된 국내 최대의 탄광이었지만, 채산성이 악화되면서 2001년 폐광되었다.
(나)	△△제약은 식물의 '▢▢'에서 추출한 물질을 위장 질환 치료용 신약으로 개발, 상용화하였다.

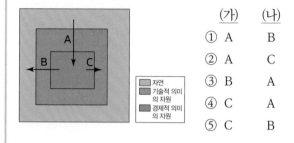

범례:
- 자연
- 기술적 의미의 자원
- 경제적 의미의 자원

	(가)	(나)
①	A	B
②	A	C
③	B	A
④	C	A
⑤	C	B

개념 가이드

자원은 ❶ ▢▢▢ 수준, 기술적 조건, ❷ ▢▢▢ 배경 등에 따라 의미와 가치가 달라지는 가변성을 지닌다.

답 ❶ 경제적 ❷ 문화적

대표 예제 ④

그래프는 세 광물 자원의 지역별 생산 현황을 나타낸 것이다. (가)~(다)에 대한 설명으로 옳은 것만을 〈보기〉에서 고른 것은? (단, (가)~(다)는 각각 고령토, 석회석, 철광석 중 하나임.)

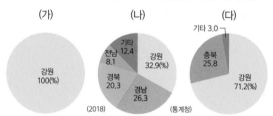

(가) 강원 100(%)
(나) 강원 32.9(%), 경남 26.3, 경북 20.3, 전남 8.1, 기타 12.4 (2018)
(다) 강원 71.2(%), 충북 25.8, 기타 3.0 (통계청)

• 보기 •
ㄱ. (가)는 주로 특수강 및 합금용 원료로 이용된다.
ㄴ. (나)는 도자기 및 내화 벽돌, 화장품의 원료로 이용된다.
ㄷ. (다)는 주로 고생대 조선 누층군에 분포한다.
ㄹ. (가)는 (다)보다 가채 연수가 길다.

① ㄱ, ㄴ ② ㄱ, ㄷ ③ ㄴ, ㄷ ④ ㄴ, ㄹ ⑤ ㄷ, ㄹ

개념 가이드

고령토는 강원, 경남(하동, 산청), ❶ ▢▢▢ 은 강원(영월, 삼척), 충북(제천, 단양), ❷ ▢▢▢ 은 강원(홍천, 양양) 등에 주로 분포한다.

답 ❶ 석회석 ❷ 철광석

대표 예제 5

그래프는 1차 에너지원별 소비량 변화를 나타낸 것이다. A~D에 대한 설명으로 옳은 것만을 〈보기〉에서 고른 것은?

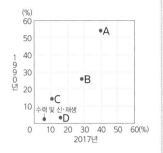

• 보기 •

ㄱ. A는 주로 가정용 연료로 이용된다.

ㄴ. C를 이용한 발전소는 주로 해안에 입지한다.

ㄷ. B는 D보다 연소 시 대기오염 물질 배출량이 많다.

ㄹ. C는 B보다 상용화된 시기가 이르다.

① ㄱ, ㄴ ② ㄱ, ㄷ ③ ㄴ, ㄷ ④ ㄴ, ㄹ ⑤ ㄷ, ㄹ

개념 가이드

석유는 주로 화학 공업 및 수송용 연료로, ❶ □□□ 은 주로 제철 공업과 화력 발전 연료로, ❷ □□□ 는 주로 가정용 연료로 이용된다.

답 ❶ 석탄 ❷ 천연가스

대표 예제 7

지도의 A~C 발전 양식에 대한 설명으로 옳지 않은 것은? (단, A~C는 각각 수력, 원자력, 화력 중 하나임.)

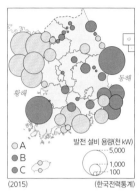

① A는 B보다 총발전 설비 용량이 크다.

② A는 C보다 발전 시 대기 오염 물질의 배출이 많다.

③ C는 B보다 발전량의 계절 변동 폭이 크다.

④ A~C 중 자연적 입지 제약 은 A가 가장 작다.

⑤ A는 원자력, B는 수력, C는 화력이다.

개념 가이드

수력은 유량이 풍부하고 낙차가 큰 곳에, ❶ □□□ 은 연료 수입에 유리하고 대소비지와 가까운 지역에, ❷ □□□ 은 냉각수 확보가 용이한 해안 지역에 입지한다.

답 ❶ 화력 ❷ 원자력

대표 예제 6

그래프는 1차 에너지의 시·도별 생산량 비율을 나타낸 것이다. (가)~(다)에 대한 설명으로 옳은 것만을 〈보기〉에서 고른 것은? (단, (가)~(다)는 각각 석탄, 원자력, 천연가스 중 하나임.)

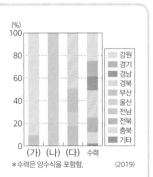

• 보기 •

ㄱ. (가)는 주로 고생대 평안 누층군에 매장되어 있다.

ㄴ. (나)는 동해 가스전에서 소량 생산된다.

ㄷ. (나)는 (가)보다 연간 국내 소비량이 많다.

ㄹ. (나), (다)는 모두 화력 발전의 연료로 이용된다.

① ㄱ, ㄴ ② ㄱ, ㄷ ③ ㄴ, ㄷ ④ ㄴ, ㄹ ⑤ ㄷ, ㄹ

개념 가이드

석탄은 강원, 전남에서, ❶ □□□ 은 발전소가 입지한 경북, 부산, 울산, 전남에서, ❷ □□□ 는 울산 앞바다에서만 소량 생산된다.

답 ❶ 원자력 ❷ 천연가스

대표 예제 8

그래프의 A~C 에너지로 옳은 것은?

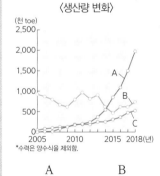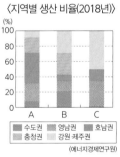

	A	B	C
①	수력	태양광	풍력
②	풍력	수력	태양광
③	풍력	태양광	수력
④	태양광	수력	풍력
⑤	태양광	풍력	수력

개념 가이드

수력, 태양광, 풍력 중 2018년 총생산량이 가장 많은 ❶ □□□ 은 호남권의 생산 비율이, ❷ □□□ 은 수력보다 강원·제주권의 생산 비율이 높다.

답 ❶ 태양광 ❷ 풍력

대표 예제 **9**

그래프는 우리나라 농업의 변화를 나타낸 것이다. (가), (나) 시기에 대한 설명으로 옳은 것만을 〈보기〉에서 고른 것은? (단, (가), (나)는 각각 1975년, 2018년 중 하나임.)

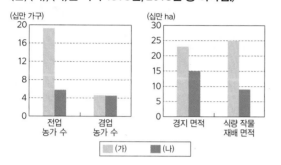

● 보기 ●
ㄱ. (가)는 (나)보다 겸업농가 비율이 높다.
ㄴ. (나)는 (가)보다 농가당 경지 면적이 넓다.
ㄷ. (나)는 (가)보다 경지 면적 대비 식량 작물 재배 면적 비율이 높다.
ㄹ. (가)는 1975년, (나)는 2018년이다.

① ㄱ, ㄴ ② ㄱ, ㄷ ③ ㄴ, ㄷ ④ ㄴ, ㄹ ⑤ ㄷ, ㄹ

개념 가이드

1975~2018년에 경지 면적보다 농가 수 감소가 빨라 농가당 경지 면적은 ❶ [   ]하였고, 식생활 변화 등의 영향으로 경지 면적 대비 식량 작물 재배 면적 비율은 ❷ [   ]하였다.

답 ❶ 증가 ❷ 감소

대표 예제 **10**

그래프는 세 작물의 지역별 재배 면적 비율을 나타낸 것이다. (가)~(다) 작물로 옳은 것은?

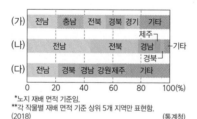

*노지 재배 면적 기준임.
**각 작물별 재배 면적 기준 상위 5개 지역만 표현함.
(2018)   (통계청)

	(가)	(나)	(다)		(가)	(나)	(다)
①	벼	맥류	채소	②	벼	채소	맥류
③	맥류	벼	채소	④	맥류	채소	벼
⑤	채소	벼	맥류				

개념 가이드

벼(쌀)는 ❶ [   ]가 발달한 충남, 전북, 전남 등에서, 주로 벼의 그루갈이 작물로 재배되는 ❷ [   ]는 겨울철 기후가 온화한 남부 지방에서 주로 재배된다.

답 ❶ 평야 ❷ 맥류(보리)

대표 예제 **11**

그래프는 제조업의 권역별 사업체 수 및 종사자 수 비율을 나타낸 것이다. 이에 대한 설명으로 옳은 것은?

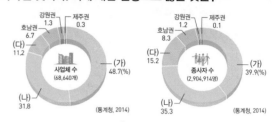

① 공업의 이중 구조를 나타낸다.
② 공업의 지역적 편재를 나타낸다.
③ 수도권은 영남권보다 사업체당 종사자 수가 많다.
④ 사업체 수와 종사자 수 모두 수도권과 충청권에 70% 이상 집중되어 있다.
⑤ (가)는 영남권, (나)는 수도권, (다)는 충청권이다.

개념 가이드

우리나라의 공업은 수도권과 ❶ [   ]에 집중되어 있어 공업의 지역적 ❷ [   ]가 심하며, 이를 해결하려면 공업 분산 정책을 시행해야 한다.

답 ❶ 영남권 ❷ 편재

대표 예제 **12**

그래프는 세 제조업의 지역별 출하액 비율을 나타낸 것이다. (가)~(다)에 대한 설명으로 옳은 것만을 〈보기〉에서 고른 것은? (단, 1차 금속, 섬유 제품, 전자 장비 제조업만 고려함.)

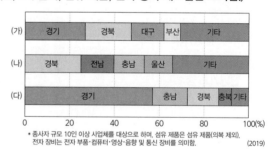

*종사자 규모 10인 이상 사업체를 대상으로 하며, 섬유 제품은 섬유 제품(의복 제외),
전자 장비는 전자 부품·컴퓨터·영상·음향 및 통신 장비를 의미함.   (2019)

● 보기 ●
ㄱ. (다)는 대체로 적환지 지향형 입지 특성을 보인다.
ㄴ. (나)는 (가)보다 종사자 1인당 부가 가치가 높다.
ㄷ. (다)는 (나)보다 최종 완제품의 무게가 무겁다.
ㄹ. (가)~(다) 중 공업화 주도 시기는 (가)가 가장 이르다.

① ㄱ, ㄴ ② ㄱ, ㄷ ③ ㄴ, ㄷ ④ ㄴ, ㄹ ⑤ ㄷ, ㄹ

개념 가이드

섬유 공업은 경기, 경북, 대구에서, ❶ [   ] 공업은 경북, 전남, 충남에서, ❷ [   ] 공업은 경기에서 출하액이 많다.

답 ❶ 제철 ❷ 전자

대표 예제 13

그래프의 (가)~(다)에 대한 설명으로 옳은 것만을 〈보기〉에서 고른 것은? (단, (가)~(다)는 대형 마트, 백화점, 편의점 중 하나임.)

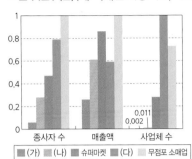

*수치는 가장 높은 소매 업태의 값을 1로 했을 때의 상댓값임.
(2018) (통계청)

■ (가) ■ (나) ■ 슈퍼마켓 ■ (다) ■ 무점포 소매업

• 보기 •
ㄱ. (나)는 생산자와 소비자를 직접 연결해 준다.
ㄴ. (다)는 일상 생활에 필요한 상품을 24시간 판매한다.
ㄷ. (나)는 (가)보다 고차 중심지에 입지하는 경향이 강하다.
ㄹ. (다)는 (나)보다 단위 면적당 매장 수가 많다.

① ㄱ, ㄴ ② ㄱ, ㄷ ③ ㄴ, ㄷ ④ ㄴ, ㄹ ⑤ ㄷ, ㄹ

개념 가이드
고가 상품의 판매 비율이 높은 ❶ 은 종사자 수, 사업체 수가 가장 적고, 일상용품을 주로 판매하는 ❷ 은 사업체 수가 가장 많다.

답 ❶ 백화점 ❷ 편의점

대표 예제 15

자료의 (가), (나) 서비스업에 대한 설명으로 옳은 것만을 〈보기〉에서 고른 것은? (단, (가), (나)는 각각 생산자 서비스업, 소비자 서비스업 중 하나임.)

서비스업은 수요 주체에 따라 (가) 와 (나) 으로 분류한다. 산업 발전 초기에는 도·소매업, 음식·숙박업 등 (가) 이 주로 성장하지만, 산업 구조가 고도화되는 탈공업화 시기가 도래하면서 (나) 의 성장이 두드러진다.

• 보기 •
ㄱ. (가)는 (나)보다 대도시 집중도가 높다.
ㄴ. (나)는 (가)보다 종사자당 매출액이 많다.
ㄷ. (나)는 (가)보다 단위 면적 당 사업체 수가 적다.
ㄹ. (가)는 생산자 서비스업, (나)는 소비자 서비스업이다.

① ㄱ, ㄴ ② ㄱ, ㄷ ③ ㄴ, ㄷ ④ ㄴ, ㄹ ⑤ ㄷ, ㄹ

개념 가이드
생산자 서비스업은 ❶ 서비스업보다 대도시 집중도가 높고, 종사자당 매출액이 ❷ , 단위 면적당 사업체 수가 적다.

답 ❶ 소비자 ❷ 많으며

대표 예제 14

그래프는 네 지역의 산업별 취업자 수 비율과 취업자 수를 나타낸 것이다. (가)~(라) 지역을 지도의 A~D에서 고른 것은?

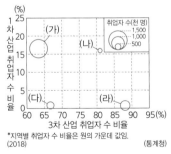 

*지역별 취업자 수 비율은 원의 가운데 값임.
(2018) (통계청)

	(가)	(나)	(다)	(라)		(가)	(나)	(다)	(라)
①	A	B	C	D	②	B	C	D	A
③	B	D	C	A	④	C	A	D	B
⑤	C	B	D	A					

개념 가이드
관광 산업이 발달한 제주와 대덕 연구 개발 특구가 입지한 ❶ 은 ❷ 산업 취업자 수 비율이 높은 편이다.

답 ❶ 대전 ❷ 3차

대표 예제 16

그래프는 교통수단별 국내 여객 수송 분담률을 나타낸 것이다. (가)~(다)에 해당하는 교통수단으로 옳은 것은?

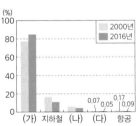

	(가)	(나)	(다)
①	도로	철도	해운
②	도로	해운	철도
③	해운	철도	도로
④	철도	도로	해운
⑤	철도	해운	도로

개념 가이드
국내 여객 수송 분담률은 ❶ >지하철> ❷ > ❸ >해운 순으로 높다.

답 ❶ 도로 ❷ 철도 ❸ 항공

01 자료의 (가)~(마)에 들어갈 내용으로 적절하지 <u>않은</u> 것은?

〈도시 재개발의 방법과 유형〉

1. 방법
- 철거 재개발: _____(가)_____
- 보존 재개발: _____(나)_____
- 수복 재개발: 기존 건물 유지, 필요 부분만 수리

2. 유형
- 도심 재개발: _____(다)_____
- 주거지 재개발: _____(라)_____
- 산업 지역 재개발: _____(마)_____

① (가) – 원거주민의 재정착률이 낮음.
② (나) – 자원 낭비 등의 문제점이 발생함.
③ (다) – 도심의 노후 시설이 입지한 지역을 상업 지역으로 변경함.
④ (라) – 주로 철거 재개발 방식으로 아파트 단지를 건설함.
⑤ (마) – 도시 내 노후 산업 단지 등의 시설을 개선함.

Tip
철거 재개발 방식은 원거주민의 재정착률이 ❶ , 주거지 재개발은 대부분 ❷ 재개발 방식으로 이루어진다.

🔑 ❶ 낮고 ❷ 철거

02 (가)~(라)의 내용으로 적절한 것만을 〈보기〉에서 고른 것은?

〈우리나라의 국토 개발 과정〉

구분	제1차	제2차	제3차	제4차
시기	1972~1981년	1982~1991년	1992~1999년	2000~2020년
특징	(가)	(나)	(다)	(라)

• 보기 •
ㄱ. (가) – 자연 환경 보전을 주요 목적으로 한다.
ㄴ. (나) – 인구의 지방 분산 유도 정책을 시행하였다.
ㄷ. (다) – 신산업 지대를 조성하는 정책을 시행하였다.
ㄹ. (라) – 광역 개발로 생활 환경 개선을 꾀하였다.

① ㄱ, ㄴ ② ㄱ, ㄷ ③ ㄴ, ㄷ ④ ㄴ, ㄹ ⑤ ㄷ, ㄹ

Tip
제1차 국토 종합 개발 계획은 ❶ 개발, 제2차 국토 종합 개발 계획은 ❷ 개발 방식을 채택하였다.

🔑 ❶ 성장 거점 ❷ 광역

03 지도는 주요 광물 자원의 매장지를 나타낸 것이다. A~D 광물 자원으로 옳은 것은?

	A	B	C	D
①	고령토	석회석	철광석	텅스텐
②	고령토	철광석	텅스텐	석회석
③	석회석	고령토	텅스텐	철광석
④	철광석	텅스텐	고령토	석회석
⑤	철광석	텅스텐	석회석	고령토

Tip
고령토는 주로 ❶ 에, 석회석은 주로 강원 남부 및 충북 북동부에, 철광석과 텅스텐은 주로 ❷ 에 분포한다.

🔑 ❶ 경남 ❷ 강원

04 그래프는 우리나라의 1차 에너지 소비 구조 변화를 나타낸 것이다. A~D에 대한 설명으로 옳은 것만을 〈보기〉에서 고른 것은? (단, A~D는 각각 석유, 석탄, 원자력, 천연가스 중 하나임.)

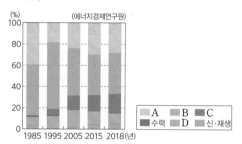

• 보기 •
ㄱ. A는 연소 시 대기오염 물질 배출량이 많은 편이다.
ㄴ. B는 대부분 국내에서 생산한다.
ㄷ. C는 주로 가정용 연료로 이용된다.
ㄹ. D는 A보다 상용화된 시기가 이르다.

① ㄱ, ㄴ ② ㄱ, ㄷ ③ ㄴ, ㄷ ④ ㄴ, ㄹ ⑤ ㄷ, ㄹ

Tip
우리나라의 1차 에너지원별 소비량 비율은 ❶ > ❷ > ❸ > ❹ 순으로 높다.

🔑 ❶ 석유 ❷ 석탄 ❸ 천연가스 ❹ 원자력

05 그래프에 대한 분석으로 옳지 <u>않은</u> 것은?

〈권역별 농가 인구의 변화〉　〈농가의 연령별 인구 비율 변화〉

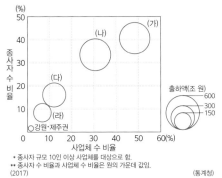

① 1970~1990년 농가 노년층 인구 비율은 증가했다.

② 1970~2015년 농가 유소년층 인구 비율은 감소했다.

③ 1990~2015년 전국 청장년층 인구 비율은 증가했다.

④ 1970~2015년 모든 권역에서 이촌 향도 현상이 나타났다.

⑤ 농가 인구 비율 감소 폭이 가장 큰 권역은 수도권이다.

Tip

농가 인구는 꾸준히 **❶** 추세에 있으며, 전국 평균보다 노년층 인구 비율이 큰 폭으로 **❷** 하였다.

답 ❶ 감소 ❷ 증가

06 그래프는 권역별 제조업 사업체 수 비율 및 종사자 수 비율, 출하액을 나타낸 것이다. (가)~(라) 권역으로 옳은 것은?

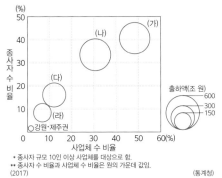

	(가)	(나)	(다)	(라)
①	수도권	영남권	충청권	호남권
②	수도권	충청권	영남권	호남권
③	충청권	수도권	호남권	영남권
④	충청권	수도권	영남권	호남권
⑤	영남권	수도권	충청권	호남권

Tip

중화학 공업이 발달한 영남권은 **❶** 보다 제조업 사업체와 종사자 수는 적지만 출하액이 많으며, 수도권으로부터 공업 이전이 활발한 **❷** 은 호남권보다 제조업 출하액이 많다.

답 ❶ 수도권 ❷ 충청권

07 그래프의 A~D 소매 업태에 대한 설명으로 옳은 것만을 〈보기〉에서 고른 것은? (단, A~D는 각각 대형 마트, 무점포 소매업, 백화점, 편의점 중 하나임.)

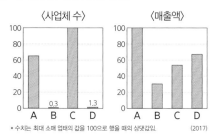

* 수치는 최대 소매 업태의 값을 100으로 했을 때의 상댓값임. (2017)

• 보기 •

ㄱ. A는 B보다 택배 산업 성장에 끼친 영향이 작다.

ㄴ. B는 C보다 단위 면적당 매장 수가 많다.

ㄷ. C는 D보다 재화의 도달 범위가 좁다.

ㄹ. D는 A보다 구매 활동의 시·공간적 제약이 크다.

① ㄱ, ㄴ ② ㄱ, ㄷ ③ ㄴ, ㄷ ④ ㄴ, ㄹ ⑤ ㄷ, ㄹ

Tip

사업체 수와 매출액이 가장 적은 B는 **❶** , 사업체 수가 두 번째로 적은 D는 대형 마트이다. A는 네 소매 업태 중 매출액이 가장 많은 **❷** , 남은 C는 편의점이다.

답 ❶ 백화점 ❷ 무점포 소매업

08 그래프는 국내 여객 수송 분담률을 나타낸 것이다. 이에 대한 설명으로 옳은 것만을 〈보기〉에서 고른 것은? (단, (가)~(다)와 A~C는 각각 도로, 지하철, 철도 중 하나임.)

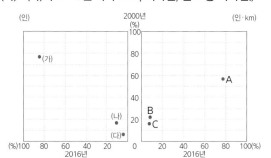

• 보기 •

ㄱ. (가)는 (다)보다 문전 연결성이 뛰어나다.

ㄴ. (나)는 (가)보다 정시성과 안전성이 우수하다.

ㄷ. (나)는 (다)보다 장거리 여객 수송에 많이 이용된다.

ㄹ. (가)는 A, (나)는 B이다.

① ㄱ, ㄴ ② ㄱ, ㄷ ③ ㄴ, ㄷ ④ ㄴ, ㄹ ⑤ ㄷ, ㄹ

Tip

'인·km' 기준의 국내 여객 수송 분담률은 '인' 기준에 비해 **❶** 와 **❷** 의 수송 분담률이 크게 증가한다.

답 ❶ 철도 ❷ 항공

01 다음은 두 도시 재개발의 사례이다. (가)와 비교한 (나)의 상대적 특징을 그림의 A~E에서 고른 것은?

(가)	한때 서울의 대표적 달동네로 꼽혔던 ○○동 □□지역이 대규모 아파트 단지로 탈바꿈하였다. 1960년대 말 도심으로부터 철거민들이 밀려들면서 이 지역에 판자촌이 형성되었다. 대대적인 재개발이 시작된 후 4년여 만에 약 3,300세대의 대규모 아파트 단지가 들어섰고, 금방이라도 무너져 내릴 것 같았던 산비탈은 인공 암벽으로 꾸며졌으며, 좁다란 골목길은 벚나무가 늘어선 산책로로 바뀌었다.
(나)	'동양의 나폴리'로 불리는 경남 통영. 그곳에 동화 속 그림 같은 △△△마을이 있다. 2007년 이 마을은 80여 채에 120여 명이 살던 곳으로 재개발 계획 발표 후 철거 위기에 놓였지만, 골목 구석구석에 글과 그림을 그려 벽화 마을로 재탄생해 하루 평균 3,000여 명이 찾는 국내 대표 관광지가 되었다.

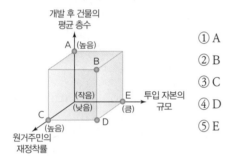

① A
② B
③ C
④ D
⑤ E

02 다음 글의 ㉠~㉤에 대한 설명으로 옳지 않은 것은?

> 1970년대 ㉠ 성장 거점 개발 방식으로 진행된 국토 개발 계획을 토대로 생산 기반은 확충되었지만, ㉡ 수도권과 비수도권 간의 격차가 더욱 커졌다. 국토 개발에 따른 ㉢ 공간 불평등 문제를 해소하고자 1990년대 이후 국토 개발 계획이 ㉣ 균형 개발 방식으로 전환되었다. 2000년대 이후에도 균형 발전 정책의 일환으로 행정 중심 복합 도시, ㉤ 혁신 도시 등이 건설되었다.

① ㉠ - 지역 간 형평성보다 투자의 효율성을 강조한다.
② ㉡ - 해결 방안으로 수도권 공장 총량제가 있다.
③ ㉢ - 또 다른 사례로 도시와 농촌의 격차를 들 수 있다.
④ ㉣ - 주로 하향식으로 추진된다.
⑤ ㉤ - 정부 주도로 수도권에 집중된 공공 기관을 지방으로 이전시켜 조성하였다.

03 지도는 화석 에너지별 공급량 상위 5개 시·도를 나타낸 것이다. (가)~(다) 에너지원에 대한 설명으로 옳은 것만을 〈보기〉에서 고른 것은? (단, (가)~(다)는 각각 석유, 석탄, 천연가스 중 하나임.)

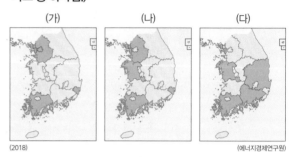

(2018)　　　　　　　　　　　　　　　　(에너지경제연구원)

> ● 보기 ●
> ㄱ. (가)는 주로 제철 공업과 화력 발전의 원료로 이용된다.
> ㄴ. (나)는 주로 화학 공업의 원료 및 수송용 연료로 이용된다.
> ㄷ. (다)는 1990년대 이후 본격적으로 사용량이 급증하였다.
> ㄹ. (가)~(다) 중 온실가스 배출량은 (가)가 가장 적다.

① ㄱ, ㄴ ② ㄱ, ㄷ ③ ㄴ, ㄷ ④ ㄴ, ㄹ ⑤ ㄷ, ㄹ

04 그래프는 신·재생 에너지의 지역별 발전량 비율을 나타낸 것이다. A~C 발전 양식에 대한 설명으로 옳은 것은? (단, A~C는 각각 수력, 태양광, 풍력 중 하나임.)

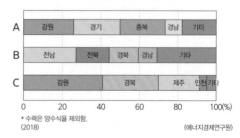

* 수력은 양수식을 제외함.
(2018)　　　　　　　　　　　　　　　　(에너지경제연구원)

① A는 계절에 상관없이 발전량이 일정한 편이다.
② B는 바람이 강한 해안이나 고원 지역이 발전에 유리하다.
③ C는 발전 시 소음으로 인한 민원이 발생할 가능성이 높다.
④ A는 B보다 국내 총발전량이 많다.
⑤ B는 A보다 상용화된 시기가 이르다.

05 그래프는 지역 내 밭 면적 및 전업농가 비율을 나타낸 것이다. (가)~(다) 지역을 지도의 A~C에서 고른 것은?

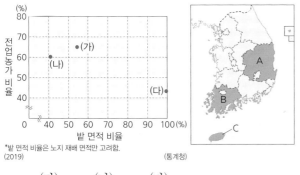

*밭 면적 비율은 노지 재배 면적만 고려함.
(2019)　　　　　　　　　　(통계청)

	(가)	(나)	(다)
①	A	B	C
②	A	C	B
③	B	A	C
④	B	C	A
⑤	C	A	B

06 그래프는 주요 제조업의 시·도별 출하액 비율을 나타낸 것이다. (가)~(다)에 대한 설명으로 옳은 것만을 〈보기〉에서 고른 것은? (단, (가)~(다)는 각각 경기, 경북, 울산 중 하나임.)

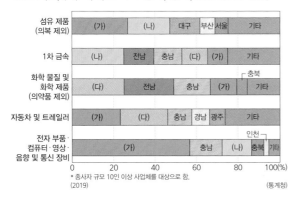

* 종사자 규모 10인 이상 사업체를 대상으로 함.
(2019)　　　　　　　　　　(통계청)

• 보기 •
ㄱ. (가)는 (나)보다 총인구가 많다.
ㄴ. (나)는 (다)보다 행정 구역의 면적이 넓다.
ㄷ. (다)는 (가)보다 1인당 지역 내 총생산이 적다.
ㄹ. (가)~(다) 중 조력 발전이 가능한 지역은 (나)이다.

① ㄱ, ㄴ　② ㄱ, ㄷ　③ ㄴ, ㄷ　④ ㄴ, ㄹ　⑤ ㄷ, ㄹ

07 지도는 두 서비스업의 시·도별 사업체 수 비율을 나타낸 것이다. (가), (나) 서비스업에 대한 설명으로 옳은 것만을 〈보기〉에서 고른 것은? (단, (가), (나)는 각각 숙박업, 전문 서비스업 중 하나임.)

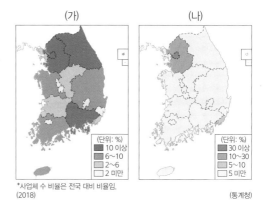

*사업체 수 비율은 전국 대비 비율임.
(2018)　　　　　　　　　　(통계청)

• 보기 •
ㄱ. (가)는 (나)보다 기업과의 거래 비율이 높다.
ㄴ. (가)는 (나)보다 사업체당 평균 종사자 수가 많다.
ㄷ. (나)는 (가)보다 서비스업의 외부화 경향에 따른 성장률이 높다.
ㄹ. (가)는 소비자 서비스업, (나)는 생산자 서비스업에 속한다.

① ㄱ, ㄴ　② ㄱ, ㄷ　③ ㄴ, ㄷ　④ ㄴ, ㄹ　⑤ ㄷ, ㄹ

08 그래프는 교통수단별 운송비 구조를 나타낸 것이다. 이에 대한 설명으로 옳은 것만을 〈보기〉에서 있는 대로 고른 것은? (단, (가)~(다)는 각각 도로, 철도, 해운 중 하나임.)

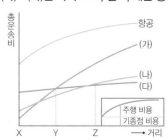

• 보기 •
ㄱ. X–Y 구간에서 도로는 철도보다 운송비 증가율이 높다.
ㄴ. Y–Z 구간에서 해운은 도로보다 주행 비용이 비싸다.
ㄷ. (가)~(다) 중 기종점 비용은 (다)가 가장 비싸다.
ㄹ. (가)는 도로, (나)는 철도, (다)는 해운이다.

① ㄱ, ㄹ　　② ㄴ, ㄷ　　③ ㄴ, ㄹ
④ ㄱ, ㄴ, ㄷ　　⑤ ㄱ, ㄷ, ㄹ

1 도시 재개발의 방법

다음 자료는 학생이 작성한 답사 보고서 일부이다. (가), (나) 도시 재개발 방법의 상대적 특성을 나타낸 것으로 옳은 것은? (단, (가), (나)는 보존 재개발, 철거 재개발 중 하나임.)

〈○○동 재개발 예정 지역 답사〉

1. 재개발 방식 : (가)
2. 재개발 내용 : 기존 건물의 완전 철거
3. 문제점 : 기존 공동체의 해체, 젠트리피케이션 등
4. 해결 방안 : (나) 의 장점 적용 예 1970년대 양옥 경관 보존 등

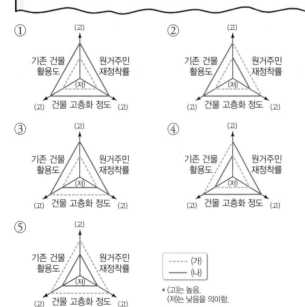

① 〈기존 건물 활용도 - 원거주민 재정착률 - 건물 고층화 정도〉
② 〈기존 건물 활용도 - 원거주민 재정착률 - 건물 고층화 정도〉
③ 〈기존 건물 활용도 - 원거주민 재정착률 - 건물 고층화 정도〉
④ 〈기존 건물 활용도 - 원거주민 재정착률 - 건물 고층화 정도〉
⑤ 〈기존 건물 활용도 - 원거주민 재정착률 - 건물 고층화 정도〉

```
----- (가)
───── (나)

* (고)는 높음.
(저)는 낮음을 의미함.
```

Tip

철거 재개발은 보존 재개발보다 기존 건물 활용도가 **❶** , 원거주민의 재정착률이 **❷** , 건물 고층화 정도가 높다.

답 ❶ 낮고 ❷ 낮으며

2 지역 개발의 방식

그림은 두 개발 방식의 상대적 특성을 나타낸 것이다. (가), (나) 지역 개발 방식에 대한 설명으로 옳은 것만을 〈보기〉에서 있는 대로 고른 것은?(단, (가), (나)는 각각 균형 개발, 성장 거점 개발 중 하나임.)

┌─ 보기 ──────────────────────────────
ㄱ. (가)는 투자 효과가 큰 지역을 선정하여 집중 투자한다.
ㄴ. (나)는 낙후 지역에 우선적으로 투자하는 방식이다.
ㄷ. (가)는 (나)보다 개발 후 지역 격차가 심화될 가능성이 높다.
ㄹ. (나)는 (가)보다 지역 주민의 참여도가 낮다.
└──────────────────────────────────

① ㄱ, ㄷ
② ㄱ, ㄹ
③ ㄴ, ㄹ
④ ㄱ, ㄴ, ㄷ
⑤ ㄴ, ㄷ, ㄹ

Tip

투자 효과가 큰 지역을 선정하여 집중적으로 투자하는 **❶** 개발 방식은 주로 경제 성장의 극대화를 추구하는 개발 도상국에서 채택하며, **❷** 으로 추진된다.

답 ❶ 성장 거점 ❷ 하향식

[3~4] 지역 개발과 환경 불평등

자료를 보고 물음에 답하시오.

(가) 쇠퇴하는 외딴섬이었던 영흥도에 1995년 한국전력공사(현 한국남동발전)가 ㉠ 화력 발전소 건설을 시작하였다. ㉡ 찬성하는 주민과 ㉢ 반대하는 주민 간 갈등이 많았다. 한국전력공사는 발전소가 필요한 이유를 역설했고, 보상도 이루어졌다. 이후 영흥도에는 여섯 개의 화력 발전소가 건립되었으며, 상주인구도 두 배 이상 증가하였다.
― 「○○신문」, 2015. 4. 25.―

(나) 최근 영흥 화력 발전소를 조기 폐쇄해야 한다는 주장이 힘을 얻고 있다. 시의원 □□씨는 "㉣ 영흥 화력 발전소에서 생산하는 전력의 40%만을 인천에서 사용하고, 초과 생산분인 60%는 서울과 경기도로 간다."라고 말하였다. 그는 "그러나 ㉤ 발전소에서 나오는 미세먼지로 인한 피해는 고스란히 인천시민들이 보고 있다."라며 정부에 대책 마련을 촉구하였다. ― 「△△신문」, 2021. 11. 10.―

3

(나) 신문 기사의 제목으로 가장 적절한 것은?

① 국토의 공간 불평등

② 국토의 환경 불평등

③ 도시와 농촌 간 불평등

④ 대기업과 중소기업 간 불평등

⑤ 수도권과 비수도권 간 불평등

> **Tip**
>
> 지역을 개발하고 이용하는 과정에서 발생하는 경제적 **❶** ⬚ 지역과 환경 오염 부담 지역이 일치하지 않는 현상을 **❷** ⬚ 불평등이라고 한다.
>
> 답 ❶ 수혜 ❷ 환경

4

자료의 ㉠~㉥에 대한 설명으로 옳지 않은 것은?

① ㉠ – 하향식 개발에 해당한다.

② ㉡ – 일자리 증가로 취업난 해소를 기대했을 것이다.

③ ㉢ – 환경 오염을 우려했을 것이다.

④ ㉣ – 인천의 전력 자급률은 100% 이상이다.

⑤ ㉤ – 환경 불평등의 관점에서 인천은 경제적 수혜 지역에, 서울·경기는 환경 오염 부담 지역에 해당한다.

> **Tip**
>
> 대규모 **❶** ⬚ 발전소가 있는 인천은 전력 소비량에 비해 생산량이 많아 전력 자급률이 100% **❷** ⬚ 이다.
>
> 답 ❶ 화력 ❷ 이상

5 광물 자원의 분포

지도는 주요 광물 자원의 분포를 나타낸 것이다. A~D 자원에 대한 설명으로 옳은 것만을 〈보기〉에서 고른 것은? (단, A~D는 각각 고령토, 석회석, 철광석, 텅스텐 중 하나임.)

• 보기 •

ㄱ. A는 주로 고생대 지층에 매장되어 있다.

ㄴ. B는 화장품 및 도자기 원료로 이용된다.

ㄷ. C는 제철 공업의 원료로 이용된다.

ㄹ. D는 대부분 특수강 및 합금용으로 이용된다.

① ㄱ, ㄴ ② ㄱ, ㄷ ③ ㄴ, ㄷ ④ ㄴ, ㄹ ⑤ ㄷ, ㄹ

> **Tip**
>
> 석회석은 시멘트 공업, **❶** ⬚ 는 화장품 및 도자기 원료, 철광석은 제철 공업, **❷** ⬚ 은 특수강 및 합금용으로 이용된다.
>
> 답 ❶ 고령토 ❷ 텅스텐

6 주요 발전소의 분포

표는 학생이 세 발전소를 견학하면서 관찰한 모습을 정리한 것이다. (가)~(다) 발전소가 입지한 지역을 지도의 A~C에서 고른 것은? (단, (가)~(다)는 각각 수력, 원자력, 화력 발전소 중 하나임.)

(가)	(나)	(다)
굴뚝에서 솟는 여기, 바다와 어우러진 도시와 공장의 불빛	푸른 호수와 자욱한 물안개, 아슬아슬한 낭떠러지	돔형의 지붕, 가까운 곳의 바다, 거대한 수증기

	(가)	(나)	(다)
①	A	B	C
②	A	C	B
③	B	A	C
④	B	C	A
⑤	C	B	A

> **Tip**
>
> 수력 발전소는 유량이 풍부하고 낙차가 큰 대하천의 중·상류 지역에, **❶** ⬚ 발전소는 다량의 냉각수를 확보할 수 있는 지역에, **❷** ⬚ 발전소는 연료 수입에 유리하고 대소비지와 가까운 지역에 주로 입지한다.
>
> 답 ❶ 원자력 ❷ 화력

7 신·재생 에너지의 분포

자료는 학생이 어느 지역을 여행한 후 작성한 여행기의 일부이다. (가)에 들어갈 수 있는 지역을 〈보기〉에서 고른 것은? (단, (가)에는 여행지의 행정 구역 이름이 들어감.)

- 여행 지역: (가)
- 경관: 대규모 풍력 발전 단지의 아름다운 모습

• 보기 •
ㄱ. 제주특별자치도 제주시   ㄴ. 대구광역시 수성구
ㄷ. 강원도 평창군   ㄹ. 충청북도 청주시

① ㄱ, ㄴ   ② ㄱ, ㄷ   ③ ㄴ, ㄷ   ④ ㄴ, ㄹ   ⑤ ㄷ, ㄹ

Tip
우리나라의 풍력 발전소는 ❶〔   〕이 많고 풍속이 강한 해안이나 ❷〔   〕의 고지대에 주로 위치한다.

답 ❶ 바람 ❷ 내륙

8 농업의 변화

그래프는 우리나라 농촌의 변화를 나타낸 것이다. 이에 대한 분석으로 옳은 것만을 〈보기〉에서 고른 것은?

• 보기 •
ㄱ. 경지 면적은 꾸준히 감소하는 추세이다.
ㄴ. 경지 이용률은 꾸준히 증가하는 추세이다.
ㄷ. 농가당 경지 면적은 꾸준히 증가하는 추세이다.
ㄹ. 그루갈이 재배 면적 비율이 높아졌음을 유추할 수 있다.

① ㄱ, ㄴ   ② ㄱ, ㄷ   ③ ㄴ, ㄷ   ④ ㄴ, ㄹ   ⑤ ㄷ, ㄹ

Tip
1970년 이후 경지 면적과 이용률은 꾸준히 ❶〔   〕한 반면, 경지 면적보다 농가 수 감소가 빨라 농가당 경지 면적은 ❷〔   〕하였다.

답 ❶ 감소 ❷ 증가

9 주요 작물의 재배 면적

그래프는 세 작물의 전국 재배 면적과 지역별 재배 면적 비율을 나타낸 것이다. (가)~(다) 작물로 옳은 것은?

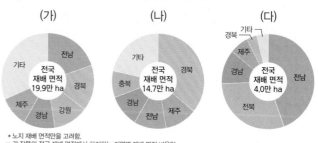

* 노지 재배 면적만을 고려함.
** 각 작물의 전국 재배 면적에서 차지하는 지역별 재배 면적 비율임.
(2020)   (통계청)

	(가)	(나)	(다)		(가)	(나)	(다)
①	채소	과수	맥류	②	채소	맥류	과수
③	과수	채소	맥류	④	과수	맥류	채소
⑤	맥류	과수	채소				

Tip
벼의 그루갈이로 재배되는 ❶〔   〕는 겨울이 온화한 남부 지방, 채소는 ❷〔   〕와 가깝거나 기후 조건이 유리한 지역에서 주로 재배된다.

답 ❶ 맥류 ❷ 대소비지

10 공업의 지역적 편재

그래프는 시·도별 제조업 현황을 나타낸 것이다. 이에 대한 설명으로 옳은 것만을 〈보기〉에서 고른 것은?

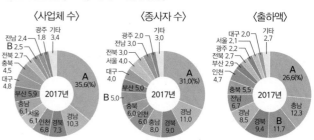

• 보기 •
ㄱ. 사업체당 출하액 비율은 A가 B보다 높다.
ㄴ. 사업체당 종사자 수 비율은 전국 시·도 중 B가 가장 높다.
ㄷ. 사업체 수 비율은 수도권이 영남권보다 높다.
ㄹ. A는 울산, B는 경기이다.

① ㄱ, ㄴ   ② ㄱ, ㄷ   ③ ㄴ, ㄷ   ④ ㄴ, ㄹ   ⑤ ㄷ, ㄹ

Tip
우리나라는 정부 주도의 수출 지향 정책으로 인해 수도권과 ❶〔   〕을 중심으로 공업이 발달하였으며, 이 권역에 속한 ❷〔   〕은 중화학 공업이 고루 발달해 우리나라에서 1인당 지역 내 총생산이 가장 많다.

답 ❶ 영남권 ❷ 울산

11 주요 지역의 공업 구조

그래프는 지도에 표시된 세 지역의 제조업 업종별 출하액 비율을 나타낸 것이다. (가)~(다) 지역을 지도의 A~C에서 고른 것은?

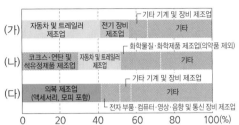

*종사자 규모 10인 이상 사업체를 대상으로 함.
**각 지역별 출하액 기준 상위 3개 제조업만 표현함.
***전기 장비 제조업은 전동기, 발전기, 전지, 조명, 케이블, 광(光) 산업의 소재·부품 등의 제조업을 말함.
(2017)   (통계청)

	(가)	(나)	(다)
①	A	B	C
②	A	C	B
③	B	A	C
④	B	C	A
⑤	C	B	A

Tip

❶ 공업은 경기, 울산, 충남(아산), 광주 등에서, 정유 및 석유 화학 공업은 울산, 전남(여수), 충남(서산) 등에서, ❷ 공업은 경기, 경북, 대구, 부산, 서울 등에서 출하액이 많다.

답 ❶ 자동차 ❷ 섬유

12 서비스업의 종류

다음 글은 서비스업의 특징을 설명한 것이다. (가)에 대한 (나)의 상대적 특성을 그림의 A~E에서 고른 것은?

서비스업은 수요 주체에 따라 (가) 와 (나) 으로 구분한다. 산업 구조가 고도화될수록 서비스업의 외부화 경향이 강화되면서 광고·회계·금융·부동산·법률·보험 등의 (가) 성장이 두드러지게 나타나고 있다.

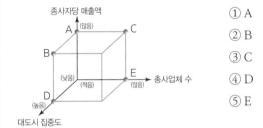

① A
② B
③ C
④ D
⑤ E

Tip

개인 소비자가 이용하는 ❶ 서비스업은 소비자의 이동 거리를 최소화하기 위해 분산 입지한다. 기업의 생산 활동을 지원하는 ❷ 서비스업은 주로 정보 획득에 유리한 대도시 도심·부도심에 입지한다.

답 ❶ 소비자 ❷ 생산자

13 교통수단별 수송 분담률

그래프는 교통수단별 국내 수송 분담률을 나타낸 것이다. A~D에 대한 설명으로 옳은 것만을 〈보기〉에서 고른 것은? (단, 지하철은 철도에 포함됨.)

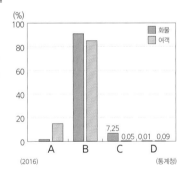

(2016)   (통계청)

• 보기 •
ㄱ. A는 B보다 기종점 비용이 비싸다.
ㄴ. B는 C보다 문전 연결성이 좋다.
ㄷ. C는 D보다 평균 운송 속도가 빠르다.
ㄹ. D는 A보다 운행 시 지형의 제약을 크게 받는다.

① ㄱ, ㄴ   ② ㄱ, ㄷ   ③ ㄴ, ㄷ   ④ ㄴ, ㄹ   ⑤ ㄷ, ㄹ

Tip

국내 여객 및 화물 수송 분담률은 ❶ 가 가장 높다. 철도(지하철)는 국내 여객 수송 분담률이 두 번째로 높으며, 해운은 항공에 비해 국제 ❷ 수송률이 높다.

답 ❶ 도로 ❷ 화물

2주 VI. 인구 변화와 다문화 공간 ~ VII. 우리나라의 지역 이해

부양비, 노령화 지수, 중위 연령. 다 처음 보는 단어들이야.

나도야. 벌써부터 어렵게 느껴져.

인구 단원은 여러 가지 지표의 의미를 이해하면 쉽게 공부할 수 있어요.

유소년 부양비는 청장년층 인구에 대한 유소년층 인구의 비예요.

유소년 부양비

노년 부양비는 청장년층 인구에 대한 노년층 인구의 비를 말합니다.

노년 부양비

총부양비

총부양비는 유소년 부양비에 노년 부양비를 더한 값과 같아요. 이것은 특정 사회의 청장년층 인구가 부양해야 하는 경제적 부담을 나타냅니다.

노령화 지수는 유소년층 인구에 대한 노년층 인구의 비를 의미합니다.

노령화 지수

중위 연령은 총인구를 나이순으로 줄 세웠을 때 중간에 있는 사람의 나이를 의미해요.

중위 연령

그럼 저출산·고령화 사회일수록 유소년 부양비는 낮고, 노년 부양비는 높겠네요.

노령화 지수와 중위 연령도 높을 것 같아요.

네, 맞습니다.

개념 ❶ │ 인구 변화와 인구 문제

(1) 우리나라의 인구 분포와 이동

① 인구 분포: 수도권과 남동 임해 지역에 밀집

② 인구 이동: 1960~1980년대에 농촌에서 도시로 이동(이촌 향도), 1990년대 이후 ❶ [　　　] 현상으로 대도시 주변 위성 도시의 인구 증가

(2) 우리나라의 인구 구조

① 연령층별 인구 구조: 출생률이 낮아지면서 ❷ [　　　] 인구 비율은 감소하고, 평균 수명이 늘어나면서 노년층 인구 비율은 증가함.

② 성별 인구 구조: 지역의 특성에 따라 여초 현상(대도시, 관광 도시, 촌락)과 남초 현상 (중화학 공업 도시, 군사 도시)이 나타남.

(3) 우리나라의 인구 문제 저출산 현상으로 인한 생산 및 소비 인구 감소로 국가 경쟁력 약화, 고령화 현상으로 인한 사회 복지 비용 증가 등

답 ❶ 교외화 ❷ 유소년층

Quiz

접경 지역에 위치한 철원은 (여초 / 남초) 현상이 나타난다.

Clip! 인구 변천 모형

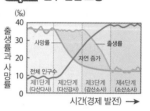

우리나라는 현재 사망률과 출생률이 모두 낮은 제4단계로, 2035년경에는 총인구가 감소할 것으로 전망된다.

개념 ❷ │ 외국인 이주와 다문화 공간

(1) 외국인 이주자의 증가

현황	외국인 근로자·결혼 이민자·유학생 등이 많음, 중국과 동남아시아 국가 출신 비율이 높음.
외국인 근로자	• 제조업과 서비스업 종사 비율이 높음. • 생산직 근로자 수요가 많은 ❶ [　　] 및 영남권에 주로 분포함.
결혼 이민자	국제결혼 건수는 도시가 촌락보다 많지만, 결혼 이민자 비율은 결혼 적령기의 성비 불균형이 심한 ❷ [　　]에서 높음.

(2) 다문화 공간의 형성 예 안산 국경없는 마을, 서울 대림동 차이나타운 등

답 ❶ 수도권 ❷ 촌락

Quiz

국제결혼 건수는 도시가 촌락보다 (많다 / 적다).

Clip! 국내 체류 외국인 유형

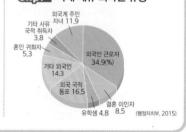

외국인 근로자 34.9(%)
외국 국적 동포 16.5
외국계 주민 자녀 11.9
기타 외국인 14.3
기타 사유 국적 취득자 3.8
혼인 귀화자 5.3
유학생 4.8
결혼 이민자 8.5
(행정자치부, 2015)

개념 ❸ │ 지역 구분, 북한 지역의 특성

(1) 지역 구분

① 유형: 동질 지역(예 기후 지역), 기능 지역(예 통근권), 점이 지대

② 전통적 지역 구분: 관북, 관서, 관동, 해서, 경기, 호서, 호남, 영남 지방

(2) 북한의 지리적 특성

자연 환경	높고 험준한 산지, 대부분 ❶ [　　]로 유입하는 하천, 기온의 연교차가 큰 대륙성 기후 → 옥수수 등 밭농사 발달, 관북 지방의 폐쇄적 가옥 구조
인문 환경	• 인구와 도시: 남한 인구 절반, 남서부 평야 지역과 동해안에 밀집 • 자원: 풍부한 지하자원, 석탄이 에너지 소비에서 가장 높은 비율을 차지함, 높은 산지가 많아 ❷ [　　] 발전 비율이 높음. • 산업과 교통: 군수 산업 위주의 중공업 우선 정책으로 생필품 부족, 철도 중심 교통 체계

답 ❶ 황해 ❷ 수력

Quiz

북한은 에너지 소비 구조에서 (　　) 이 가장 높은 비율을 차지한다.

Clip! 북한의 주요 개방 지역

0　100km

신의주 특별 행정구
2002년에 외자 유치를 위한 개방 특구 설치

나선 경제특구
1991년에 지정된 북한 최초의 개방 지역

동해

황해

개성 공업 지구
2002년에 남북 합작 으로 공업 단지 설립

금강산 관광 지구
2002년에 남한과 일본 관광객 유치를 위해 설립

(북한 이해, 2016)

01

자료는 우리나라의 시기별 인구 구조를 나타낸 것이다. (가)~(다)를 시간순으로 나열하시오. (단, (가)~(다)는 각각 1960년, 2015년, 2060년 중 하나임.)

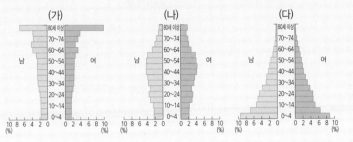

풀이 1960년에 높은 출생률과 사망률로 [❶____]형 인구 구조가 나타났고, 2015년에 낮은 출생률로 유소년층 인구 비율이 감소하고 [❷____] 인구 비율이 증가하였다. 저출산이 지속되면 미래에 노년층 인구 비율이 매우 높아질 것이다.

❶ 피라미드 ❷ 노년층 **답** (다)-(나)-(가)

02

(가), (나) 지도가 각각 어떤 유형의 국내 체류 외국인 분포를 나타낸 것인지 쓰시오. (단, 결혼 이민자, 외국인 근로자, 유학생만 고려함.)

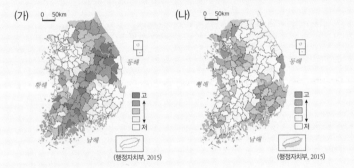

풀이 결혼 이민자 비율은 결혼 적령기 여성의 유출이 많은 [❶____]에서, 외국인 근로자 비율은 생산직 근로자 수요가 많은 수도권, 영남권 등의 [❷____] 발달 지역에서 높다.

❶ 촌락 ❷ 제조업 **답** (가)-결혼 이민자, (나)-외국인 근로자

03

지도에 대한 설명으로 옳지 않은 것은?

① 압록강은 두만강보다 유로가 길다.

② 대부분의 큰 하천은 동해로 흐른다.

③ 동해안에 소규모 평야가 발달하였다.

④ 관서 지방보다 관북 지방의 평균 해발 고도가 높다.

풀이 북한은 낭림·함경·마천령산맥이 있는 [❶____] 지역에 백두산을 비롯한 높고 험준한 산지와 개마고원이 분포하며, 압록강 등 큰 하천은 주로 [❷____]로 유입한다.

❶ 북동부 ❷ 황해 **답** ②

01-1

지도의 표현 기준이 된 인구 지표로 옳은 것은?

① 성비
② 총인구
③ 인구 밀도
④ 노령화 지수
⑤ 유소년층 인구 비율

02-1

그래프는 국내 체류 외국인의 국적을 나타낸 것이다. A에 해당하는 국가를 쓰시오.

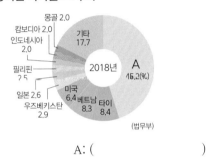

A: (   )

03-1

지도에 표시된 A~D 개방 지역을 각각 〈보기〉에서 고르시오.

• 보기 •

ㄱ. 나선 경제특구   ㄴ. 개성 공업 지구

ㄷ. 금강산 관광 지구   ㄹ. 신의주 특별 행정구

개념 ❶ | 수도권과 강원 지방의 특성

(1) 수도권 서울특별시, 인천광역시, 경기도

산업	탈공업화의 진행으로 2000년대 이후 기술·지식 집약적 첨단 산업 중심지로 성장 → 서울은 지식 기반 **①** , 인천·경기는 지식 기반 제조업 발달
문제점	과도한 집중으로 비수도권과의 격차 심화, 수도권 내 불균형 발생 → 세종특별자치시와 혁신 및 기업 도시 건설, 수도권 공장 총량제와 수도권 정비 계획 실시

(2) 강원 지방 **②**   산맥을 경계로 영서 지방과 영동 지방으로 구분

특색	• 영서 지방: 기온의 연교차가 크고 여름 강수량이 많음, 수도권과 유사한 방언 사용 • 영동 지방: 겨울이 온난하고 강설량이 많음, 반농 반어촌, 관광 산업 발달
산업	고랭지 농업과 관광 산업 발달, 석탄 산업 합리화 정책으로 석탄 산업 쇠퇴 **예** 태백, 정선 등

🔑 ❶ 서비스업 ❷ 태백

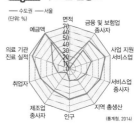
개념 ❷ | 충청 지방과 호남 지방의 특성

(1) 충청 지방 대전광역시, 세종특별자치시, 충청북도, 충청남도

특색	고속 철도 개통, 수도권 전철 연장 등으로 수도권과 밀접한 생활권 형성
산업	수도권 공업 이전 → 서산(**①**), 당진(제철), 아산(자동차) 등에서 중화학 공업, 대전(대덕 연구 개발 특구), 청주(오송 생명 과학 단지) 등에서 첨단 산업 발달
도시	행정 중심 복합 도시 건설(세종), 충청남도 도청 이전(홍성·예산의 **②**), 기업 도시(태안–관광 레저형, 충주–지식 기반형)와 혁신 도시(진천·음성 등) 조성

(2) 호남 지방 광주광역시, 전라북도, 전라남도

특색	우리나라 최대의 곡창 지대, 대규모 간척 사업(부안, 새만금), 다양한 문화 발달
산업	• 비옥한 평야, 넓은 갯벌을 바탕으로 농·어업 발달 → 1차 산업 비중이 큼. • 제조업: 여수(석유 화학), 광주(광(光)산업, 자동차), 제철(광양), 군산(자동차) 등 • 관광 산업: 다양한 지역 축제 개최, **③** 시티 지정(신안, 완도, 전주, 담양, 목포)

🔑 ❶ 석유 화학 ❷ 내포 신도시 ❸ 슬로

개념 ❸ | 영남 지방과 제주도의 특성

(1) 영남 지방 부산·대구·울산광역시, 경상북도, 경상남도

특색	수도권과 함께 산업화를 이끌어 온 우리나라 최대의 **①** 공업 지역
제조업	대구(자동차, 기계, 섬유), 구미(전자), 울산(석유 화학, 정유, 자동차, 조선), 포항(제철), 창원(기계), 거제(조선) 등 → 우리나라에서 제조업 출하액이 가장 많음.
도시	1990년대 이후 부산, 대구의 교외화 → 김해와 양산, 경산 등의 주변 도시 성장

(2) 제주도 독특하고 아름다운 자연환경으로 세계적 관광지로 성장

특색	• 자연환경: 해양성 기후, 화산 지형(한라산, 오름, 주상 절리, 용암 동굴, 건천 등) → 유네스코 생물권 보전 지역, 세계 자연 유산, 세계 지질 공원으로 등재 • 문화: 용천대에 형성된 전통 취락, 현무암 돌담, 강풍에 대비한 그물 모양 지붕 등
산업	감귤 농업 등의 1차 산업, **②** 산업 위주의 3차 산업 중심으로 발달

🔑 ❶ 중화학 ❷ 관광

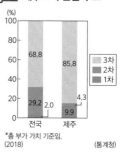

01

영동 지방과 영서 지방에 대한 설명으로 옳지 않은 것은?

① 태백산맥을 경계로 하여 구분된다.

② 영서 지방은 경기 지방과 교류가 활발한 편이다.

③ 영동 지방은 해안 지형을 이용한 관광 산업이 발달하였다.

④ 영서 지방은 영동 지방보다 북동 기류에 의한 강설량이 많다.

풀이 영동 지방은 겨울철 **❶** [ ] 의 유입으로 강설량이 많고, 영서 지방은 한강을 따라 **❷** [ ] 지방과 교류가 활발하여 수도권과 유사한 방언을 사용한다.

❶ 북동 기류 ❷ 경기 **답** ④

01-1

그래프는 수도권 및 서울 집중도를 나타낸 것이다. (가)~(다)에 해당하는 지표를 쓰시오. (단, 면적, 제조업 종사자, 사업 지원 서비스업만 고려함.)

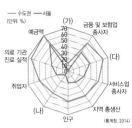

(가): ( ) (나): ( )

(다): ( )

02

자료의 A~C에 해당하는 지역을 〈보기〉에서 고르시오.

수도권 전철이 연장된 [A]와/과 아산, 제조업이 발달한 서산과 [B], 행정 중심 복합 도시로 출범한 [C], 혁신 도시로 개발되고 있는 진천·음성 등은 최근 인구가 증가하였다.

보기

ㄱ. 당진   ㄴ. 천안   ㄷ. 내포   ㄹ. 세종특별자치시

풀이 경기 남부와 인접하여 수도권 전철이 연장된 천안·아산, **❶** [ ] 이 발달한 서해 안의 당진·서산, **❷** [ ] 도시가 조성된 내륙의 진천·음성, 행정 중심 복합 도시로 출범 한 세종특별자치시는 2000~2015년에 인구가 크게 증가하였다.

❶ 제조업 ❷ 혁신 **답** A-ㄴ, B-ㄱ, C-ㄹ

02-1

호남 지방의 주요 지역과 축제를 바르게 연결하시오.

(1) 김제 •   • ㉠ 장류 축제

(2) 보성 •   • ㉡ 다향 대축제

(3) 전주 •   • ㉢ 대사습놀이

(4) 순창 •   • ㉣ 나비 축제

(5) 함평 •   • ㉤ 지평선 축제

03

표는 영남 지방의 시기별 인구 증가율 상위 도시를 나타낸 것이다. (가), (나) 시기 도시군에 들어갈 도시를 〈보기〉에서 있는 대로 고르시오.

구분	(가) 1975~1990년		(나) 1990~2010년	
	도시	증가율	도시	증가율
1위	울산	113%	김해	167%
2위	△△	103%	○○	145%
3위	□□	78%	◇◇	83%

* 인구 증가율은 2010년 행정 구역을 기준으로 함.

보기

ㄱ. 경산   ㄴ. 구미   ㄷ. 양산   ㄹ. 창원

풀이 산업화 시기인 1975~1990년에는 울산, 구미, 창원 등의 **❶** [ ] 도시 인구가 크게 증가하였고, 1990~2010년에는 부산, 대구 등의 대도시에서 **❷** [ ] 현상이 나타나 김해, 양산, 경산 등의 주변 도시 인구가 크게 증가하였다.

❶ 공업 ❷ 교외화 **답** (가)-ㄴ, ㄹ / (나)-ㄱ, ㄷ

03-1

그래프는 제주와 전국의 산업별 취업자 비중을 비교 하여 나타낸 것이다. (가), (나) 중 제주의 그래프가 무 엇인지 쓰시오.

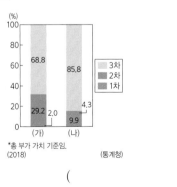

*총 부가 가치 기준임.
(2018)   (통계청)

( )

2주 1일 개념 돌파 전략 ②

1 지도는 우리나라의 인구 중심점 변화를 나타낸 것이다. 이러한 변화에 영향을 끼친 요인으로 가장 적절한 것은?

* 인구 중심점: 모든 인구의 체중이 똑같다고 가정하고 인구의 분포를 바탕으로 산출한 무게 중심

① 연평균 기온의 상승
② 정보 통신 기술의 발달
③ 수도권의 인구 비중 증가
④ 1차 산업 종사자의 비율 증가
⑤ 영남 지방으로의 인구 이동 증가

2 그래프는 출생아 수와 합계 출산율의 변화를 나타낸 것이다. 이와 같은 변화의 요인 으로 옳은 것만을 〈보기〉에서 고른 것은?

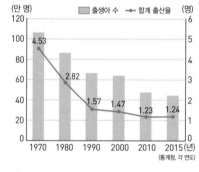

보기
ㄱ. 미혼 인구의 감소
ㄴ. 초혼 연령의 저하
ㄷ. 출산과 육아 비용 증가
ㄹ. 결혼 및 자녀에 대한 가치관 변화

① ㄱ, ㄴ   ② ㄱ, ㄷ   ③ ㄴ, ㄷ   ④ ㄴ, ㄹ   ⑤ ㄷ, ㄹ

3 지도는 어떤 지표의 분포를 나타낸 것이다. 이에 해당하는 지표로 옳은 것은?

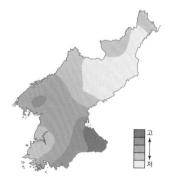

① 연 강수량
② 무상 일수
③ 인구 밀도
④ 해발 고도
⑤ 기온의 연교차

수도권의 산업 구조는 지역별로 어떠한 차이를 보이는가?

⇨ 수도권은 서울을 중심으로 **❶**　　　가 진행되어 1·2차 산업 비율은 감소한 반면, 3차 산업 비율은 꾸준히 증가하였다. 서울은 3차 산업 비율이 매우 높고 경기는 **❷**　　　산업 비율이 상대적으로 높은데, 이는 서울의 공업 기능이 공장 부지를 확보하기 쉬운 지역으로 이전하였기 때문이다.

답 ❶ 탈공업화 ❷ 2차

4 그래프는 전국 대비 수도권 시·도의 제조업과 서비스업 비율을 나타낸 것이다. A~C 지역으로 옳은 것은?

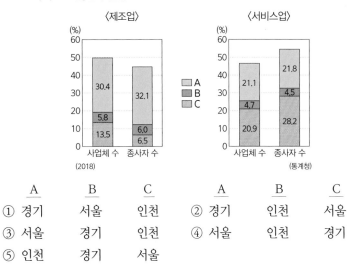

	A	B	C		A	B	C
①	경기	서울	인천	②	경기	인천	서울
③	서울	경기	인천	④	서울	인천	경기
⑤	인천	경기	서울				

영남 지방의 주요 공업 도시에서는 어떤 제조업이 발달하였는가?

⇨ 영남 지방에서 석유 화학 및 정유, 자동차, 제철, 조선 등 중화학 공업이 고루 발달한 도시는 **❶**　　　이나, 포항은 **❷**　　　, 구미는 전기·전자, 창원은 기계, 거제는 조선 공업에 특화되어 있다.

답 ❶ 울산 ❷ 제철

5 그래프는 영남 지방 어느 도시의 제조업 업종별 출하액 비율을 나타낸 것이다. 이 도시로 옳은 것은?

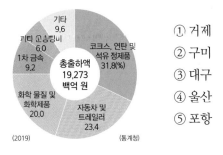

① 거제
② 구미
③ 대구
④ 울산
⑤ 포항

제주도에 형성된 지형의 특징은 무엇인가?

⇨ 신생대 **❶**　　　활동으로 형성된 제주도에는 기생 화산, 용암 동굴, 주상 절리 등 독특한 화산 지형이 형성되어 있으며, 이를 바탕으로 2007년 세계 자연 유산으로 등재되었다. 제주도는 지표 대부분이 절리가 발달한 **❷**　　　으로 덮여 있어 지표수가 부족해 밭농사가 활발하다.

답 ❶ 화산 ❷ 현무암

6 사진은 제주도에서 볼 수 있는 지형이다. 두 지형의 공통점으로 가장 적절한 것은?

〈성산 일출봉〉　　〈만장굴〉

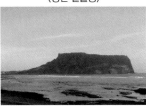

① 주된 기반암이 석회암이다.
② 세계 문화유산으로 지정되었다.
③ 신생대 화산 활동으로 형성되었다.
④ 주변 지역에서 벼농사가 활발하다.
⑤ 유동성이 작은 용암의 분출로 형성되었다.

전략 ① | 우리나라의 인구 분포와 인구 변동

- **인구 분포에 영향을 미치는 요인**: 산업화 이전에는 기후, 지형, 토양 등의 ❶ [   ] 요인이, 현재는 직업, 교육, 교통, 문화, 산업 등의 사회·경제적 요인이 인구 분포에 큰 영향을 끼친다.

- ✧**인구 변천 모형과 인구 변동**: 사회 발전 과정에서 나타나는 자연적 증감(출생자 수−사망자 수)에 의한 인구 변동은 출생률과 사망률이 모두 높은 고위 정체기(1단계), 의학 기술의 발달로 사망률이 급감하는 초기 확장기(2단계), 가족 계획, 자녀에 대한 가치관 변화로 출생률이 ❷ [   ]하는 후기 확장기(3단계), 사망률과 출생률이 모두 낮은 저위 정체기(4단계)로 구분한다.

🔲 ❶ 자연적 ❷ 감소

(1) 괄호 안의 내용 중 알맞은 것을 고르시오.

> 대부분 1차 산업에 종사했던 1960년대 이전에는 인구 분포에 (자연적 / 사회·경제적) 요인이 큰 영향을 끼쳐 벼농사에 유리한 남서부 지역에 인구가 밀집하였다. 오늘날에는 (자연적 / 사회·경제적) 요인이 인구 분포에 큰 영향을 끼쳐 2·3차 산업이 발달한 대도시와 공업 지역을 중심으로 인구가 밀집해 있다.

(2) 인구 변천 모형 제1~4단계의 인구 변화 추이를 〈보기〉에서 순서대로 고르시오.

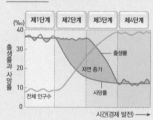

• 보기 •
ㄱ. 감산 소사
ㄴ. 다산 감사
ㄷ. 다산 다사
ㄹ. 소산 소사

풀이

(1) 우리나라의 인구 분포는 산업화 이전에는 기후, 지형, 토양 등의 자연적 요인의 영향을, 과학 기술이 발달하고 경제가 성장한 오늘날에는 직업, 교육, 교통, 문화 등의 사회·경제적 요인의 영향을 크게 받았다.

🔲 자연적, 사회·경제적

(2) 제1단계는 사망률과 출생률 모두 높은 다산 다사, 제2단계는 출생률은 높으나 사망률이 급감하는 다산 감사, 제3단계는 출생률이 급감하는 감산 소사, 제4단계는 출생률과 사망률이 모두 낮은 소산 소사의 시기이다.

🔲 ㄷ−ㄴ−ㄱ−ㄹ

1-1

오늘날 지도와 같은 인구 분포가 나타나는 데 영향을 끼친 주요 요인을 〈보기〉에서 있는 대로 고르시오.

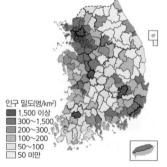

인구 밀도(명/km²)
■ 1,500 이상
■ 300~1,500
■ 200~300
■ 100~200
□ 50~100
□ 50 미만

• 보기 •
ㄱ. 교육   ㄴ. 교통   ㄷ. 기후   ㄹ. 문화
ㅁ. 산업   ㅂ. 지형   ㅅ. 직업   ㅇ. 토양

1-2

그래프는 우리나라의 인구 변화를 나타낸 것이다. 이에 대한 설명으로 옳지 않은 것은?

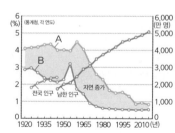

① A는 출생률, B는 사망률이다.
② 2010년은 인구의 자연 감소가 나타난다.
③ 1920년은 2010년보다 인구의 자연 증가율이 높다.
④ 1970년대는 인구 변천 모형의 제3단계에 해당한다.
⑤ 1965년~1980년에 출생률이 급감한 요인 중 하나는 결혼과 가족에 대한 가치관 변화이다.

전략 ❷ | 다양한 인구 지표와 부양비 변화

다양한 인구 지표

총부양비	유소년 부양비	노년 부양비
유소년 부양비＋노년 부양비	(유소년층 인구÷청장년층 인구)×100	(노년층 인구÷청장년층 인구)×100
노령화 지수	성비	❶ [　　] 연령
(노년층 인구÷유소년층 인구)×100	여성 100명당 남성의 수	총인구를 나이순으로 줄 세웠을 때 중간에 있는 사람의 나이

우리나라의 인구 부양비 변화: 유소년 부양비는 ❷ [　　]하였고, 노년 부양비는 증가하였으며, 총부양비는 청장년층 인구 비율이 증가하면서 1960~2010년대까지 감소하였으나 이후 청장년층 인구 비율이 감소하면서 높아질 것으로 예측된다.

달 ❶ 중위 ❷ 감소

(1) 그래프는 우리나라의 인구 부양비 변화를 나타낸 것이다. (가), (나) 부양비를 〈보기〉에서 각각 고르시오.

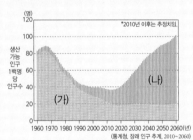

• 보기 •
ㄱ. 노년 부양비　ㄴ. 유소년 부양비　ㄷ. 총부양비

(2) 그래프의 A, B 지역을 그림의 (가), (나)에서 고르시오.

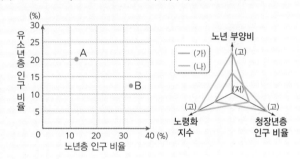

풀이

(1) 우리나라는 1990년 대비 2015년과 2060년(추정)에 유소년 부양비가 낮고 노년 부양비가 높으며, 총부양비는 1960~2010년대 중반까지 감소하다가 청장년층 인구 비율이 감소하면서 다시 증가할 것이다. 총부양비는 청장년층 인구 비율에 반비례한다.

달 (가)-ㄴ, (나)-ㄱ

(2) A는 B보다 유소년층 인구 비율이 높고 노년층 인구 비율이 낮으므로, 노년 부양비와 노령화 지수가 낮다. 또한 청장년층 인구 비율은 100%에서 유소년층과 노년층 인구 비율을 뺀 값이므로, A는 B보다 청장년층 인구 비율이 높아 총부양비가 낮다.

달 A-(가), B-(나)

2-1
괄호 안의 내용 중 알맞은 것을 고르시오.

1970년 이후 노년층 인구 비율은 지속적으로 (감소 / 증가)할 것이며, 청장년층 인구 비율은 2010년 이후 점차 (낮아질 / 높아질) 것이고, 2050년 노년 부양비는 1970년의 10배 (미만 / 이상)일 것이다.

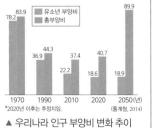

▲ 우리나라 인구 부양비 변화 추이

2-2
(나)에 비해 (가)에서 상대적으로 높게 나타나는 인구 지표를 〈보기〉에서 있는 대로 고르시오. (단, (가), (나)는 각각 도(道), 특별·광역시 중 하나임.)

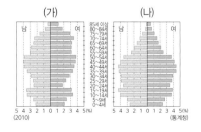

• 보기 •
ㄱ. 총부양비
ㄴ. 중위 연령
ㄷ. 노년층 성비

전략 ❸ │ 지역 구분의 유형과 전통적 지역 구분

● **지역 구분의 유형:** 기후 지역, 농업 지역 등 특정한 지리적 현상이 동일하게 분포하는 동질 지역, 상권, 통학권 등 하나의 중심 지와 그 중심 기능이 영향을 미치는 ❶ [   ] 지역, 서로 인접한 두 지역의 특성이 함께 섞여 나타나는 점이 지대가 있다.

✡ **우리나라의 전통적 지역 구분:** 주로 고개, 산줄기, 대하천 등의 자연적 요소를 기준으로 구분하였다.

관북 지방(함경도)	관서 지방(평안도)	관동 지방(강원도)	해서 지방(황해도)
철령관의 북쪽	철령관의 서쪽	철령관의 동쪽	한양을 기준으로 바다 건너 서쪽
경기 지방(경기도)	**호서 지방(충청도)**	**호남 지방(전라도)**	**영남 지방(경상도)**
한양을 둘러싸고 있는 곳	금강(호강) 상류의 서쪽, 또는 제천 의림지의 서쪽	금강(호강)의 남쪽, 또는 김제 벽골제의 남쪽	조령(문경 새재)의 ❷ [ ]

🔲 ❶ 기능 ❷ 남쪽

필수 예제 ③

(1) 그림은 지역 구분의 유형을 나타낸 것이다. (가)에 해당하는 지역을 〈보기〉에서 고르시오.

A 성격을 보이는 지역 (가) B 성격을 보이는 지역

┌─── 보기 ────
│ ㄱ. 동질 지역
│ ㄴ. 기능 지역
│ ㄷ. 점이 지대
└─────────

(2) 우리나라의 전통적인 지역 구분을 바르게 연결하시오.

① 관동 지방 •   • ㉠ 강원도
② 관북 지방 •   • ㉡ 경상남도, 경상북도
③ 관서 지방 •   • ㉢ 충청남도, 충청북도
④ 영남 지방 •   • ㉣ 전라남도, 전라북도
⑤ 호서 지방 •   • ㉤ 평안남도, 평안북도
⑥ 호남 지방 •   • ㉥ 함경남도, 함경북도

풀이

(1) 점이 지대는 인접한 두 지역의 특성이 함께 섞여 나타나는 곳으로, 문화권, 방언권 등의 경계에서 잘 나타난다.

🔲 ㄷ

(2) 관동 지방은 강원도, 관북 지방은 함경남·북도, 관서 지방은 평안남·북도, 영남 지방은 경상남·북도, 호서 지방은 충청남·북도, 호남 지방은 전라남·북도에 해당한다.

🔲 ①-㉠, ②-㉥, ③-㉤, ④-㉡, ⑤-㉢, ⑥-㉣

3-1

지도는 같은 지역을 서로 다른 기준에 의해 구분한 것이다. (가), (나)의 지역 구분 유형을 쓰시오.

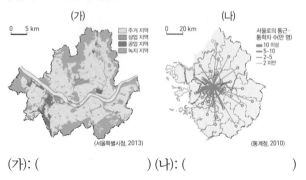

(가)

0 5 km

주거 지역
상업 지역
공업 지역
녹지 지역

(나)

0 20 km

서울로의 통근·통학자 수(만 명)
10 이상
5~10
2~5
2 미만

(서울특별시청, 2013) (통계청, 2010)

(가): (   ) (나): (   )

3-2

지도는 우리나라의 전통적인 지역 구분을 나타낸 것이다. (가)~(다)의 지명과 지역 구분 기준을 바르게 연결한 것은?

0 100 km

(가)

동해

울릉도
독도

황해

(나)

(다)

남해

(국토지리정보원, 2014)

	구분	지역	구분 기준
①	(가)	관북	금강
②	(가)	호서	조령
③	(나)	영남	금강
④	(다)	관북	철령관
⑤	(다)	영남	조령

전략 ❹ 남북한의 인문 환경 비교

남북한의 농업 생산 비교: 북한은 남한보다 ❶ ______ 면적의 비율이 높고, 남북한 모두 쌀 생산량이 가장 많으나 북한은 옥수수 생산 비율이 특히 높다. 북한은 남한보다 경사지가 많고 작물 생장 가능 기간이 짧아 토지 생산성은 낮다.

남북한의 에너지 생산 비교: 1차 에너지 소비 구조에서 북한은 남한보다 석탄과 수력 비율이 높으며, 전력 생산 구조에서 남한보다 ❷ ______ 발전 비율이 훨씬 높다.

답 ❶ 밭 ❷ 수력

필수 예제 4

(1) 그래프는 남북한의 식량 작물 생산량을 나타낸 것이다. (가), (나)에 해당하는 작물을 쓰시오. (단, (가), (나)는 각각 쌀, 옥수수 중 하나임.)

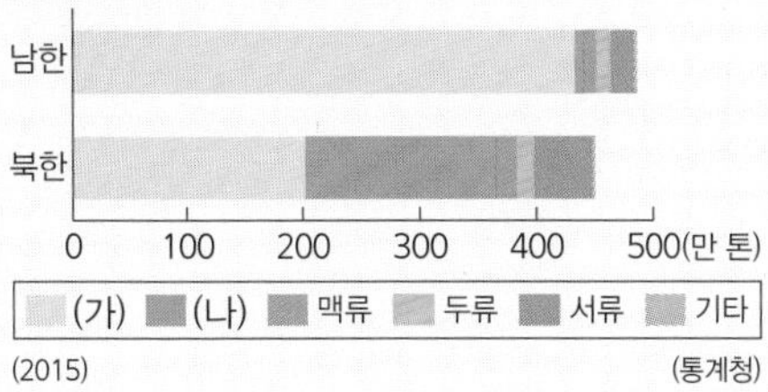

(2) 지도는 북한의 두 발전 설비 분포를 나타낸 것이다. (가), (나)에 해당하는 발전 양식을 쓰시오.

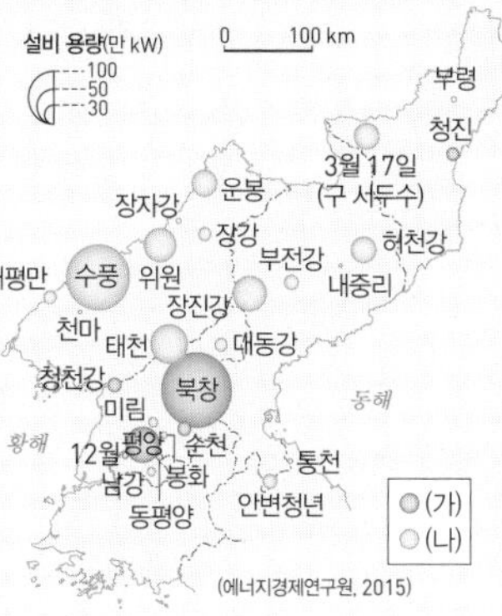

풀이

(1) 산지가 많은 북한은 논보다 밭 면적 비율이 높고, 식량 작물 중 밭작물인 옥수수 생산량이 쌀 다음으로 많다. 반면 평야가 널리 발달한 남한은 밭보다 논 면적 비율이 높고, 식량 작물 생산량 중 대부분을 쌀이 차지한다.

답 (가)-쌀, (나)-옥수수

(2) 북한의 수력 발전소는 압록강의 지류인 장진강, 부전강 등 하천 유역 곳곳에 건설되었으며, 화력 발전소는 주로 전력 소비가 많은 평양과 그 주변 지역, 일부 공업 도시에 분포한다.

답 (가)-화력, (나)-수력

4-1

그래프의 (가), (나) 지역과 A, B 작물의 명칭을 쓰시오. (단, (가), (나)는 각각 남한, 북한 중 하나이며, A, B는 각각 쌀, 옥수수 중 하나임.)

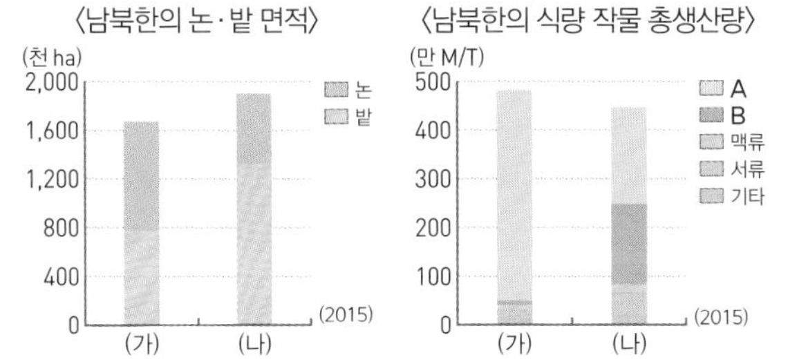

• (가): (　　　　) (나): (　　　　)
• A : (　　　　) B : (　　　　)

4-2

그래프의 (가)~(다) 발전 양식과 A~C 에너지의 명칭을 쓰시오. (단, (가)~(다)는 각각 수력, 원자력, 화력 중 하나이며, A~C는 각각 석탄, 수력, 천연가스 중 하나임.)

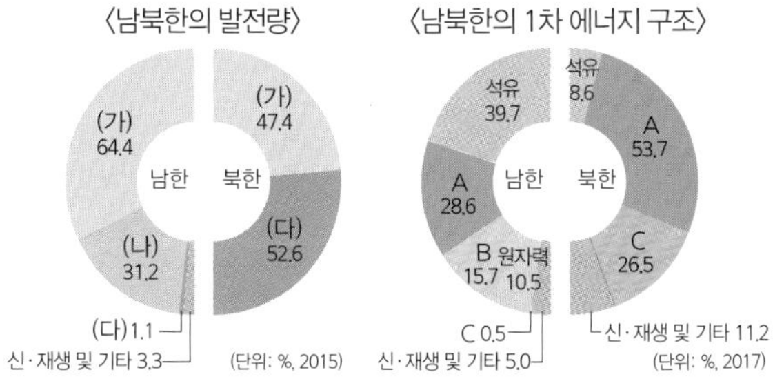

• (가): (　　　　) (나): (　　　　) (다): (　　　　)
• A : (　　　　) B : (　　　　) C : (　　　　)

1 그래프는 인구 변천 모형을 나타낸 것이다. (가)~(라) 단계에 대한 설명으로 옳은 것만을 〈보기〉에서 고른 것은?

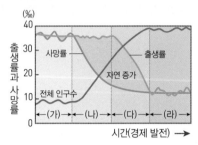

• 보기 •

ㄱ. (가)는 (나)보다 인구의 자연 증가율이 높다.

ㄴ. (나)는 (다)보다 총인구가 많다.

ㄷ. (다)는 (라)보다 유소년층 인구 비율이 높다.

ㄹ. (라)는 (가)보다 기대 수명이 길다.

① ㄱ, ㄴ   ② ㄱ, ㄷ   ③ ㄴ, ㄷ

④ ㄴ, ㄹ   ⑤ ㄷ, ㄹ

> **Tip**
> 인구 변천 모형의 제1단계는 사망률과 출생률 모두 높은 **❶**, 제2단계는 사망률이 급감하는 다산 감사, 제3단계는 출생률이 급감하는 감산 소사, 제4단계는 출생률과 사망률이 모두 낮은 **❷** 의 시기이다.
>
> 🔑 ❶ 다산 다사 ❷ 소산 소사

2 그래프는 두 지역의 인구 구조 변화를 나타낸 것이다. (가) 지역과 비교한 (나) 지역의 상대적 특성을 그림의 A~E에서 고른 것은? (단, (가), (나)는 시(市), 군(郡) 중 하나임.)

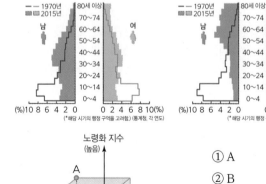

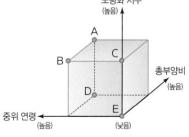

① A

② B

③ C

④ D

⑤ E

> **Tip**
> 청장년층 인구의 유출이 많은 촌락 지역은 도시 지역에 비하여 **❶** 인구의 비율이 낮고 **❷** 인구의 비율이 높다.
>
> 🔑 ❶ 유소년층 ❷ 노년층

3 자료의 (가)~(라)에 해당하는 지역을 지도의 A~D에서 고른 것은? (단, (가)~(라)는 각각 관북 지방, 관서 지방, 영남 지방, 호남 지방 중 하나임.)

(가)	호강(금강)의 남쪽 또는 김제 벽골제의 남쪽이라는 의미로, 2개의 도(道)와 1개의 광역시가 있다.
(나)	철령관을 기준으로 북쪽을 의미하며, 이 지역의 전통 가옥에서는 정주간을 볼 수 있다.
(다)	조령(문경 새재)의 남쪽을 의미하며, 2개의 도(道)와 3개의 광역시가 있다.
(라)	철령관을 기준으로 서쪽을 의미하며, 북한의 정치·경제·사회 중심지가 속해 있다.

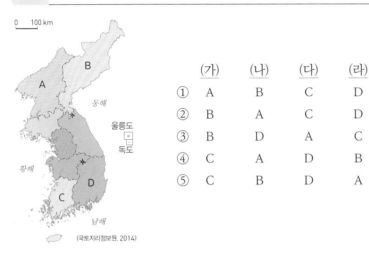

	(가)	(나)	(다)	(라)
①	A	B	C	D
②	B	A	C	D
③	B	D	A	C
④	C	A	D	B
⑤	C	B	D	A

4 그래프는 남북한의 농업 현황을 나타낸 것이다. 이에 대한 설명으로 옳은 것은? (단, (가), (나)는 각각 쌀, 옥수수 중 하나이며, A, B는 각각 논, 밭 중 하나임.)

① (가)는 주로 B에서 재배된다.
② 북한에서는 (나)를 대부분 사료용으로 이용한다.
③ 남한은 (가)보다 (나)의 자급률이 높다.
④ 남한은 북한보다 옥수수 생산량이 많다.
⑤ 2015년 기준 북한은 남한보다 경지 면적 대비 식량 작물 생산량이 많다.

2주 3일 필수 체크 전략 ①

전략 ❶ | 집중도가 높은 수도권의 공간 구조

● **인구·산업·교통의 중심지:** 우리나라 면적의 약 12%에 인구의 약 50%가 거주하며, 산업의 집중으로 국내 총생산(GDP)의 약 52%를 차지하고, 도로·철도·항공 노선 등의 교통 여건이 잘 갖추어져 있다.

✿ **산업 유형에 따른 공간적 분화:** ❶ [   ]은 고급 인력 및 최신 정보 확보, 관련 업체와 협력이 필요한 지식 기반 서비스업이, 경기는 상대적으로 넓은 부지가 필요한 지식 기반 ❷ [   ]이 발달하였다.

● **수도권 문제의 해결 노력:** 과도한 인구·기능 집중 억제(예 과밀 부담금 제도, 수도권 공장 총량제), 국토 공간의 불균형 완화 (예 세종특별자치시 출범, 혁신 및 기업 도시 건설), 수도권 내 불균형 해소(예 수도권 정비 계획)

답 ❶ 서울 ❷ 제조업

필수 예제 1

(1) 그래프는 전국에서 차지하는 A~C 지역의 인구 비율 변화를 나타낸 것이다. A~C에 해당하는 지역을 쓰시오. (단, A~C는 각각 경기, 서울, 인천 중 하나임.)

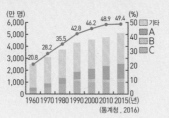

(2) 그래프는 수도권 내 두 산업의 지역별 종사자 수 비율을 나타낸 것이다. (가)~(다)에 해당하는 지역을 쓰시오. (단, (가)~(다)는 각각 경기, 서울, 인천 중 하나임.)

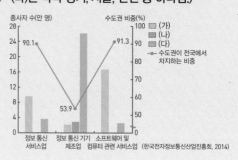

풀이

(1) 전국에서 수도권이 차지하는 인구 비율은 급격히 증가하였다. 1990년 이후 서울은 과밀화로 인구가 주변 지역으로 이동하면서 인구 성장이 정체된 반면, 서울로부터 인구 유입이 많은 경기는 인구가 빠르게 증가하고 있다. 인천은 세 지역 중 인구 규모가 가장 작다.

답 A-경기, B-인천, C-서울

(2) 정보 통신 기기, 반도체 등을 생산하는 지식 기반 제조업은 상대적으로 넓은 부지가 필요하므로 지가가 저렴한 경기에 분포한다. 반면 연구 개발, 업무 관리 등 고급 인력과 최신 정보 확보 및 관련 업체와의 협력이 주요한 지식 기반 서비스업은 접근성이 좋은 서울에 주로 분포한다.

답 (가)-서울, (나)-인천, (다)-경기

1-1

표는 수도권 세 지역의 2021년 인구 통계 자료이다. (가)~(다)에 해당하는 지역을 쓰시오. (단, (가)~(다)는 각각 경기, 서울, 인천 중 하나임.)

구분	주민 등록 인구	순 이동 인구
(가)	9,472,127명	−106,243명
(나)	2,957,044명	11,423명
(다)	13,652,529명	150,517명

* 순 이동: 전입 인구−전출 인구

1-2

그래프는 수도권의 시·도별 경제 현황을 나타낸 것이다. (가)~(다)에 해당하는 지역을 쓰시오.

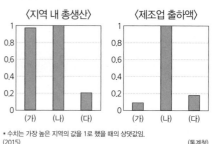

* 수치는 가장 높은 지역의 값을 1로 했을 때의 상댓값임.
(2015) (통계청)

전략 ❷ │ 강원 및 충청 지방 주요 지역의 산업 구조

✯강원 지방의 산업 구조 변화

➡ 지하자원을 토대로 국내 최대의 광업 지역으로 성장하였으나, 1980년대 이후 석탄 산업 합리화 정책으로 석탄 산업이 쇠퇴하며 삼척, 태백, 정선, 영월 등 광업 지역의 경제가 침체되고 인구가 **❶ [   ]** 하였다.

➡ 그러나 최근 폐광 지역의 산업 유산 등 풍부한 관광 자원을 활용한 관광 산업을 육성하고 있으며, 의료 산업 클러스터(원주), 해양·신소재 산업(강릉), 바이오 산업(춘천) 등 첨단 산업 중심으로 산업 고도화를 추진하고 있다.

✯충청 지방 주요 지역의 산업: 수도권 인접 지역, 주요 교통로와 접근성이 좋은 지역을 중심으로 발달하였다.

중화학 공업 중심의 산업 단지			첨단 산업 단지	
서산	당진	**❷ [ ]**	대전	청주
정유, 석유 화학	제철	전자, 자동차	대덕 연구 개발 특구	오송, 오창

🔑 ❶ 감소 ❷ 아산

필수예제 2

(1) 그래프는 태백시의 산업별 종사자 비율 변화를 나타낸 것이다. A, B 산업을 쓰시오. (단, A, B는 광업, 음식·숙박업 중 하나임.)

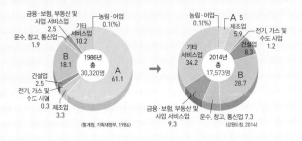

(통계청, 기획재정부, 1986)
(강원도청, 2014)

[풀이]

(1) 태백시는 석탄 산업 합리화 정책으로 총인구와 광업 종사자 비율이 급감하였다. 그러나 최근 폐광 자원을 활용한 관광 산업을 육성하면서 음식·숙박업 비율이 높아지는 등 관광업 중심 산업 구조로 변화하고 있다.

🔑 A-광업, B-음식·숙박업

(2) 충청 지방의 주요 지역과 각 지역 내 출하액 비율이 가장 높은 제조업을 바르게 연결하시오.

① 단양 •   • ㉠ 전자 부품·컴퓨터·영상·음향 및 통신 장비
② 당진 •   • ㉡ 코크스·연탄 및 석유 정제품
③ 서산 •   • ㉢ 1차 금속
④ 아산 •   • ㉣ 비금속 광물

(2) 조선 누층군이 분포하는 단양은 시멘트 공업, 당진은 제철 공업, 서산은 정유 및 석유 화학 공업, 아산은 전자 공업과 자동차 공업이 발달하였다. 수도권과 인접한 지역은 중화학 공업을 중심으로 산업이 발달하였다.

🔑 ①-㉣, ②-㉢, ③-㉡, ④-㉠

2-1

그래프는 강원도 내 (가), (나) 산업 종사자 수의 시·군별 비율을 순위별로 나타낸 것이다. (가), (나)에 해당하는 산업을 <보기>에서 각각 고르시오.

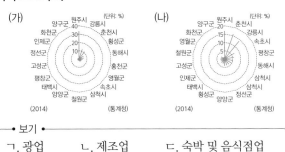

(2014) (통계청)   (2014) (통계청)

• 보기 •
ㄱ. 광업   ㄴ. 제조업   ㄷ. 숙박 및 음식점업

2-2

표는 충청남도 세 지역의 제조업 출하액 상위 3개 업종을 나타낸 것이다. (가)~(다) 지역과 A, B 제조업을 쓰시오. (단, (가)~(다)는 각각 당진, 서산, 아산 중 하나이며, A, B는 각각 1차 금속, 자동차 및 트레일러 제조업 중 하나임.)

순위＼지역	(가)	(나)	(다)
1	전자 부품	석유 정제품	B
2	A	화학 물질	금속 가공 제품
3	기타 기계	A	A

*종사자 규모 10인 이상 사업체를 대상으로 함.   (2019)

(   )

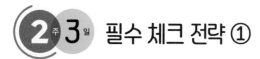
전략 ❸ | 호남 및 영남 지방 주요 도시의 공업 구조

● **호남 지방의 제조업 성장:** 서해안 고속 국도·호남 고속 철도 개통, ❶ [   ] 발전을 위한 정부 지원

1970년대	1980년대	1990년대 이후
여수 석유 화학 산업 단지, 이리(익산) 수출 자유 지역 중심으로 제조업 발달	광양 제철소가 조성된 광양만을 중심으로 제철 공업 등 중화학 공업 발달	광주의 광(光)산업 및 자동차 공업 등 고부가 가치 산업 육성

● ✿**영남 지방의 제조업 성장:** 정부의 ❷ [   ] 개발 정책, 수출 위주의 중화학 공업 육성 정책

영남 내륙 공업 지역	남동 임해 공업 지역
대구(자동차, 기계, 섬유), 구미(전자)	울산(석유 화학, 정유, 자동차, 조선), 포항(제철), 창원(기계), 거제(조선) 등

답 ❶ 균형 ❷ 거점

필수 예제 ❸

(1) 그래프는 호남 지방 주요 도시의 공업 구조를 나타낸 것이다. (가)~(다)에 해당하는 도시를 쓰시오. (단, (가)~(다)는 각각 광양, 광주, 여수 중 하나임.)

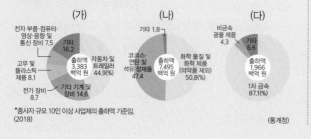

(가)
전자 부품·컴퓨터·영상·음향 및 통신 장비 7.5
기타 16.2
출하액 3,383 백억 원
자동차 및 트레일러 44.9(%)
고무 및 플라스틱 제품 8.1
전기 장비 8.7
기타 기계 및 장비 14.6

(나)
기타 1.8
코크스·연탄 및 석유 정제품 47.4
출하액 7,495 백억 원
화학 물질 및 화학 제품(의약품 제외) 50.8(%)

(다)
비금속 광물 제품 4.3
기타 8.6
출하액 1,966 백억 원
1차 금속 87.1(%)

*종사자 규모 10인 이상 사업체의 출하액 기준임. (2018) (통계청)

(2) 영남 지방의 주요 도시와 각 지역 내 출하액 비율이 가장 높은 제조업을 바르게 연결하시오.

① 구미 •　　　　　• ㉠ 1차 금속

② 거제 •　　　　　• ㉡ 기타 기계 및 장비

③ 울산 •　　　　　• ㉢ 기타 운송 장비

④ 창원 •　　　　　• ㉣ 코크스·연탄 및 석유 정제품

⑤ 포항 •　　　　　• ㉤ 전자 부품·컴퓨터·영상·음향 및 통신 장비

풀이

(1) 광양은 제철 공업, 광주는 자동차 공업, 여수는 석유 화학 공업의 비율이 높다.

답 (가)-광주, (나)-여수, (다)-광양

(2) 구미는 전자 공업, 거제는 조선 공업, 울산은 정유 및 석유 화학 공업, 창원은 기계 공업, 포항은 제철 공업의 비율이 높다.

답 ①-㉤, ②-㉢, ③-㉣, ④-㉡, ⑤-㉠

3-1

지도는 어느 지표를 기준으로 호남 지방의 지역별 특성을 나타낸 것이다. 지도의 제목으로 가장 적절한 것은?

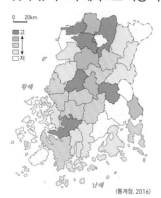

0 20km
고
↕
저
황해
남해
(통계청, 2016)

① 경지율

② 인구 밀도

③ 농가 인구 비율

④ 제조업 종사자 비율

⑤ 서비스업 생산액 비율

3-2

지도는 영남 지방 주요 도시의 제조업 총출하액과 종사자 비율을 나타낸 것이다. A~D 제조업을 〈보기〉에서 각각 고르시오.

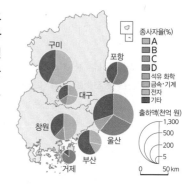

종사자율(%)
■ A
■ B
■ C
■ D
■ 석유 화학
■ 금속·기계
■ 전자
■ 기타
출하액(천억 원)
1,300
500
200
5
0 50 km

구미 포항 대구 창원 울산 부산 거제

보기
ㄱ. 1차 금속　　　　　ㄴ. 기타 운송 장비

ㄷ. 섬유 제품(의복 제외)　　ㄹ. 자동차 및 트레일러

전략 ④ | 중·남부 지방 주요 지역의 위치와 특색

수원	경기도청 소재지	태안, 충주	기업 도시
고양	1기 신도시(일산)	보령	머드 축제, 석탄 박물관
성남	1기 신도시(분당)	전주	전북도청, 슬로 시티
파주	2기 신도시(운정)	순천	순천만 갯벌(람사르)
안산	조력 발전소	김제	지평선 축제
이천	지리적 표시제(쌀)	나주	혁신 도시
춘천	강원도청 소재지	무안	전남도청 소재지
원주	기업 및 혁신 도시	보성	녹차, 다향제
철원	지리적 표시제(쌀)	안동	경북도청, 하회 마을
평창	고랭지 농업, 양떼 목장	창원	경남도청 소재지
세종	행정 중심 복합 도시	경주	양동 마을
청주	충북도청 소재지	창녕	우포늪(람사르)
홍성, 예산	충남도청 소재지(내포)	김해, 양산	부산의 교외 도시
진천, 음성	혁신 도시	경산	대구의 교외 도시

필수예제 ④

(1) A~G 지역의 이름을 〈보기〉에서 각각 고르시오.

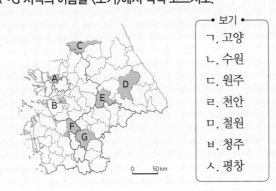

┌─ 보기 ─┐
ㄱ. 고양
ㄴ. 수원
ㄷ. 원주
ㄹ. 천안
ㅁ. 철원
ㅂ. 청주
ㅅ. 평창
└────┘

(2) A~G 지역의 이름을 〈보기〉에서 각각 고르시오.

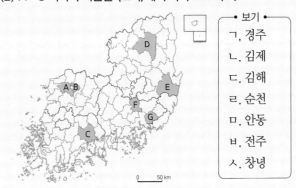

┌─ 보기 ─┐
ㄱ. 경주
ㄴ. 김제
ㄷ. 김해
ㄹ. 순천
ㅁ. 안동
ㅂ. 전주
ㅅ. 창녕
└────┘

[풀이]

(1) A는 고양, B는 수원, C는 철원, D는 평창, E는 원주, F는 천안, G는 청주이다.

📋 A–ㄱ, B–ㄴ, C–ㅁ, D–ㅅ, E–ㄷ, F–ㄹ, G–ㅂ

(2) A는 김제, B는 전주, C는 순천, D는 안동, E는 경주, F는 창녕, G는 김해이다.

📋 A–ㄴ, B–ㅂ, C–ㄹ, D–ㅁ, E–ㄱ, F–ㅅ, G–ㄷ

4-1

오른쪽 지도의 A~J 중 다음 설명에 해당하는 지역을 있는 대로 골라 쓰시오.

(1) 혁신 도시 (   )   (2) 도청 소재지 (   )

(3) 원자력 발전소 (   )

(4) 람사르 협약에 등록된 습지 (   )

(5) 대규모 석유 화학 산업 단지 (   )

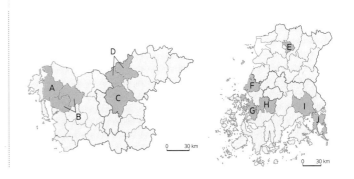

1 다음 자료는 제3차 수도권 정비 계획 일부를 나타낸 것이다. 이에 따른 수도권의 공간 구조 변화에 대한 설명으로 옳은 것만을 〈보기〉에서 고른 것은?

▲ 수도권 공간 구조 개편 전   ▲ 수도권 공간 구조 개편 후

• 보기 •
ㄱ. 지역 내 도시 간 상호 작용이 증가하였다.
ㄴ. 자립적 다핵 연계형 공간 구조로 전환되었다.
ㄷ. 상호 작용의 증가로 서울로의 집중이 심화되었다.
ㄹ. 수도권 집중화를 목적으로 한 거점 개발의 사례이다.

① ㄱ, ㄴ   ② ㄱ, ㄷ   ③ ㄴ, ㄷ   ④ ㄴ, ㄹ   ⑤ ㄷ, ㄹ

Tip
제3차 수도권 정비 계획은 수도권을 ❶ ⬚ 있게 발전시키기 위한 종합 계획이다. 주요 목표 중 하나는 서울 중심의 공간 구조를 ❷ ⬚ 연계형 공간 구조로 전환하는 것이다.

답 ❶ 균형 ❷ 다핵

2 다음 자료는 학생이 강원 지방을 여행하면서 작성한 답사 노트의 일부이다. 학생의 여행 경로를 지도의 A~E에서 고른 것은?

• 1일 차 – 대관령에 있는 목장에서 한가롭게 풀을 뜯고 있는 양을 보니 외국에 온 것 같았다.
• 2일 차 – 아침에 정동진에서 일출을 보고, 낮에는 경포 해수욕장에서 가족과 함께 물놀이를 했다.

① A   ② B   ③ C   ④ D   ⑤ E

Tip
강원 지방은 고랭지 농·목업 경관, ❶ ⬚ 동굴 등의 카르스트 지형, 동해안을 따라 발달한 ❷ ⬚ 등의 관광 자원이 풍부하여 관광 산업이 발달하였다.

답 ❶ 석회 ❷ 해수욕장

3 다음 글의 (가), (나) 지역을 지도의 A~C에서 고른 것은?

(가) 국토의 균형 발전을 위하여 행정 중심 복합 도시로 계획되었다.
(나) 지식 기반형 기업 도시를 토대로 지역 발전을 추구하고 있다.

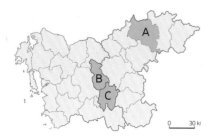

	(가)	(나)
①	A	B
②	A	C
③	B	A
④	B	C
⑤	C	A

Tip
충청 지방에서 ❶ ⬚ 도시가 조성된 지역으로는 충주(지식 기반형), 태안(관광 레저형) 등이 있고, ❷ ⬚ 도시가 조성된 지역으로는 진천·음성 등이 있다.

답 ❶ 기업 ❷ 혁신

4 다음 자료는 (가)~(다) 지역의 제조업종별 종사자 수 비율을 나타낸 것이다. 이에 대한 설명으로 옳은 것은? (단, A~C는 각각 1차 금속, 기타 운송 장비, 자동차 및 트레일러 제조업 중 하나임.)

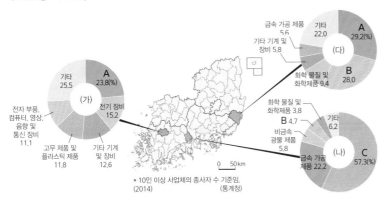

* 10인 이상 사업체의 종사자 수 기준임.
(2014)　　　　　(통계청)

① (가)에는 도청이 입지해 있다.
② (나)에서는 차(茶)를 소재로 한 지역 축제가 개최된다.
③ (다)는 (나)보다 총인구가 많다.
④ C는 많은 부품을 필요로 하는 조립형 공업에 해당한다.
⑤ B는 A보다 수도권의 출하액 비율이 높다.

5 지도에 표시된 A~E 지역군의 공통점으로 옳지 않은 것은?

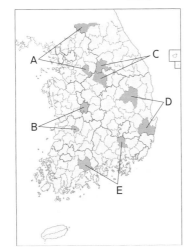

① A에서는 지리적 표시제 상품으로 등록된 쌀을 생산한다.
② B에는 지방 행정의 중심이 되는 도청이 위치한다.
③ C에는 민간 기업이 주도하여 개발한 도시가 조성되어 있다.
④ D에는 세계 문화유산에 등재된 전통 마을이 있다.
⑤ E에는 람사르 협약에 등록된 습지가 분포한다.

대표 예제 ❶

그래프는 인구 변천 모형을 나타낸 것이다. 이에 대한 설명으로 옳은 것은?

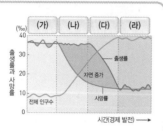

① 인구의 사회적 증감을 반영한 것이다.
② (나) 시기는 총인구가 가장 많다.
③ (다) 시기의 출생률 감소 원인은 주로 질병, 기근이다.
④ (나) 시기는 (가) 시기보다 인구의 자연 증가율이 높다.
⑤ (가) 시기에는 종형, (라) 시기에는 피라미드형 인구 구조가 나타난다.

개념 가이드

인구 변천 모형은 사회·경제의 발전 과정에서 나타나는 ❶⬜⬜ 증감
(출생자 수 - ❷⬜⬜ 수)에 의한 인구 변화를 나타낸다.

답 ❶ 자연적 ❷ 사망자

대표 예제 ❷

지도에 대한 설명으로 옳지 않은 것은?

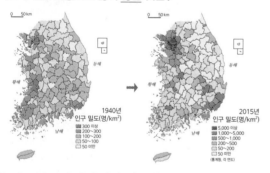

① 인구 분포의 지역 차가 커졌다.
② 인구 분포 변화에 산업화가 영향을 끼쳤다.
③ 총인구에서 수도권이 차지하는 비율이 높아졌다.
④ 식량 생산량이 많은 지역의 인구 밀도가 높아졌다.
⑤ 오늘날의 인구 분포는 사회·경제적 요인의 영향이 자연적 요인의 영향보다 크다.

개념 가이드

1960년대 이전에는 ❶⬜⬜ 에 유리한 남서부 지역에, 오늘날은 도시화·
산업화로 대도시와 ❷⬜⬜ 지역을 중심으로 인구가 밀집해 있다.

답 ❶ 벼농사 ❷ 공업

대표 예제 ❸

다음 글의 ㉠~㉤에 대한 설명으로 옳지 않은 것은?

△△신문

국내에 91일 이상 거주하는 ㉠ 장기 체류 외국인은 2000년 21만 9,000여 명에서 2015년 6월 148만 1,000여 명으로 늘어났다. 외국인의 ㉡ 국적별 비율은 중국 54.5%, 베트남 8.8%, 미국 4.7% 순으로 높았다. 거주지의 권역별 분포를 보면 65.1%가 ㉢⬜⬜ 에 거주하고 있는 것으로 나타났다. 장기 체류 외국인 중에서 ㉣ 국내 취업 외국인은 60만 8,000여 명이었다. ㉤ 결혼 이민자도 통계를 집계하기 시작한 2001년 2만 5,000여 명보다 6배가량 늘어난 15만 1,000여 명을 기록했고, 외국인 유학생은 같은 기간 4,000여 명에서 10만 1,000여 명으로 늘어났다.

-2016. 7. 28. -

① ㉠ - 외국인의 국내 취업 및 유학이 증가했기 때문이다.
② ㉡ - 중국 출신 외국인은 조선족과 같은 한국계가 많아 한국어 사용 가능 인구가 많기 때문이다.
③ ㉢ - 빈칸에 들어갈 권역은 '수도권'이다.
④ ㉣ - 대체로 국내 생산직 근로자보다 임금이 낮다.
⑤ ㉤ - 남성이 여성보다 많다.

개념 가이드

결혼 이민자는 ❶⬜⬜ 지역에서 결혼 적령기 성비 불균형이 심화되면서
증가하였으며, 한국인 여성과 외국인 남성의 결혼보다 한국인 남성과 외국인
여성의 결혼 비율이 ❷⬜⬜ .

답 ❶ 농어촌 ❷ 높다

대표 예제 4

다음 자료는 두 시기의 인구 관련 기사이다. (가)에 대한 (나) 시기의 상대적 특징을 A~E에서 고른 것은?

(가)	(나)
늘어나는 입, 모자라는 땅 우리나라 인구는 지난 5년 간 매년 약 70만 명씩 증가하였다. 이에 따라 식량 및 주택 부족 현상이 더욱 심화될 것이다.	**출산 장려금 지급 확대** 올해 우리나라의 합계 출산율은 1.0 미만으로 매우 낮다. 이에 각 지방 자치 단체에서는 출산 장려금 지급을 확대하고 있다.

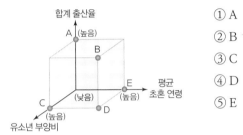

① A
② B
③ C
④ D
⑤ E

개념 가이드

1960~1980년대는 출산 ❶　　　 정책의 영향으로 합계 출산율이 감소하였으며, 2000년대 이후에는 총인구 감소와 국가 경쟁력 약화를 방지하고자 출산 ❷　　　 정책이 시행되고 있다.

답 ❶ 억제 ❷ 장려

대표 예제 5

자료의 (가)~(다)에 해당하는 지형지물로 옳은 것은?

전통적 지역 구분은 주로 자연적 요소를 기준으로 이루어졌다. 관서·관북·관동 지방은 　(가)　을, 영서 지방과 영동 지방은 　(나)　을, 영남 지방은 　(다)　과 섬진강을 경계로 하여 호남 지방과 구분된다.

	(가)	(나)	(다)
①	대관령	철령관	소백산맥
②	대관령	호강(금강)	태백산맥
③	철령관	대관령	소백산맥
④	철령관	호강(금강)	소백산맥
⑤	호강(금강)	대관령	태백산맥

개념 가이드

함경도 안변군과 강원도 회양군 사이의 ❶　　　 을 기준으로 북쪽을 관북, 서쪽을 관서, 동쪽을 관동 지방으로 구분하였으며, 관동 지방의 영서 지방과 영동 지방을 나눈 경계는 태백산맥의 ❷　　　 이다.

답 ❶ 철령관 ❷ 대관령

대표 예제 6

그래프는 남북한의 1차 에너지 소비 구조를 나타낸 것이다. A~C 자원에 대한 설명으로 옳은 것은? (단, A~C는 각각 석유, 석탄, 수력 중 하나임.)

① A의 자급률은 남한이 북한보다 높다.
② B는 화학 공업의 원료로 이용된다.
③ C의 생산은 기후 환경의 영향을 크게 받는다.
④ A는 B보다 자원의 고갈 가능성이 높다.
⑤ A는 C보다 수송용으로 많이 이용된다.

개념 가이드

북한은 ❶　　　 이 에너지 소비 구조에서 가장 큰 비중을 차지하며, 높고 험준한 산지가 발달해 있어 ❷　　　 발전에 유리하다.

답 ❶ 석탄 ❷ 수력

대표 예제 7

지도는 북한의 교통망을 나타낸 것이다. 이에 대한 설명으로 옳은 것만을 〈보기〉에서 고른 것은?

• 보기 •
ㄱ. 동서를 연결하는 교통망이 잘 발달하였다.
ㄴ. 교통망의 밀집도는 함경도가 평안도보다 높다.
ㄷ. 고속 국도는 평양을 중심으로 방사상으로 뻗어 있다.
ㄹ. 지형의 제약으로 도로는 철도 수송의 연계를 위한 보조적 역할을 수행한다.

① ㄱ, ㄴ　② ㄱ, ㄷ　③ ㄴ, ㄷ　④ ㄴ, ㄹ　⑤ ㄷ, ㄹ

개념 가이드

북한의 교통망은 평양을 중심으로 서부의 ❶　　　 지역에 주로 발달해 있으며, ❷　　　 교통이 육상 수송의 주축을 이루어 도로와 하천 및 해상 수송은 보조적인 역할을 수행한다.

답 ❶ 평야 ❷ 철도

대표 예제 8

지도에 나타난 수도권의 시·군별 산업 관련 지표로 옳은 것은?

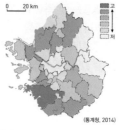

0 ___ 20 km

고
↑
저

(통계청, 2014)

① 경지율

② 총인구 대비 농가 인구 비율

③ 생산자 서비스업 종사자 비율

④ 전 산업 대비 제조업 종사자 비율

⑤ 전 산업 대비 서비스업 종사자 비율

개념 가이드

수도권은 1970년대 이후 ❶[   ]의 공업 기능이 주변으로 이전하기 시작하였고, 1980년대부터 인천, 안산, 시흥 등에 대규모 공단이 조성되면서 인천과 ❷[   ]의 제조업이 성장하였다.

답 ❶ 서울 ❷ 경기

대표 예제 9

그래프는 수도권의 시·도별 지식 기반 산업 종사자 수 현황을 나타낸 것이다. 이에 대한 분석으로 옳은 것만을 〈보기〉에서 고른 것은?

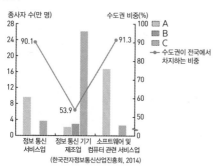

종사자 수(만 명)   수도권 비중(%)

90.1

53.9

91.3

■ A
■ B
■ C
─●─ 수도권이 전국에서 차지하는 비중

정보 통신 서비스업   정보 통신 기기 제조업   소프트웨어 및 컴퓨터 관련 서비스업
(한국전자정보통신산업진흥회, 2014)

• 보기 •

ㄱ. A는 서울, B는 인천, C는 경기이다.

ㄴ. 정보 통신 기기 제조업 종사자 수는 경기가 가장 많다.

ㄷ. 수도권의 정보 통신 서비스업 종사자 수는 비수도권보다 적다.

ㄹ. 정보 통신 서비스업은 정보 통신 기기 제조업보다 전국에서 수도권이 차지하는 비율이 낮다.

① ㄱ, ㄴ ② ㄱ, ㄷ ③ ㄴ, ㄷ ④ ㄴ, ㄹ ⑤ ㄷ, ㄹ

개념 가이드

전문 기술 인력이 풍부한 서울은 정보 통신 ❶[   ]이, 넓은 공장 부지를 확보하기 쉬운 경기는 정보 통신 기기 ❷[   ]이 발달하였다.

답 ❶ 서비스업 ❷ 제조업

대표 예제 10

그래프는 강원 지방 두 지역의 기후 특성을 나타낸 것이다. A, B에 대한 설명으로 옳은 것은? (단, A, B는 각각 강릉, 홍천 중 하나임.)

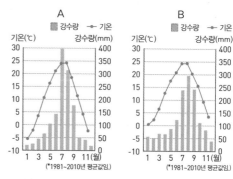

A
■ 강수량 ─●─ 기온

B
■ 강수량 ─●─ 기온

기온(℃)   강수량(mm)

(*1981~2010년 평균값임.)

(*1981~2010년 평균값임.)

① A는 강릉, B는 홍천이다.

② A는 B보다 겨울 강수량이 많다.

③ A는 B보다 바다의 영향을 많이 받는다.

④ B는 A보다 기온의 연교차가 작다.

⑤ B는 A보다 여름 강수 집중률이 높다.

개념 가이드

영동 지방은 ❶[   ]의 깊은 수심과 ❷[   ]산맥의 영향으로 영서 지방에 비해 겨울철 기온이 온화하다.

답 ❶ 동해(바다) ❷ 태백

대표 예제 11

지도의 A 지역과 비교한 B 지역의 상대적 특성으로 옳은 것은?

■ A
□ B

0 ___ 30 km

① 인구 밀도가 높다.   ② 석회석 매장량이 많다.

③ 지역 내 총생산이 많다. ④ 제조업 종사자 수가 많다.

⑤ 청장년층 인구 비율이 높다.

개념 가이드

충청 지방은 최근 수도권 전철이 연장된 천안, 제조업이 발달한 서산, 당진 등을 중심으로 인구가 ❶[   ]한 반면, 경북에 인접한 단양, 제천 등은 인구가 ❷[   ]하였다.

답 ❶ 증가 ❷ 감소

대표 예제 12

(가), (나) 축제가 열리는 지역을 지도의 A~D에서 고른 것은?

(가)

(나)

	(가)	(나)
①	A	B
②	A	D
③	B	A
④	B	C
⑤	C	D

개념 가이드

전북 **❶** 에서는 지평선 축제, 남원에서는 춘향제, 전남 함평에서는
❷ 축제, 보성에서는 다향제가 개최된다. 　目 ❶ 김제 ❷ 나비

대표 예제 13

(가), (나) 공업 도시를 지도의 A~E에서 고른 것은?

(가)	풍부한 노동력으로 성장하였으며, 전자 공업이 발달함.
(나)	원료 수입 및 제품 수출에 유리한 항만에 석유 화학·자동차·조선 공업 등이 고루 발달함.

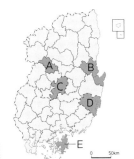

	(가)	(나)
①	A	B
②	A	D
③	B	E
④	C	D
⑤	C	E

개념 가이드

대구는 자동차·섬유, **❶** 는 전자 공업이, 포항은 제철, **❷**
은 석유 화학·자동차·조선, 거제는 조선 공업이 발달하였다.
目 ❶ 구미 ❷ 울산

대표 예제 14

다음 글의 ㉠~㉤에 대한 설명으로 옳은 것은?

> 제주도는 ㉠ 대체로 완만한 순상 화산이며, 정상에는 ㉡ 백록담이 있다. 곳곳에 오름과 ㉢ 동굴, 주상 절리 등이 분포해 관광 자원으로 활용되고 있다. 제주도는 기온의 연교차가 작고 ㉣ 겨울이 온화한 해양성 기후가 나타난다. 제주도의 ㉤ 전통 취락은 주로 해안에 분포하며, 전통 가옥에는 그물 지붕이 발달하였다.

① ㉠ – 점성이 큰 용암이 분출하여 형성되었다.
② ㉡ – 화구의 함몰로 형성된 칼데라호이다.
③ ㉢ – 주로 지하수에 의한 용식 작용으로 형성된다.
④ ㉣ – 이에 해안 저지대에는 상록 활엽수림이 분포한다.
⑤ ㉤ – 지형적으로 방어에 유리하기 때문이다.

개념 가이드

제주도는 기온의 연교차가 **❶** 겨울이 온화한 **❷** 기후가
나타난다. 이러한 특성으로 인해 해안 저지대에는 난대성 식물이 자란다.
目 ❶ 작고 ❷ 해양성

대표 예제 15

자료의 (가)~(다)에 들어갈 내용으로 옳은 것은?

> **주제: 세계적인 관광지로 성장하는 제주도**
>
> 제주도는 유네스코에서 생태계 보전 가치를 인정 받아 2002년 (가) (으)로 지정되었다. 또한 2007년 국내 최초로 '제주 화산섬과 용암 동굴'이 (나) 에 등재되었다. 2010년에는 세계적으로 지질학적 가치를 지닌 장소임을 인정받아 (다) 으로 승인됨에 따라 세계적 관광지로 도약하고 있다.

	(가)	(나)	(다)
①	세계 자연 유산	세계 지질 공원	생물권 보전 지역
②	세계 자연 유산	생물권 보전 지역	세계 지질 공원
③	세계 지질 공원	세계 자연 유산	생물권 보전 지역
④	생물권 보전 지역	세계 자연 유산	세계 지질 공원
⑤	생물권 보전 지역	세계 지질 공원	세계 자연 유산

개념 가이드

제주도는 자연환경을 바탕으로 2002년 **❶** 보전 지역, 2007년
세계 **❷** 유산, 2010년 세계 지질 공원으로 지정되었다.
目 ❶ 생물권 ❷ 자연

교과서 대표 전략 ②

01 그래프는 우리나라의 인구 변천을 나타낸 것이다. 이에 대한 설명으로 옳은 것만을 〈보기〉에서 있는 대로 고른 것은?

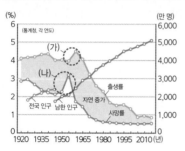

• 보기 •

ㄱ. (가) 시기에는 전쟁 이후 사회·경제적으로 안정되면서 출산 붐 현상이 나타났다.

ㄴ. (나) 시기에는 6·25 전쟁의 영향으로 사망률이 높아졌다.

ㄷ. 1980년대는 1970년대보다 인구 증가율이 낮다.

ㄹ. 1990년대는 출생률이 급격히 하락하여 인구의 자연 감소가 나타났다.

① ㄱ, ㄷ ② ㄴ, ㄹ ③ ㄷ, ㄹ

④ ㄱ, ㄴ, ㄷ ⑤ ㄱ, ㄴ, ㄹ

Tip

1950년대에 우리나라는 6·25 전쟁 중 **❶** 이 증가하였으나, 전쟁 이후 불안정하였던 사회가 안정되면서 출생률이 급증하는 **❷** 현상이 나타났다.

🖩 ❶ 사망률 ❷ 출산 붐

02 그래프는 우리나라의 인구 구조 변화를 나타낸 것이다. (가), (나) 시기의 인구 특성을 옳게 비교한 내용만을 고른 것은? (단, (가), (나)는 각각 1960년, 2015년 중 하나임.)

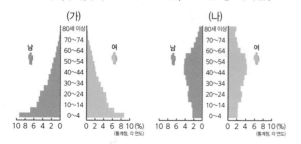

구분	(가)	(나)
㉠ 출생률	낮다	높다
㉡ 중위 연령	낮다	높다
㉢ 노령화 지수	높다	낮다
㉣ 유소년 부양비	높다	낮다

① ㉠, ㉡ ② ㉠, ㉢ ③ ㉡, ㉢ ④ ㉡, ㉣ ⑤ ㉢, ㉣

Tip

우리나라는 **❶** 현상에 따른 유소년층 인구 비율 감소와 노년층 인구 비율 증가로 노령화 지수와 중위 연령이 빠르게 **❷** 하고 있다.

🖩 ❶ 저출산 ❷ 증가

03 지도는 우리나라의 다양한 지역 구분을 나타낸 것이다. 이에 대한 설명으로 옳은 것은?

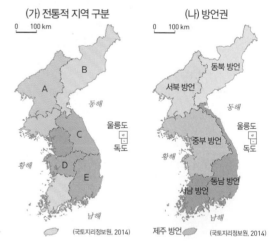

(가) 전통적 지역 구분 (나) 방언권

① 해서 지방, 호남 지방 모두 중부 방언권에 속한다.

② (가), (나) 모두 인문적 요소로만 지역을 구분하였다.

③ C는 하천을 기준으로 영동 지방과 영서 지방으로 구분된다.

④ D는 호남 지방, E는 영남 지방에 해당한다.

⑤ A, B, C의 구분은 철령관을 기준으로 한다.

Tip

우리나라는 전통적으로 **❶** 을 기준으로 관북, 관서, 관동 지방을, **❷** 을 기준으로 영서 및 영동 지방을, 소백산맥과 섬진강을 기준으로 영남 및 호남 지방을 구분하였다.

🖩 ❶ 철령관 ❷ 대관령

04 지도는 강원도의 1월 평균 기온과 8월 평균 기온 등온선을 나타낸 것이다. 이에 대한 분석으로 옳은 것은?

〈1월 평균 기온〉   〈8월 평균 기온〉

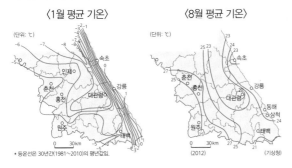

• 등온선은 30년간(1981~2010)의 평년값임.   (2012)   (기상청)

① 홍천은 강릉보다 기온의 연교차가 작다.
② 겨울철보다 여름철에 기온의 동서 차가 크다.
③ 대관령은 강원도에서 기온의 연교차가 가장 크다.
④ 태백은 강릉보다 위도가 낮아 1월 평균 기온이 높다.
⑤ 산맥과 바다의 영향으로 영동 지방은 영서 지방보다 1월 평균 기온이 높다.

> **Tip**
> 영동 지방은 태백산맥과 동해의 깊은 수심의 영향으로 1월 평균 기온이 영서 지방보다 **❶** 반면, 해발 고도의 영향으로 8월 평균 기온은 **❷** 을 중심으로 가장 낮다.
>
> 🄳 ❶ 높은 ❷ 대관령

05 그래프는 두 지역의 제조업 업종별 출하액 비율을 나타낸 것이다. (가), (나)에 해당하는 지역을 지도의 A~D에서 고른 것은?

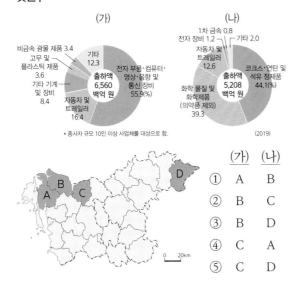

(가)

비금속 광물 제품 3.4
고무 및 플라스틱 제품 3.6
기타 기계 및 장비 8.4
자동차 및 트레일러 16.4
기타 12.3
전자 부품·컴퓨터·영상·음향 및 통신 장비 55.9(%)
출하액 6,560 백억 원

(나)

전자 장비 1.2
1차 금속 0.8
기타 2.0
자동차 및 트레일러 12.6
화학 물질 및 화학제품 (의약품 제외) 39.3
코크스·연탄 및 석유 정제제품 44.1(%)
출하액 5,208 백억 원

• 종사자 규모 10인 이상 사업체를 대상으로 함.   (2019)

	(가)	(나)
①	A	B
②	B	C
③	B	D
④	C	A
⑤	C	D

> **Tip**
> 충청 지방의 제조업은 수도권에 인접한 지역을 중심으로 발달하였으며, 공업 도시 중에서 서산은 **❶** , 당진은 제철, **❷** 은 전자 및 자동차 공업이 발달하였다.
>
> 🄳 ❶ 석유 화학 ❷ 아산

06 다음은 남부 지방의 어느 지역에 대해 스무고개를 하고 있는 장면이다. (가)에 해당하는 지역을 지도의 A~E에서 고른 것은?

학생		교사
한 고개:	영남 지방에 속하였나요? →	예
두 고개:	국제공항이 위치하나요? →	아니요
세 고개:	항공 우주 산업이 발달하였나요? →	아니요
네 고개:	공룡 발자국 화석을 이용한 장소 마케팅이 이루어지나요? →	예
다섯 고개:	이 지역은 (가) 인가요? →	예

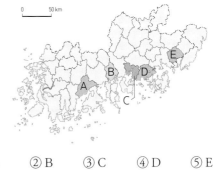

① A   ② B   ③ C   ④ D   ⑤ E

> **Tip**
> 중생대 경상 누층군이 분포하는 영남 지방과 남해안 일부 지역에서는 두꺼운 퇴적층이 수평을 이루어 **❶** 이 잘 발견되는데, 전남 해남과 경남 **❷** 은 이를 관광 자원으로 활용하고 있다.
>
> 🄳 ❶ 공룡 발자국 화석 ❷ 고성

01 (가)~(라)의 가족계획 표어를 시기 순으로 옳게 나열한 것은?

(가)	(나)	(다)	(라)
하나씩만 낳아도 삼천리는 초만원	딸·아들 구별 말고 둘만 낳아 잘 기르자	가가호호 하하호호 희망 한국	아들 바람 부모 세대 짝꿍 없는 우리 세대

① (가) - (나) - (다) - (라)

② (가) - (나) - (라) - (다)

③ (나) - (가) - (다) - (라)

④ (나) - (가) - (라) - (다)

⑤ (나) - (다) - (가) - (라)

02 (가), (나) 지도 표현의 기준이 된 지표로 옳은 것은?

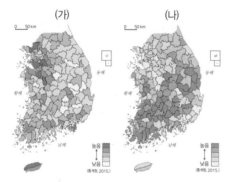

	(가)	(나)
①	인구 밀도	노년 부양비
②	성비	인구 밀도
③	성비	유소년 부양비
④	유소년 부양비	성비
⑤	유소년 부양비	노년 부양비

03 (가), (나) 지역 구분 유형에 대한 설명으로 옳은 것은?

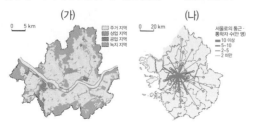

① (가)는 중심지와 그 기능이 영향을 미치는 배후지가 기능적으로 결합한 공간 범위이다.

② (나)는 특정한 지리적 현상이 동일하게 나타나는 공간 범위이다.

③ 문화권은 (가), 상권은 (나)와 같은 지역 구분 유형에 해당한다.

④ (가), (나) 모두 자연적 요소를 기준으로 지역을 구분한다.

⑤ (가), (나) 중 점이 지대는 (나)에만 나타난다.

04 지도의 A~D에 대한 설명으로 옳은 것만을 〈보기〉에서 고른 것은?

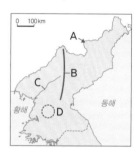

─ 보기 ●

ㄱ. A 산지의 정상부에는 화구호가 있다.

ㄴ. B 산맥은 관북 지방과 관서 지방의 경계를 이룬다.

ㄷ. C 하천 중·상류 지역은 소우지에 해당한다.

ㄹ. D에는 석회암이 많이 매장되어 있다.

① ㄱ, ㄴ ② ㄱ, ㄷ ③ ㄴ, ㄷ ④ ㄴ, ㄹ ⑤ ㄷ, ㄹ

05 다음 글의 밑줄 친 '이 지역'을 지도의 A~E에서 고른 것은?

이 지역은 2002년 남한의 기업을 유치할 목적으로 조성된 곳으로, 남한의 기술과 자본, 북한의 노동력이 결합된 합작 공단 형태의 개방 지역이다. 이 지역은 남북한의 경제 협력을 활성화하는 계기가 되었으나, 2018년 남북 마찰이 심화되면서 전면 중단되었다.

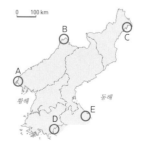

① A

② B

③ C

④ D

⑤ E

06 지도의 A~E 지역에 대한 설명으로 옳지 <u>않은</u> 것은?

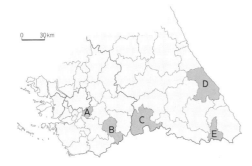

① A – 수도권 1기 신도시가 위치한다.
② B – 도자기 축제와 쌀이 유명하다.
③ C – 강원도청 소재지이다.
④ D – 사주의 발달로 형성된 석호가 있다.
⑤ E – 폐광 시설을 관광 자원으로 활용하고 있다.

07 지도는 충청 지방의 시·군별 인구 변화와 제조업 출하액을 나타낸 것이다. 이를 분석 및 추론한 내용으로 옳은 것만을 〈보기〉에서 있는 대로 고른 것은?

〈인구 변화(2000~2015년)〉   〈제조업 출하액〉

 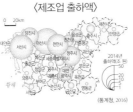

• 보기 •
ㄱ. 당진시는 서산시보다 제조업 출하액이 많다.
ㄴ. 인구 규모가 큰 도시일수록 제조업 출하액이 많다.
ㄷ. 충청권은 영남권보다 수도권으로부터의 제조업 유입이 많았을 것이다.
ㄹ. 수도권과 인접한 지역은 경상북도와 인접한 지역보다 인구 증가율이 높다.

① ㄱ, ㄴ   ② ㄱ, ㄹ   ③ ㄷ, ㄹ
④ ㄱ, ㄴ, ㄷ   ⑤ ㄴ, ㄷ, ㄹ

08 다음 자료는 학생이 작성한 답사 계획서의 일부이다. 일차별 답사 지역을 지도의 A~F에서 고른 것은?

〈남부 지방 답사 계획서〉
• 기간: 202◇년 □월 ○일~○일 (2박 3일)
• 해시태그(#)로 정리한 답사 일정 및 지역 특성

〈1일 차〉
GEOGRAPHY
#헛제삿밥
#세계 문화유산
#탈춤 페스티벌

〈2일 차〉
GEOGRAPHY
#국제 영화제
#해운대
#자갈치 시장

〈3일 차〉
GEOGRAPHY
#람사르 협약
#갈대 축제
#세계 자연 유산

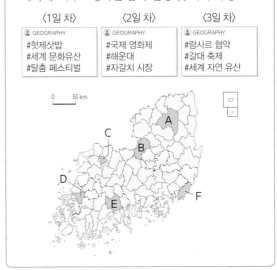

	1일 차	2일 차	3일 차
①	A	C	D
②	A	F	E
③	B	C	A
④	C	E	F
⑤	D	F	B

09 사진 속 두 지형의 공통점으로 옳지 <u>않은</u> 것은?

▲ 대포 주상 절리대   ▲ 만장굴

① 주된 기반암은 현무암이다.
② 제주도에서 볼 수 있는 지형이다.
③ 신생대 화산 활동으로 형성되었다.
④ 유동성이 큰 용암이 분출하여 형성되었다.
⑤ 유네스코 세계 자연 유산으로 등재되었다.

창의·융합·코딩 전략

1 인구 관련 용어

다음은 〈글자 카드〉를 활용한 한국지리 수업 활동이다. (가)에 들어갈 내용으로 옳은 것은?

> 교사: 다음 내용이 의미하는 용어를 〈글자 카드〉에서 찾아 하나씩 빼세요.
> • 출생자가 출생 직후부터 생존할 것으로 기대되는 평균 생존 연수
> • 연령별·성별에 따른 인구 구조를 나타내는 그래프
>
> 〈글자 카드〉
>
> | 기 | 피 | 미 | 명 | 구 | 성 |
> |---|---|---|---|---|---|
> | 라 | 수 | 드 | 비 | 인 | 대 |
>
> 교사: 〈글자 카드〉에서 빼고 남은 글자를 모두 활용하여 만들 수 있는 인구 관련 용어에 대해 설명하세요.
> 학생: _____(가)_____ 입니다.
> 교사: 예, 맞습니다.

① 여성 100명에 대한 남성의 수

② 경제 활동을 할 수 있는 15~64세 인구

③ 청장년층 인구에 대한 유소년층 인구의 비

④ 총인구를 나이순으로 줄 세웠을 때 중간에 있는 사람의 나이

⑤ 여성 한 명이 가임 기간 동안 낳을 것으로 예상되는 평균 출생아 수

Tip

출생자가 출생 직후부터 생존할 것으로 기대되는 평균 생존 연수는 기대 ❶[   ]이고, 연령별·성별에 따른 인구 구조를 나타내는 그래프는 인구 ❷[   ]이다.

답 ❶ 수명 ❷ 피라미드

2 저출산 현상의 원인과 대책

다음은 한국지리 원격 수업 장면의 일부이다. 질문에 옳게 답한 학생만을 있는 대로 고른 것은?

> 📋 한국지리 원격 수업 학습방   — □ ✕
>
> ◎아래에 링크된 신문 기사를 읽고 질문에 댓글을 달아 주세요.
>
> 아이 안 낳는 대한민국, 출산율 OECD '꼴찌'
> http://한국지리.kr/study1/... 🖐
>
> '인구의 자연 감소 시대' 진입
> http://한국지리.kr/study2/...

• [질문1] 위와 같은 현상이 나타나게 된 원인은 무엇일까요?
　└ 갑: 남아 선호 사상이 심화되고 있기 때문입니다.
　└ 을: 결혼과 자녀에 대한 가치관 변화 때문입니다.

• [질문2] 위와 같은 현상이 지속될 경우 예상되는 문제점에는 무엇이 있을까요?
　└ 병: 장기적으로는 생산 가능 인구의 감소로 노동력 감소가 우려됩니다.

• [질문3] 위와 같은 현상의 대책으로는 어떤 것이 있을까요?
　└ 정: 출산 장려금 및 양육비 지원 확대가 있습니다.

① 갑, 을   ② 갑, 병   ③ 을, 정

④ 갑, 병, 정   ⑤ 을, 병, 정

Tip

평균 ❶[   ] 연령 상승 및 비혼, 양육비 증가, 고용 불안 등은 ❷[   ] 현상의 원인이며, 이 현상이 지속되면 미래의 생산 가능 인구와 총인구가 감소하여 국가 경쟁력이 약화될 것이다.

답 ❶ 초혼 ❷ 저출산

3 다문화 공간

다음은 학생들이 작성한 여행 계획이다. (가)에 들어갈 여행 주제로 가장 적절한 것은?

> ※ 여행 주제: _____(가)_____
>
> • 갑: ○○동 이슬람 거리에 있는 사원을 방문하여 무슬림의 종교 행사를 참관한 후 모스크를 배경으로 사진 촬영하기
>
> • 을: '국경 없는 마을'로 불리는 △△동을 방문하여 지역 상업 시설들에 표기된 세계의 다양한 언어 경관 알아보기
>
> • 병: 게스트 하우스에서 다양한 국적의 외국인들과 함께 각국의 전통 음식 나누어 먹기

① 세계 속 우리나라의 위상 변화 체험

② 세계화로 인한 경제 활동의 공간 범위 확대

③ 선진국 중심의 외국인 유입에 따른 거주 공간 변화

④ 다문화 사회의 형성에 따른 독특한 다문화 공간 탐방

⑤ 교통·통신 기술 발달로 인한 국내 기업의 해외 진출 확대

Tip

이태원동 이슬람 거리, 안산시 국경 없는 마을 등은 외국인 ❶[   ]의 문화와 우리나라의 문화가 융합되어 형성된 ❷[   ] 공간이다.

답 ❶ 이주자 ❷ 다문화

4 전통적 지역 구분

그림은 우리나라의 전통적인 지역 구분을 나타낸 것이다. A~D 지방에 대한 설명으로 옳은 것은?

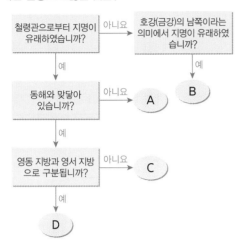

① A에는 북한 최초의 경제특구가 있다.
② B는 영남 지방이다.
③ D의 전통 도시에는 전주와 나주가 있다.
④ A는 C보다 평야가 넓게 발달해 인구 밀도가 높다.
⑤ C는 B보다 저위도에 위치한다.

Tip
전통적으로 ❶ [ ]을 기준으로 하여 그 북쪽을 관북, 서쪽을 관서, 동쪽을 ❷ [ ] 지방으로 구분하였다.

🔒 ❶ 철령관 ❷ 관동

5 북한 주요 지역의 위치와 특색

다음은 통일 교육 주간을 맞이하여 실시한 수업 장면의 일부이다. 발표 내용이 옳은 학생만을 고른 것은?

> 통일이 되면 가고 싶은 지역을 지도의 A~D에서 고르고, 그 이유를 말해 보세요.

 갑
> 우리나라 최고봉이 위치한 A에 가고 싶어요. 칼데라호인 천지를 배경으로 멋진 사진을 남기고 싶어요.

 을
> 유엔 개발 계획의 지원을 계기로 1991년 북한 최초의 경제 특구로 지정된 B에 가고 싶어요.

 병
> 경의선 종착역이 있는 C에 가고 싶어요. 남한과 북한을 잇는 철도 위를 달리고 싶어요.

 정
> 유네스코 세계 문화 유산으로 등재된 고려 시대의 역사 유적이 있는 D에 꼭 가 보고 싶어요.

① 갑, 을   ② 갑, 병   ③ 을, 병
④ 을, 정   ⑤ 병, 정

Tip
우리나라의 최고봉은 ❶ [ ]이고, 북한 최초의 경제특구는 나진·선봉이다. ❷ [ ]은 서울과 신의주를 잇는 철도이며, 개성에는 유네스코 세계 문화유산으로 등재된 역사 유적 지구가 있다.

🔒 ❶ 백두산 ❷ 경의선

6 북한의 자연환경과 주민 생활

자료의 (가), (나) 지역으로 옳은 것은?

〈○○냉면〉
| [(가)]은/는 북한에서 인구가 가장 많은 도시이다. 평야가 널리 나타나는 이곳은 식재료가 풍부하여 다양한 음식이 발달하였는데, 특히 메밀로 만든 냉면이 유명하다.

〈□□비빔밥〉
| '황해도'라는 지명은 [(나)]의 이름과 관련이 있다. [(나)]의 향토 음식으로는 숙성시킨 가자미를 양념하여 만드는 가자미식해와 기름에 볶은 밥으로 만든 비빔밥 등이 유명하다.

	(가)	(나)
①	함흥	안주
②	남포	원산
③	남포	해주
④	평양	안주
⑤	평양	해주

Tip
조선 시대에는 도내 주요 도시의 앞 글자를 따서 명칭을 부여하였다. 북한의 함경도는 함흥과 경성, 평안도는 ❶ [ ]과 안주, 황해도는 황주와 ❷ [ ]의 맨 앞글자를 합쳐 지은 것이다.

🔒 ❶ 평양 ❷ 해주

7 수도권의 문제점

다음은 수행평가 보고서의 일부이다. (가), (나)에 들어갈 내용으로 옳은 것은?

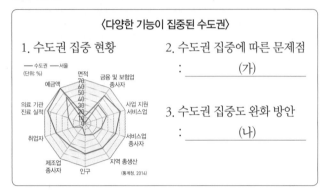

〈다양한 기능이 집중된 수도권〉

1. 수도권 집중 현황

2. 수도권 집중에 따른 문제점
   : _____ (가)

3. 수도권 집중도 완화 방안
   : _____ (나)

	(가)	(나)
①	노동력 부족	공장 총량제 실시
②	지가 상승과 환경 오염	개발 제한 구역 해제
③	지가 상승과 환경 오염	외국인 근로자 유입 확대
④	교통 혼잡에 따른 물류비용 증가	개발 제한 구역 해제
⑤	교통 혼잡에 따른 물류비용 증가	인구와 기능의 지방 분산

Tip

수도권의 문제점을 해결하려면 과도하게 집중된 ❶ 와 산업을 주변 지역으로 ❷ 시키는 대책이 필요하다.

🔑 ❶ 인구 ❷ 분산

8 강원 지방의 관광 산업

자료는 관광 홍보물의 일부이다. (가)~(다)에 해당하는 지역을 지도의 A~D에서 고른 것은?

(가)	(나)	(다)
유네스코 세계 지질 공원에서 용암 대지와 주상 절리를 감상해요!	2018 ○○ 동계 올림픽 기념관에서 겨울 스포츠를 즐겨 보세요!	탄광 체험을 하면서 석탄 산업의 역사를 배워요!

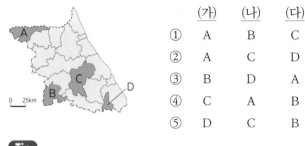

	(가)	(나)	(다)
①	A	B	C
②	A	C	D
③	B	D	A
④	C	A	B
⑤	D	C	B

Tip

용암 대지가 발달한 ❶ 은 한탄강 유역이 세계 지질 공원으로 지정되었으며, 광업 도시인 ❷ 은 석탄 박물관을 활용한 관광 산업이 성장하고 있다.

🔑 ❶ 철원 ❷ 태백

9 여러 지역의 위치와 특색

(가)~(다) 휴게소가 위치한 지역을 지도의 A~E에서 고른 것은?

🍴 ⛽ 🔧 🚻

고속 국도에서 만나는 특색 있는 휴게소

- (가) 은/는 영동 고속 국도가 지나는 ○○에 있다. 도자기로 유명한 지역답게 도자기와 미술 작품 전시관이 마련되어 있어 여행객이 전통 도자기의 멋과 아름다움을 느낄 수 있다.

- (나) 은/는 대전~통영 간 고속 국도의 끝자락에 있으며, 공룡 테마관을 갖추고 있다. 공룡 발자국 화석으로 유명한 지역의 특성을 반영해 중생대 공룡 모형과 포토존을 설치하여 여행객에게 큰 호응을 얻고 있다.

- (다) 휴게소의 전망대에 올라가면 푸른 바다뿐만 아니라 정동진의 해안 단구를 볼 수 있으며, 소망을 담은 편지를 소망 우체통에 부칠 수 있다.

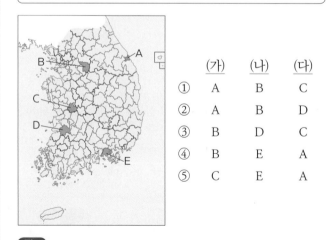

	(가)	(나)	(다)
①	A	B	C
②	A	B	D
③	B	D	C
④	B	E	A
⑤	C	E	A

Tip

경기 ❶ 에서는 도자기 축제가 열리며, 경상 누층군이 분포하는 경남 ❷ 에서는 공룡 발자국 화석을 활용한 관광 산업이 발달하였다.

🔑 ❶ 여주 ❷ 고성

10 남부 지방 주요 지역의 위치와 특색

자료의 (가), (나)에 들어갈 지역을 지도의 A~D에서 고른 것은?

나는 주말에 [(가)]에서 다향 대축제 관람 후, 녹차 밭에서 녹차를 마셨어.

나는 [(나)]에서 유네스코 세계 문화유산에 등재된 전통 역사 마을에 다녀왔어.

	(가)	(나)
①	A	B
②	B	A
③	B	D
④	C	A
⑤	C	D

Tip

안동의 하회 마을과 ❶[   ]의 양동 마을은 유네스코 세계 ❷[   ] 유산으로 등재되었다.

답 ❶ 경주 ❷ 문화

11 충청 지방 주요 지역의 산업

다음은 학생이 체험 학습 후 사회 관계망 서비스(SNS)에 올린 게시물이다. (가) 지역을 지도의 A~E에서 고른 것은?

가족들과 오랜 역사를 지닌 온천 도시 [(가)]에서 여러 가지 온천을 즐기다 왔다.
온천 # 가족 여행 # 힐링

대규모 자동차 공장이 있는 [(가)]에서 자동차가 어떻게 조립되는지 견학하였다.
자동차 조립 과정 # 공장 견학

① A
② B
③ C
④ D
⑤ E

Tip

아산은 고속 철도 및 수도권 ❶[   ]확대에 따라 인구가 성장하였고 전자 및 ❷[   ]공업이 발달해 있다.

답 ❶ 전철 ❷ 자동차

12 제주도의 관광 산업

다음 신문 기사를 읽고, (가)~(다) 음식 발달의 배경이 된 지형을 A~C에서 고른 것은?

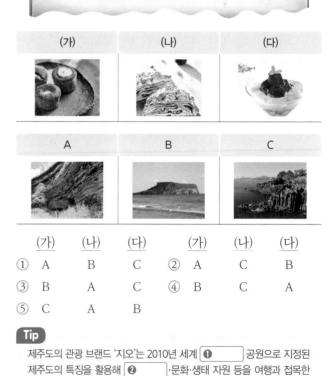

△△신문

제주 지오 브랜드 중에서 가장 이색적인 것이 바로 '지오 푸드'이다. 제주관광공사는 전략적으로 개발한 음식에 '지오' 브랜드를 붙였다. 제주도의 지형적 특성을 음식을 통해 형상화한 것으로, 독특한 음식은 여행의 즐거움을 배가시켜준다. …(후략)…

	(가)	(나)	(다)		(가)	(나)	(다)
①	A	B	C	②	A	C	B
③	B	A	C	④	B	C	A
⑤	C	A	B				

Tip

제주도의 관광 브랜드 '지오'는 2010년 세계 ❶[   ]공원으로 지정된 제주도의 특징을 활용해 ❷[   ]·문화·생태 자원 등을 여행과 접목한 지역 브랜드화 전략 중 하나이다.

답 ❶ 지질 ❷ 지형

마무리 전략

핵심 개념 1 신·재생 에너지의 분포

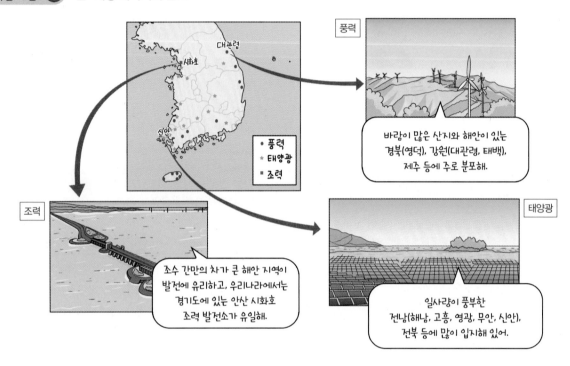

풍력

바람이 많은 산지와 해안이 있는 경북(영덕), 강원(대관령, 태백), 제주 등에 주로 분포해.

조력

조수 간만의 차가 큰 해안 지역이 발전에 유리하고, 우리나라에서는 경기도에 있는 안산 시화호 조력 발전소가 유일해.

태양광

일사량이 풍부한 전남(해남, 고흥, 영광, 무안, 신안), 전북 등에 많이 입지해 있어.

핵심 개념 2 우리나라의 공업 특색

공업 구조의 고도화

우리나라는 노동 집약적 경공업에서 자본·기술 집약적 중화학 공업, 기술·지식 집약적 첨단 산업으로 공업 구조가 고도화되었어.

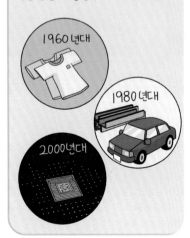

공업의 지역적 편재

우리나라는 정부 주도의 수출 지향 정책으로 수도권과 영남권 중심으로 공업이 발달하여 국토의 불균형 성장을 초래하였어.

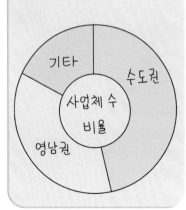

공업의 이중 구조

대기업은 사업체 수와 종사자 수 비율이 매우 낮지만 출하액 비율이 중소기업보다 높아. 이를 통해 중소기업과 대기업 간 발전 격차가 매우 크다는 것을 알 수 있어.

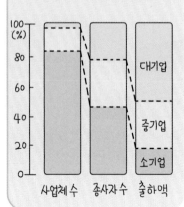

핵심 개념 ③ **외국인의 공간적 분포**

국내 체류 외국인 중 가장 높은 비율을 차지하는 유형은 우리나라에 취직한 외국인 근로자이며, 다음으로 결혼 이민자, 유학생 등입니다. 이들은 주로 어디에 살고 있을까요?

외국인 근로자는 생산직 수요가 많은 수도권과 영남권의 제조업 발달 지역이나, 청장년층 인구 유출로 노동력이 부족한 일부 촌락에 많이 거주해요.

총 국제결혼 건수는 도시가 촌락보다 많지만, 지역 내 외국인 중 결혼 이민자 비율은 결혼 적령기 연령층에서 남초 현상이 나타나는 촌락이 도시보다 높아요.

외국인 유학생은 대학교나 연구 기관이 많은 대도시에 주로 거주합니다.

핵심 개념 ④ **우리나라의 지역별 특색**

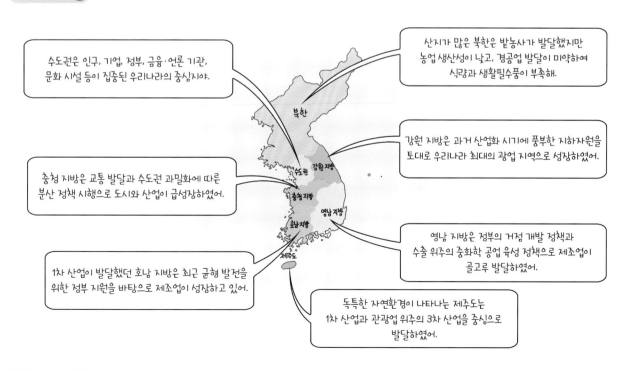

수도권은 인구, 기업, 정부, 금융·언론 기관, 문화 시설 등이 집중된 우리나라의 중심지야.

산지가 많은 북한은 밭농사가 발달했지만 농업 생산성이 낮고, 경공업 발달이 미약하여 식량과 생활필수품이 부족해.

충청 지방은 교통 발달과 수도권 과밀화에 따른 분산 정책 시행으로 도시와 산업이 급성장하였어.

강원 지방은 과거 산업화 시기에 풍부한 지하자원을 토대로 우리나라 최대의 광업 지역으로 성장하였어.

1차 산업이 발달했던 호남 지방은 최근 균형 발전을 위한 정부 지원을 바탕으로 제조업이 성장하고 있어.

영남 지방은 정부의 거점 개발 정책과 수출 위주의 중화학 공업 육성 정책으로 제조업이 골고루 발달하였어.

독특한 자연환경이 나타나는 제주도는 1차 산업과 관광업 위주의 3차 산업을 중심으로 발달하였어.

신유형·신경향·서술형 전략

01 신·재생 에너지의 분포

지도는 주요 신·재생 에너지 발전소 분포를 나타낸 것이다. A~C에 대한 설명으로 옳은 것만을 〈보기〉에서 고른 것은? (단, A~C는 각각 조력, 태양광, 풍력 중 하나임.)

*태양광·풍력 발전소는 5MW 이상 규모만 나타냄.

● A
★ B
◆ C

• 보기 •

ㄱ. A는 바람이 많은 해안이나 산지 지역에 주로 분포한다.

ㄴ. B는 일사량이 풍부한 지역이 발전에 유리하다.

ㄷ. C는 우리나라 대부분의 해안에서 발전이 가능하다.

ㄹ. 총발전량은 A>B>C 순으로 많다.

① ㄱ, ㄴ   ② ㄱ, ㄷ   ③ ㄴ, ㄷ   ④ ㄴ, ㄹ   ⑤ ㄷ, ㄹ

Tip

태양광은 일사량이 많은 호남 **❶**□□□에 많이 분포하고, **❷**□□□□ 발전은 경기도 안산(시화호)에서만 가동 중이다.

🅰 ❶ 서해안 ❷ 조력

02 주요 광물 자원의 분포

지도는 세 광물 자원의 분포를 나타낸 것이다. 이에 대한 설명으로 옳은 것만을 〈보기〉에서 고른 것은? (단, (가)~(다)는 각각 고령토, 석회석, 텅스텐 중 하나임.)

(가)   (나)   (다)

• 보기 •

ㄱ. (가)는 제철 공업의 주된 원료이다.

ㄴ. (나)는 제철 공업의 첨가물로 이용되기도 한다.

ㄷ. (다)는 특수강 및 합금용 원료로 이용된다.

ㄹ. (나)는 (다)보다 가채 연수가 길다.

① ㄱ, ㄴ   ② ㄱ, ㄷ   ③ ㄴ, ㄷ   ④ ㄴ, ㄹ   ⑤ ㄷ, ㄹ

Tip

강원도에서 대부분 생산되는 금속 광물인 **❶**□□□, 고생대 해성층인 **❷**□□□□□에 주로 분포하는 석회석, 경남 서부 지역에 주로 매장되어 있는 고령토는 우리나라를 대표하는 광물 자원이다.

🅰 ❶ 철광석 ❷ 조선 누층군

03 주요 공업의 지역 분포

지도는 두 제조업의 지역별 출하액을 나타낸 것이다. (가), (나)에 대한 설명으로 옳은 것만을 〈보기〉에서 있는 대로 고른 것은? (단, (가), (나)는 각각 섬유 제품(의복 제외), 자동차 및 트레일러 제조업 중 하나임.)

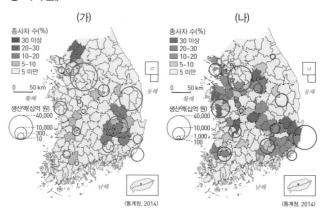

• 보기 •

ㄱ. (가)는 자본·기술 집약적 중화학 공업이다.

ㄴ. (가)는 (나)보다 최종 제품의 평균 무게가 가볍다.

ㄷ. (나)에서 생산된 최종 제품은 (가)의 주요 재료로 이용된다.

ㄹ. (가)는 노동 지향형, (나)는 집적 지향형 공업에 해당한다.

① ㄱ, ㄴ   ② ㄱ, ㄷ   ③ ㄴ, ㄷ   ④ ㄴ, ㄹ   ⑤ ㄷ, ㄹ

Tip

섬유 공업은 전통적으로 **❶**□□□이 풍부한 경기, 경북, 대구 등에서, **❷**□□□ 공업은 경기(화성), 울산, 충남(아산) 등에서 생산액이 많다.

🅰 ❶ 노동력 ❷ 자동차

04 호남 지방 주요 지역의 위치와 특색

다음 자료는 두 지역의 특성을 나타낸 단어 구름(word cloud)이다. (가), (나) 지역을 지도의 A~D에서 고른 것은?

(가)

(나)

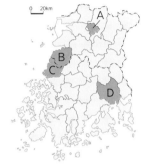

	(가)	(나)		(가)	(나)
①	A	B	②	A	D
③	B	D	④	C	B
⑤	D	A			

05 지역별 전력 생산

그래프는 도(道)별 신·재생 에너지 발전량 비율을 나타낸 것이다. A~C에 대한 설명으로 옳은 것만을 〈보기〉에서 있는 대로 고른 것은? (단, A~C는 각각 수력, 태양광, 풍력 중 하나임.)

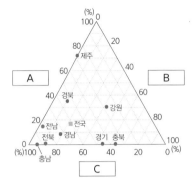

* 각 지역의 A~C 에너지 발전량의 합을 100%로 했을 때, 각 에너지가 차지하는 비율임.
** 수력은 양수식을 제외함.
(2018)　(통계청)

• 보기 •
ㄱ. A는 유량이 많고 낙차가 큰 곳이 발전에 유리하다.
ㄴ. B는 계절별 발전량 변동 폭이 크다.
ㄷ. C는 일사량이 많은 지역일수록 개발 잠재력이 높다.
ㄹ. A~C 중 가장 먼저 상용화된 에너지는 C이다.

① ㄱ, ㄴ　② ㄱ, ㄷ　③ ㄴ, ㄷ　④ ㄴ, ㄹ　⑤ ㄷ, ㄹ

신유형·신경향·서술형 전략

06 우리나라의 시기별 인구 구조 변화

다음은 한국지리 수업 장면이다. 대화 내용을 보고 우리나라의 인구 피라미드를 〈보기〉에서 골라 시간순으로 옳게 나열한 것은? (단, 인구 피라미드는 1960년, 2015년, 2060년만 고려함.)

1960년에 우리나라는 출산 붐으로 인해 출생률이 매우 높았습니다.

2015년에는 출생률과 사망률이 모두 낮은 인구 구조가 나타났어요.

미래에는 저출산·고령화가 지속되어 청장년층의 부양 부담이 커질 거예요.

· 보기 ·

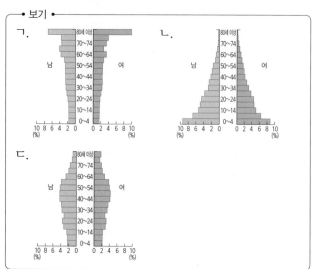

① ㄱ → ㄴ → ㄷ
② ㄱ → ㄷ → ㄴ
③ ㄴ → ㄱ → ㄷ
④ ㄴ → ㄷ → ㄱ
⑤ ㄷ → ㄴ → ㄱ

> **Tip**
>
> 1960년에는 유소년층 인구 비율이 높고 노년층 인구 비율이 낮은 반면, 2015년에는 ❶ ⬚ ·❷ ⬚ 현상이 나타나 유소년층 인구 비율이 감소하고 노년층 인구 비율이 높아졌다.

图 ❶ 저출산 ❷ 고령화

07 우리나라의 지역 구분

자료는 '우리나라의 지역 구분'을 학습하기 위한 낱말 퍼즐이다. (가)에 들어갈 내용으로 가장 적절한 것은?

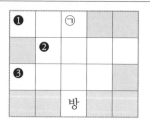

[가로 열쇠]
❶ 관북, 관서, 관동을 구분하는 지형지물
❷ 호강(금강)의 서쪽 지역을 가리키는 명칭
❸ 서로 인접한 지역의 특성이 함께 섞여 나타나는 지역

[세로 열쇠]
㉠ (가)

① 호강(금강)의 남쪽 지역
② 평안도에 해당하는 지역
③ 황해도에 해당하는 지역
④ 조령(문경 새재)의 남쪽 지역
⑤ 한양(서울), 즉 도읍지를 둘러싸고 있는 곳

> **Tip**
>
> 오늘날 행정 구역의 함경남·북도는 ❶ ⬚ 지방, 평안남·북도는 ❷ ⬚ 지방, 강원도는 관동 지방에 해당한다.

图 ❶ 관북 ❷ 관서

08 자원의 분류

그림은 재생 가능성에 따른 자원의 분류를 나타낸 것이다. (가), (나)에 해당하는 자원을 세 가지씩 서술하시오.

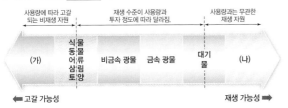

Tip

화석 에너지는 인간이 사용함에 따라 점차 ❶ 되는 재생 불가능한 자원에 해당하고, 태양광, 조력, 풍력 등은 사용량과 무관하게 무한대로 재생 ❷ 한 순환 자원에 해당한다.

🔑 ❶ 고갈 ❷ 가능

09 도시 재개발 방식

(가), (나)는 서로 다른 방식의 도시 재개발 사례를 나타낸 것이다. (가) 재개발과 비교한 (나) 재개발의 상대적 특징을 두 가지만 서술하시오.

(가)	인천 송현동의 수도국산 달동네는 주거 환경 개선 사업으로 인해 대규모 아파트 단지가 조성되면서 사라지게 되었다.
(나)	부산 사하구 감천동은 빈집과 골목길을 문화 공간으로 바꾸는 계획이 진행되면서 학생과 작가, 주민들이 마을 담벼락에 그림을 그려 넣고 조형물을 설치하여 마을의 모습이 변하였다.

Tip

❶ 재개발은 기존의 시설을 완전히 철거하고 새로운 시설물로 대체하는 방법이며, ❷ 재개발은 기존 건물을 최대한 유지하는 수준에서 필요한 부분만을 수리·개조하여 부족한 점을 보완하는 방법이다.

🔑 ❶ 철거 ❷ 수복

10 우리나라의 인구 성장

그래프는 우리나라의 인구 변천을 나타낸 것이다. A, B 시기의 사망률과 출생률 변화 원인을 각각 서술하시오.

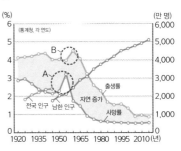

Tip

1960년대는 ❶ 전쟁 이후 불안정하였던 사회가 안정되면서 ❷ 현상이 나타났다.

🔑 ❶ 6·25 ❷ 출산 붐

11 강원 지방의 산업 구조 변화

그래프는 강원도 태백시의 산업별 종사자 비율 변화를 나타낸 것이다. 이를 보고 물음에 답하시오.

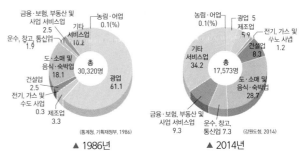

▲ 1986년   ▲ 2014년

(1) 태백시의 산업 구조가 어떻게 변화하였는지 광업, 도·소매 및 음식·숙박업을 사례로 서술하시오.

(2) 태백시의 산업 구조가 (1)과 같이 변화한 이유를 에너지 소비 구조와 관련하여 서술하시오.

Tip

태백은 석탄 산업 ❶ 정책으로 침체되었으나, ❷ 산업을 육성하는 등 지역 경제를 활성화하기 위해 노력하고 있다.

🔑 ❶ 합리화 ❷ 관광

01

그림의 (가)~(다) 지역을 지도의 A~C에서 고른 것은?

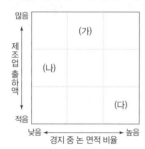

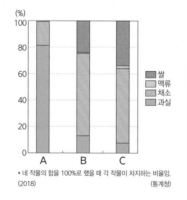

	(가)	(나)	(다)		(가)	(나)	(다)
①	A	B	C	②	A	C	B
③	B	A	C	④	B	C	A
⑤	C	B	A				

02

그래프는 세 지역의 작물별 생산량 비율을 나타낸 것이다. A~C에 대한 설명으로 옳은 것만을 〈보기〉에서 고른 것은? (단, A~C는 각각 경남, 전남, 제주 중 하나임.)

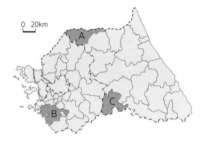

- 보기 -
ㄱ. A는 B보다 총인구가 많다.
ㄴ. B는 C보다 지역 내 인구 100만 명 이상의 도시가 적다.
ㄷ. C는 A보다 고위도에 위치한다.
ㄹ. A는 제주, B는 경남, C는 전남이다.

① ㄱ, ㄴ   ② ㄱ, ㄷ   ③ ㄴ, ㄷ   ④ ㄴ, ㄹ   ⑤ ㄷ, ㄹ

03

(가)~(다) 광물 자원을 그래프의 A~C에서 고른 것은? (단, 고령토, 석회석, 철광석만 고려함.)

(가)	제철 공업의 주된 원료로 이용됨.
(나)	시멘트 공업의 주 원료, 제철 공업의 첨가물로 이용됨.
(다)	도자기 및 내화 벽돌, 화장품의 원료로 이용됨.

〈A~C 광물 자원의 지역별 생산량 비율〉

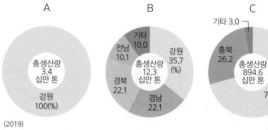

	(가)	(나)	(다)		(가)	(나)	(다)
①	A	B	C	②	A	C	B
③	B	A	C	④	B	A	B
⑤	C	B	A				

04

그래프는 어느 지역 상점의 최소 요구치의 범위와 재화의 도달 범위 변화를 나타낸 것이다. 이 지역에 나타난 변화에 대한 추론으로 적절한 것만을 〈보기〉에서 고른 것은?

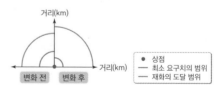

- 보기 -
ㄱ. 상설 시장이 정기 시장으로 변화하였을 것이다.
ㄴ. 지하철 역이 들어서면서 교통이 편리해졌을 것이다.
ㄷ. 지역 경제가 침체하여 소비자의 구매력이 떨어졌을 것이다.
ㄹ. 대규모 아파트 단지가 건설되어 인구 밀도가 높아졌을 것이다.

① ㄱ, ㄴ   ② ㄱ, ㄷ   ③ ㄴ, ㄷ   ④ ㄴ, ㄹ   ⑤ ㄷ, ㄹ

05

그래프는 세 제조업의 지역별 출하액을 나타낸 것이다. (가)~(다)에 대한 설명으로 옳은 것만을 〈보기〉에서 고른 것은? (단, (가)~(다)는 각각 1차 금속, 자동차 및 트레일러, 화학 물질 및 화학 제품(의약품 제외) 제조업 중 하나임.)

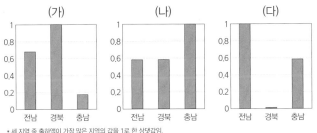

* 세 지역 중 출하액이 가장 많은 지역의 값을 1로 한 상댓값임.
** 종사자 규모 10인 이상 사업체를 대상으로 함.
(2017)   (통계청)

• 보기 •

ㄱ. (가)는 기초 소재 공업이다.

ㄴ. (가)는 (나)보다 완제품의 무게가 무겁다.

ㄷ. (나)의 제품은 (다)의 주요 재료로 이용된다.

ㄹ. (가)는 집적 지향형, (나)는 적환지 지향형 공업이다.

① ㄱ, ㄴ　② ㄱ, ㄷ　③ ㄴ, ㄷ　④ ㄴ, ㄹ　⑤ ㄷ, ㄹ

06

그래프는 세 에너지 자원의 부문별 소비 비중을 나타낸 것이다. A~C 에너지원으로 옳은 것은?

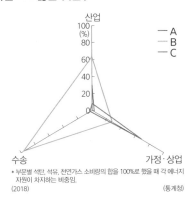

* 부문별 석탄, 석유, 천연가스 소비량의 합을 100%로 했을 때 각 에너지 자원이 차지하는 비중임.
(2018)   (통계청)

	A	B	C
①	석유	석탄	천연가스
②	석유	천연가스	석탄
③	석탄	석유	천연가스
④	석탄	천연가스	석유
⑤	천연가스	석유	석탄

07

(가)~(다)는 우리나라의 시대별 인구 정책 포스터이다. 이를 시간순으로 옳게 나열한 것은?

① (가) → (나) → (다)　　② (가) → (다) → (나)
③ (나) → (가) → (다)　　④ (나) → (다) → (가)
⑤ (다) → (가) → (나)

08

표는 남북한의 성별·연령층별 인구 비율을 나타낸 것이다. (가) 지역과 비교한 (나) 지역의 상대적 특성을 그림의 A~E에서 고른 것은? (단, (가), (나)는 각각 남한, 북한 중 하나임.)

(단위: %)

지역 연령층	(가)		(나)	
	남자	여자	남자	여자
65세 이상	3.4	6.5	6.2	8.3
15~64세	35.3	34.9	37.4	35.5
0~14세	10.1	9.8	6.5	6.1

* 북한은 추정치임.
(2018)   (통계청)

① A
② B
③ C
④ D
⑤ E

09

다음 수행 평가에서 ◇◇◇ 학생이 받은 점수로 옳은 것은?

수행 평가

○학년 ○반 이름: ◇◇◇

※ 제주도에 대한 설명이 맞으면 ○표, 틀리면 ×표 하시오.
(단, 문항별 배점은 2점임.)

문제	학생 답
(1) 제주도는 한반도에서 가장 큰 섬이다.	○
(2) 제주도의 경지 대부분은 밭으로 이용된다.	×
(3) 제주도의 전통 취락은 주로 해안가에 입지한다.	×
(4) 제주도에 속한 마라도는 우리나라 영토 중 가장 남쪽에 위치해 있다.	○
(5) 제주도는 다른 지역과 다른 독특한 문화가 나타나 세계 문화유산으로 지정되었다.	○

① 2점   ② 4점   ③ 6점   ④ 8점   ⑤ 10점

10

그래프는 세 지역의 제조업 업종별 출하액을 나타낸 것이다. (가)~(다) 지역을 지도의 A~E에서 고른 것은?

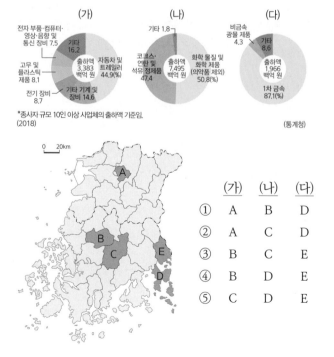

(가)
전자 부품·컴퓨터·영상·음향 및 통신 장비 7.5
기타 16.2
출하액 3,383 백억 원
자동차 및 트레일러 44.9(%)
고무 및 플라스틱 제품 8.1
전기 장비 8.7
기타 기계 및 장비 14.6

(나)
기타 1.8
코크스·연탄 및 석유 정제품 47.4
출하액 7,495 백억 원
화학 물질 및 화학 제품 (의약품 제외) 50.8(%)

(다)
비금속 광물 제품 4.3
기타 8.6
출하액 1,966 백억 원
1차 금속 87.1(%)

*종사자 규모 10인 이상 사업체의 출하액 기준임.
(2018)   (통계청)

	(가)	(나)	(다)
①	A	B	D
②	A	C	D
③	B	C	E
④	B	D	E
⑤	C	D	E

11

표는 지도에 표시된 네 지역의 여행 일정을 정리한 것이다. (가)에 들어갈 일정으로 가장 적절한 것은?

구분	주요 일정
1일 차	공룡 발자국을 활용한 박물관 견학
2일 차	(가)
3일 차	영남대로 걷기 및 석탄 박물관 견학
4일 차	역사 문화 도시에서 국제 탈춤 페스티벌 관람

0 50km

① 낙동강 삼각주에서 시설 농업 체험
② 천연기념물로 지정된 석회 동굴 탐험
③ 대규모 조선소 및 원자력 발전소 견학
④ 람사르 협약에 등록된 습지에서 생태 체험
⑤ 대규모 제철 공장 견학 및 홍보 동영상 시청

12

다음 자료에 대한 설명으로 옳은 것은? (단, (가)~(다)는 각각 경기, 서울, 인천 중 하나이며, A, B는 각각 사업 서비스업, 운수 및 창고업 중 하나임.)

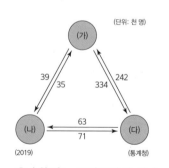

《(가)~(다) 간 전입·전출 인구》

(단위: 천 명)

(가)

39 35   334 242

(나) 63 (다)
      71
(2019)   (통계청)

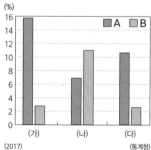

《(가)~(다)별 총부가 가치에서 차지하는 A, B의 비율》

(%)
16 · 14 · 12 · 10 · 8 · 6 · 4 · 2 · 0
■ A □ B
(가) (나) (다)
(2017)   (통계청)

① (가)에는 국제공항이 있다.
② (가)는 (다)보다 주간 인구 지수가 높다.
③ (나)는 (가)보다 인구 밀도가 높다.
④ (다)는 (나)보다 제조업 출하액이 적다.
⑤ A는 운수 및 창고업, B는 사업 서비스업이다.

서술형

13

지도는 기업 도시 및 혁신 도시의 분포를 나타낸 것이다. 이를 보고 물음에 답하시오.

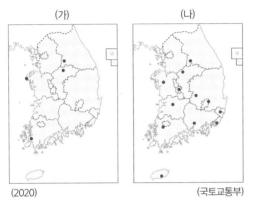

(가)   (나)

(2020)   (국토교통부)

(1) (가), (나) 도시의 이름을 각각 쓰시오.

(2) (가), (나) 도시의 공통점을 서술하시오.

14

지도는 어느 에너지의 시·도별 공급 비율을 나타낸 것이다. 지도 표현의 기준이 된 에너지원의 이름과 해당 에너지원의 지역 내 공급 비율이 지도와 같이 나타나는 이유를 서술하시오. (단, 석유, 석탄, 수력, 원자력, 천연가스만 고려함.)

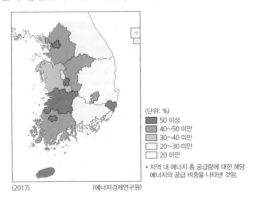

(단위: %)
■ 50 이상
■ 40~50 미만
■ 30~40 미만
□ 20~30 미만
□ 20 미만

* 지역 내 에너지 총 공급량에 대한 해당 에너지의 공급 비중을 나타낸 것임.

(2017)   (에너지경제연구원)

15

그래프는 산업별·성별 외국인 취업자 수를 나타낸 것이다. 이를 보고 물음에 답하시오. (단, (가), (나)는 각각 광업·제조업, 서비스업 중 하나이고, A, B는 각각 남성, 여성 중 하나임.)

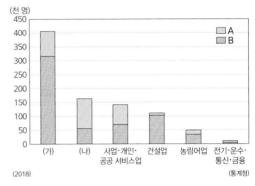

(천 명)

(2018)   (통계청)

(1) (가), (나) 산업과 A, B 성별이 무엇인지 쓰시오.

(2) (가), (나)의 성비 차이에 대해 서술하시오.

16

지도는 충청 지방의 시·군별 인구 변화(2000~2015년)를 나타낸 것이다. A 지역에 대한 B 지역의 상대적 특성을 아래의 용어를 사용하여 서술하시오. (단, A, B는 각각 인구 증가율이 0~20% 이상인 지역, 인구 증가율이 0~-20% 미만인 지역 중 하나임.)

0   20km

□ A
□ B

(통계청, 2016)

수도권과의 접근성, 중위 연령

01

다음은 한국지리 수업 장면이다. 교사의 질문에 옳게 답한 학생만을 고른 것은?

① 갑, 을   ② 갑, 병   ③ 을, 병   ④ 을, 정   ⑤ 병, 정

02

그래프는 소매 업태별 현황을 나타낸 것이다. (가)~(라)에 해당하는 소매 업태로 옳은 것은?

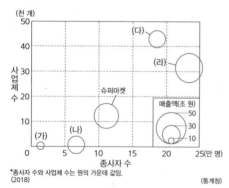

	(가)	(나)	(다)	(라)
①	백화점	편의점	대형 마트	무점포 소매업
②	백화점	대형마트	편의점	무점포 소매업
③	대형 마트	무점포 소매업	백화점	편의점
④	대형 마트	백화점	무점포 소매업	편의점
⑤	무점포 소매업	대형 마트	편의점	백화점

03

그래프는 우리나라의 1차 에너지 소비 구조 변화를 나타낸 것이다. (가)~(라) 에너지 자원에 대한 설명으로 옳은 것은? (단, (가)~(라)는 각각 석유, 석탄, 원자력, 천연가스 중 하나임.)

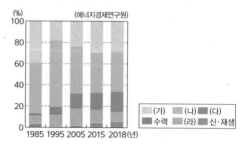

① (가)는 전량 수입에 의존한다.

② (나)는 주로 고생대 지층에 매장되어 있다.

③ (다)는 주로 가정용 연료로 이용된다.

④ (라)는 (나)보다 우리나라에서 상용화된 시기가 늦다.

⑤ (가)~(라) 중 발전량이 가장 많은 에너지원은 (나)이다.

04

다음 자료는 지도에 표시된 세 지역의 작물별 재배 면적 비율을 나타낸 것이다. 이에 대한 설명으로 옳은 것만을 〈보기〉에서 고른 것은? (단, (가)~(다)는 각각 과수, 벼, 채소 중 하나임.)

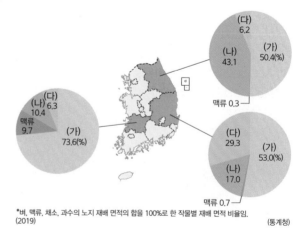

*벼, 맥류, 채소, 과수의 노지 재배 면적의 합을 100%로 한 작물별 재배 면적 비율임.
(2019)   (통계청)

─ 보기 ─

ㄱ. (가)는 1인당 소비량이 증가하는 추세이다.

ㄴ. 맥류는 주로 (다)의 그루갈이 작물로 재배된다.

ㄷ. (나)는 (가)보다 시설 재배 면적 비율이 높다.

ㄹ. 강원은 채소 재배 면적이 과수 재배 면적보다 넓다.

① ㄱ, ㄴ   ② ㄱ, ㄷ   ③ ㄴ, ㄷ   ④ ㄴ, ㄹ   ⑤ ㄷ, ㄹ

05

그래프는 교통수단별 여객 수송 분담률을 나타낸 것이다. A~E에 대한 설명으로 옳지 <u>않은</u> 것은?

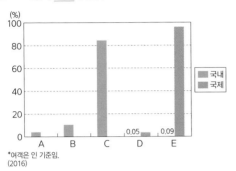

*여객은 인 기준임.
(2016)

① A는 E보다 정시성이 우수하다.

② B는 A보다 장거리 여객 수송 비율이 높다.

③ C는 D보다 기종점 비용이 저렴하다.

④ D는 E보다 국제 화물 수송 분담률이 높다.

⑤ A~E 중 문전 연결성이 가장 좋은 교통수단은 C이다.

06

그래프는 우리나라 두 지역의 인구 구조 변화를 나타낸 것이다. (가), (나) 지역에 대한 설명으로 옳은 것만을 〈보기〉에서 고른 것은? (단, (가), (나)는 각각 시(市), 군(郡) 중 하나임.)

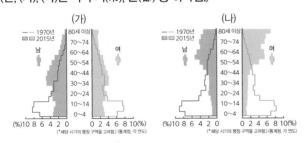

─● 보기 ●─

ㄱ. (가)는 (나)보다 노령화 지수가 높다.

ㄴ. (가)는 (나)보다 아파트 거주 가구 비율이 높다.

ㄷ. (나)는 (가)보다 총부양비가 높다.

ㄹ. (나)는 (가)보다 유소년 부양비가 높다.

① ㄱ, ㄴ   ② ㄱ, ㄷ   ③ ㄴ, ㄷ   ④ ㄴ, ㄹ   ⑤ ㄷ, ㄹ

07

(가), (나)에 해당하는 인구 지표로 옳은 것은?

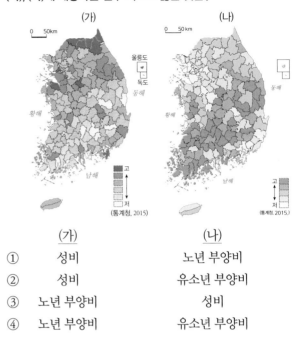

(통계청, 2015)

	(가)	(나)
①	성비	노년 부양비
②	성비	유소년 부양비
③	노년 부양비	성비
④	노년 부양비	유소년 부양비
⑤	유소년 부양비	노년 부양비

08

그래프는 북한의 산업 구조 변화를 나타낸 것이다. 이에 대한 설명으로 옳은 것만을 〈보기〉에서 고른 것은? (단, (가)~(다)는 각각 1차, 2차, 3차 산업 중 하나임.)

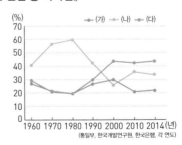

(통일부, 한국개발연구원, 한국은행, 각 연도)

─● 보기 ●─

ㄱ. (가)는 1차, (나)는 2차, (다)는 3차 산업이다.

ㄴ. 1980년대까지 광공업이 산업의 중심을 이루고 있었다.

ㄷ. 1980년 이후 산업 구조의 고도화가 지속적으로 이루어졌다.

ㄹ. 1990년대 이후 3차 산업의 비중이 높아진 이유는 생산자 서비스업의 증가와 관련이 깊다.

① ㄱ, ㄴ   ② ㄱ, ㄷ   ③ ㄴ, ㄷ   ④ ㄴ, ㄹ   ⑤ ㄷ, ㄹ

09

지도에 표시된 A~C 지역의 상대적 특성을 그림과 같이 나타냈을 때, (가), (나)에 해당하는 항목으로 옳은 것은?

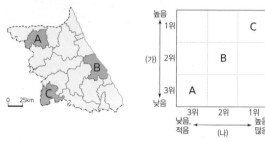

	(가)	(나)
①	총인구	연평균 기온
②	총인구	제조업 출하액
③	연평균 기온	총인구
④	연평균 기온	제조업 출하액
⑤	제조업 출하액	연평균 기온

10

다음 자료는 어느 모둠의 답사 계획 일부이다. 이 모둠의 답사 경로를 지도의 A~E에서 고른 것은?

일자	지역	주요 답사 내용
1일 차	○○	행정 중심 복합 도시 입지에 따른 지역 경관 변화 탐구
2일 차	◇◇	대덕 연구 단지 방문을 통해 첨단 산업의 발전 현황 조사
3일 차	△△	금강하굿둑의 조류 생태 전시관을 방문하여 철새 도래지의 생태환경 관찰

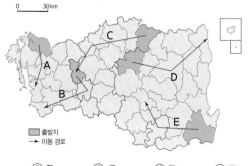

① A   ② B   ③ C   ④ D   ⑤ E

11

다음은 한국지리 수업 장면 중 일부이다. 자료의 (가)에 들어갈 내용으로 적절하지 <u>않은</u> 것은?

교사: 다음 자료는 제주특별자치도의 도시 공간 구조 계획(안)입니다. 이 계획이 추진될 경우 앞으로 제주도는 [(가)]이/가 증가할 것입니다.

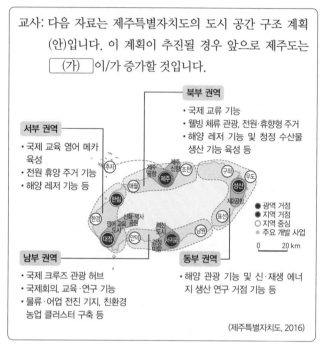

(제주특별자치도, 2016)

① 외국인 관광객 수

② 외국 기업의 투자액

③ 중화학 공업의 생산액

④ 첨단 산업 종사자 수의 비율

⑤ 의료 및 생물 관련 연구 시설의 수

12

그래프는 우리나라의 에너지 수입 의존도와 1인당 에너지 소비량 변화 추이를 나타낸 것이다. 이를 보고 우리나라의 자원 문제와 대책을 한 가지씩 서술하시오.

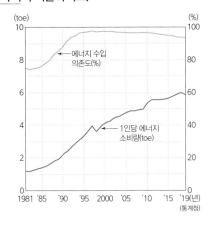

• 문제:

_____

_____

• 대책:

_____

_____

13

그래프는 수도권의 산업 구조 변화를 나타낸 것이다. 이를 보고 물음에 답하시오.

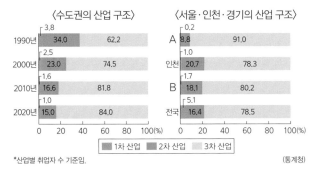

*산업별 취업자 수 기준임. (통계청)

(1) A, B 지역의 명칭을 각각 쓰시오.

_____

(2) A, B 지역 간 산업 구조에 차이가 나타나는 이유를 서술하시오.

_____

_____

_____

14

다음 지도를 보고 물음에 답하시오.

(1) A, B 지역의 명칭을 각각 쓰시오.

_____

(2) A, B 지역에 분포하는 유네스코 지정 세계 문화 유산을 한 가지씩 서술하시오.

_____

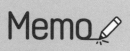

포기와 시작

누군가는 **포기**하는 시간

누군가는 **시작**하는 시간

코앞으로 다가온 시험엔
최단기 내신·수능 대비서로 막판 스퍼트!

7일 끝 (중·고등)

10일 격파 (고등)

book.chunjae.co.kr

교재 내용 문의 ·························· 교재 홈페이지 ▸ 고등 ▸ 교재상담
교재 내용 외 문의 ·················· 교재 홈페이지 ▸ 고객센터 ▸ 1:1문의
발간 후 발견되는 오류 ············· 교재 홈페이지 ▸ 고등 ▸ 학습지원 ▸ 학습자료실

★ 고등 3종 한국지리 교과서
필수 학습 내용 반영!

중간고사 기말고사 고득점을 예약하자!

시험적중

내신전략

고등 **한국지리**

BOOK 3

정답과 해설

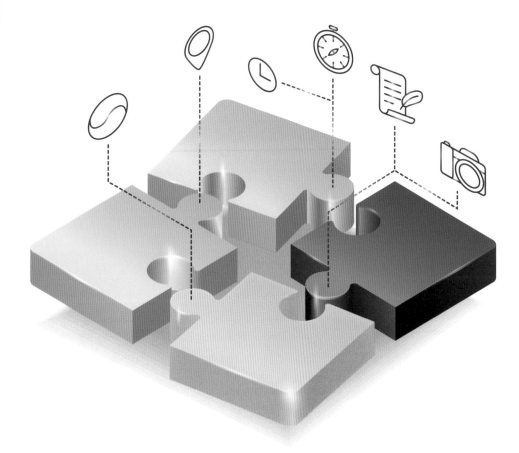

천재교육

정답과 해설
포인트 ❸ 가지

▶ 혼자서도 이해할 수 있는 친절한 문제 풀이

▶ 예시 답안과 구체적 평가 요소 제시로
　실전 서술형 문항 완벽 대비

▶ 오답도 자세하게 분석하여
　고등 한국지리를 한층 더 쉽게!

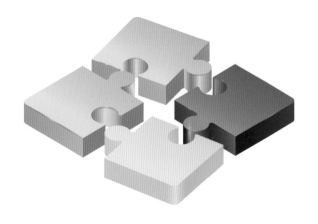

정답과 해설

1주 Ⅰ. 국토 인식과 지리 정보 ~ Ⅱ. 지형 환경과 인간 생활 ①

1주 1일 개념 돌파 전략 ① Book 1 8~11쪽

1강_국토 인식과 지리 정보 ~ 2강_지형 환경과 인간 생활 ①

| 8쪽 | 개념 ❶ 절대적 | 개념 ❷ 중국 |
| 9쪽 | 01-1 ① | 02-1 경상 분지 |

2강_지형 환경과 인간 생활 ①

| 10쪽 | 개념 ❶ 산줄기 | 개념 ❷ 변성암 | 개념 ❸ 곶 |
| 11쪽 | 01-1 ㄱ | 02-1 ㄴ, ㄷ | 03-1 A |

1주 1일 개념 돌파 전략 ② Book 1 12~13쪽

1 ① 2 ⑤ 3 ① 4 ③ 5 ③ 6 ②

1 위치의 종류 이해

수리적 위치는 위도와 경도로 표현된 위치이고, 지리적 위치는 지형 지물을 중심으로 표현된 위치이다. 위도, 경도가 표시되어 있고, 유라시아 대륙 동안에 위치하고 있는 것으로 보아 수리적 위치와 지리적 위치에 해당한다.

오답 피하기 ㄷ. 관계적 위치는 주변 국가의 정치, 경제, 문화적 이해관계에 따라 결정되는 위치이다.
ㄹ. 주변적 위치는 관계적 위치에 해당하는 위치이다.

2 우리나라의 영역과 배타적 경제 수역

ㄷ. 대한 해협은 일본과의 거리가 가까워 직선 기선으로부터 3해리까지의 수역을 영해로 설정한다.
ㄹ. 배타적 경제 수역에서는 연안국의 해양 자원 탐사, 개발, 이용, 보전 등에 대한 권리가 보장된다.

오답 피하기 ㄱ. 우리나라는 한반도와 유인도, 무인도를 포함한 약 22.3만 km²의 영토를 가지고 있다.
ㄴ. 통상 기선은 썰물 때의 해안선인 최저 조위선을 기준으로 하며, 해안선이 단조롭거나 섬이 해안에서 멀리 떨어져 있는 경우에 적용한다. 해안선이 복잡하거나 섬이 많을 경우에는 직선 기선을 적용한다.

3 대동여지도 특징

지도의 A는 성곽이 있는 읍치, B는 성곽이 없는 읍치이다. ㄱ. A는 관아가 있는 행정 중심지인 읍치이다. ㄴ. A에서 B까지의 거리는 방점 사이 방점이 세 개이므로 약 30리이다.

오답 피하기 ㄷ. A와 B는 배가 다닐 수 있는 쌍선으로 표시된 하천과 거리가 멀다.
ㄹ. 산의 크기를 굵기로 표현하였으나 정확한 해발 고도는 알 수 없다.

	지도표												
도로	고산성	고진보	고현	방리	능침	봉수	목소	창고	역참	진보	성지	읍치	영아
10 20 30 40 50 리	고산성	고진보 유성	고현 유성 구읍지 유성	방리 ○	능침 ○시봉능호시권대	봉수	목소 牧 속장	창고 무성	역참 무성	진보 무성	성지 신성 유성	읍치 월성	영아 영재봉치연부

대동여지도는 14개 항목, 22종의 기호를 사용하여 취락, 역, 창고, 봉수 등 다양한 지리 정보를 좁은 지면에 효과적으로 담았다.

4 한반도 지체 구조의 특징

A는 신생대, B는 시·원생대, C는 고생대, D는 중생대에 형성되었다.

자료 분석 한반도 지체 구조 특징

- 신생대(A): 두만 지괴, 길주·명천 지괴, 동해안 일부 지역에 형성, 갈탄 분포
- 시·원생대(B): 평북·개마 지괴, 경기 지괴, 영남 지괴, 변성암이 주로 분포하며, 암석이 풍화·침식에 강한 편임.
- 고생대(C): 평남 분지, 옥천 습곡대, 고생대 초기에는 해성층인 조선 누층군 형성→석회암 분포, 고생대 말기에는 육성층인 평안 누층군 형성
- 중생대(D): 경상 분지, 호수에서 퇴적된 육성층으로 두꺼운 수평층을 이룸, 공룡 발자국 화석 분포

(한국지리지, 2008)

선택지 바로 보기

① A에는 변성암이 주로 분포한다. (×)
→ A는 신생대 퇴적층이다. 변성암은 시·원생대 지체 구조에서 형성된다.
② B에는 중생대 화산 활동으로 형성된 암석이 주로 분포한다. (×)
→ B는 시·원생대 지체 구조로 변성암이 넓게 분포한다.
③ C에는 탄산 칼슘이 주성분으로 이루어진 암석이 분포한다. (○)
→ C는 고생대에 형성된 지체 구조로 석회암이 넓게 분포한다.
④ D에는 시멘트 공업의 원료로 이용되는 암석이 주로 분포한다. (×)
→ 시멘트 공업의 원료로 이용되는 암석은 석회암으로 C에 주로 분포한다.
⑤ A~D 중 가장 형성 시기가 이른 암석이 분포하는 지역은 C이다. (×)
→ 형성 시기가 이른 암석이 분포하는 지역은 B이다.

5 고위 평탄면의 특징

고위 평탄면은 과거 평탄한 지형이 신생대 제3기 경동성 요곡 운동으로 융기해 형성된 지형으로, 해발 고도가 높은 곳에 나타나는 평탄 지형이다.
③ 여름철 서늘한 기후를 이용하여 목축업과 배추, 무와 같은 작물을 재배하는 고랭지 농업이 이루어진다.

선택지 바로 보기

① 주된 기반암은 현무암이다. (×)
→ 현무암은 화산 지형이 분포하는 곳에 주로 나타나는 암석이다.
② 두 하천이 합류하는 지점에서 주로 나타난다. (×)
→ 두 하천이 합류하는 지점에서 나타나는 지형은 침식 분지이다.
③ 여름철 기온이 서늘해 고랭지 농업에 유리하다. (○)
→ 해발 고도가 높아 여름철 서늘한 기후를 이용한 고랭지 농업이 발달한다.
④ 기반암이 물에 용식되어 붉은색 토양이 나타난다. (×)
→ 카르스트 지형에 대한 설명이다.
⑤ 벼농사에 유리한 기후 및 지형 조건을 갖추고 있다. (×)
→ 고위 평탄면은 충적층의 발달이 미약하여 토양의 비옥도가 떨어지는 편이며, 해발 고도가 높아 기후가 서늘하므로, 벼농사에 불리하다.

6 해안 지형의 특징

(가)는 만, (나)는 곶이다. 만은 파랑의 에너지가 분산되는 곳으로 퇴적 지형(사빈, 석호, 사주 등)이, 곶은 파랑의 에너지가 집중되는 곳으로 침식 지형(해식애, 시 스택, 해안 단구 등)이 발달한다.

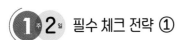

2일 필수 체크 전략 ①

Book 1 14~17쪽

1-1 ②   1-2 ⊙-b, ⊙-a   2-1 ⑤   2-2 ②   3-1 ③
3-2 ②   4-1 ②   4-2 ②

1-1 우리나라의 위치 특징

② 지리적 위치는 대륙, 해양, 반도 등의 지형지물을 기준으로 표현되는 위치이다.

오답 피하기 ① 수리적 위치는 위도와 경도로 표현되는 위치이다.
③ 관계적 위치는 주변 국가의 정치, 경제, 문화적 이해관계에 따라 결정되는 위치이다.
④ 절대적 위치는 위도, 경도처럼 절대로 변하지 않는 위치를 말한다.
⑤ 표준적 위치는 위치의 종류에 포함되지 않는다.

1-2 영해의 특징

최저 조위선에 해당하는 선으로, 해안선이 단조롭고 섬이 해안에서 멀리 떨어져 있을 때 적용하는 기선은 통상 기선이다. 해안의 끝이나 최외곽의 섬을 연결한 선으로, 해안선이 복잡하거나 섬이 많을 때 적용하는 기선은 직선 기선이다. 동해안 대부분은 통상 기선을, 서·남해안과 동해안 일부는 직선 기선을 적용한다.

2-1 천하도의 특징

조선 중기 이후 민간에 의해 제작된 천하도는 중화사상이 반영되었으며, 천원지방 세계관이 포함되어 있다. 또한 도교 사상이 반영되었으며 관념적이고 추상적인 세계 지도이다.

오답 피하기 ⑤ 천하도는 조선 중기 이후 민간에 의해 제작되었다.

2-2 대동여지도의 특징

② 대동여지도는 조선 후기 김정호에 의해 제작되었다.

오답 피하기 ① 조선 후기 실용적인 분위기에서 제작되어 중화사상이 반영되지 않았다.
③ 조선 후기 김정호에 의해 제작되었다.
④ A는 직선으로 표현된 도로이다.
⑤ 산줄기의 굵기를 통해 산의 규모는 알 수 있지만, 정확한 해발 고도는 알 수 없다.

더 알아보기+ 대동여지도 분석

분첩 절첩식	남북을 22단으로 나누고, 동서를 19면으로 접을 수 있게 함. → 휴대 및 열람에 유리
축척 개념 도입	10리마다 방점으로 찍어 실제 거리를 나타냄.
목판본	대량으로 인쇄가 가능함.
산줄기 표현	• 산의 크기를 선의 굵기로 표현하였으나 해발 고도는 알 수 없음. • 산지를 이어진 산줄기 형태로 표현하여 분수계 파악에 유리함.
하천 표현	배가 다닐 수 있는 하천(쌍선)과 다닐 수 없는 하천(단선)을 구분해서 표현함.

3-1 지리지의 특징

해당 지리지는 조선 후기 제작된 사찬 지리지이다. 사찬 지리지는 특정 주제를 설명식으로 서술하였으며, 국토를 실용적으로 파악하였다. 사찬 지리지에는 이중환의 『택리지』, 신경준의 『도로고』등이 있다.

오답 피하기 ③ 조선 전기 제작된 관찬 지리지는 백과사전식으로 서술되었다.

3-2 택리지의 특징

이중환은 『택리지』의 「복거총론」에서 인간이 거주하기 좋은 조건으로 지리, 생리, 인심, 산수를 제시하였다. ② 생리는 경제적으로 유리한 지역을 말한다.

오답 피하기 ① 지리는 풍수지리 사상의 명당에 해당하는 곳을 말한다.
③ 산수는 산과 물이 조화를 이루며 경치가 좋아 풍류를 즐길 수 있는 곳을 말한다.
④ 인심은 당쟁이 없으며 이웃의 인심이 온순하고 순박한 곳을 말한다.
⑤ 풍수는 택리지의 복거총론에 해당하지 않는다.

4-1 지리 정보의 종류

② 장소나 현상의 인문적·자연적 특성을 나타내는 정보는 속성 정보에 해당한다.

오답 피하기 ① 공간 정보는 어떤 장소 또는 현상의 위치나 형태를 나타내는 정보이다.
③ 관계 정보는 다른 장소나 지역과의 상호 작용 및 관계를 나타내는 정보이다.
④ 통계 정보는 통계와 관련된 모든 정보이다.
⑤ 원격 정보는 원격으로 얻을 수 있는 모든 지리 정보이다.

4-2 통계 지도의 특징

② 지역 간 인구 이동을 표현하기에 가장 적합한 통계 지도는 유선도이다.

오답 피하기 ① 점묘도는 가축의 수나 백화점 등의 분포를 표현하기에 적합하다.
③ 등치선도는 벚꽃 및 단풍 시기 등을 표현하기에 적합하다.
④ 단계 구분도는 행정 구역별 인구 비율, 경지율 등을 표현하기에 적합하다.
⑤ 도형 표현도는 행정 구역별 두 가지 이상의 주제를 표현하기에 적합하다.

더 알아보기⁺ 통계 지도의 종류

점묘도	통계값을 일정한 단위의 점으로 표현
유선도	화살표의 방향과 두께로 이동을 표현
등치선도	통계값이 같은 지점을 선으로 연결
단계 구분도	등급을 나눌 수 있는 값을 색상으로 표현
도형 표현도	통계값의 차이를 도형으로 표현

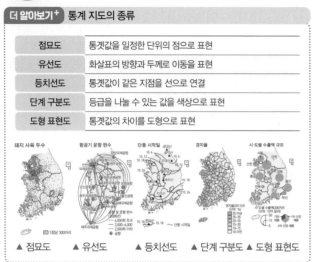

▲ 점묘도　　▲ 유선도　　▲ 등치선도　　▲ 단계 구분도　▲ 도형 표현도

1주 2일 필수 체크 전략 ② Book 1 18~19쪽

1 ⑤ 2 ③ 3 ② 4 ⑤ 5 ⑤

1 우리나라의 위치 특징
지도는 위도와 경도로 표시된 위치로 수리적 위치에 해당한다. 우리나라는 중위도에 위치하여 냉·온대 기후가 나타나고, 사계절의 변화가 뚜렷하며, 혼합림이 분포한다. 또한 표준 경선 135°를 사용하여 본초 자오선(0°)이 지나는 영국의 표준시보다 시간이 빠르다.
⑤ 대륙과 해양 양방향 진출에 유리한 것은 지리적 위치에 해당한다.

2 우리나라의 위치와 영역 특징
A는 한중 잠정 조치 수역, B는 우리나라의 배타적 경제 수역, D는 우리나라의 영해, C와 E는 한일 중간 수역이다.
③ C는 한일 중간 수역으로 우리나라와 일본의 어업 수역이 중첩되는 곳이다.

3 혼일강리역대국도지도의 특징
지도는 조선 전기 국가에 의해 제작된 혼일강리역대국도지도이다. 혼일강리역대국도지도는 한반도가 크게 그려져 주체 의식이 반영되어 있으며, 아시아와 유럽, 아프리카가 지도에 그려져 있는 것이 특징이다. 또한 ② 중국이 지도의 가운데 위치하는 것으로 보아 중화사상이 반영되었음을 알 수 있다.

오답 피하기 ① 아시아, 유럽, 아프리카만 표현되었다.
③ 우리나라가 크게 그려진 것으로 보아 주체 의식이 반영되었음을 알 수 있다.
④ 천원지방의 세계관이 반영된 지도는 천하도이다.
⑤ 조선 전기 국가에 의해 제작되었다.

4 조선 시대 지리지의 특징
(가)는 조선 전기 국가에서 제작한 관찬 지리지, (나)는 조선 후기 민간에서 제작된 사찬 지리지이다. ㄷ. 관찬 지리지는 사찬 지리지보다 제작 시기가 이르다. ㄹ. 사찬 지리지는 관찬 지리지보다 개인의 주관적 견해가 많이 담겨 있다.

오답 피하기 ㄱ. 관찬 지리지는(가)는 국가에 의해 제작되었다.
ㄴ. 사찬 지리지(나)는 특정 주제를 설명식으로 서술하였다.

5 통계 지도의 종류와 특징
산업별 취업자 비율은 도형 표현도, 지역별 단풍 시작일은 등치선도로 표현하기에 가장 적합하다.

1주 3일 필수 체크 전략 ① Book 1 20~23쪽

1-1 고생대　　**1-2** 대보 조산 운동　　**2-1** ①-㉠, ②-㉡
2-2 ⑤　　**3-1** 밭, 과수원, 취락 등　　**3-2** A-배후 습지, B-자연 제방　　**4-1** ①-㉡, ②-㉠　　**4-2** ①

1-1 한반도 지체 구조
지도는 고생대 퇴적암의 분포를 나타낸 지도이다.

1-2 한반도의 지각 변동
대보 조산 운동은 중생대 중기 한반도 중·남부 지방을 중심으로 영향을 미친 지각 변동으로, 넓은 범위에 걸쳐 화강암이 관입되었고, 중국 방향의 지질 구조선이 형성되었다.

2-1 흙산과 돌산의 특징
흙산은 변성암의 일종인 편마암이 오랜 기간 풍화되어 두꺼운 토양으로 덮인 산지로, 지리산, 덕유산 등이 이에 해당한다. 돌산은 중생대에 관입한 화강암이 오랫동안 풍화·침식 작용을 받아 암석이 지표면에 드러난 산지로 북한산, 설악산 등이 이에 해당한다.

2-2 고위 평탄면의 특징
(가)는 고위 평탄면이다. 고위 평탄면은 과거 평탄했던 지형이 신생대 제3기 경동성 요곡 운동으로 지반이 융기하면서 해발 고도가 높은 곳에 나타나는 평탄 지형이다. 고위 평탄면에서는 여름철 서늘한 기후를 이용하여 배추, 무와 같은 고랭지 작물이 재배되고 풍력 발전이 이루어진다.
⑤ 서로 다른 기반암의 차별 침식으로 형성된 지형은 침식 분지이다.

- 형성 원인: 오랜 침식으로 평탄해진 지형이 신생대 제3기 경동성 요곡 운동 과정에서 융기하여 형성된 지형으로 해발 고도가 높은 곳에 나타남.
- 분포 지역: 태백산맥의 대관령과 소백산맥의 진안고원 일대
- 기후 특징: 해발 고도가 높아 여름철이 평지에 비해 서늘하며, 겨울에 많은 눈이 내림.
- 토지 이용: 고랭지 농업 및 목축업

3-1 하안 단구의 특징

하안 단구는 지반의 융기나 해수면의 하강으로 하천 옆에 나타나는 계단 모양의 평탄 지형을 말한다. 범람의 위험이 적어 주로 취락, 교통로, 밭, 과수원 등으로 이용된다.

3-2 자연 제방과 배후 습지

범람원은 대부분 자연 제방과 배후 습지로 구성되어 있다. 자연 제방은 배후 습지보다 고도가 높고 배수가 잘 되어 취락이 입지하거나 밭으로 이용된다. 배후 습지는 자연 제방 뒤편에 나타나며 고도가 낮고 배수가 잘 되지 않지만 배수 시설을 갖춘 후 논으로 이용된다.

4-1 서해안과 동해안의 특징

서해안은 수심이 얕고 조차가 크며, 조류 작용이 활발해 갯벌이 발달하였다. 또한 작은 섬, 반도, 곶, 만이 많아 해안선의 드나듦이 복잡한 리아스 해안이 나타난다. 동해안은 수심이 깊고 조차가 적으며, 파랑 작용이 활발해 해안 침식 지형이 발달하였으며, 섬이 적어 해안선이 단조롭다.

4-2 석호의 특징

석호는 후빙기 해수면 상승으로 형성된 만의 입구에 파랑과 연안류의 퇴적 작용으로 형성된 사주가 가로막아 바다와 분리된 호수를 말한다.

선택지 바로 보기

① 석호 (○)
→ 후빙기 해수면 상승으로 형성된 만의 입구를 사주가 가로막아 바다와 분리된 호수이다.

② 사주 (×)
→ 연안류를 따라 사빈의 모래가 이동하여 바다 쪽으로 길게 퇴적된 지형이다.

③ 파식대 (×)
→ 파랑의 침식 작용으로 해식애 전면에 나타나는 평탄 지형이다.

④ 시 아치 (×)
→ 파랑의 차별 침식을 받아 형성된 아치 모양의 지형이다.

⑤ 해안 단구 (×)
→ 지반의 융기나 해수면의 하강으로 파식대나 해안 침식 지형이 현재의 해수면보다 높은 곳에 나타나는 계단 모양의 지형이다.

1주 3일 필수 체크 전략 ②

Book 1 24~25쪽

1 ② **2** ① **3** ③ **4** ⑤ **5** ⑤ **6** ③

1 한반도 지체 구조의 특징

A는 두만 지괴와 길주·명천 지괴, B는 평북·개마 지괴, 경기 지괴, 영남 지괴, C는 평남 분지, 옥천 습곡대, D는 경상 분지이다. ② 시·원생대에 형성된 B에는 변성암이 주로 분포한다.

선택지 바로 보기

① A는 고생대 형성되었다. (×)
→ A(두만 지괴, 길주·명천 지괴)는 신생대에 형성되었다.

② B에는 변성암이 주로 분포한다. (○)
→ B(평북·개마 지괴, 경기 지괴, 영남 지괴)는 시·원생대에 형성되었고, 변성암이 넓게 분포한다.

③ C에는 갈탄이 주로 매장되어 있다. (×)
→ 갈탄은 A(두만 지괴, 길주·명천 지괴)에 주로 매장되어 있다. C(평남 분지, 옥천 습곡대)에서는 석회암, 무연탄 등이 발견된다.

④ D에는 석회암, 무연탄 등이 주로 매장되어 있다. (×)
→ 석회암, 무연탄은 C(평남 분지, 옥천 습곡대)에서 주로 발견된다.

⑤ A, B, C, D 순으로 형성 시기가 이르다. (×)
→ 형성 시기는 B→C→D→A 순으로 이르다.

2 한반도의 주요 지각 변동

A는 송림 변동, B는 대보 조산 운동, C는 경동성 요곡 운동이다.

자료 분석 한반도 지각 변동의 특징

지질 시대	선캄브리아대		고생대			중생대			신생대	
	시생대	원생대	캄브리아기	···	석탄기 - 페름기	트라이 아스기	쥐라기	백악기	제3기	제4기
지질 계통	변성암 복합체		조선 누층군	결층		평안 누층군	대동 누층군	경상 누층군	제3계	제4계
주요 지각 변동	변성 작용		조륙 운동			송림 변동	대보 조산운동 화강암 관입	불국사 변동	경동성 요곡 운동	화산 활동

- 송림 변동: 중생대 초기, 북부 지방 중심의 지각 변동, 랴오둥 방향의 지질 구조선 발달
- 대보 조산 운동: 중생대 중기, 한반도 중·남부 지방에 영향을 미친 지각 변동, 중국 방향의 지질 구조선 발달
- 경동성 요곡 운동: 신생대 제3기 동해안에 치우친 비대칭 융기 운동, 태백산맥, 함경산맥 형성

3 한반도 지각 변동의 특징

③ 침식 분지는 주변 산지를 이루는 변성암과 분지 바닥을 이루는 화강암의 차별 침식을 통해 형성되었다.

오답 피하기 ① 대보 조산 운동의 영향으로 중국 방향의 지질 구조선이 형성되었다. 남북 방향의 1차 산맥은 주로 신생대 제3기 경동성 요곡 운동의 결과 형성되었다.
② 화강암이 산 정상부를 이루는 경우 주로 돌산으로 나타난다.
④ 신생대 제3기 경동성 요곡 운동의 결과 동고서저의 경동 지형이 나타난다.
⑤ 경상 분지에서는 공룡 발자국이 주로 발견되고, 갈탄은 신생대에 형성된 두만 지괴, 길주·명천 지괴에서 주로 발견된다.

4 자연 제방과 배후 습지의 특징

A는 배후 습지, B는 자연 제방이다. ㄷ. 배후 습지(A)에서는 벼농사,

자연 제방(B)에서는 밭농사가 주로 이루어진다. ㄹ. 배후 습지(A)는 자연 제방(B)보다 퇴적 물질의 평균 입자 크기가 작다.

오답 피하기 ㄱ. 자연 제방(B)은 배후 습지(A)보다 배수가 양호하다.
ㄴ. 자연 제방(B)은 배후 습지(B)보다 해발 고도가 높다.

더 알아보기⁺

구분	자연 제방	배후 습지
해발 고도	상대적으로 높음	상대적으로 낮음
구성 물질	모래	점토
배수	양호	불량
토지 이용	취락, 밭, 과수원	배수 시설 확충 후 논으로 이용

5 침식 분지의 특징

(가)의 기반암은 변성암, (나)의 기반암은 화강암이다. 침식 분지는 시·원생대에 형성된 변성암과 중생대에 관입한 화강암의 차별 침식으로 형성되었다.

⑤ 화강암은 변성암보다 풍화와 침식에 대한 저항력이 약하다.

선택지 바로 보기

① (가)의 기반암은 오랫동안 변성 작용을 받았다. (○)
→ (가)의 기반암은 변성암으로 시·원생대에 형성되어 오랫동안 변성 작용을 받았다.
② (가)의 기반암으로 이루어진 산지는 주로 흙산이 된다. (○)
→ 흙산은 변성암의 일종인 편마암으로 이루어졌다.
③ (나)의 기반암은 중생대 마그마가 관입하여 형성되었다. (○)
→ (나)의 기반암은 화강암으로, 중생대 마그마가 관입하여 형성되었다.
④ (가)의 기반암은 (나)의 기반암보다 형성 시기가 이르다. (○)
→ (가)의 기반암은 시·원생대에 형성된 변성암, (나)의 기반암은 중생대에 형성된 화강암이다. 따라서 (가)는 (나)보다 형성 시기가 이르다.
⑤ (나)의 기반암은 (가)의 기반암보다 풍화와 침식에 대한 저항력이 강하다. (×)
→ 화강암은 변성암보다 풍화와 침식에 대한 저항력이 약하다.

6 해안 지형의 특징

(가)는 만, (나)는 곶이다. (가)는 파랑의 에너지가 분산되어 해안 퇴적 지형이 발달하고, (나)는 파랑의 에너지가 집중되어 해안 침식 지형이 발달한다. 따라서 ③ 곶(나)는 만(가)보다 파랑의 침식 작용이 활발하다.

오답 피하기 ① (가)는 만이고, (나)는 곶이다.
② 만(가)은 곶(나)보다 파랑의 힘이 분산된다.
④ 만(가)에는 사빈, 석호, 사주 등과 같은 퇴적 지형이, 곶(나)에는 해식애와 같은 침식 지형이 발달한다.
⑤ 만(가)에는 모래 해안, 곶(나)에는 암석 해안이 주로 발달한다.

1주 4일 교과서 대표 전략 ① Book 1 26~29쪽

대표 예제	1 ③	2 ⑤	3 ③	4 ③	5 ②
	6 ①	7 ③	8 ④	9 ④	10 ⑤	11 ⑤
	12 ①	13 ②			

1 우리나라의 4극

A는 함경북도 온성군 유원진, B는 평안북도 용천군 마안도, C는 울릉군 독도, D는 서귀포시 마라도이다. ㄴ. 최서단 마안도(B)는 최동단 독도(C)보다 일출 시각이 늦다. ㄷ. 독도(C)는 온성군(A)보다 저위도에 위치해 연교차가 작다.

오답 피하기 ㄱ. 최북단 온성군(A)은 최남단 마라도(D)보다 연평균 기온이 낮다.
ㄹ. 우리나라의 표준 경선(동경 135°)과 가장 가까운 지점은 최동단의 독도(C)이다.

2 우리나라의 주변 수역

A는 한중 잠정 조치 수역, B와 D는 우리나라의 영해, C와 E는 우리나라와 일본이 공동으로 관리하는 한일 중간 수역이다.

선택지 바로 보기

① A는 우리나라의 영해이다. (×)
→ A는 한중 잠정 조치 수역이다.
② B는 간척 사업으로 확대된다. (×)
→ 영해는 간척지로 인해 확대되지 않는다.
③ C에서는 중국 어선이 조업 활동을 할 수 있다. (×)
→ C는 한일 중간 수역으로, 중국 어선이 조업 활동을 할 수 없다.
④ D에서는 다른 국가의 어선이 자유롭게 조업할 수 있다. (×)
→ D는 우리나라의 영해이므로, 다른 국가의 어선이 자유롭게 조업할 수 없다.
⑤ E는 우리나라와 일본이 공동으로 관리하는 수역이다. (○)
→ E는 한일 중간 수역으로, 한국과 일본이 공동으로 관리하는 수역이다.

3 천하도의 특징

제시된 지도는 천하도로 천원지방의 세계관을 바탕으로 제작되었으며, 지도의 중심에 중국이 위치하는 것으로 보아 중화사상이 반영되었음을 알 수 있다. 또한 도교 사상이 반영되어 지도의 바깥쪽에 상상의 국가들이 표현되어 있다.

오답 피하기 ③ 유럽, 아시아, 아프리카가 표현된 지도는 혼일강리역대국도지도이다.

4 대동여지도의 특징

③ C는 읍치로 지역 관아가 있는 행정 중심지이다.

선택지 바로 보기

① A는 항해 가능한 하천이다. (×)
→ A는 단선으로 항해가 불가능한 하천이다.
② B는 국가 위기 시 통신 수단이다. (×)
→ B는 역참으로 공문서 전달 및 공공 물자 운송 등을 담당한 교통·통신 기관이다.
③ C는 해당 지역에 관아가 있는 곳이다. (○)
→ C는 지역 관아가 있는 행정 중심지인 읍치이다.
④ E는 정확한 해발 고도를 알 수 있다. (×)
→ 산줄기의 굵기를 통해 산의 규모는 알 수 있지만, 정확한 해발 고도는 알 수 없다.
⑤ D는 E보다 규모가 큰 산지이다. (×)
→ 산줄기의 굵기가 E가 더 크므로, E가 D보다 규모가 큰 산지이다.

5 조선 시대 지리지의 특징

(가)는 『신증동국여지승람』으로 조선 전기에 제작된 관찬 지리지, (나)는 이중환의 『택리지』로 조선 후기에 제작된 사찬 지리지이다. ㄱ, ㄹ. 관찬 지리지(가)는 국가 통치를 목적으로 제작되었고, 사찬 지리지(나)보다 제작 시기가 이르다.

오답 피하기 ㄴ. 관찬 지리지(가)는 백과사전식으로 서술되었다. ㄷ. 사찬 지리지(나)는 특정 주제 중심의 설명식으로 서술되었다.

6 통계 지도의 종류와 특징

(가) 지역별 경지율 현황 표현은 단계 구분도가 가장 적합하고, (나) 지역별 인구 이동 및 규모 표현은 유선도가 가장 적합하다. 단계 구분도는 통곗값을 몇 단계로 구분하고 음영이나 패턴을 달리하여 표현한 지도이다. 유선도는 지역 간 이동에 대한 통곗값을 화살표의 방향과 굵기로 표현한 지도이다.

7 지역 조사 과정

지역 조사는 조사 주제 선정 → 지리 정보의 수집(실내 조사, 야외 조사) → 지리 정보 분석 → 보고서 작성 순으로 이루어진다. ㄱ. 실내 조사는 지리 정보의 수집 단계에 해당하고, ㄴ. 관찰, 인터뷰는 야외 조사로 지리 정보의 수집 단계에 해당한다. ㄷ. (나)는 지리 정보의 분석 과정이다.

오답 피하기 ㄹ. 조사 결과의 통계 처리는 지리 정보 분석(나)에 해당한다.

8 한반도 지체 구조의 특징

(가)는 석회암으로 고생대 조선 누층군에 주로 매장되어 있다. (나)는 변성암으로 오랫동안 열과 압력을 받아 형성된 암석이다. 시·원생대에 형성된 평북·개마 지괴, 경기 지괴, 영남 지괴에 주로 분포한다. A는 신생대에 형성된 두만 지괴, 길주·명천 지괴, B는 시·원생대에 형성된 평북·개마 지괴, 경기 지괴, 영남 지괴, C는 고생대에 형성된 평남 분지, 옥천 습곡대, D는 중생대에 형성된 경상 분지이다.

오답 피하기 A는 신생대, D는 중생대에 형성된 지체 구조이다.

9 고위 평탄면의 특징

A–B는 신생대 제3기 경동성 요곡 운동으로 형성된 태백산맥의 일부 지역으로 (가)는 해발 고도가 높은 곳에 나타나는 고위 평탄면이다. 고위 평탄면은 지반의 융기로 형성되었기 때문에 과거 한반도가 평탄했다는 증거가 된다. 고위 평탄면은 해발 고도가 높아 여름철 서늘한 기후를 이용한 고랭지 농업과 목축업이 이루어지고, 바람이 잘 불고 세기가 일정하여 풍력 발전 단지로 이용되기도 한다.

오답 피하기 ④ 기반암의 차별 침식으로 형성된 분지 지형은 침식 분지로 기존 변성암 지대에 중생대 화강암이 관입되어 형성된 지형이다.

10 한반도의 지질 계통과 지각 변동

(가)는 고생대 조선 누층군, (나)는 대보 조산 운동, (다)는 경동성 요곡 운동이며, A는 흙산, B는 돌산이다.

선택지 바로 보기

① 제주도 화산체는 (나)에 의해 형성되었다. (×)
→ 제주도 화산체는 신생대 제3기 말~4기 초 화산 활동에 의해 형성되었다.
② 화강암은 대부분 (다)에 의해 형성되었다. (×)
→ 화강암은 대부분 대보 조산 운동(나)에 의해서 형성되었다.
③ B의 주된 기반암은 A의 주된 기반암보다 형성 시기가 이르다. (×)
→ A의 기반암은 시·원생대에 형성된 편마암이며 B의 기반암은 중생대에 형성된 화강암으로, A의 기반암이 B의 기반암보다 형성 시기가 이르다.
④ A의 주된 기반암은 (가)의 대부분을 차지한다. (×)
→ A는 흙산이다. 흙산의 주된 기반암은 시·원생대에 형성된 편마암이다.
⑤ B의 주된 기반암은 (나)에 의해 형성되었다. (○)
→ B는 돌산이다. 돌산의 기반암은 화강암으로 중생대 대보 조산 운동의 결과 관입된 암석이다.

11 하천 중·상류 지역의 특징

(가)는 감입 곡류 하천, (나)는 하안 단구이다. 감입 곡류 하천은 하천 중·상류 지역에서 주로 나타나는 지형으로 지반의 융기로 인해 하천의 하방 침식이 활발하게 진행되면서 형성된 하천이다. 하안 단구는 과거의 하천 바닥이나 범람원이 지반의 융기나 해수면의 하강으로 현재 하천의 고도보다 높은 곳에 나타나는 계단 모양의 지형이다. 주로 취락이 입지하며, 밭농사가 이루어진다.

오답 피하기 ① 감입 곡류 하천(가)은 하천 중·상류에서 발달한다.
② 감입 곡류 하천(가)은 측방 침식보다 하방 침식이 활발하다.
③ 하안 단구(나)에서는 주로 밭농사가 이루어진다.
④ 하안 단구(나)는 하천의 퇴적 사면에 잘 나타난다.

더 알아보기⁺ **하안 단구의 특징**

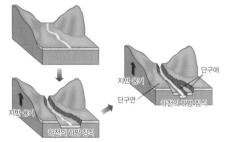

하안 단구는 과거의 하천 바닥이나 범람원이 융기한 후 하방 침식을 받아 형성되었다. 해발 고도가 높아 집중 호우 시에도 침수 가능성이 낮고 경사가 완만하여 농경지, 주거지 등으로 이용된다. 단구면의 퇴적층에는 과거 하천의 영향으로 형성된 둥근 자갈이나 모래가 분포한다.

12 하계망의 이해

㉠은 하천 상류, ㉡은 하천 하류 지점이다. ㄱ. 하천 하류는 하천 상류보다 평균 유량이 많고, ㄴ. 퇴적물의 원마도가 높다.

오답 피하기 ㄷ. 하천 유로의 경사도가 낮다. ㄹ. 퇴적물의 평균 입자 크기가 작다.

구분	상류	하류
평균 경사	높음.	낮음.
평균 하폭	좁음.	넓음.
평균 유량	적음.	많음.
퇴적물의 입자 크기	큼.	작음.
퇴적물의 원마도	낮음.	높음.

13 해안 지형의 특징

A는 지반의 융기로 형성된 해안 단구, B는 파랑의 차별 침식으로 형성된 시 스택, C는 조류의 퇴적 작용으로 형성된 갯벌, D는 파랑이나 연안류의 퇴적 작용으로 형성된 사빈, E는 바람의 퇴적 작용으로 형성된 해안 사구이다. ② 시 스택은 파랑의 에너지가 집중되는 곳에서 잘 발달한다.

선택지 바로 보기

① A는 지반의 융기나 해수면의 하강으로 형성되었다. (○)
→ A는 해안 단구로 지반의 융기나 해수면의 하강으로 형성되었다.
② B는 파랑의 에너지가 분산되는 만에서 잘 발달한다. (×)
→ B는 시 스택으로 파랑의 에너지가 집중되는 곳에서 잘 발달한다.
③ C는 조류의 퇴적 작용으로 형성되었다. (○)
→ C는 갯벌로 조류의 퇴적 작용으로 형성되었다.
④ D는 파랑과 연안류에 의해 모래가 퇴적되어 형성되었다. (○)
→ D는 사빈으로 파랑이나 연안류의 퇴적 작용으로 형성되었다.
⑤ E는 D보다 퇴적물의 평균 입자 크기가 작다. (○)
→ E는 해안 사구로 사빈에서 가벼운 입자가 바람에 운반되어 퇴적되기 때문에 사빈보다 퇴적물의 평균 입자 크기가 작다.

1주 4일 교과서 대표 전략 ②

Book 1 30~31쪽

01 ⑤ 02 ④ 03 ① 04 ④ 05 ② 06 ② 07 ②

01 대동여지도의 특징

대동여지도는 조선 후기 김정호에 의해서 제작되었다. 대동여지도의 지도표에 제시된 중요한 시설은 암기해 두는 것이 좋다. 산줄기와 하천, 방점, 봉수, 역참 등의 표현 방법이 핵심 요소이다.

선택지 바로 보기

① A에는 성곽이 없다. (×)
→ A는 두 개의 원으로 표시되어 있는 것으로 보아 성곽이 있는 읍치이다.
② A에서 B까지의 거리는 50리 이상이다. (×)
→ A와 B 사이에 방점이 네 개이므로 A에서 B까지의 거리는 약 40리이다.
③ ㉠은 ㉡보다 산지의 규모가 크다.(×)
→ ㉠은 ㉡보다 표현된 산지의 굵기와 크기가 작으므로 더 작은 산지에 해당한다.
④ 통신을 위한 시설은 주로 내륙에 위치한다. (×)
→ 역참과 봉수는 대동여지도에 표시된 대표적인 통신 시설로 두 시설 모두 주로 해안가에 위치한다.
⑤ 지도 내의 모든 하천에서는 배가 다닐 수 없다. (○)
→ 해당 지도에 표시된 모든 하천은 단선으로 표시되어 있어 배가 다닐 수 없음을 알 수 있다.

02 우리나라의 위치 특징

(가)는 백령도, (나)는 양구, (다)는 마라도, (라)는 독도이다. ④ 독도(라)는 백령도(가)보다 동쪽에 위치하여 일출, 일몰 시각이 이르다.

오답 피하기 ① (가)는 백령도이고, 우리나라 영토의 최서단은 평안북도 용천군 마안도이다.
② 우리나라 표준 경선은 동경 135°이다.
③ 우리나라의 종합 해양 과학 기지는 이어도에 있다.
⑤ 마라도, 독도, 울릉도, 제주도는 통상 기선을 적용한다.

03 조선 시대 지리지의 특징

(가)는 조선 전기 국가에서 제작한 『신증동국여지승람』으로, 관찬 지리지, (나)는 조선 후기 제작된 이중환의 『택리지』로 사찬 지리지이다. ① 관찬 지리지는 국가 통치를 위한 목적으로 제작되었다.

오답 피하기 ② 관찬 지리지(가)는 백과사전식으로 서술되었고 주제를 중심으로 체계적으로 서술된 것은 사찬 지리지(나)이다.
③ 사찬 지리지(나)는 조선 후기 민간에서 제작되었다.
④ 사찬 지리지(나)는 주제를 중심으로 체계적으로 서술되었다.
⑤ 사찬 지리지(나)는 관찬 지리지(가)보다 지역에 대한 개인의 주관적 해석이 많이 반영되었다.

04 한반도의 형성 과정

중생대 지각 변동은 송림 변동, 대보 조산 운동, 불국사 변동이 있다.

선택지 바로 보기

① ㉠ – 랴오둥 방향의 지질 구조선이 형성되었다. (○)
→ ㉠은 송림 변동으로 한반도 북부 지방에 영향을 주었으며 랴오둥 방향의 지질 구조선을 형성하였다.
② ㉡ – 중생대의 지각 변동 중 가장 규모가 크다. (○)
→ 대보 조산 운동은 중생대에 발생한 지각 변동 중 가장 큰 규모의 지각 변동으로 한반도 전체에 걸쳐 대보 화강암이 형성되었다.
③ ㉢ – 흙산의 주된 기반암이다. (○)
→ 흙산의 주된 기반암은 편마암으로 시·원생대에 형성되었다.
④ ㉣ – 갈탄이 매장되어 있다. (×)
→ 경상 분지에는 공룡의 발자국, 뼈 등의 화석이 발견되며, 갈탄은 신생대 제3기층에 매장되어 있다.
⑤ ㉤ – 돌산의 주된 기반암이다. (○)
→ 돌산의 주된 기반암은 중생대에 관입한 화강암이다.

05 기후 변화와 지형 형성 작용

(가) 시기는 후빙기, (나) 시기는 빙기이다. 후빙기에 비해 빙기에는 기후가 한랭 건조하고 해수면이 하강하여 육지의 평균 해발 고도가 높다.

오답 피하기 ㄴ. 빙기 때는 하천의 길이가 길고 날씨가 춥기 때문에 물리적 풍화 작용이 활발하다.

ㄹ. 빙기 때는 빙하가 최대로 확장되었기 때문에 후빙기에 비해 빙하로 덮인 면적이 넓다.

더 알아보기+ 기후 변화와 지형 형성 작용

구분	빙기	후빙기
기후 변화	한랭 건조	온난 습윤
해수면 변동	하강	상승
하천 상류	퇴적 작용 활발	침식 작용 활발
하천 하류	침식 작용 활발	퇴적 작용 활발
풍화 작용	물리적 풍화 작용 우세	화학적 풍화 작용 우세
식생 변화	냉대림 확대	난대림 확대

06 충적 평야의 특징 이해

선상지는 하천 중·상류에 발달하는 지형으로 상부부터 선정, 선앙, 선단으로 구성된다. 선정은 취락과 농경지, 선앙은 하천의 복류로 인한 지표수 부족으로 밭과 과수원, 선단은 취락과 논으로 이용된다. 범람원은 자연 제방과 배후 습지로 구성되는데, 자연 제방이 배후 습지에 비해 해발 고도가 높고 토양의 투수성이 높아 홍수 피해가 적다. 자연 제방은 주로 취락이 입지되거나 밭으로 이용되며, 배후 습지는 배수 시설을 갖춘 후 논으로 이용된다.

오답 피하기 ㄴ. 우리나라에는 오랜 침식으로 인해 고도가 낮은 산지가 많아 경사가 급변하는 부분이 적어 선상지의 발달이 미약하다.

ㄹ. 배후 습지는 자연 제방보다 퇴적물의 입자 크기가 작고 투수성이 낮다.

07 해안 지형의 특징

A는 사빈, B는 해안 사구, C는 해식애, D는 석호, E는 사주이다. ② 사주(E)는 파랑과 연안류에 의해서 운반된 물질이 퇴적되어 형성된 좁고 긴 모래 둑이다.

선택지 바로 보기

① D의 물은 농업용수 및 식수로 사용할 수 있다. (×)
→ 석호(D)의 물은, 염도가 높아 농업용수 및 식수로 사용할 수 없다.

② E는 파랑과 연안류의 퇴적 작용으로 형성되었다. (○)
→ 사주(E)는 파랑과 연안류의 퇴적 작용으로 형성되었다.

③ A는 C보다 파랑의 에너지가 집중된다. (×)
→ 사빈(A)은 해식애(C)와 달리 파랑의 에너지가 분산되는 만에서 발달한다.

④ B는 A보다 퇴적물의 평균 입자 크기가 크다. (×)
→ 해안 사구(B)는 사빈(A)의 모래가 바람에 날려 퇴적된 언덕으로, 사빈보다 퇴적물의 입자 크기가 작다.

⑤ A와 E는 조류의 퇴적 작용으로 형성되었다. (×)
→ 사빈(A)과 사주(E)는 파랑과 연안류의 퇴적 작용으로 형성되며, 조류의 퇴적 작용으로 형성되는 지형은 갯벌이다.

1주 누구나 합격 전략

Book 1 32~33쪽

01 ④   02 ④   03 ⑤   04 ④   05 ③   06 ③
07 ⑤   08 ⑤

01 우리나라 영역의 특징

A는 한중 잠정 조치 수역, B는 배타적 경제 수역, C는 영해, D는 한일 어업 협정에 의해 설정된 한일 중간 수역이다.

오답 피하기 ㄱ. A는 한중 잠정 조치 수역으로 우리나라의 종합 해양 과학 기지가 없다. 우리나라의 종합 해양 과학 기지는 이어도에 위치한다.

ㄷ. 영해(C) 중 동해, 제주도, 울릉도, 독도, 마라도에서는 통상 기선, 서·남해안은 직선 기선을 적용하여 영해를 설정한다.

02 대동여지도의 특징

대동여지도는 목판본으로 제작되어 대량 생산이 가능하고, 분첩 절첩식으로 휴대하기가 편리하다. 또한, 지도표를 사용하여 좁은 지도에 지리 정보를 담을 수 있는 장점이 있다.

오답 피하기 ㄷ. 우리나라 최초로 축척을 사용한 지도는 정상기의 동국지도로, 백리척을 사용하였다.

03 조선 시대 지리지의 특징

(가)는 조선 전기, 국가에서 제작한 『신증동국여지승람』으로 관찬 지리지, (나)는 조선 후기, 이중환이 제작한 『택리지』로 사찬 지리지이다. 관찬 지리지는 국가 통치를 목적으로 제작되었고, 백과사전식으로 서술되었다. 사찬 지리지는 특정 주제를 종합적·체계적으로 서술하였으며 조선 후기 실학사상의 영향을 받아 제작되었다. ⑤ 사찬 지리지는 개인의 주관적 견해가 많이 담겨 있다.

04 최후 빙기의 기후 및 특징

(가) 시기는 최후 빙기에 빙하가 최대로 확장되었던 시기이다. 따라서 (가) 시기의 기후는 한랭 건조하여 산지의 식생 밀도가 낮아졌으며, 하천 상류에서는 유량이 적어 퇴적 작용이 활발하였다.

오답 피하기 ㄱ. 해수면이 하강하여 육지 면적이 최대가 되었다.

ㄷ. 최후 빙기 때는 하천의 길이가 길고 날씨가 춥기 때문에 물리적 풍화 작용이 활발하였다.

05 한반도 지체 구조의 특징

(가)는 고생대에 형성된 지체 구조, (나)는 신생대에 형성된 지체 구조이다. ㄱ은 신생대 제3기 말~4기 초 화산 폭발로 형성된 화산 지형, ㄴ은 고생대에 형성된 평남 분지와 옥천 습곡대, ㄷ은 중생대의 대규모 지각 변동으로 전국적으로 관입한 화강암이다. 따라서 (가)는 ㄴ, (나)는 ㄱ이다.

06 자유 곡류 하천의 유로 변경 과정

그림은 자유 곡류 하천에서 유로 변경 과정을 나타낸 것이다. 평야 위를 흐르는 자유 곡류 하천은 측방 침식으로 인한 유로 변경이 활발한 반면, 산지 사이를 흐르는 감입 곡류 하천은 상대적으로 하방 침식이 활발하여 유로 변경이 활발하지 않다. 자유 곡류 하천에서 침식 작용이 활발한 만곡부는 시간이 지나면 절단되어 우각호가 형성된다. 자료의 A는 침식 사면, B는 퇴적 사면이다.

오답 피하기 ㄴ. 하천의 수심은 유속이 빠른 침식 사면(A) 쪽이 퇴적 사면(B) 쪽보다 깊다.
ㄷ. 우각호는 시간이 지날수록 규모가 축소된다.

07 선상지와 삼각주의 특징

(가)에는 선상지, (나)에는 삼각주의 수치가 높은 항목이 들어가야 한다. 선상지는 하천의 상류에, 삼각주는 하천의 하구에 형성된다. 따라서 선상지는 삼각주에 비해 평균 해발 고도가 높고, 퇴적물의 평균 입자 크기가 크며, 삼각주는 선상지에 비해 퇴적물의 원마도가 높다.

08 해안 단구의 특징

지도의 A 지형은 해안 단구에 해당한다. 단구면에서는 과거 바닷가에 퇴적되었던 둥근 자갈과 모래로 된 퇴적층을 볼 수 있다.

오답 피하기 ① 조차가 큰 곳에서 발달하는 지형은 갯벌이다.
② 해안 단구는 지반의 융기, 해수면의 하강으로 현재의 해수면보다 높은 고도에 나타나는 지형이다.
③ 주로 취락, 교통로, 밭 등으로 이용된다.
④ 빗물과 지하수의 용식 작용으로 카르스트 지형이 형성된다.

더 알아보기+ 해안 단구의 특징

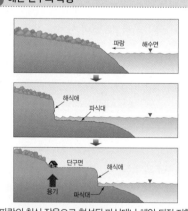

해안 단구는 파랑의 침식 작용으로 형성된 파식대나 해안 퇴적 지형이 지반 융기 또는 해수면 하강으로 육지로 드러난 계단 모양의 지형이다. 과거 바닷물의 영향을 직접 받았던 곳으로 둥근 자갈과 모래가 발견되기도 한다. 해안 단구의 단구면은 지형이 평탄하므로 농경지, 교통로 등으로 이용되거나 취락이 형성된다.

1주 창의·융합·코딩 전략

Book 1 34~37쪽

| 1 ① | 2 ① | 3 ③ | 4 ② | 5 ③ | 6 ⑤ |
| 7 ② | 8 ⑤ | 9 ② | 10 ③ | | |

1 우리나라의 영역

우리나라의 영해는 동해안의 대부분과 울릉도, 독도, 제주도, 마라도에 통상 기선 12해리가 적용되고, 서·남해안은 직선 기선 12해리가 적용된다. 대한 해협은 일본과의 거리가 가까워 직선 기선 3해리가 적용된다.

오답 피하기 ㄷ. 서해안에서 간척 사업을 하면 영토는 확대될 수 있지만 영해의 범위는 변화하지 않는다.
ㄹ. 영해는 해당 국가의 정치·경제적 주권이 미치는 범위이기 때문에 해양 조사 및 측량을 위한 외국 선박의 출입은 제한된다.

2 주요 섬의 위치와 특징

(가)는 독도, (나)는 마라도, (다)는 울릉도이다.

선택지 바로 보기

ㄱ. (가)는 (나)보다 우리나라의 표준 경선과 가깝다. (○)
→ 우리나라의 표준 경선은 135°로, 독도(가)가 마라도(나)보다 가깝다.
ㄴ. (나)는 (다)보다 연평균 기온이 높다. (○)
→ 우리나라 최남단에 위치한 마라도(나)는 울릉도(다)보다 연평균 기온이 높다.
ㄷ. (다)는 (가)보다 일출 시각이 이르다. (×)
→ 우리나라 최동단에 위치한 독도(가)가 울릉도(다)보다 일출 시각이 이르다.
ㄹ. (가), (나), (다) 모두 직선 기선을 적용하여 영해를 설정한다. (×)
→ 독도(가), 마라도(나), 울릉도(다)는 통상 기선을 적용하여 영해를 설정한다.

3 고지도의 특징

(가)는 혼일강리역대국도지도, (나)는 대동여지도이다.

선택지 바로 보기

ㄱ. (가)는 신대륙을 포함하고 있다. (×)
→ 혼일강리역대국도지도(가)는 아시아, 유럽, 아프리카가 그려져 있다.
ㄴ. (나)는 민간 주도로 제작되었다. (○)
→ 대동여지도(나)는 조선 후기 김정호에 의해 제작되었다.
ㄷ. (가)는 (나)보다 제작 시기가 이르다. (○)
→ 혼일강리역대국도지도(가)는 조선 전기, 대동여지도(나)는 조선 후기 제작되었다.
ㄹ. (가), (나) 모두 중화사상이 반영되었다. (×)
→ 혼일강리역대국도지도(가)는 중화사상이 반영되었지만, 대동여지도(나)는 중화사상이 반영되어 있지 않다.

4 통계 지도의 특징

충청권 지역으로 인구의 이동을 표현하기에 가장 적합한 통계 지도는 유선도이다. ② 유선도는 통곗값을 화살표의 방향과 굵기로 나타낸 것으로, 사람과 물자의 이동을 표현할 때 적합하다.

5 대동여지도의 특징

여행 기록을 보고 대동여지도에서 지칭하는 내용이 무엇인지 파악하는 문항이다. (가)는 두 고을 간의 거리가 80리이고, 고산성과 봉수가 가까이 있고 성곽이 있는 읍치이므로 B이다. (나)는 북쪽에 배가 다닐 수 있는 하천이 있는 것으로 A이다. (다)는 역참, 봉수와의 거리가 채 10리가 되지 않는 것으로 보아 C이다. 따라서 (가)는 B, (나)는 A, (다)는 C이다.

6 지역 조사 과정

지리 정보 중 공간 정보는 어떤 장소나 지역의 위치나 형태를 나타내는 정보이다. 고등학교별 주소는 위치를 나타낸 정보로 공간 정보에 해당한다. 지리 정보의 수집에서 인터뷰, 설문, 면담, 관찰 등은 야외 조사에 해당한다. 단계 구분도는 지역별 통곗값을 단계별로 구분하여 색이나 음영으로 나타낸 지도로 지역별 통학 인구 비율을 표현하기에 가장 적합한 통계 지도이다.

오답 피하기 ㄱ. 고등학교별 학생들의 거주지 분포는 점묘도로 표현하는 것이 가장 적합하다.

7 한반도의 암석 분포

(가)는 석회암, (나)는 화강암이고, A는 석회동굴, B는 흙산, C는 주상 절리, D는 돌산의 모습이다. 석회암은 고생대 초기 형성된 조선 누층군에 주로 분포하며 이 지역에서는 석회암이 빗물과 지하수에 의해 용식되어 형성된 석회동굴을 볼 수 있다. 화강암은 중생대 마그마 관입으로 형성되었으며 돌산의 기반암을 이룬다.

오답 피하기 B. 흙산의 기반암은 시·원생대 형성된 편마암이다.
C. 주상 절리는 화산 활동으로 분출된 용암이 굳는 과정에서 형성된 지형이다.

8 한반도 지각 변동의 특징

(가)는 신생대 제3기 말∼제4기 초 화산 활동, (나)는 중생대 초기 송림 변동, (다)는 중생대 중기 대보 조산 운동이다. 중생대 대보 조산 운동의 결과 화강암이 관입되었고, 돌산의 주요 기반암을 이룬다.

오답 피하기 ㄱ. 1차 산맥은 신생대 제3기 경동성 요곡 운동의 결과 형성되었다.
ㄴ. 고위 평탄면과 하안 단구는 신생대 제3기 경동성 요곡 운동의 결과 형성되었다.

9 하천 지형의 특징

지도의 A는 하안 단구, B는 퇴적 사면, C는 우각호, D는 범람원(배후 습지)이다. 하안 단구는 하천 중·상류에 발달하는 지형으로 과거 하천 바닥이나 범람원이 지반의 융기나 해수면의 하강으로 현재의 하천보다 높은 고도에 나타나는 계단상의 지형이다. 우각호는 과거 자유 곡류 하천의 본류의 일부로 곡류에서 떨어져 나온 소뿔 모양의 호수를 일컫는다.

10 해안 지형의 특징

A는 해식애, B는 파식대로 파랑의 침식 작용으로 형성되며, 주로 파랑의 에너지가 집중되는 곳에서 형성된다. C는 후빙기 해수면 상승으로 형성된 만 입구에 사주가 가로막아 형성된 석호, D는 파랑과 연안류에 의해 운반된 물질이 퇴적되어 형성된 사주이다. ㄴ. 파식대(B)는 해식애(A)가 후퇴하면서 확대된다. ㄷ. 석호(C)로 흘러드는 하천 운반 물질에 의해서 석호(C)의 규모는 점차 축소된다.

오답 피하기 ㄱ. 해식애(A)는 곶에서 주로 볼 수 있다.
ㄹ. 사주(D)는 파랑과 연안류에 의해서 운반된 물질이 퇴적되어 형성된 지형이다.

정답과 해설

 2주 Ⅱ. 지형 환경과 인간 생활 ② ~
Ⅳ. 거주 공간의 변화와 지역 개발 ①

2주 1일 개념 돌파 전략 ①

Book 1 40~43쪽

3강_지형 환경과 인간 생활 ② ~ 기후 환경과 인간 생활 ①

|40쪽| 개념 ❶ 기생 화산   개념 ❷ 높새바람
　　　개념 ❸ 그루갈이
|41쪽| 01-1 ④   02-1 ②   03-1 터돋움집

4강_기후 환경과 인간 생활 ② ~ 거주 공간의 변화와 지역 개발 ①

|42쪽| 개념 ❶ 열대   개념 ❷ 도시 체계   개념 ❸ 부도심
|43쪽| 01-1 ②   02-1 종주 도시화 현상
　　　03-1 위성 도시

2주 1일 개념 돌파 전략 ②

Book 1 44~45쪽

1 ⑤　2 ②　3 ①　4 ①　5 ④

1 기생 화산의 특징

다랑쉬오름, 용눈이오름이 보이는 것으로 보아 지도에 나타난 지역은 제주도이다.
⑤ 기생 화산은 소규모 용암 분출이나 화산 쇄설물에 의해 형성된 작은 화산체로 측화산, 오름이라고도 부른다.

오답 피하기 ① 테라로사는 석회암이 용식된 후 남은 물질들이 산화되어 형성된 붉은색의 토양이다.
② 지도에 나타난 지역은 제주도의 한 지역이다.
③ 지도에 나타난 지역은 제주도로, 고생대 조선 누층군에는 석회암이 주로 분포한다.
④ 빗물에 석회암이 용식되어 나타나는 지형은 카르스트 지형이다.

2 카르스트 지형의 특징

지도는 카르스트 지형이 나타나는 곳으로, 석회암이 빗물이나 지하수의 용식 작용을 받아 형성된다.
ㄱ. 카르스트 지형은 배수가 잘 이루어져 밭농사가 발달한다.
ㄷ. 카르스트 지형의 기반암은 석회암으로 시멘트 공업의 원료로 이용된다.

오답 피하기 ㄴ. 유동성이 작고 점성이 큰 조면암은 제주도나 울릉도 일대에서 볼 수 있다.
ㄹ. 한탄강 주변 지역은 화산 지형으로 지도의 지역과는 관련이 없다.

3 우리나라 계절의 특징

우리나라의 여름에는 남고북저형의 기압 배치를 보인다.
① 여름에는 대류성 강수인 소나기가 빈번하게 나타난다.

오답 피하기 ② 우리나라의 여름은 다른 계절에 비해 기온의 일교차가 상대적으로 작은 편이다.

③ 1년 중 산불 발생 빈도가 가장 높은 계절은 봄이다.
④ 한랭 건조한 북서풍이 부는 계절은 겨울이다.
⑤ 꽃샘추위와 황사가 나타나는 계절은 봄이다.

4 도시와 촌락의 특징 비교

(가)는 구리시, (나)는 가평군이다. 구리시는 서울과 인접한 도시 지역, 가평군은 서울과 거리가 먼 촌락에 해당한다. 상업지의 평균 지가가 낮은 곳은 촌락이며, 토지를 조방적으로 이용하는 지역은 촌락이다.

오답 피하기 ㄷ. 촌락은 도시보다 2·3차 산업에 종사하는 비율보다 1차 산업에 종사하는 비율이 높다.
ㄹ. 재화와 서비스를 제공하는 중심지 역할을 하는 곳은 도시이다.

5 대도시권의 공간 구조

대도시권은 기능적으로 상호 밀접한 관계를 갖는 대도시와 그 주변 지역으로, 대도시를 중심으로 일상적인 생활이 이루어지는 범위이다. A는 위성 도시, B는 중심 도시, C는 교외 지역, D는 배후 농촌 지역이다.

선택지 바로 보기

① B는 도시 내부 구조의 분화가 뚜렷하다. (○)
→ B는 중심 도시로 도시 내부 구조의 분화가 뚜렷하다.
② C는 도시 경관과 촌락 경관이 혼재되어 있다. (○)
→ 교외 지역은 초기에 농촌 경관이 우세하였지만 시간이 지나면서 도시적 경관이 증가하게 되어 도시 경관과 촌락 경관이 혼재된 모습이 나타난다.
③ A는 B의 기능을 분담하는 위성 도시이다.(○)
→ 위성 도시는 대도시의 기능을 분담하는 도시이다.
④ C는 D보다 주간 인구 지수가 높다. (×)
→ 대도시에서 중심 도시와 가까운 교외 지역은 중심 도시로 출근하는 비율이 높으므로 배후 농촌 지역보다 주간 인구 지수가 낮다.
⑤ D의 범위는 교통이 발달하면 확대될 수 있다. (○)
→ 배후 농촌 지역은 중심 도시로의 최대 통근 가능 지역으로 교통이 발달하면 확대된다.

12 내신전략 • 한국지리

2주 2일 필수 체크 전략 ①

Book 1 46~49쪽

1-1 용암 대지 1-2 기생 화산 2-1 ⑤ 2-2 ③
3-1 ㉠-냉·온대 ㉡-대륙성 3-2 높새바람
4-1 (가) – C, (나) – D, (다) – A, (라) – B 4-2 ⑤

1-1 용암 대지의 특징

용암 대지는 현무암질 용암이 열하 분출하여 당시의 골짜기나 분지를 메워 형성된 지형이다.

> **더 알아보기⁺ 한탄강 용암 대지**
>
>
> ▲ 용암 대지 모식도
>
> 한탄강이 흐르는 철원·평강, 연천 일대의 용암 대지는 현무암질 용암이 하곡을 메워 형성되었다. 용암 대지는 하천을 비롯한 여러 작용으로 운반된 물질들이 쌓여 평야를 이루었으며, 주변의 수리 시설을 활용하여 벼농사가 이루어지고 있다. 한탄강 주변에는 주상 절리 등과 같은 화산 지형을 볼 수 있다.

1-2 기생 화산의 특징

소규모 용암 분출이나 화산 쇄설물에 의해 형성된 작은 화산체를 기생 화산이라고 하며, 제주도에서는 오름 또는 악이라고 부른다.

2-1 카르스트 지형

석회암이 주성분인 탄산 칼슘이 빗물이나 지하수의 용식 작용을 받아 형성된 카르스트 지형에서는 돌리네, 석회동굴, 석회암 풍화토(테라로사) 등을 볼 수 있다.
⑤ 주상 절리는 현무암이 식으면서 형성된 다각형 기둥 형태의 절리로, 화산 지형에서 주로 나타난다.

2-2 석회암 풍화토

석회암이 용식된 후 남은 철분 등이 산화되어 형성된 붉은색의 토양을 테라로사라고 한다. 테라로사는 배수가 잘 이루어져 논농사보다 밭농사가 잘 이루어진다.

3-1 우리나라의 기후 특성

중위도 지역은 열 교환이 활발해 사계절이 뚜렷하게 나타나는데, 이는 냉·온대 기후의 특성에 해당한다. 또한 우리나라는 대륙 동안에 위치해 계절풍이 불고, 기온의 연교차가 큰 대륙성 기후가 나타난다.

3-2 높새바람의 특징

높새바람은 오호츠크해 기단이 세력을 확장하는 늦봄~초여름에 부는 바람으로, 저온 습윤한 바람이 푄 현상의 영향으로 태백산맥을 넘으면서 고온 건조한 바람으로 바뀌게 되는데, 이러한 바람을 높새바람이라고 한다. 높새바람은 영서 지방과 경기 지방에 이상 고온 현상이나 가뭄 피해를 일으키며, 영동 지방에 냉해 피해를 주기도 한다.

> **더 알아보기⁺ 푄 현상의 원리와 영향**
>
>
> ▲ 높새바람 모식도
>
> 초여름 영서 지방에 가뭄을 초래하는 높새바람은 푄 현상의 대표적인 예이다. 포화되지 않은 공기의 기온은 고도가 100m 상승할 때 1℃정도 낮아지며, 포화된 다음부터는 0.5℃정도 낮아진다. 산지를 넘은 이후에는 100m 하강할 때 기온이 1℃정도 높아지므로 산지를 넘어간 공기는 산지를 넘기 전보다 고온 건조해진다. 푄 현상의 영향으로 영서 지방은 기온이 높고 건조하지만 영동 지방은 기온이 낮고 습윤하다.

4-1 기후 요소의 분포

지도의 A는 서울, B는 대전, C는 대구, D는 목포이다. 서울, 대전, 대구, 목포 중에서 서울은 고위도 내륙에 위치하므로 기온의 연교차가 가장 크다. 따라서 (다)는 서울이다. 대구는 연 강수량이 가장 적기 때문에 (가)는 대구이다. 대전과 목포 중에서 목포가 저위도 해안에 위치해 기온의 연교차가 더 작으므로 (나)는 목포이다. 따라서 (라)는 대전이다. 목포는 지형적 장애가 없어 호남 지방에서 연 강수량이 적은 편에 속한다.

4-2 우리나라의 연 강수량 분포

우리나라의 연 강수량은 약 1,200~1,300mm로 많은 편이지만 강수의 계절 차가 크고 강수의 연 변동도 크다. 또 강수 분포의 지역 차도 풍향과 지형의 영향으로 큰 편이다.
⑤ 대동강 하류 일대는 상승 기류가 발생하기 어려운 평야 지역으로 강수량이 적다.

오답 피하기 ① 청진 일대 지역은 우리나라의 소우지 중 하나이다. 따라서 청진은 평양보다 강수량이 적다.
② 남해안 일대는 우리나라의 다우지 중 하나이다.
③ 지도의 강수량 분포를 보면 호남은 영남에 비해 연 강수량이 많은 편에 속한다.
④ 영남 내륙 일대는 분지 지역으로 대표적인 소우지이다.

2주 2일 필수 체크 전략 ②
Book 1 50~51쪽

| 1 ⑤ | 2 ③ | 3 ① | 4 ② | 5 ④ | 6 ② |

1 제주도의 화산 지형
제주도는 신생대 제3기 초~4기 말에 여러 차례의 화산 활동으로 형성된 우리나라의 대표적인 화산 지형이다. 한라산의 정상부에는 화구호인 백록담이 있으며, 제주도에는 유동성이 큰 용암이 흘러 지나간 자리에 형성된 용암동굴과 오름으로 불리는 기생 화산, 주상 절리 등 다양한 화산 지형들이 형성되어 있다.
⑤ 용천대는 지하수를 얻을 수 있는 해안 저지대에 위치한다.

2 카르스트 지형의 특징
지도에 나타난 지역의 지형은 석회암의 주성분인 탄산 칼슘이 빗물이나 지하수의 용식 작용을 받아 형성된 지형이다.

선택지 바로 보기

① 갑-벼농사가 활발히 이루어져요. (×)
→ 카르스트 지형은 배수가 잘되기 때문에 벼농사보다는 밭농사가 주로 이루어진다.
② 을-용암 대지가 넓게 펼쳐져 있어요. (×)
→ 용암 대지는 현무암질 용암이 열하 분출하여 당시의 골짜기나 분지를 메워 형성된 지형이다. 우리나라에서는 개마고원 일대나 철원·평강, 연천 일대에서 볼 수 있다.
③ 병-물에 의해 용식된 지형들을 볼 수 있어요. (○)
→ 카르스트 지형은 빗물이나 지하수의 용식 작용을 받아 형성된 지형이다.
④ 정-세계 자연 유산에 등재된 동굴을 볼 수 있어요. (×)
→ 세계 자연 유산에 등재된 동굴은 제주도에 있는 거문오름 용암동굴계이다.
⑤ 무-화산 쇄설물에 의해 형성된 화산체를 볼 수 있어요. (×)
→ 화산 쇄설물에 의해 형성된 화산체는 기생 화산으로, 제주도에서 주로 볼 수 있다.

3 제주도와 철원 일대 지역 화산 지형의 특징 비교
A, B가 포함된 지역은 제주도이며, C, D, E가 포함된 지역은 한탄강 일대 지역이다.
① A, B가 포함된 지도는 오름이 있는 것으로 보아 제주도이며, A는 기생 화산의 소규모 분화구에 해당한다. 화구의 함몰로 형성된 칼데라는 백두산 천지의 칼데라호, 울릉도 나리 분지의 칼데라 분지에서 잘 나타난다.

오답 피하기 ② B는 점성이 작은 용암이 분출한 후 굳어서 만들어진 완만한 경사로이다.
③ C는 용암 대지가 형성되기 이전의 산지로서 변성암으로 이루어진 경우가 많다.
④ D는 주상 절리로 이루어진 수직 절벽이다. 용암 대지가 형성된 후 한탄강이 골짜기를 길게 파면서 하천 양안에 절벽이 발달하게 되었다.
⑤ E는 한탄강 범람으로 형성된 충적층으로, 논농사가 활발하게 이루어진다.

4 우리나라의 영향을 주는 주요 기단의 특징
A는 시베리아 기단으로, 주로 겨울에 영향을 미친다. B는 오호츠크해 기단으로 주로 늦봄에서 초여름에 영향을 미친다. C는 북태평양

기단으로 주로 여름에 영향을 미친다. 시베리아 기단은 한랭 건조하여 한파와 꽃샘추위, 삼한 사온 등에 영향을 미친다. 오호츠크해 기단은 높새바람을 발생시키며 여름철 냉해 등에 영향을 준다. 북태평양 기단은 무더위, 열대야, 장마 전선 등에 영향을 준다.

5 중위도 대륙 동안과 서안의 기후 차이
런던은 중위도 대륙 서안에 위치하는 도시로 연중 바다에서 불어오는 편서풍의 영향을 받고 연안에는 난류가 흘러 연중 강수량이 고르고 기온의 연교차가 작다. 서울은 대륙의 동안에 위치하는 도시로 겨울에는 시베리아 기단에서 불어오는 차가운 북서 계절풍의 영향을 받아 춥고 건조하며, 여름에는 북태평양 기단에서 불어오는 고온 다습한 남서 계절풍의 영향을 받아 덥고 습하다. 서울은 런던보다 연 강수량이 많고, 기온의 연교차가 크며, 여름 강수 집중률이 높다.

오답 피하기 ㄹ. 최한월 평균 기온은 런던이 서울보다 높다.

6 우리나라 바람의 특징
우리나라는 계절에 따라 풍향과 성질이 달라지는 계절풍의 영향을 많이 받는다. 여름에는 북태평양에서 발달한 고기압의 영향으로 고온 다습한 남서·남동풍이 주로 분다. 겨울에는 시베리아에서 발달한 고기압의 영향으로 한랭 건조한 북서풍이 주로 분다. 따라서, (가)는 북서풍이 탁월하므로 겨울철(1월)이고, (나)는 상대적으로 남서풍의 빈도가 높으므로 여름철(7월)이다.
② (가) 시기는 겨울철(1월)으로 서고북저형의 기압 배치가 나타난다.

오답 피하기 ① (가) 시기는 겨울로 북서풍의 발생 빈도가 높다.
③ (나) 시기는 여름으로 해양성 기단의 영향을 주로 받는다. 대륙성 기단은 겨울에 영향을 미친다.
④ 폭설, 대설과 같은 자연재해는 겨울철(가)에 많이 발생한다.
⑤ 여름철(나)보다 겨울철(가)에 난방용 전력 소비량이 많다.

2주 3일 필수 체크 전략 ①
Book 1 52~55쪽

1-1 ④	1-2 ①	2-1 A-태풍, B-호우, C-대설, D-지진
2-2 ②	3-1 ⑤	3-2 ④	4-1 A-지역 분화, B-집심
4-2 개발 제한 구역			

1-1 지구 온난화가 우리나라에 미친 영향
지구 온난화가 가속화되면서 우리나라에서는 여름의 기간은 길어지고, 겨울의 기간은 짧아지고 있다. 또한 열대야, 열대일 등의 발생 빈도가 증가하며 농작물의 재배 북한계선 및 재배 적지가 북상하는 등의 현상이 발생하고 있다.
④ 지구 온난화가 가속화되면서 병충해 및 열대성 질병의 발생 빈도는 점점 증가하고 있다.

오답 피하기 ① 기온이 상승하기 때문에 냉대림의 분포 면적은 축소된다.
② 지구 온난화로 인해 한반도의 여름은 길어지고, 겨울은 짧아지고 있다.
③ 기온 상승으로 인해 봄과 여름의 시작 시기가 점점 빨라지고 있다.
⑤ 지구 온난화로 농작물의 북한계선 및 재배 적지가 점점 북상하고 있다.

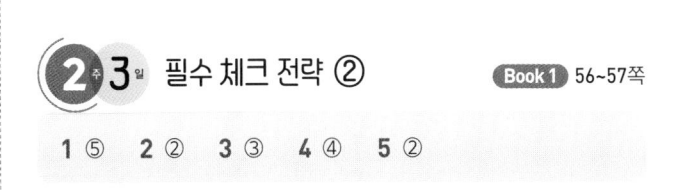

우리나라의 지난 100년간 연평균 기온은 세계 평균 상승값인 약 0.74℃의 2배 이상인 약 1.7℃ 상승하였다. 또한 열대야·열대일 등은 발생 빈도가 증가하고 있지만 한파일,
서리일 등은 발생 빈도가 감소 추세에 있다.

1-2 국제 환경 협약

기후 변화에 대응하기 위해 국제 사회는 1992년 기후 변화 협약을 시작으로 지금까지 다양한 노력을 하고 있다.

① 선진국에만 온실가스 감축 의무를 부과한 교토 의정서의 한계를 극복하기 위해 2015년 파리 협정이 채택되었다.

오답 피하기 ② 교토 의정서는 1997년 온실가스 감축에 대한 문제를 결정하였다.

③ 람사르 협약은 습지와 습지의 자원을 보전하기 위한 국제 환경 협약이다.
④ 기후 변화 협약은 브라질 리우데자네이루에서 1994년에 발효된 협약으로 세계 국가들이 기후 변화 방지를 위해 노력하겠다는 원칙을 담고 있다.
⑤ 몬트리올 의정서는 오존층 파괴 물질에 대한 규제를 목적으로 하는 국제 협약이다.

2-1 자연재해의 도별 피해액

A는 전남을 비롯한 남부 지방에서 피해액이 많은 태풍이다. B는 여름철 강수 집중률이 높은 한강 수계에 위치한 경기의 피해액이 많은 것으로 보아 호우이다. C는 강원의 피해액이 가장 많은 대설이다. D는 경북을 비롯한 특정 지역에서만 피해액이 많은 것으로 보아 지진이다.

2-2 태풍의 특징

지도는 태풍의 이동 방향을 나타낸 지도이다. 태풍은 중심 부근의 최대 풍속이 17m/s 이상으로 바람의 의한 피해가 크며, 강풍과 많은 비를 동반하여 풍수해를 유발하기도 한다. 또한 태풍 진행 방향의 오른쪽 반원은 태풍의 중심을 향해 불어 들어오는 바람과 편서풍이 부는 방향이 일치하는 위험 반원으로, 위험 반원에 속한 남부 지방이 중부 지방보다 태풍의 피해액이 크다.

오답 피하기 ② 태풍은 기상적 요인에 따른 자연재해이며, 지형적 요인에 따른 자연재해는 지진, 화산 폭발 등이 있다.

3-1 중심지 이론의 특징

중심지 이론은 중심지의 계층 구조와 분포에 관한 이론으로 중심지는 주변 지역에 재화와 서비스를 제공하는 지역이며, 중심지로부터 재화와 서비스를 제공받는 지역을 배후지라고 한다. 중심지 이론에서는 대도시와 중소 도시 간의 공간 관계를 중심지의 계층 구조라고 한다.

오답 피하기 ㄱ. 소도시는 대도시보다 배후지가 좁다.
ㄴ. 대도시는 고차 중심지, 소도시는 저차 중심지에 해당한다.

3-2 고차 중심지와 저차 중심지 간의 비교

지도의 A는 강원도에서 상대적으로 고차 중심지인 춘천, B는 상대적으로 저차 중심지인 평창이다.

④ 저차 중심지는 중심지 간 거리가 가깝다.

오답 피하기 ① 저차 중심지(B)에 비해 고차 중심지(A)는 중심지 수가 적다.
② 고차 중심지(A)는 대도시, 저차 중심지(B)는 소도시에 해당한다.
③ 고차 중심지(A)는 저차 중심지(B)에 비해 중심지 기능이 많다.
⑤ 평창은 저차 중심지의 특징을 가지고 있다.

4-1 지역 분화 현상

지역 분화는 도시가 성장하고 기능이 다양해지면서 도시 내부가 기능에 따라 여러 지역으로 나뉘는 현상을 말한다. 지역 분화는 소도시보다 대도시에서 뚜렷하게 나타나며 지역 분화의 결과 상업 지역, 공업 지역, 주거 지역 등이 형성된다. 지역 분화 과정은 상업·업무 기능 등이 도심으로 집중하는 집심 현상과 주거·공업 기능 등이 도심에서 주변 지역으로 이동하는 이심 현상으로 나뉜다.

접근성	• 통행이 발생한 지역으로부터 특정 지역이나 시설로 접근할 수 있는 가능성 • 위치, 거리, 교통의 편리성, 통행 시간 등의 영향을 받음. • 교통이 편리한 지역이 접근성이 높으며, 도시 중심부가 주변 지역에 비해 높음.
지대	• 토지 이용을 통해 얻을 수 있는 수익 또는 타인의 토지를 이용하고 지불해야 하는 비용 • 접근성이 높을수록 지대가 높아지는 경향이 나타남.
지가	• 토지의 가격 • 접근성과 지대가 높은 도심과 교통 결절 지역에서 높게 나타남.

4-2 개발 제한 구역의 특징

지도의 A는 개발 제한 구역에 해당한다. 개발 제한 구역은 녹지를 보존하고 도시의 무질서한 팽창을 막기 위해 1971년부터 대도시 주변을 중심으로 지정되었다.

2주 3일 필수 체크 전략 ② Book 1 56~57쪽

1 ⑤   2 ②   3 ③   4 ④   5 ②

1 주요 자연재해의 특징

흙이 비처럼 떨어졌다는 내용을 통해 (가)는 황사임을 알 수 있다. 큰 바람이 불어 기와가 날아가고 나무가 뽑혔다, 큰 바람이 불어 나무가 부러지고 벼가 쓰러졌다는 내용을 통해 (나)는 태풍이라는 것을 알 수 있다.

ㄴ. 황사는 대기 중 먼지 농도를 높여 항공 교통의 장애를 유발한다.
ㄷ. 태풍은 열대 해상에서 발생하여 강풍과 폭우를 동반한다.
ㄹ. 황사는 중국 내륙의 흙먼지가 편서풍을 타고 우리나라로 이동해 오며, 태풍은 열대 해상에서 발생해 중위도 부근에서 편서풍의 영향을 받아 이동해 온다. 따라서 편서풍은 (가), (나)의 진행 방향에 모두 영향을 준다.

오답 피하기 ㄱ. 장마 전선이 정체할 때 발생하는 자연재해는 호우이다.

2 서울의 계절 시작일과 종료일 변화

그래프는 서울의 계절 시작일과 종료일 변화를 나타낸 것이다. 이를 통해 서울의 여름의 기간은 길어지지만 겨울의 기간은 짧아질 것이라는 것을 예측할 수 있다. 또한 봄과 여름의 시작일은 앞당겨지지만 가을과 겨울의 시작일은 늦추어질 것이다.

ㄱ. 1920년대 이후 겨울의 기간이 점차 줄어들고 있는 것을 알 수 있다.

ㄷ. 1990년대의 여름 종료일은 9월 27일이지만, 2040년대의 여름 종료일은 10월 2일로 1990년대에 비해 늦어질 것이다.

오답 피하기 ㄴ. 1920년대의 여름 시작일은 6월 3일이고, 1990년대의 여름 시작일은 5월 24일이다. 따라서 1920년대의 여름 시작일은 1990년대보다 늦었음을 알 수 있다.

ㄹ. 2090년대에는 여름이 다른 시기보다 길어졌음을 알 수 있다. 하지만 여름의 기간이 봄, 가을, 겨울을 합친 것보다 길지 않다.

3 도시와 촌락의 특징 이해

(가)는 춘천, 원주, 강릉 등 강원도에서 인구가 많고 도시적 특징이 잘 나타나는 지역이다. 반면 (나)는 철원, 고성, 홍천 등 인구가 적고 촌락의 특징이 나타나는 지역에 해당한다.

③ (나)는 촌락으로 도시에 비해 노년층 인구 비율이 높다.

오답 피하기 ① 촌락은 인구 밀도가 낮다.

② 촌락은 토지 이용이 조방적이다.

④ 촌락은 도시에 비해 1차 산업 종사자 수 비중이 높다.

⑤ 행정·상업 시설 등은 주로 도시에 밀집되어 있다.

4 우리나라 도시의 인구 규모와 순위

1975년 영남권 도시는 부산, 대구, 창원, 울산, 포항이고, 2015년 영남권 도시는 부산, 대구, 울산, 창원으로 1개가 감소하였다. 충청권 도시는 1975년, 2015년 모두 대전으로 그대로이다.

자료 분석

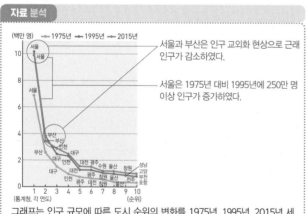

그래프는 인구 규모에 따른 도시 순위의 변화를 1975년, 1995년, 2015년 세 시기로 나누어 제시하였다. 이를 통해 시기별 도시 순위의 변화와 개별 도시의 인구 규모를 파악할 수 있다. 종주 도시화는 인구 규모 1위 도시의 인구가 2위 도시의 인구보다 두 배 이상인 현상을 말한다. 서울의 인구는 2위 도시인 부산 인구의 두 배 이상으로 종주 도시화 현상이 나타난다. 하지만 서울과 부산에서 인구 교외화 현상으로 근래 인구가 감소하였음을 알 수 있고 수도권 인근의 수원, 용인, 성남, 부천 등의 인구가 늘었음을 그래프를 통해 알 수 있다.

5 도시 내부 구조 이해

그림에서 A는 도심, B는 주변 지역이다. (가)에 해당되는 도심에서 높게 나타나는 항목에는 토지 이용 집약도, 대기업 본사 수 등이 있고, (나)에 해당되는 주변 지역에서 높게 나타나는 항목에는 초등학교 학생 수, 출근 시간대 순 유출 인구수, 거주자의 평균 통근 거리 등이 있다.

2주 4일 교과서 대표 전략 ①

Book 1 58~61쪽

대표 예제	1 ③	2 ①	3 ⑤	4 ③	5 ③
6 ③	7 ④	8 ②	9 ②	10 ④	11 ④
12 ③	13 ④	14 ⑤			

1 화산 지형의 특징

A는 백두산, B는 철원·평강 용암 대지, C는 울릉도, D는 제주도이다.

선택지 바로 보기

① A – 화구가 함몰된 후 물이 고여 형성된 칼데라호를 볼 수 있다. (○)
→ 백두산 천지에는 화구가 함몰된 후 물이 고여 형성된 칼데라호인 천지를 볼 수 있다.

② B – 유동성이 큰 현무암질 용암이 기존의 평야와 하천을 메워 형성된 지형을 볼 수 있다. (○)
→ 용암 대지는 유동성이 큰 현무암질 용암이 기존의 평야와 하천을 메워 형성된 지형이다.

③ C – 순상 화산으로 유네스코 세계 자연 유산으로 등재되어 있다. (×)
→ 울릉도는 점성이 큰 조면암질 용암이 분출하여 형성된 종상 화산이며, 유네스코 세계 자연 유산으로 등재되어 있지 않다. 순상 화산으로 유네스코 세계 자연 유산으로 등재된 곳은 한라산이다.

④ D – 배수가 양호하여 주로 밭농사가 이루어진다. (○)
→ 제주도는 기반암이 현무암으로 빗물이 땅속으로 잘 스며들기 때문에 지표수가 부족해 밭농사가 주로 이루어진다.

⑤ A~D는 화산 폭발로 형성된 화산 지형이다. (○)
→ A~D 지형은 신생대 제3기 말에서 제4기 초 화산 폭발로 형성되었다.

2 석회동굴과 용암동굴의 특징

(가)는 석회동굴, (나)는 용암동굴이다.

① (가)는 석회동굴이며, 석회동굴은 석회암이 빗물과 지하수의 용식 작용을 받아 형성된 동굴이다.

오답 피하기 ② (가)는 석회동굴이며, 석회동굴에서는 종유석과 석순 등을 볼 수 있다.

③ 제주도에 분포하는 용암동굴의 기반암은 주로 현무암이다.

④ (가)의 기반암인 석회암은 고생대, (나)의 기반암인 현무암은 신생대에 형성되었다.

⑤ 석회동굴(가) 인근의 토양은 석회암 풍화토로 붉은색이며, 용암동굴(나) 인근의 토양은 현무암 풍화토로 흑갈색이다.

3 울릉도 지형의 특징

울릉도는 수심 2,000m의 해저에서 여러 차례 분출하여 수면 위에 노출된 화산체이다. 울릉도는 종 모양의 종상 화산이며, 중앙에 칼데라 분지인 나리 분지가 있고, 분지 내부에서 용암이 분출하여 형성된 중앙 화구구인 알봉이 있는 이중 화산체이다.

① A에서는 벼농사가 활발하게 이루어진다. (×)
→ 지도의 A 지역은 칼데라 분지 지역으로 밭농사가 주로 이루어진다.
② A는 알봉 주변에 비해 경사가 급한 편이다. (×)
→ A 주변은 등고선의 간격이 넓은 것으로 보아 완만한 지형이지만, 알봉 주변은 등고선의 간격이 좁아 경사가 급한 편이다.
③ A는 석회암이 풍화된 검은색의 토양이 나타난다. (×)
→ 지도에 나타난 지역은 울릉도이다. 울릉도는 점성이 큰 조면암질 용암이 분출하여 형성된 화산 지형이다.
④ 우리나라 동쪽 끝에 위치한 섬이다. (×)
→ 우리나라 동쪽 끝에 위치한 섬은 독도이며, 지도의 지역은 울릉도이다.
⑤ 알봉은 칼데라 분지 내부에서 형성된 중앙 화구구이다. (○)
→ 알봉은 칼데라 분지인 나리 분지 내에서 화산이 분출하여 형성된 중앙 화구구이다.

4 카르스트 지형의 특징

지도에서 저하 등고선이 있는 것으로 보아 카르스트 지형이다.

① 흑갈색 풍화토가 분포한다. (×)
→ 흑갈색 풍화토는 현무암질 암석이 풍화되어 형성된 토양으로 주로 화산 지형에서 볼 수 있다. 카르스트 지형에서는 석회암이 빗물에 용식되어 남은 불순물이 산화되어 형성된 붉은색의 석회암 풍화토가 분포한다.
② 벼농사가 활발하게 이루어진다. (×)
→ 카르스트 지형에서는 절리가 발달해 배수가 필요기 때문에 벼농사에 불리하다.
③ 시멘트 공장을 주변에서 볼 수 있다. (○)
→ 카르스트 지형의 기반암은 석회암이다. 석회암은 시멘트 공업의 원료로 사용되기 때문에 카르스트 지형 주변에서는 시멘트 공장이 많이 분포한다.
④ 규모가 큰 용암동굴의 흔적을 볼 수 있다. (×)
→ 용암동굴은 화산 폭발로 만들어진 화산 지형에서 볼 수 있으며, 카르스트 지형에서는 지하로 흘러든 빗물로 석회암이 용식되어 형성된 석회동굴을 볼 수 있다.
⑤ 신생대 제3기 말에 형성된 화산 지형이 분포한다. (×)
→ 지도에 나타난 지형은 카르스트 지형이 나타난 지형으로 고생대 조선 누층군과 관련이 있다.

5 기후 요소와 기후 요인의 특징

기온, 강수, 바람, 습도 등과 같이 기후를 구성하는 대기 현상을 기후 요소라고 하며, 기후 요소에 영향을 미치는 요인을 기후 요인이라고 한다. 기후 요인은 지역 간 기후 차이를 유발한다.
③ 남부 지방은 북부 지방보다 저위도에 위치하기 때문에 태양 에너지를 많이 받아 기온이 높다.

① 산지 정상부로 갈수록 기온이 낮아지는 것은 해발 고도의 영향이다.
② 바다에서 내륙으로 갈수록 연교차가 커지는 것은 수륙 분포와 관련이 있다.
④ 사면에 따라 기온과 강수량의 지역 차가 발생하는 것은 지형의 영향이다.
⑤ 수심이 깊은 동해의 영향을 받는 동해안이 서해안보다 겨울이 기온이 높은 것은 해류의 영향 때문이다.

기후 요인의 종류

위도	• 위도에 따른 일사량 차이 • 저위도 지역은 덥고 고위도 지역은 춥다.
수륙 분포	• 대륙과 해양의 비열 차 • 같은 위도상의 내륙은 바다의 영향을 크게 받는 해안보다 연교차가 크다.
지형	• 강수에 영향을 주는 기후 요인으로 산지 지역이 평야 지역보다 강수량이 많다. • 산지의 바람받이 사면은 강수량이 많고, 바람그늘 사면은 강수량이 적다.
해발 고도	• 해발 고도가 높아질수록 기온이 낮아진다. • 고도가 높은 산지 지역은 여름에 서늘하다.

6 대륙 동안과 서안 기후의 차이

우리나라는 대륙의 동안에 위치하여 기온의 연교차가 큰 대륙성 기후가 나타난다. 서울은 런던보다 겨울 기온은 낮고 여름 기온은 높다.
③ 우리나라는 겨울에 시베리아 고기압의 영향을 많이 받지만 대륙 서안에 위치한 영국의 런던은 시베리아 고기압의 영향을 거의 받지 않는다.

① 서울의 연교차는 약 28℃, 런던의 연교차는 약 20℃이다. 따라서 서울은 런던보다 기온의 연교차가 크다.
② 서울은 런던보다 저위도에 위치하여 런던보다 일사량이 많다.
④ 서울은 대륙의 영향을 많이 받아 대륙성 기후, 런던은 해양의 영향을 많이 받아 해양성 기후가 나타난다.
⑤ 서울은 계절풍의 영향을 많이 받지만, 런던은 편서풍의 영향을 많이 받는다.

7 기온 역전 현상의 특싱

정상적인 대기 상태에서는 해발 고도가 높아질수록 기온이 낮아진다. 그러나 해발 고도가 높아질수록 기온이 높아지는 현상이 나타날 때 이를 기온 역전 현상이라고 한다. 기온 역전 현상은 찬 공기가 낮은 곳에 모여 있을 때 발생하므로, 지형적으로는 분지나 계곡, 기후적으로는 맑고 바람이 없으며 기온의 일교차가 클 때 주로 발생한다.
④ 기온 역전층이 형성되면 대기 하층의 기온이 낮아지면서 공기 중 수증기가 응결되어 안개가 자주 발생한다.

① 지표 가까이에 복사 안개가 형성되어 대류 현상이 미약해진다.
② 기온 역전은 일교차가 큰 날에 잘 나타난다.
③ 지면이 가열되면 하층의 대기가 따뜻해져 기온 역전이 해소된다.
⑤ 대기가 안정된 맑은 날 새벽에 잘 나타난다.

8 관북 지방과 울릉도의 전통 가옥 구조 특징 비교

관북 지방의 전통 가옥은 추운 겨울을 대비하고자 방을 겹으로 배치하였고, 다용도 공간인 정주간이 있다. 울릉도의 전통 가옥에는 방설벽인 우데기가 설치되어 있는데, 이는 겨울철에 눈이 집안으로 들어오지 못하도록 하는 것이다.
② 정주간은 부엌과 트여 있는 공간으로, 부엌에서 나오는 열기를 이용할 수 있어 겨울에도 따뜻하다.

① (가)는 관북형 가옥으로 폐쇄적인 형태를 띄고 있다.
③ (나)는 울릉도형 가옥 구조의 모습이다.

④ (가)는 관북 지방, (나)는 울릉도의 가옥 구조로 (가)보다 (나)가 위도가 낮다.
⑤ (가)는 추위, (나)는 대설에 대비한 가옥 구조이다.

9 사과 재배지 북상의 원인

지도는 사과 재배 지역의 변화를 나타내는 것으로, 지구 온난화의 영향으로 재배 지역이 북상하고 있다. 20세기 후반부터 지구 평균 기온이 급격히 상승하면서 다양한 문제가 발생하고 있는데, 특히 삼림 파괴, 화석 연료 사용과 같은 인위적인 요인은 지구 온난화를 더욱 가속화시키고 있다.

② 사과 재배지가 북상하는 이유는 기온이 상승하였기 때문이다. 기온이 상승하는 이유는 화석 연료의 사용으로 대기 중 온실가스가 증가한 것이 가장 크다.

오답 피하기 ① 산성비가 증가한 것이 사과 재배지를 북상하게 하는 원인이 되지는 않는다.
③ 지구 온난화로 인해 태풍의 발생 일수가 증가한다. 하지만 태풍의 발생 일수의 증가가 사과 재배지를 북상시키는 원인은 아니다.
④ 사과 재배지 북상과 시베리아 기단의 세력이 확장하는 것과는 관련성이 적다.
⑤ 오존층의 파괴로 자외선 유입이 증가하면 피부암, 백내장 등의 피해를 준다.

10 태풍의 특징

태풍은 저위도 해상에서 발생하여 고위도로 이동한다. 태풍은 주로 여름에 발생하며 강한 바람과 많은 비를 동반하여 풍수해를 일으킨다.

④ 태풍은 수온이 높은 바다 위를 지날 때 수증기를 지속적으로 공급받아 세기가 더 강해진다.

11 우리나라 식생의 분포 특징

식생은 저위도에서 고위도로 가면서 난대림-온대림-냉대림 순으로 나타난다. 해발 고도가 높은 산지에서는 고도에 따라 식생의 수직적 분포가 다양하게 나타난다.

ㄱ. 온대림은 식생 중 분포 면적이 가장 넓다.
ㄴ. 한라산은 위도가 낮고 해발 고도가 높아 난대림-온대림-냉대림에 이르는 식생 분포가 나타나지만, 금강산은 온대림-냉대림의 식생 분포가 나타난다.
ㄷ. 냉대림은 주로 북부 지방의 해발 고도가 높은 산지를 중심으로 분포한다.

오답 피하기 ㄹ. 우리나라의 식생 분포는 강수량보다 기온의 영향이 더 크다.

12 촌락의 유형

(가)는 집촌, (나)는 산촌이다. 집촌은 가옥의 밀집도가 높고, 가옥과 경지의 결합도가 낮으며, 협동 노동의 필요성이 큰 벼농사 지역에 주로 형성된다. 산촌은 주로 밭농사 지역에 발달한다. 산촌은 가옥의 밀집도가 낮으며 가옥과 경지의 결합도가 높으며, 협동 노동의 필요성이 낮은 밭농사 지역에서 잘 나타난다.

③ 혈연 중심의 동족촌에서 전형적으로 나타나는 촌락은 집촌이다.

13 중심지 이론과 정주 체계

그림은 중심지 체계를 그림으로 나타낸 것으로, A는 중소 도시, B는 읍이다. 읍과 같이 저차 기능을 수행하는 중심지는 배후지의 범위가 좁으며, 중심지 간 평균 거리가 가깝다. 또한 중심지가 수행하는 기능이 고차 중심지보다 단순하며, 배후 지역에 거주하는 주민들의 중심지 이용 빈도가 높다.

④ 읍은 저차 기능을 수행하는 중심지이다.

14 서울의 도시 내부 구조

(가) 역은 출근 시간에 승차 인원보다 하차 인원이 많고, 퇴근 시간에 하차 인원보다 승차 인원이 많다. 따라서 (가) 역이 있는 지역은 도심에 해당한다. 반대로 (나) 역은 출근 시간에 하차 인원보다 승차 인원이 많고, 퇴근 시간에 승차 인원보다 하차 인원이 많으므로 주변 지역에 해당한다.

선택지 바로 보기

ㄱ. (가) 역의 승차 인원은 퇴근 시간대보다 출근 시간대에 많다. (✕)
→ 도심(가) 역의 승차 인원은 출근 시간대보다 퇴근 시간대가 더 많다.
ㄴ. (나) 역이 있는 지역은 (가) 역이 있는 지역보다 주간 인구 지수가 높다. (✕)
→ 상주인구보다 주간 인구가 많은 도심(가) 지역은 상주인구가 많은 주변 지역(나)보다 주간 인구 지수가 높다.
ㄷ. 토지 이용 집약도는 (나) 역 주변 지역보다 (가) 역 주변 지역이 높다. (○)
→ 토지 이용 집약도는 도심으로 갈수록 높아진다.
ㄹ. (가) 역이 있는 지역은 (나) 역이 있는 지역보다 생산자 서비스업의 비중이 높다. (○)
→ 도심(가) 지역은 주변 지역(나)보다 생산자 서비스업의 비중이 높다.

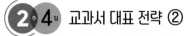

2주 4일 교과서 대표 전략 ②   Book 1 62~63쪽

01 ③ **02** ④ **03** ⑤ **04** ① **05** ④ **06** ① **07** ①

01 카르스트 지형의 특징

카르스트 지형은 석회암이 빗물이나 지하수의 용식 작용을 받아 형성된 지형이다.
③ 카르스트 지형은 빗물이 지하로 잘 스며들기 때문에 지표수가 부족하다.

오답 피하기 ① 화구의 침몰로 형성된 칼데라호는 백두산에 있는 천지로, 화산 활동으로 형성되었다.
② 카르스트 지형은 지표수가 부족하기 때문에 벼농사를 하기에 불리하다.
④ 시멘트 공업에 유리한 암석은 석회암이며, 이 지역에는 석회암이 많이 분포한다.
⑤ 석회암은 탄산 칼슘 성분으로 이루어진 퇴적암으로 고생대 조선 누층군에 주로 분포한다.

2 기후 요인과 기후 요소

기후 요인은 기후 요소의 분포에 영향을 미친다. (가) 춘천이 강릉보다 기온의 연교차가 큰 것은 춘천이 내륙에 위치하여 강릉보다 여름에 기온이 높고 겨울에 기온이 낮기 때문이다. 또한 내륙에 위치한 홍천이 해안에 위치한 인천보다 연간 열대야 일수가 많다. 따라서 (가)의 기후 요인은 수륙 분포가 적절하다. 지역 간의 기온 차이에 가장 큰 영향을 미치는 기후 요인은 위도이다. 저위도에서 고위도로 갈수록 일사량이 감소하여 기온이 낮아진다. (나) 제주도가 중강진보다 연평균 기온이 높고, 목포가 인천보다 최한월 평균 기온이 높은 이유도 위도의 차이로 발생하는 사례이다.

3 계절에 따라 풍향이 달라지는 계절풍

(가)는 대륙에서 해양으로 부는 북서 계절풍이 탁월한 겨울, (나)는 남동·남서 계절풍이 부는 여름이다.

자료 분석

겨울 계절풍	여름 계절풍
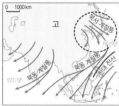	

겨울에는 시베리아 고기압이 발달하고 서고동저형의 기압 배치로 북서 계절풍이 분다. 북서 계절풍이 불면 한랭 건조한 날씨가 형성되며 한파와 눈을 불러오기도 한다. 여름에는 북태평양 고기압의 북상 및 확장에 따라 남고북저형의 기압 배치가 발달하여 남풍이 분다. 남동·남서 계절풍이 불면 고온 다습한 날씨가 이어지며, 많은 비가 내린다.

선택지 바로 보기

① (가)는 주로 여름에 많이 분다. (×)
→ 북서 계절풍은 주로 겨울에 많이 분다.
② (가) 바람은 고온 다습하여 강수량이 많다. (×)
→ 북서 계절풍은 한랭 건조하여 강수량이 적다.
③ (나)의 영향으로 배산임수의 촌락이 나타난다. (×)
→ 배산임수는 북서 계절풍을 막기 위한 전통적인 촌락 입지이다.
④ (가)보다 (나)의 평균 풍속이 강하다. (×)
→ 평균 풍속은 여름보다 겨울 계절풍이 강하다.
⑤ 계절에 따라 (가), (나)의 풍향이 바뀌는 것은 대륙과 해양의 비열 차이 때문이다. (○)
→ 계절에 따라 바람의 방향이 바뀌는 것은 대륙과 해양의 비열의 차이로 인해 발생한다.

4 우리나라에 영향을 끼치는 기단

A는 시베리아 기단, B는 오호츠크해 기단, C는 적도 기단, D는 북태평양 기단이다. 시베리아 기단은 겨울철에 영향을 미치고 한파, 삼한 사온, 꽃샘추위에 영향을 미친다. 오호츠크해 기단은 높새바람에 영향을 주며 북태평양 기단과 더불어 장마 전선을 형성한다. 북태평양 기단은 한여름에 영향을 미치고, 무더위, 열대야 현상에 영향을 준다. 적도 주변의 해양에서 형성되는 고온 다습한 적도 기단은 주로 여름철 태풍의 형태로 우리나라에 영향을 미친다.
① 높새바람에 영향을 주는 기단은 오호츠크해 기단이다.

더 알아보기⁺ 우리나라에 영향을 주는 기단

구분	시기	성질	영향
시베리아 기단	겨울	한랭 건조	한파, 삼한 사온, 꽃샘추위
오호츠크해 기단	늦봄~초여름	냉량 습윤	높새바람, 냉해, 장마 전선
북태평양 기단	여름	고온 다습	무더위, 열대야, 장마 전선
적도 기단	여름	고온 다습	태풍

5 자연재해별 특징 이해

(가)는 '낮 동안 야외 활동 자제' 등의 내용을 통해 폭염임을 알 수 있고, (나)는 '보건용 마스크' 등의 내용을 통해 황사, (다)는 '동파 예방' 등의 내용을 통해 한파와 관련된 재난 문자임을 알 수 있다.
④ 폭염(가)과 한파(다)는 강수보다 기온과 관련이 깊은 자연재해이다.

오답 피하기 ① 폭염(가)은 남고북저형 기압 배치가 나타날 때 발생한다.
② 오호츠크해 기단은 늦봄에서 소여름에 높새바람을 일으켜 영서 지방에 가뭄의 피해를 준다.
③ 한반도에 장마 전선이 정체할 때 발생하는 자연재해는 호우로, 한파와는 관련이 없다.
⑤ 대청마루는 고온 다습한 여름철 기후와 관련해 발달한 전통 가옥 시설이고, 온돌은 추운 겨울에 대비한 시설이다. 따라서 대청마루는 폭염(가), 온돌은 한파(다)에 대비한 시설로 볼 수 있다.

6 전통 촌락의 특징 이해

우리나라의 전통 촌락은 마을의 북쪽에는 산, 남쪽에는 하천이 있는 배산임수의 지형에 입지하는 경우가 많다. 가옥의 밀집도가 높은 촌락을 집촌이라고 하며, 가옥의 밀집도가 낮은 촌락은 산촌이라고 한다.
ㄱ. ㉠은 배산임수로, 이곳에 입지한 촌락은 집촌(㉣)을 이루는 경우가 많다.
ㄴ. 지표수가 부족한 제주도에서는 생활용수를 쉽게 얻을 수 있는 해안의 용천을 따라 전통 촌락이 형성되었다.

오답 피하기 ㄷ. 교통 조건은 과거보다 현재 그 중요성이 더 중시되고 있다.
ㄹ. ㉢은 산촌, ㉣은 집촌이다. 가옥의 밀집도가 높은 집촌은 산촌보다 주민들 간의 접촉이 빈번하므로 공동체 의식이 강한 편이다.

7 대구의 도심과 주변 지역의 특징

(가)는 시청, 은행 등 업무 기능이 발달하였으므로 도심, (나)는 주로

아파트가 입지하고 있으므로 주변 지역이다. 도심은 주변 지역보다 토지 이용 집약도가 높으며, 상주인구에 대한 주간 인구의 비율인 주간 인구 지수가 높다.

오답 피하기 ㄷ. 주변 지역은 도심보다 상업 용지의 평균 지가가 낮다.
ㄹ. 생산자 서비스업은 도심에 집중하는 경향이 뚜렷하므로 주변 지역보다 도심이 생산자 서비스업 종사자 비중이 높다.

② 누구나 합격 전략   Book 1   64~65쪽

01 ④   02 ④   03 ①   04 ②   05 ⑤   06 ③
07 ⑤   08 ④

01 제주도 화산 지형의 특징

지도는 제주도의 기생 화산을 나타낸 것이다. 제주도는 전체적으로 방패 모양 화산, 즉 순상 화산이지만 한라산 산 정상은 종 모양 화산(종상 화산)의 형태를 띄고 있다. 그리고 산 허리에는 약 360여 개의 기생 화산이 많이 분포한다.
④ 제주도의 하천은 비가 올 때를 제외하고는 물이 마르는 건천인 경우가 많다. 그 이유는 기반암이 구멍이 뚫려 있는 현무암으로 이루어졌기 때문이다.

오답 피하기 ① 제주도는 화산 지형으로 대부분 현무암으로 이루어졌다.
② '악'은 기생 화산을 부르는 제주도의 사투리이다.
③ 제주도는 물이 잘 스며드는 지형적 특징을 가지고 있어 벼농사는 거의 이루어지지 않고 주로 밭농사가 이루어진다.
⑤ 부대악은 기생 화산의 명칭으로, 화산의 산록에 형성된 작은 화산을 말하며, 오름 또는 측화산이라고도 한다. 기생 화산은 화산이 형성될 때 생긴 틈을 따라 용암이나 가스가 분출하면서 형성된 것이다.

2 카르스트 지형의 특징

제시된 자료는 석회동굴에 대한 것이다. 석회동굴은 석회암이 지하수의 용식 작용으로 형성된 동굴이다.
④ 기반암이 석회암인 지역에는 물이 일시적으로 흐르는 건천이 발달해 있다.

오답 피하기 ① 기반암이 석회암인 지역은 배수가 잘되기 때문에 농경지는 대부분 밭으로 이용된다.
② 기반암이 석회암인 지역에서는 습지가 발달하기 어렵다.
③ 석회동굴 주변에서는 석회암이 화학적 풍화 작용에 의해 형성된 붉은색 토양인 테라로사가 나타난다.
⑤ 주상 절리는 화산 활동으로 형성된 지형으로 카르스트 지형이 아니다.

3 높새바람의 발생 및 영향 이해

오호츠크해 기단이 영향을 미치는 늦봄부터 초여름 사이에는 영서 지방과 경기 지방으로 고온 건조한 북동풍이 자주 분다. 이 바람이 태백산맥을 넘을 때 푄 현상이 일어나 저온 습윤한 바람이 고온 건조한 바람으로 바뀌게 되는데, 이렇게 영서 지방에 부는 고온 건조한 바람을 높새바람이라고 한다.

선택지 바로 보기
① 바람그늘 사면의 기온을 상승시킨다. (○)
→ 높새바람은 바람그늘 사면인 영서 지방의 기온을 상승시킨다.
② 영동 지방에 가뭄을 가져오기도 한다. (×)
→ 높새바람이 오랫동안 지속되면 영서 지방에서 가뭄이 발생한다.
③ 바람의 발원지는 열대 해상 지역이다. (×)
→ 높새바람은 오호츠크해 기단에서 발생한 북동풍에 기원한다.
④ 영동 지방의 기온의 일교차를 커지게 한다. (×)
→ 높새바람이 불 때에는 상대 습도가 낮은 영서 지방에서 기온의 일교차가 크게 나타난다.
⑤ 겨울에는 영서 지방에 많은 눈을 내리게 한다. (×)
→ 겨울에 높새바람이 불면 바람받이 사면인 영동 지방에 많은 눈을 내리게 한다.

4 지역별 기후 특색 비교

최한월(1월) 평균 기온이 (가)는 약 -5℃, (나)는 약 6℃ 정도이므로 (가)는 (나)보다 고위도에 위치한다. 실제로 (가)는 춘천, (나)는 제주를 나타낸 것이다.
② 1월 평균 기온이 높은 (나)가 (가)보다 저위도에 위치한다.

오답 피하기 ① 최한월 평균 기온이 높은 (나)가 (가)보다 늦은 봄의 마지막 서리 때부터 초가을의 첫 서리때까지의 기간인 무상 기간이 길다.
③ 강수의 하계 집중률은 연 강수량에서 여름(6,7,8월) 강수량이 차지하는 비중을 의미한다. (가)는 (나)보다 7, 8월의 강수량은 월등히 많은 반면, 다른 월의 강수량은 적으므로, (가)가 (나)보다 하계 강수 집중률이 높다.
④ 최한월 평균 기온과 연평균 기온이 높은 (나)가 (가)보다 봄꽃의 개화 시기가 이르다. 봄꽃의 개화 시기는 저위도에서 고위도로 갈수록, 해안에서 내륙으로 갈수록 늦어진다.
⑤ (가)는 최한월 평균 기온이 약 −5℃, 최난월 평균 기온이 약 25℃ 정도이므로, 연교차가 약 30℃ 이다. (나)는 최한월 평균 기온이 약 6℃, 최난월 평균 기온이 약 27℃ 이므로, 연교차가 약 21℃ 정도이다. 또한 (나)가 (가)보다 강수의 계절 분포가 비교적 고르기 때문에, (나)가 (가)보다 바다의 영향을 크게 받는다.

5 지구 온난화로 인한 변화

꽃의 개화 시기가 빨라지고, 난류성 수종들이 우리나라 전역으로 확산되는 현상 등은 모두 지구 온난화의 증거이다.
ㄷ. 기온 상승으로 고산 식물의 분포 범위는 점차 줄어들게 된다.
ㄹ. 기온 상승으로 빙하가 녹아 해수면이 상승하면 해안 저지대의 침수 위험이 커지게 된다.

오답 피하기 ㄱ. 기온 상승으로 열대성 질병의 발생이 증가하게 된다.
ㄴ. 기온이 상승하면 냉대림의 분포 지역은 줄어들게 된다.

6 우리나라의 식생 분포 파악

우리나라의 식생은 남에서 북으로 가면서 난대림, 온대림, 냉대림 순으로 분포한다. (가)는 냉대림, (나)는 난대림, A는 백두산, B는 한라산이다.

자료 분석

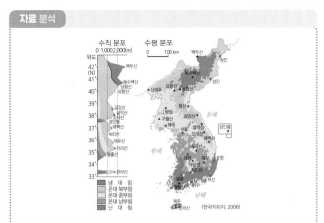

수직 분포   수평 분포
0 1,000 2,000(m)   100 km

(한국지리지, 2008)

냉 대 림
온대 북부림
온대 중부림
온대 남부림
난 대 림

식생의 수평 분포에 영향을 끼치는 것은 위도에 따른 기온 차이이며, 식생의 수직 분포에 영향을 끼치는 것은 해발 고도에 다른 기온 차이이다. 냉대림은 주로 침엽수로 이루어지며 고산 지역과 북부 지방의 개마고원 일대에 분포한다. 우리나라에서 가장 널리 분포하는 온대림은 낙엽 활엽수와 침엽수로 구성된다. 난대림은 상록 활엽수로 이루어지며 남해안 일대, 제주도 등의 남부 지방과 울릉도 등에 분포한다.

선택지 바로 보기

① A의 고지대에는 난대림이 넓게 분포한다. (×)
→ 난대림은 제주도와 남해안 일대에 주로 분포한다.

② B에는 냉대림의 분포 지역이 가장 넓다. (×)
→ 한라산(B)은 저위도에 위치하여 기온이 높다. 때문에 난대림의 분포 지역이 가장 넓다.

③ B는 A보다 식생의 수직적 분포가 다양하게 나타난다. (○)
→ 한라산(B)은 백두산(A)보다 저위도에 위치하여 난대림부터 고산 식물대까지 식생의 수직적 분포가 다양하게 나타난다.

④ (가)의 분포 고도 하한선은 B보다 A가 높다. (×)
→ (가)는 냉대림이다. 냉대림의 분포 고도 하한선은 저위도에 위치한 한라산(B)이 고위도에 위치한 백두산(A)보다 높다.

⑤ 지구 온난화로 (나)의 분포 면적이 축소되고 있다. (×)
→ 난대림(나)은 지구 온난화의 영향으로 분포 면적이 확대되고 있다.

7 기능별 지대 변화

그래프는 상업·업무 기능, 공업 기능, 주거 기능의 도심으로부터의 거리에 따른 지대 변화를 나타낸 것이다.

⑤ 도심으로부터의 거리 증가에 따른 지대 감소율은 그래프의 기울기가 급한 상업·업무 기능이 가장 크다.

오답 피하기 ① A는 상업·업무 기능과 공업 기능이 혼재된 점이 지대이다.
② 도심에서는 상업·업무 기능의 지대가 주거 기능의 지대보다 높고, 주변 지역은 오히려 주거 기능의 지대가 상업·업무 기능의 지대보다 높다.
③ 도시 내에서 차지하는 면적은 주거 지역이 가장 넓다.
④ 도심에 상업·업무 기능이 입지하는 것은 높은 수익을 올릴 수 있기 때문으로 이는 경제적 요인에 의한 것이다.

8 대도시권의 공간 구조

A는 위성 도시, B는 중심 도시, C는 교외 지역, D는 배후 농촌 지역이다.

④ 중심 도시와 지리적으로 인접해 있는 C의 교외 지역이 D의 배후 농촌 지역보다 중심 도시로의 통근자 비율이 높다.

오답 피하기 ① 대도시권이 확대되면 중심 도시(B)의 주간 인구 지수는

높아진다.
② 배후 농촌 지역(D)의 범위는 교통이 발달할수록 확대된다.
③ 위성 도시(A)는 중심 도시(B)의 기능을 분담하기 위해 형성된 도시로, 중심 도시가 위성 도시보다 도시 발달의 역사가 오래되었다.
⑤ 중심 도시에서 가까울수록 대체로 도시적 경관이 뚜렷하므로, 교외 지역(C)이 배후 농촌 지역(D)보다 도시적 경관이 뚜렷하다.

2주 창의·융합·코딩 전략   Book 1 66~69쪽

1 ④	2 ③	3 ③	4 ①	5 ④	6 ③
7 ③	8 ③	9 ③	10 ⑤	11 ⑤	12 ②

1 석회동굴의 특징

석회동굴은 석회암이 기반암인 지역에서 지하수의 용식 작용으로 형성된 동굴이다.

④ 석회동굴의 기반암은 석회암이다. 석회암은 시멘트 공업의 주요 원료로 이용된다.

오답 피하기 ① 석회동굴은 고생대 조선 누층군에 주로 분포하는 석회암이 지하수에 녹아서 형성된 것이다.
② 동굴에 용암이 흘러간 흔적이 보이는 것은 용암동굴에 대한 설명이다.
③ 주상 절리는 용암이 급속하게 냉각되면서 형성된 지형으로 화산 지형이 분포하는 지역에서 볼 수 있다.
⑤ 석회동굴 주변에는 기반암이 풍화된 붉은색 토양을 볼 수 있다.

2 우리나라의 화산 지형

A는 백두산, B는 철원·평강, C는 울릉도, D는 독도, E는 한라산이다.
③ 울릉도(C)는 유동성이 작은 용암이 분출하여 형성된 종상 화산체이며, 섬 중앙에 칼데라 분지인 나리 분지와 중앙 화구구인 알봉이 있는 이중 화산체이다.

더 알아보기+ 우리나라의 화산 지형

백두산	• 유동성이 큰 현무암질 용암의 분출로 형성된 용암 대지 위에 솟은 화산 • 천지: 화구의 함몰로 형성된 칼데라에 물이 고여 형성된 호수→칼데라호
철원·평강	유동성이 큰 현무암질 용암의 열하 분출로 기존의 평야와 하천 등을 메워 형성된 용암 대지
울릉도	• 점성이 큰 조면암질·안산암질 용암의 분출로 급경사의 종상 화산 형성 • 섬 중앙에 칼데라 분지인 나리 분지와 중앙 화구구인 알봉이 있는 이중 화산체
독도	화산체 대부분이 해저에 있는 급경사의 종상 화산
제주도	• 한라산: 산 정상부는 종 모양의 종상 화산, 정상부에 화구호인 백록담 형성 • 기생 화산, 용암동굴, 주상 절리 등 다양한 화산 지형이 나타남. • 용천대: 지하수가 솟아오르는 용천대에 취락 발달

3 기후 요인과 기후 분포

백두산 천지는 청진과 비슷한 위도에 위치하지만 해발 고도가 높아 7월 평균 기온이 더 낮다. 인천과 홍천은 비슷한 위도에 위치하며, 해안에 위치한 인천이 내륙에 위치한 홍천보다 1월 평균 기온이 높다.

오답 피하기 ㄱ. 목포가 인천보다 연평균 기온이 높은 것은 목포가 인천보다 저위도에 위치하기 때문이다.
ㄹ. 대관령이 춘천보다 최난월 평균 기온이 낮은 것은 대관령이 춘천보다 해발 고도가 높기 때문이다.

4 계절별 기후 특징

(가)는 화천 산천어 축제로 겨울에 개최된다. (나)는 보령 머드 축제로 여름철에 개최되는 축제이다. (다)는 김제 지평선 축제로 벼가 익어 가는 가을에 개최되는 축제이다. 겨울에는 시베리아 기단, 여름에는 북태평양 기단의 영향을 주로 받으며, 겨울이 여름보다 난방용 전력 소비량이 많다.

오답 피하기 ㄷ. 낮의 길이는 여름(나)이 가을(다), 겨울(가)보다 더 길다.
ㄹ. 겨울(가)이 여름(나)보다 대설로 인한 피해가 자주 발생한다.

5 기후와 주민 생활

(가)는 관북 지방, (나)는 남부 지방에서 나타나는 가옥 구조이다. 남부 지방(나)은 관북 지방(가)보다 겨울철 기온이 높다. 겨울이 춥고 긴 관북 지방에서는 정주간(A)이라고 하는 공간이 나타나며, 겨울이 따뜻한 남부 지방에서는 대청마루(B)가 발달한다.

오답 피하기 ㄱ. 겨울철이 춥고 긴 관북 지방(가)은 남부 지방(나)보다 꽃의 개화 시기가 늦다.
ㄷ. (가)는 북한의 관북 지방, (나)는 남한의 남부 지방에서 주로 볼 수 있는 가옥 구조이다.

6 지구 온난화의 영향

과수의 재배 지역이 북상하고 있는 것으로 보아 한반도의 기온이 상승하고 있음을 알 수 있다. 한반도의 기온이 지속적으로 상승하면 작물의 북한계선이 북상하고, 고산 식물의 고도 하한선이 높아진다.

오답 피하기 ㄱ. 단풍 시기는 늦어진다.
ㄹ. 한반도 해안 저지대의 침수 가능성이 높아진다.

7 우리나라의 기후 변화

우리나라는 기후 변화로 여름 기간이 길어지고 겨울 기간이 짧아지며, 열대야 및 열대일 발생 일수가 증가한다. 또한 농작물 재배의 북한계선이 상승하며 난대림의 분포지가 남해안 지역에서 내륙 지방으로 점차 북상한다.

오답 피하기 ① 기후 변화가 심해지면서 해가 갈수록 태풍의 강도가 강해지고 있다.
② 기온 상승으로 인해 여름의 길이가 점점 늘어나고 있다.
④ 우리나라는 기후 변화로 강수량이 증가하고 호우 출현 빈도가 늘어나고 있다.
⑤ 해수 온도가 상승하면서 난류성 어족의 어획량이 점점 늘어나고 있다.

8 전통 촌락의 특징

전통적으로 농촌은 협동 노동의 필요성이 크기 때문에 집촌을 이루는 경우가 많다. 가옥은 산지와 평지가 만나는 배산임수 지역에 입지한 경우가 많은데, 배산임수 지역은 산에서 땔감을 확보하기 쉽고, 물을 얻기 용이하며 하천 주변 농경지 개척에도 유리한 장소이다. 산지촌은 경지가 협소하여 촌락의 규모가 작고 산촌을 형성하는 경우가 많으며, 경지가 협소하기 때문에 임업을 겸하는 경우가 많다.

오답 피하기 ㄹ. 암석 해안은 경지가 부족하기 때문에 농경이 어렵다. 반농 반어촌은 암석 해안에 입지한 촌락보다 모래 해안에 입지한 촌락에서 더 잘 나타난다.

9 촌락의 인구 변화

촌락 지역은 청장년층 중심의 인구 유출로 노년층의 비율이 증가하여 노동력이 부족해지고 폐가와 휴경지, 농가당 경지 면적은 증가한다.
③ 유소년층 인구가 줄어들어 초등학교 학급 수는 줄어든다.

오답 피하기 ① ④ ⑤ 청장년층 인구 유출에 따른 노동력 부족으로 휴경지와 농가당 경지 면적이 증가한다.
② 노년층 인구 비율의 증가로 노령화 지수는 증가한다.

10 우리나라의 도시 분포 변화

1960년대와 2015년의 도시 분포를 비교해 보면 중소 도시에 비해 대도시의 인구 성장이 뚜렷했음을 알 수 있다. 2015년에는 서울과 부산을 잇는 경부축 도시들이 성장하였고, 수도권은 도시 수와 도시 인구가 가장 많이 증가하였다. 1960~2015년에 수원, 고양, 포항, 창원 등 위성 도시 및 공업 도시가 전통적인 지방 중심 도시보다 인구 성장이 뚜렷하였다.
⑤ 영남 지방은 원료 수입과 수출에 유리한 해안 지역이 내륙 지역보다 도시 인구 규모가 더 크게 증가하였다.

11 도시 내부의 분화 과정

A는 집심 현상, B는 이심 현상이 나타나는 방향을 의미한다.

자료 분석

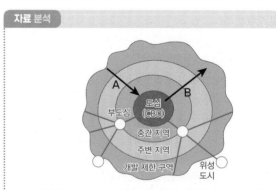

도시 내부에서는 접근성이 높은 지역을 두고 상업 및 업무, 공업, 주거 기능 간에 토지 이용을 둘러싼 경쟁이 발생하면서 도시 지역 간 분화가 발생한다. 모식도에서 A는 집심 현상, B는 이심 현상을 나타낸다.

집심 현상	• 의미: 접근성이 높은 도심에 집중하는 현상 • 사례: 백화점, 회사의 본사 등 지대 지불 능력이 높은 업종 • 도시의 특정 기능이 한곳에 집적하면 집적 경제가 발생하여 이익 증가
이심 현상	• 의미: 도심에 있던 업종들이 경쟁에서 밀려 접근성이 낮은 주변 지역으로 이전하는 현상 • 사례: 주택, 학교, 공장 등 지대 지불 능력이 낮은 업종

12 도심과 주변 지역의 특징

ㄱ. (가)는 주간 인구 지수는 높지만 상주인구가 적은 곳으로 도심에 해당한다. ㄷ. (다)는 (나)보다 상주인구가 많고, 주간 인구 지수도 높으므로 초등학교 학급 수가 더 많다는 것을 알 수 있다.

오답 피하기 ㄴ. (라)는 상주인구가 많고 주간 인구 지수가 낮으므로 출근 시간대에 유입 인구보다 유출 인구가 많다.
ㄹ. 상주인구가 적고 주간 인구 지수가 적은 (가)는 도심에 해당하며, 도심은 상업지의 평균 지가가 가장 높다.

신유형·신경향·서술형 전략   **Book 1** 72~75쪽

01 ① **02** ③ **03** ④ **04** ④ **05** ③ **06** ② **07** ③ **08** ④

서술형 09 (1) 침식 분지 (2) 해설 참조

10 해설 참조

11 해설 참조

12 (1) 해설 참조 (2) 해설 참조

---

01 택리지

『택리지』 「복거총론」에서는 인간의 거주 조건을 지리, 생리, 인심, 산수로 제시하고 있다. 지리(地理)는 풍수지리 사상의 명당에 해당하는 곳, 생리(生利)는 땅이 비옥하거나 물자 교류가 편리하여 경제적으로 유리한 특성을 갖춘 곳이다. 인심(人心)은 당쟁이 없으며 이웃의 인심이 온순하고 순박한 곳, 산수(山水)는 산과 물이 조화를 이루며 경치가 좋아 풍류를 즐길 수 있는 곳이다. 따라서 (가)는 지리, (나)는 생리, (다)는 인심, (라)는 산수이다.

02 하안 단구와 해안 단구의 공통점

A는 하안 단구, B는 해안 단구이다. 하안 단구와 해안 단구 모두 지반의 융기로 해발 고도가 높아진 계단 모양의 지형이다. 하안 단구에서는 과거 하천의 흔적으로 둥근 자갈이 발견되며, 해안 단구에서는 바닷가에 퇴적되었던 둥근 자갈이 발견된다. 하안 단구와 해안 단구는 침수 가능성이 낮고 경사가 완만하여 취락이나 농경지, 도로 등으로 이용된다.

오답 피하기 ㄷ. 하안 단구와 해안 단구의 단구면에서는 주로 밭농사가 이루어진다.

03 우리나라의 화산 지형

우리나라의 화산 지형은 신생대 제3기 말~제4기 초에 형성된 제주도, 백두산, 울릉도와 독도, 철원·평강 지역이 대표적이다. ㉠은 울릉도, ㉡은 한라산, ㉢은 한라산의 백록담, ㉣은 철원의 용암 대지, ㉤은 현무암이다.

④ 철원의 용암 대지는 현무암질 용암의 열하 분출로 형성되었다.

오답 피하기 ① 울릉도는 신생대에 분출한 조면암으로 이루어진 지형이다.
② 한라산의 산록부는 전체적으로 완사면인데, 그 이유는 점성이 작은 현무암질 용암이 분출했기 때문이다.
③ 한라산의 백록담은 칼데라호가 아니라 화구호에 해당한다.
⑤ 현무암은 화산 지형에서 볼 수 있으며, 석회동굴에서 보기는 어렵다.

04 자연재해의 특징

(가)는 겨울에 주로 발생하므로 대설, (나)는 장마 전선이 형성되는 7월에 주로 발생하므로 호우, (다)는 8~9월에 주로 발생하므로 태풍이다. 대설은 북서 계절풍이나 북동 기류가 지형과 만날 때 발생하며 빙판길 교통 장애와 농업 시설물 붕괴를 유발한다. 호우는 장마 전선이 형성되는 7월 발생하며 하천이 범람하여 그 주변 지역이 침수되기도 한다. 태풍은 열대 해상에서 발생하여 강한 바람을 동반해 선박 및 항공기 운항에 지장을 주기도 한다.

④ 재해 대책으로 제설 장비를 갖추어야 하는 자연재해는 대설이다.

05 영해 설정의 특징

영해는 연안국의 주권이 미치는 해양의 범위이며, 해수면에서 해저에 이르는 곳을 포함한다. 영해의 범위는 일반적으로 기선에서 12해리까지이다. 우리나라의 동해안, 제주도, 울릉도, 독도 등은 최저 조위선이 기준이 되는 통상 기선을 적용하며, 섬이 많은 서·남해안과 동해안 일부는 직선 기선을 적용한다. 단, 일본과의 거리가 가까운 대한 해협에서는 직선 기선으로부터 3해리까지를 영해로 설정한다. 배타적 경제 수역은 영해 기선에서 최대 200해리까지이며 영해 12해리를 제외하면 188해리가 된다. 따라서 ㉠은 3, ㉡은 12, ㉢은 188이다.

06 범람원의 특징

A는 배후 습지, B는 자연 제방이다. 자연 제방은 배후 습지보다 해발 고도가 높고, 퇴적물의 입자 크기가 커 토양의 투수성이 높다.

07 계절별 강수량의 특징

(가)는 등치선의 간격이 20mm으로 (나)에 비해 강수량이 적으며 북서풍의 영향으로 서해안 지역에 강수량이 집중된다. (나)는 등치선의 간격이 100mm이고, 남동풍의 영향으로 남해안 지역에 강수량이 많다. 따라서 (가) 시기는 겨울, (나) 시기는 강수량이 많은 여름이

다. 겨울에는 서고동저의 기압 배치가 자주 나타나며 대륙성 기단의 영향을 주로 받는다. 여름에는 남고북저의 기압 배치가 자주 나타난다. 또한 해양성 기단의 영향을 주로 받으며 대류성 강수가 자주 발생한다.

오답 피하기 ③ 겨울(가)은 여름(나)보다 평균 강수량이 적다.

08 대도시권의 공간 구조

대도시권은 대도시를 중심으로 일상적인 생활이 이루어지는 범위로 중심 도시로의 통근·통학권 등이 해당된다. 대도시권의 형성은 중심 도시와 교외 지역, 배후 농촌 지역을 연결하는 지하철·시내버스 등 대중교통 노선의 발달과 관련있다. 대도시의 인구 과밀을 해결하기 위해 조성한 신도시는 지역 내 일자리가 적은 경우가 많다. 중심 도시와 가까운 교외 지역은 멀리 떨어진 배후 농촌 지역에 비해 공장 용지, 주거 용지 비중이 높아 도시적 경관이 뚜렷하다.

오답 피하기 ④ 대도시권이 확장되면서 인구 교외화 현상이 활발해지고, 도심의 인구 공동화가 뚜렷해지면서 대도시권에서 중심 도시가 차지하는 인구 비중이 낮아진다. 따라서 중심 도시의 상주인구는 감소하고, 주간에 출근하는 유입 인구가 증가하여 주간 인구 지수가 높아지게 된다.

09 침식 분지의 특징

(1) 침식 분지

(2) **예시 답안**

화강암 지대(B)가 주변 변성암 지대(A)보다 빠르게 풍화와 침식을 받아 형성되었다.

채점 기준	배점
지형의 명칭을 쓰고, A, B의 기반암 명칭을 포함하여 지형의 형성 원인을 서술한 경우	상
지형의 명칭을 쓰고 A, B의 기반암 명칭만 쓴 경우	중
지형의 명칭만 쓴 경우	하

10 석호의 특징

예시 답안

후빙기 해수면 상승으로 형성된 만의 입구를 파랑과 연안류의 퇴적 작용으로 형성된 사주가 만입부를 가로막아 바다와 분리되면서 형성되었다.

채점 기준	배점
조건 모두가 포함되고 형성 과정을 정확하게 작성했을 경우	상
조건 모두가 포함되었으나 형성 과정을 다소 미흡하게 서술한 경우	중
조건 모두를 제시하지 않고 형성 과정을 다소 미흡하게 서술한 경우	하

11 대륙 동안과 대륙 서안 기후의 특징 비교

예시 답안

대륙 동안은 대륙 서안에 비해 대륙의 영향을 많이 받아 기온의 연교차가 크며, 계절풍의 영향으로 여름철에 강수가 집중된다.

자료 분석

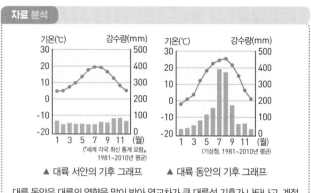

▲ 대륙 서안의 기후 그래프   ▲ 대륙 동안의 기후 그래프

대륙 동안은 대륙의 영향을 많이 받아 연교차가 큰 대륙성 기후가 나타나고, 계절풍의 영향으로 여름철에 강수가 집중된다. 반면 대륙 서안은 해양의 영향을 많이 받아 연교차가 작은 해양성 기후가 나타나며, 연중 강수량이 고르다.

채점 기준	배점
기온의 연교차, 강수의 특징을 포함하여 서술한 경우	상
기온의 연교차, 강수의 특징을 포함하여 서술하지 않은 경우	하

12 촌락의 인구 변화

예시 답안

(1) 유소년층 인구와 청장년층 인구가 줄어들고 노년층 인구가 늘어났다.

(2) 청장년층 인구가 감소하여 노동력이 부족해지고, 노년층 인구의 증가로 고령화 현상이 심화된다. 또한 유소년층 인구의 감소로 폐교가 증가한다.

채점 기준	배점
인구 구성의 변화와 인구 구성의 변화로 인해 나타나는 문제점 두 가지를 모두 서술한 경우	상
인구 구성의 변화를 옳게 적고, 인구 구성의 변화로 인해 나타나는 문제점을 한 가지만 서술한 경우	중
인구 구성의 변화와 인구 구성의 변화로 인해 나타나는 문제점 중 한 문항만 바르게 서술한 경우	하

01 ④   02 ③   03 ①   04 ②   05 ④   06 ⑤   07 ②   08 ③   09 ③   10 ④   11 ③

서술형 12 (1) 대동여지도 (2) 해설 참조 13 (1) 해안 단구 (2) 해설 참조 14 (1) 도시 열섬 현상 (2) 해설 참조 15 (1) A – 도심, B – 부도심 (2) 해설 참조

---

01 고지도의 특징

(가), (나) 지도에 대한 설명으로 옳지 않은 것은?

(가) → 혼일강리역대국도지도

(나) → 지구전후도

① (가)는 국가 주도로 제작되었다.

② (나)에는 경위선이 표현되어 있다.

③ (가)는 (나)보다 우리나라가 상대적으로 크게 표현되어 있다.

④ (나)는 (가)보다 지도 제작자의 세계 인식 범위가 좁다.

⑤ (가)는 중화사상, (나)는 실학사상이 반영되어 있다.

☑ **출제 의도 파악하기**

조선 전기에 제작된 혼일강리역대국도지도, 조선 후기에 제작된 지구전후도의 특징을 구분할 수 있어야 한다.

✦ **문제 해결 Point 쏙쏙**

• 혼일강리역대국도지도: 조선 전기에 국가 주도로 제작, 중화사상 반영, 아시아, 아프리카, 유럽 포함

• 지구전후도: 조선 후기에 최한기에 의해 제작됨, 중국 중심의 세계관을 극복함, 경위선 사용, 신대륙까지 지도에 포함, 과학적이고 실용적인 지도

☑ **선택지 바로 알기**

④ (나)는 (가)보다 지도 제작자의 세계 인식 범위가 좁다. (✕)

→ 지구전후도는 조선 후기 실학자 최한기가 서양의 지도의 영향을 받아 보다 사실적으로 제작한 세계 지도로 아메리카, 남극 등이 그려져 있어 세계 인식 범위가 넓어졌음을 알 수 있다.

---

02 한반도의 지질 계통과 지각 변동

도표는 시대별 지질 계통과 주요 지각 운동을 나타낸 것이다. 이에 대한 설명으로 옳은 것만을 〈보기〉에서 있는 대로 고른 것은?

지질 시대	시·원생대		고생대				중생대			신생대	
	시생대	원생대	캄브리아기	…	석탄기-페름기	트라이아스기	쥐라기	백악기	제3기	제4기
지질 계통	변성암 복합체		A		결층	평안 누층군		대동 누층군	경상 누층군	제3계	제4계
주요 지각 운동	변성 작용			조륙 운동			송림 변동	B	불국사 변동	C	화산 활동

→ A는 조선 누층군, B는 대보 조산 운동, C는 경동성 요곡 운동이다.

●**보기**●

ㄱ. A에서는 용식 작용으로 카르스트 지형이 형성된다.

ㄴ. B는 한반도 중·남부 지방에 영향을 주었다.

ㄷ. C로 인해 경동 지형이 발달하였다.

ㄹ. C로 인해 중국 방향의 지질 구조선이 발달하였다.

① ㄱ, ㄴ   ② ㄷ, ㄹ   ③ ㄱ, ㄴ, ㄷ

④ ㄱ, ㄷ, ㄹ   ⑤ ㄴ, ㄷ, ㄹ

☑ **출제 의도 파악하기**

한반도의 지질 계통과 주요 지각 변동을 알아 두어야 한다.

✦ **문제 해결 Point 쏙쏙**

• 조선 누층군: 고생대 초기 형성, 석회암 분포

• 대보 조산 운동: 중생대 중기 한반도 중·남부 지역, 중국 방향의 지질 구조선 발달

• 경동성 요곡 운동: 경동 지형, 태백산맥, 함경산맥 형성

☑ **선택지 바로 알기**

ㄱ. A에서는 용식 작용으로 카르스트 지형이 형성된다. (○)

→ 고생대 조선 누층군(A)에는 석회암이 분포하여 카르스트 지형이 발달한다.

ㄴ. B는 한반도 중·남부 지방에 영향을 주었다. (○)

→ 대보 조산 운동(B)은 중·남부 지방을 중심으로 영향을 주었다.

ㄷ. C로 인해 경동 지형이 발달하였다. (○)

→ 경동성 요곡 운동(C)의 결과 동고서저의 경동 지형이 형성되었다.

ㄹ. C로 인해 중국 방향의 지질 구조선이 발달하였다. (✕)

→ 중국 방향의 지질 구조선은 중생대 대보 조산 운동(B)으로 형성되었다.

03 선상지의 특징

자료는 어느 하천 지형의 지형도와 사진이다. 이에 대한 설명으로 옳은 것은?

→ 선상지 지형도와 위성 사진으로, 선상지는 선정, 선앙, 선단으로 구성된다.

① 선단은 취락과 논으로 이용된다.

② 하천의 유속이 빨라지면서 형성된다.

③ 하천 중·하류 지역에서 주로 나타난다.

④ 하천이 바다로 유입되는 하구에 주로 나타난다.

⑤ 하천 충적 평야 중 퇴적물의 입자 크기가 가장 작다.

☑ 출제 의도 파악하기

선상지가 나타나는 위치와 형성 과정, 토지 구성과 토지 이용을 알아 두어야 한다.

⭐ 문제 해결 Point 쏙쏙

• 선상지

위치	하천 상류에서 산지와 평지가 만나는 입구
형성 과정	경사가 급한 산지와 평지가 만나는 지점에서 유속이 감소하면서 운반된 물질이 부채 모양으로 퇴적되면서 형성
구성	선정: 취락, 밭, 선앙: 밭, 과수원, 선단: 취락, 논

☑ 선택지 바로 알기

① 선단은 취락과 논으로 이용된다. (○)
  → 선단에는 용천이 나타나 취락이 형성되고, 논농사가 이루어진다.

② 하천의 유속이 빨라지면서 형성된다. (×)
  → 하천의 유속이 느려지면서 퇴적물이 퇴적되어 형성된다.

③ 하천 중·하류 지역에서 주로 나타난다. (×)
  → 선상지는 하천 상류에서 산지와 평지가 만나는 입구에 주로 나타난다.

④ 하천이 바다로 유입되는 하구에 주로 나타난다. (×)
  → 하천이 바다로 유입되는 하구에서 주로 볼 수 있는 지형은 삼각주이다.

⑤ 하천 충적 평야 중 퇴적물의 입자 크기가 가장 작다. (×)
  → 선상지는 충적 평야 중 퇴적물의 입자 크기가 가장 크다.

04 흙산과 돌산의 비교

(가), (나) 산에 대한 설명으로 옳은 것만을 〈보기〉에서 고른 것은?

→ 흙산 (가)   → 돌산 (나)

• 보기 •

ㄱ. (가)의 대표적인 산으로 지리산, 덕유산 등이 있다.

ㄴ. (나)의 기반암은 주로 편마암으로 이루어졌다.

ㄷ. (가)의 기반암은 (나)의 기반암보다 형성 시기가 이르다.

ㄹ. (나)는 (가)보다 산 정상부의 식생 밀도가 높다.

① ㄱ, ㄴ   ② ㄱ, ㄷ   ③ ㄴ, ㄷ
④ ㄴ, ㄹ   ⑤ ㄷ, ㄹ

☑ 출제 의도 파악하기

흙산과 돌산을 형성하는 기반암(편마암, 화강암)을 알아 두어야 한다.

⭐ 문제 해결 Point 쏙쏙

• 흙산: 기반암은 편마암, 식생의 밀도 높음, 지리산, 덕유산 등
• 돌산: 기반암은 화강암, 식생의 밀도 낮음, 북한산, 설악산 등

☑ 선택지 바로 알기

ㄱ. (가)의 대표적인 산으로 지리산, 덕유산 등이 있다. (○)
  → 흙산에는 지리산, 덕유산 등이 있다.

ㄴ. (나)의 기반암은 주로 편마암으로 이루어졌다. (×)
  → 돌산의 주된 기반암은 화강암이다.

ㄷ. (가)의 기반암은 (나)의 기반암보다 형성 시기가 이르다. (○)
  → 흙산의 기반암인 편마암은 시·원생대, 돌산의 기반암인 화강암은 중생대에 형성되었다.

ㄹ. (나)는 (가)보다 산 정상부의 식생 밀도가 높다. (×)
  → 돌산은 흙산보다 산 정상부의 식생 밀도가 낮다.

☑ 용어

풍화 지표의 암석이 제자리에서 부서지는 현상을 말한다.

05 침식 분지의 특징

05

다음은 어느 지형의 형성 과정을 나타낸 것이다. 이에 대한 설명으로 옳은 것만을 〈보기〉에서 있는 대로 고른 것은?

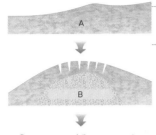

→ (가): 침식 분지, A: 변성암, B: 화강암
→ 암석의 차별적인 풍화와 침식으로 형성

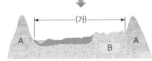

• 보기 •
ㄱ. (가) 지형은 주로 하천의 중·상류에 발달한다.
ㄴ. (가)에서는 기온 역전 현상이 나타나 안개가 자주 발생한다.
ㄷ. A는 시·원생대의 변성암이 주를 이룬다.
ㄹ. B는 A보다 풍화와 침식에 대한 저항력이 강하다.

① ㄱ, ㄴ   ② ㄱ, ㄷ   ③ ㄴ, ㄷ
④ ㄱ, ㄴ, ㄷ   ⑤ ㄴ, ㄷ, ㄹ

☑ 출제 의도 파악하기
침식 분지의 형성 과정을 이해하고, 침식 분지을 둘러싼 산지의 기반암은 변성암, 분지 내부의 기반암은 화강암임을 알아 두어야 한다.

⭐ 문제 해결 Point 쏙쏙
• 침식 분지

위치	하천 중·상류 지역, 두 개 이상의 하천이 합류하는 곳
형성 과정	화강암이 변성암으로 둘러싸인 곳에서 암석의 차별적인 풍화·침식에 의해 형성
특징	변성암은 주변 산지 형성, 화강암은 분지 바닥 형성
기후 특징	기온 역전 현상이 나타남.

☑ 선택지 바로 알기
ㄱ. (가) 지형은 주로 하천의 중·상류에 발달한다. (○)
→ 침식 분지는 하천 중·상류 지역이나 두 개 이상의 하천이 합류하는 곳에서 발달한다.
ㄴ. (가)에서는 기온 역전 현상이 나타나 안개가 자주 발생한다. (○)
→ 침식 분지에서는 상층의 기온보다 지표 부근의 기온이 낮아지는 기온 역전 현상이 나타나 안개가 자주 발생한다.
ㄷ. A는 시·원생대의 변성암이 주를 이룬다. (○)
→ 침식 분지 주변 산지의 기반암은 변성암으로 시·원생대에 형성되었다.
ㄹ. B는 A보다 풍화와 침식에 대한 저항력이 강하다. (×)
→ 화강암이 변성암보다 풍화와 침식에 대한 저항력이 약하다.

06 제주도의 화산 지형

다음 글의 ㉠~㉣에 대한 설명으로 옳은 것만을 〈보기〉에서 고른 것은?

유네스코 세계 자연 유산으로 지정된 지역은 ㉠ 제주도의 [㉡], 성산 일출봉, 거문오름 용암동굴계이다. [㉡]은 남한에서 가장 높은 산이며, 정상부를 제외한 대부분은 순상 화산체이다. 성산 일출봉은 제주도에 분포하는 360여 개의 [㉢] 중 하나로서 경관이 아름답다. 거문오름 용암동굴계는 약 10~30만 년 전에 거문오름에서 분출된 용암으로부터 만들어진 여러 개의 ㉣ 용암동굴이다.

• 보기 •
ㄱ. ㉠의 해안에서 공룡 발자국 화석이 많이 발견되었다.
ㄴ. ㉡의 정상부에서 칼데라호를 볼 수 있다.
ㄷ. ㉢은 용암이나 화산 쇄설물이 굳어져서 형성되었다.
ㄹ. ㉣은 용암의 냉각 속도의 차이에 의해 형성되었다.

① ㄱ, ㄴ   ② ㄱ, ㄷ   ③ ㄴ, ㄷ
④ ㄴ, ㄹ   ⑤ ㄷ, ㄹ

☑ 출제 의도 파악하기
세계 자연 유산으로 지정된 제주도 화산 지형들의 특징을 이해한다.

⭐ 문제 해결 Point 쏙쏙
• 제주도에서 지정된 세계 자연 유산: 한라산, 성산 일출봉, 거문오름 용암동굴계
• 기생 화산: 산록부에 용암이 추가 분출하여 형성된 지형으로, 오름, 악으로도 불림

☑ 선택지 바로 알기
ㄱ. ㉠의 해안에서 공룡 발자국 화석이 많이 발견되었다. (×)
→ 우리나라의 공룡 발자국 화석은 남해안 일대에서 많이 발견된다.
ㄴ. ㉡의 정상부에는 칼데라호를 볼 수 있다. (×)
→ 한라산의 정상부에는 화구호를 볼 수 있다.
ㄷ. ㉢은 용암이나 화산 쇄설물이 굳어져서 형성되었다. (○)
→ 오름은 용암이나 화산 쇄설물이 굳어져서 형성되었다.
ㄹ. ㉣은 용암의 냉각 속도의 차이에 의해 형성되었다. (○)
→ 용암동굴은 용암의 냉각 속도의 차이에 의해 형성되었다.

정답과 해설

07 카르스트 지형의 특징

다음 자료의 A~D에 대한 설명으로 옳지 <u>않은</u> 것은?

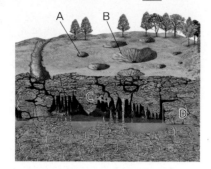

① A는 주로 용식 작용을 받아 형성된다.

② A는 배수가 불량하여 논농사에 유리하다.

③ A의 규모가 확대되면 B가 된다.

④ C는 동굴 천장에서 자라는 종유석이다.

⑤ D 암석은 고생대에 형성되었다.

☑ 출제 의도 파악하기

카르스트 지형의 다양한 지형과 특징을 이해한다.

★ 문제 해결 Point 쏙쏙

• 카르스트 지형: 석회암이 빗물과 지하수에 의해 용식 작용을 받아 형성된 지형

☑ 선택지 바로 알기

A는 석회암이 용식되어 형성된 우묵한 지형인 돌리네, B는 서로 다른 돌리네가 결합하여 형성된 우발레, C는 동굴 천장에서 자라는 종유석, D는 카르스트 지형의 기반암인 석회암이다.

① A는 주로 용식 작용을 받아 형성된다. (○)

→ 돌리네는 석회암이 빗물과 지하수에 의해 용식 작용을 받아 형성된 지형이다.

② A는 배수가 불량하여 논농사에 유리하다. (×)

→ 돌리네는 배수가 잘되기 때문에 주로 밭으로 이용된다.

③ A의 규모가 확대되면 B가 된다. (○)

→ 우발레는 여러 개의 돌리네가 확장되면서 더 큰 규모로 만들어진 와지 지형이다.

④ C는 동굴 천장에서 자라는 종유석이다. (○)

→ 종유석은 동굴 천장에서 자라나며, 탄산 칼슘 성분의 침전 현상으로 시간이 지날수록 길어진다.

⑤ D 암석은 고생대에 형성되었다. (○)

→ D 부분의 기반암은 석회암으로, 고생대 조선 누층군에 주로 분포한다.

08 우리나라 강수의 특징

A~D 지역의 강수량에 대한 설명으로 옳은 것만을 〈보기〉에서 고른 것은?

• 보기 •

ㄱ. A는 하계 강수 집중률이 가장 높다.

ㄴ. B는 겨울철 북동풍이 불 때 눈이 많이 내린다.

ㄷ. C는 바람그늘 사면에 해당해 여름철 강수량이 적다.

ㄹ. D의 여름철 강수량은 남쪽보다 북쪽 지역이 많다.

① ㄱ, ㄴ   ② ㄱ, ㄷ   ③ ㄴ, ㄷ

④ ㄴ, ㄹ   ⑤ ㄷ, ㄹ

☑ 출제 의도 파악하기

지도에 표시된 지역의 강수의 특징을 파악하고, 특히 계절별로 강수량 차이가 나타나는 원인을 이해한다.

★ 문제 해결 Point 쏙쏙

• 우리나라의 다우지: 제주도 일대, 남해안 일대, 한강 중·상류 지역 등

• 우리나라의 소우지: 관북 해안 일대, 중강진 일대, 대동강 하류, 영남 내륙 분지 지역 등

☑ 선택지 바로 알기

A는 중강진 일대 지역으로 우리나라에서 강수량이 가장 적은 소우지이다. B는 강릉을 포함한 영동 지방으로 겨울철 눈이 많이 내린다. C는 영남 내륙 지역으로 소우지에 해당한다. D는 제주도 지역으로 우리나라의 다우지 중 하나이다.

ㄱ. A는 하계 강수 집중률이 가장 높다. (×)

→ 우리나라에서 하계 강수 집중률이 가장 높은 곳은 한강 중·상류 지역이다.

ㄴ. B는 겨울철 북동풍이 불 때 눈이 많이 내린다. (○)

→ 영동 지방은 겨울철 북동풍이 불 때 바람받이 사면에 해당하여 눈이 많이 내린다.

ㄷ. C는 바람그늘 사면에 해당해 여름철 강수량이 적다. (○)

→ 영남 내륙 지방은 여름철 남동·남서 계절풍이 불 때 바람그늘 사면에 해당하여 강수량이 적다.

ㄹ. D의 여름철 강수량은 남쪽보다 북쪽 지역이 많다. (×)

→ 제주도는 여름철에 바람받이 사면에 해당하는 남쪽의 서귀포 일대가 북쪽의 제주시 일대보다 강수량이 많다.

09 기온 역전 현상으로 인한 재해

그림과 같은 기후 현상이 나타날 때 발생할 수 있는 재해로 옳은 것은?

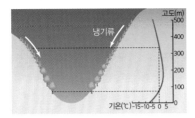

① 많은 눈이 내려 시설물이 붕괴한다.
② 태풍으로 인해 침수 피해가 발생한다.
③ 냉기류가 형성되어 냉해 피해가 발생한다.
④ 미세 먼지가 발생하여 기관지염 등의 피해를 입는다.
⑤ 고온 건조한 바람이 불어 분지 지표 부근에 가뭄의 피해가 발생한다.

☑ 출제 의도 파악하기
기온 역전 현상이 일어날 때 나타나는 현상을 알아 두어야 한다.

문제 해결 Point 쏙쏙
• 기온 역전 현상: 날씨가 맑은 밤에 지표의 온도가 크게 떨어지면 가장 고온이어야 할 지면 근처의 공기가 저온이 되고 고도가 올라갈수록 기온이 상승하는 현상
• 기온 역전 현상의 피해: 분지 지역 내에 냉해 피해

☑ 선택지 비교 알기
① 많은 눈이 내려 시설물이 붕괴한다. (×)
→ 많은 눈이 내려 시설물이 붕괴하는 현상은 대설로, 기온 역전 현상과 관련이 없다.
② 태풍으로 인해 침수 피해가 발생한다. (×)
→ 태풍은 주로 여름철에 발생하는 자연재해이며, 기온 역전 현상과 관련이 없다.
③ 냉기류가 형성되어 냉해 피해가 발생한다. (○)
→ 기온 역전 현상이 발생하면 분지 지역 내에 냉해 피해를 입게 된다.
④ 미세 먼지가 발생하여 기관지염 등의 피해를 입는다. (×)
→ 기온 역전 현상과 미세 먼지와는 관련이 없다.
⑤ 고온 건조한 바람이 불어 지표 부근에 가뭄의 피해가 발생한다. (×)
→ 기온 역전 현상이 발생하면 고도가 올라갈수록 고온 건조해지며, 지표 부근에는 찬 공기가 형성되어 냉해의 피해를 입게 된다.

10 집촌과 산촌의 비교

다음 글의 ㉡과 비교한 ㉠의 상대적 특징을 그림의 A~E에서 고른 것은?

농촌은 우리나라의 대표적인 촌락 형태이다. 농업 활동은 협동 노동의 필요성이 큰 경우가 많기 때문에 ㉠ 을 이루는 경우가 많다. 산지촌은 경사가 급하고 경지가 좁아서 주민의 상당수는 밭농사, 임산물 채취, 목축업 등을 하며 생활한다. 산지촌은 가옥이 드문드문 흩어져 분포하는 ㉡ 인 경우가 많다.

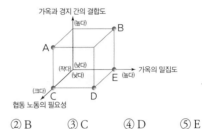

① A　　② B　　③ C　　④ D　　⑤ E

☑ 출제 의도 파악하기
집촌과 산촌의 특징을 비교한다.

문제 해결 Point 쏙쏙
• 집촌: 특정 장소에 가옥이 밀집하여 분포하는 촌락으로, 가옥이 밀집되어 있어 협동 노동에 유리하며 가옥과 경지와의 거리가 멀어 경지 관리기 어려움.
• 산촌: 가옥이 흩어져 분포하는 촌락으로, 가옥의 밀집도가 낮으나 가옥과 경지와의 결합도가 높음.

☑ 선택지 바로 알기
㉠은 집촌, ㉡은 산촌이다.
④ D – 집촌은 산촌에 비해 가옥의 밀집도가 높고, 협동 노동의 필요성이 크며, 가옥과 경지 간의 결합도는 낮게 나타난다.

11 고차 중심지와 저차 중심지 간의 특징

11

그림은 중심지의 계층 구조를 나타낸 것이다. 이에 대한 설명으로 옳은 것은?

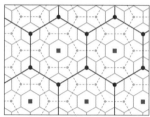

■ 대도시 ● 중도시 · 소도시 (경제지리학, 2011)

① 대도시는 중도시에 비하여 최소 요구치가 작다.

② 중심지 수는 소도시〈중도시〈대도시 순으로 많다.

③ 중도시는 소도시에 비하여 배후지의 범위가 넓다.

④ 동일 계층의 중심지 간 거리는 대도시〈중도시〈소도시 순으로 멀다.

⑤ 주민의 소득이 향상되면 대도시의 중심지는 발달하지만 중도시와 소도시의 중심지는 쇠퇴한다.

☑ 출제 의도 파악하기

도시 규모에 따라 도시 간에 계층 구조가 형성됨을 알고, 고차 중심지와 저차 중심지의 특징을 이해한다.

문제 해결 Point 쏙쏙

구분	고차 중심지	저차 중심지
중심지 수	적다.	많다.
중심지 간 거리	멀다.	가깝다.
배후지	넓다.	좁다.
최소 요구치	크다.	작다.
재화의 도달 범위	넓다.	좁다.
소비자 이용 빈도	낮다.	높다.
도시 규모	대도시	소도시

☑ 선택지 바로 알기

① 대도시는 중도시에 비하여 최소 요구치가 작다. (x)
→ 대도시는 중도시에 비해 고차 중심지에 해당하며 최소 요구치가 크다.

② 중심지 수는 소도시〈중도시〈대도시 순으로 많다. (x)
→ 중심지 수는 소도시〈중도시〈대도시 순으로 적다.

③ 중도시는 소도시에 비하여 배후지의 범위가 넓다. (○)
→ 중도시는 소도시에 비해 고차 중심지이기 때문에 배후지의 범위가 넓다.

④ 동일 계층의 중심지 간 거리는 대도시〈중도시〈소도시 순으로 멀다. (x)
→ 동일 계층의 중심지 간 거리는 소도시〈중도시〈대도시 순으로 멀다.

⑤ 주민의 소득이 향상되면 대도시 중심지는 발달하지만 중도시와 소도시의 중심지는 쇠퇴한다. (x)
→ 주민의 소득이 향상되면 중도시와 소도시의 중심지도 발달한다.

12 서술형 대동여지도의 특징

주요 내용 대동여지도의 특징과 장점

다음 지도를 보고 물음에 답하시오.

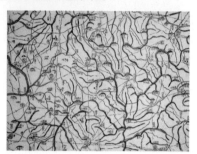

(1) 위 지도의 명칭을 쓰시오

대동여지도

(2) 위 지도의 장점을 세 가지만 서술하시오.

예시 답안 분첩 절첩식이라 휴대가 용이하고, 목판본이라 대량 생산이 가능하다. 지도표를 사용하여 많은 지리 정보를 표현하였다.

☑ 출제 의도 파악하기

대동여지도의 특징과 장점을 알아 두어야 한다.

문제 해결 Point 쏙쏙

• 대동여지도: 조선 후기 김정호에 의해 제작된 지도

• 분첩 절첩식으로 휴대 및 열람에 용이, 축척 개념 도입, 목판본으로 제작되어 대량 생산 가능, 지도표를 사용하여 지리 정보를 담음.

채점 기준	배점
(1)을 쓰고, 주요 장점 중 세 가지를 서술한 경우	상
(1)을 쓰고, 주요 장점 중 한~두 가지만 서술한 경우	중
(1)만 쓴 경우	하

13 [서술형] 해안 단구의 특징

[주요 내용] 해안 단구의 형성 과정과 특징

다음은 어느 지형의 형성 과정을 나타낸 것이다. 이를 보고 물음에 답하시오.

(1) A 지형의 명칭을 쓰시오.

해안 단구

(2) A 지형의 형성 과정을 서술하시오.

[예시 답안] 과거 파식대나 해안 퇴적 지형이 지반의 융기나 해수면의 하강으로 현재 해수면보다 높아지면서 계단 모형의 지형이 형성되었다.

☑ 출제 의도 파악하기
해안 단구의 개념과 해안 단구의 형성 과정을 이해한다.

★ 문제 해결 Point 쏙쏙

• 해안 단구: 지반의 융기와 기후 변화에 따른 해수면 변동으로 현재 해수면보다 높은 곳에 위치하게 된 계단 모양의 지형

채점 기준	배점
(1)을 쓰고, 형성 작용 모두 정확하게 서술한 경우	상
(1)을 쓰고, 형성 작용 중 일부분만 서술한 경우	중
(1)만 쓴 경우	하

14 [서술형] 열섬 현상의 특징

[주요 내용] 열섬 현상에 대한 이해, 열섬 현상의 발생 원인, 열섬 현상으로 인해 발생하는 문제

자료는 도시와 그 주변 지역의 기온 분포를 나타낸 것이다. 이를 보고 물음에 답하시오.

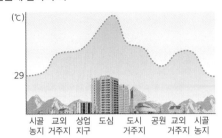

시골 교외 상업 도심 도시 공원 교외 시골
농지 거주지 지구   거주지   거주지 농지

(1) 그림과 같이 도심 지역이 다른 지역에 비해 기온이 높은 현상을 무엇이라고 하는지 쓰시오.

도시 열섬 현상

(2) 도심 지역이 주변 지역보다 기온이 높은 이유를 두 가지만 서술하시오.

[예시 답안] 고층 건물이 많아 이들 건물로부터 나오는 인공 열이 많다. 고층 빌딩이 많아 야간의 복사 냉각 시에 대기로의 복사 에너지 배출이 원활하지 않다. 포장 면적이 넓고 녹지 공간이 적다.

☑ 출제 의도 파악하기
도시 열섬 현상의 개념과 발생 원인, 열섬 현상으로 발생하는 문제를 이해한다.

★ 문제 해결 Point 쏙쏙

• 도시 열섬 현상: 교외보다 도심의 기온이 높게 나타나는 현상
• 도시 열섬 현상의 주요 원인: 도시의 인구 증가, 인공 열 방출, 도로 포장 면적 증가 등

채점 기준	배점
(1)을 쓰고, 도심 지역의 기온이 주변 지역의 기온보다 높은 이유를 두 가지 서술한 경우	상
(1)을 쓰고, 도심 지역의 기온이 주변 지역의 기온보다 높은 이유를 한 가지 서술한 경우	중
(1)만 쓴 경우	하

15 서술형 도시 내부 구조의 특징

주요 내용 도심과 부도심의 특징, 개발 제한 구역의 설치 의미, 도시 내부 구조에 대한 이해

그림은 대도시의 내부 구조를 나타낸 것이다. 이를 보고 물음에 답하시오.

개발 제한 구역
주변 지역
중간 지역
A
B
위성 도시
(현대 인문 지리학, 2012)

(1) A, B의 명칭을 쓰시오.

A – 도심, B – 부도심

(2) 개발 제한 구역을 설치하는 목적을 두 가지만 서술하시오.

예시 답안 도시의 무질서한 팽창을 막고 자연 녹지 공간을 보전하기 위해 설치하였다.

☑ **출제 의도 파악하기**
도시 내부 구조의 명칭과 특징을 알아 두어야 한다.

✯ 문제 해결 Point 쏙쏙

- 도심: 중심 업무를 담당하는 곳으로 접근성과 지대가 높음.
- 부도심: 도심의 기능을 일부 분담하는 지역
- 중간 지역: 도심 주변의 상업·공업·주거지 기능이 혼재되어 있는 점이 지대
- 주변 지역: 도시·농촌 경관 혼재
- 개발 제한 구역: 시가지의 무질서한 팽창을 막고 자연 녹지 공간을 보전하기 위해 설정

채점 기준	배점
(1)을 쓰고, 개발 제한 구역을 설치하는 목적을 두 가지 서술한 경우	상
(1)을 쓰고, 개발 제한 구역을 설치하는 목적을 한 가지만 서술한 경우	중
(1)만 쓴 경우	하

01 ③   02 ⑤   03 ②   04 ①   05 ④   06 ②   07 ③   08 ③   09 ①   10 ②   11 ①

서술형 12 (1) A – 갯벌, B – 사빈 (2) 해설 참조   13 (1) A – 배후 습지, B – 자연 제방 (2) 해설 참조   14 (1) ㉠ – 대청마루, ㉡ – 정주간 (2) 해설 참조   15 해설 참조

---

01 우리나라의 영역

다음 글에 해당하는 지역을 지도의 A~E에서 고른 것은?

> 우리나라의 정치적·경제적 주권이 미치는 바다의 범위로, 그 수직 상공으로는 우리나라의 허가 없이 다른 나라의 비행기가 통과할 수 없다.

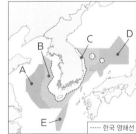

① A
② B
③ C
④ D
⑤ E

---- 한국 영해선
A: 한중 잠정 조치 수역
B: 배타적 경제 수역
C: 영해
D, E: 한일 중간 수역

☑ 출제 의도 파악하기

영해, 배타적 경제 수역, 한일 중간 수역, 한중 잠정 조치 수역의 범위와 의미를 파악해야 한다.

★ 문제 해결 Point 쏙쏙

• 영해: 연안국의 주권이 미치는 해양의 범위
• 배타적 경제 수역: 영해 기선으로부터 최대 200해리에 이르는 수역 중 영해를 제외한 수역
• 한일 중간 수역: 우리나라와 일본이 공동으로 관리하는 수역
• 한중 잠정 조치 수역: 우리나라와 중국이 공동으로 관리하는 수역

☑ 개념

영해

연안국의 주권이 미치는 해양의 범위로 일반적으로 기선으로부터 12해리까지의 수역을 의미하며, 통상적으로 외국 선박의 무해 통항권이 인정됨.

– 통상 기선: 연안의 최저 조위선에 해당하는 선, 해안선이 단조롭거나 섬이 해안에서 멀리 떨어져 있을 때 적용
– 직선 기선: 영해 기점(주로 최외곽의 도서)을 이은 직선, 해안선이 복잡하거나 섬이 많을 때 적용

---

02 고문헌의 특징

(가), (나)는 조선 시대에 제작된 지리지의 일부이다. 이에 대한 설명으로 옳은 것은?

> (가) 【관원】 목사·판관·교수 각 1인
> 【군명】 탐라·탁라·탐모라·동영주
> 【풍속】 초목과 곤충은 겨울이 지나도 죽지 않으며 폭풍이 자주 인다. 또 초가가 많고 빈천한 백성들은 부엌과 온돌이 없고 땅바닥에서 자고 거처한다. …『동문감』에 "그 땅에 돌이 많고 건조하여, ㉠ 본래 논은 없고 오직 보리·콩·조만 생산된다."고 하였다.
>   └ 현무암과 절리의 발달로 지표수가 부족하기 때문
>
> (나) 태백산과 소백산 또한 토산이지만, 흙빛이 모두 수려하다. 태백산에는 황지라는 훌륭한 곳이 있다. ㉡ 산 위에 들판이 펼쳐져 두메 사람들이 제법 마을을 이루었다. 화전을 일구어 살고 있었으나 지세가 높고 서리가 일찍 내린다.
>   └ 고위 평탄면

① (가)는 특정 주제를 중심으로 서술되었다.
② (나)는 국가가 통치를 목적으로 제작하였다.
③ (가)는 (나)보다 제작 시기가 늦다.
④ ㉠은 이 지역의 강수량이 적기 때문이다.
⑤ ㉡에서는 목축업과 고랭지 농업이 주로 이루어진다.

☑ 출제 의도 파악하기

관찬 지리지와 사찬 지리지의 특징을 이해하고, 제주도의 토지 이용과 고위 평탄면의 특징을 파악한다.

★ 문제 해결 Point 쏙쏙

• 관찬 지리지: 조선 전기 국가가 제작, 백과사전식 서술
• 사찬 지리지: 조선 후기 민간에서 제작, 특정 주제를 중심으로 서술

☑ 선택지 바로 알기

① (가)는 특정 주제를 중심으로 서술되었다. (×)
→ 관찬 지리지(가)는 백과사전식으로 서술되었다.

② (나)는 국가가 통치를 목적으로 제작하였다. (×)
→ 국가가 통치를 목적으로 제작한 지리지는 관찬 지리지(가)이다.

③ (가)는 (나)보다 제작 시기가 늦다. (×)
→ 관찬 지리지(가)는 사찬 지리지(나)보다 제작 시기가 이르다.

④ ㉠은 이 지역의 강수량이 적기 때문이다. (×)
→ 현무암과 절리의 발달로 지표수가 쉽게 지하로 스며들기 때문이다.

⑤ ㉡에서는 목축업과 고랭지 농업이 주로 이루어진다. (○)
→ 고위 평탄면은 여름철 서늘한 기후를 이용해 고랭지 농업과 목축업이 발달하였다.

03 우리나라의 산맥 특징

지도는 우리나라의 산맥도를 나타낸 것이다. 이에 대한 설명으로 옳은 것만을 〈보기〉에서 고른 것은?

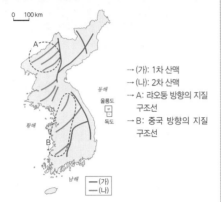

→ (가): 1차 산맥
→ (나): 2차 산맥
→ A: 랴오둥 방향의 지질 구조선
→ B: 중국 방향의 지질 구조선

• 보기 •
ㄱ. (가)는 신생대 제3기 경동성 요곡 운동으로 형성되었다.
ㄴ. (나)는 (가)보다 해발 고도가 높다.
ㄷ. A는 랴오둥 방향, B는 중국 방향의 지질 구조선이다.
ㄹ. B 방향의 지질 구조선은 A 방향의 지질 구조선보다 형성 시기가 이르다.

① ㄱ, ㄴ　　　② ㄱ, ㄷ　　　③ ㄴ, ㄷ
④ ㄴ, ㄹ　　　⑤ ㄷ, ㄹ

☑ 출제 의도 파악하기
한반도 지각 운동의 결과 형성된 랴오둥, 중국 방향의 지질 구조선을 알고, 산맥 형성 과정을 이해한다.

✦ 문제 해결 Point 쏙쏙
• 송림 변동: 중생대 초기 북부 지방을 중심으로 진행, 랴오둥 방향의 지질 구조선 발달
• 대보 조산 운동: 중생대 중기 한반도 중·남부 지역을 중심으로 진행, 중국 방향의 지질 구조선 발달
• 경동성 요곡 운동: 신생대 제3기, 태백산맥, 함경산맥과 같은 1차 산맥 형성

☑ 선택지 바로 알기
ㄱ. (가)는 신생대 제3기 경동성 요곡 운동으로 형성되었다. (○)
　→ 1차 산맥은 신생대 제3기 경동성 요곡 운동으로 형성되었다.
ㄴ. (나)는 (가)보다 해발 고도가 높다. (×)
　→ (나)는 2차 산맥, (가)는 1차 산맥으로 1차 산맥이 2차 산맥보다 해발 고도가 높고 산줄기의 연속성이 강하다.
ㄷ. A는 랴오둥 방향, B는 중국 방향의 지질 구조선이다. (○)
　→ A는 랴오둥 방향의 지질 구조선, B는 중국 방향의 지질 구조선이다.
ㄹ. B 방향의 지질 구조선은 A 방향의 지질 구조선보다 형성 시기가 이르다. (×)
　→ 랴오둥 방향(A)의 지질 구조선은 송림 변동의 영향으로 형성되었으며, 중국 방향(B)의 지질 구조선은 대보 조산 운동의 영향으로 형성되었다. 송림 변동은 중생대 초기, 대보 조산 운동은 중생대 중기 발생하였으므로 A가 B보다 형성 시기가 이르다.

04 고위 평탄면의 특징

그림은 어느 지형의 형성 과정을 나타낸 것이다. A 지형에 대한 설명으로 옳은 것만을 〈보기〉에서 고른 것은?

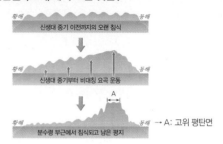

→ A: 고위 평탄면

• 보기 •
ㄱ. 한반도가 평탄했다는 증거가 된다.
ㄴ. 목축업과 고랭지 농업이 발달한다.
ㄷ. 다른 암석의 차별 침식으로 형성된다.
ㄹ. 이른 새벽 기온 역전 현상이 자주 일어난다.

① ㄱ, ㄴ　　　② ㄱ, ㄷ　　　③ ㄴ, ㄷ
④ ㄴ, ㄹ　　　⑤ ㄷ, ㄹ

☑ 출제 의도 파악하기
고위 평탄면의 형성 과정과 토지 이용을 이해한다.

✦ 문제 해결 Point 쏙쏙
• 고위 평탄면

형성 원인	오랜 침식으로 낮고 평탄했던 지형이 신생대 제3기 경동성 요곡 운동으로 고도가 높은 곳에 형성된 평탄 지형
분포 지역	태백산맥의 대관령과 소백산맥의 진안고원
기후 특징	여름철 서늘한 기후, 겨울철 많은 눈
토지 이용	고랭지 농업 및 목축업, 풍력 발전 등

☑ 선택지 바로 알기
ㄱ. 한반도가 평탄했다는 증거가 된다. (○)
　→ 융기 이전 한반도가 평탄했다는 것을 알 수 있다.
ㄴ. 목축업과 고랭지 농업이 발달한다. (○)
　→ 여름철 서늘한 기후를 이용해 고랭지 농업과 목축업이 발달한다.
ㄷ. 다른 암석의 차별 침식으로 형성된다. (×)
　→ 침식 분지에 대한 설명이다.
ㄹ. 이른 새벽 기온 역전 현상이 자주 일어난다. (×)
　→ 침식 분지에서 발생하는 현상이다.

05 해안 지형의 특징

다음 자료는 『택리지』의 일부이다. 밑줄 친 (가)~(라)에 해당하는 지형을 지도의 A~E에서 고른 것은?

- 금사사(金沙寺)의 바닷가는 모두 모래사장이다. 모래가 무척 고와서 금빛과 같으며 햇빛을 받으면 20리 너머까지 반짝인다. 바람이 불 때마다 모래가 이리저리 움직여서 (가)모래 언덕이 동쪽에 생겼다가 서쪽에 생기는 등 갑자기 좌우로 움직여 그 위치가 일정치 않다.
  └ 사구
- 나주 서쪽에는 칠산 바다가 있다. 예전에는 수심이 깊었으나 근래에는 모래와 (나)뻘이 쌓여 얕아지면서 썰물 때면 수심이 겨우 무릎이 빠질 정도이다.
  └ 갯벌
- 경포대 앞의 (다)호수는 둘레가 20리이며, 물 깊이는 사람의 배꼽에 닿을 정도지만 작은 배는 다닐 수 있다. 동편에 강문교가 있고, 다리 너머에는 (라)흰 모래 둑이 바다를 가로막고 있다. 호수에는 바닷물이 드나들고, 둑 너머로는 푸른 바다가 하늘까지 이어져 있다.
  └ 석호   └ 사주

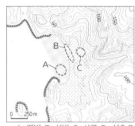 

→ A; 갯벌 B; 사빈 C; 사구 D; 석호 E; 사주이다

	(가)	(나)	(다)	(라)
①	A	E	C	D
②	B	A	D	E
③	B	C	E	A
④	C	A	D	E
⑤	C	B	D	A

☑ 출제 의도 파악하기

주요 해안 지형(갯벌, 사빈, 사주, 사구, 석호 등)과 특징을 정확하게 파악해야 한다.

✦ 문제 해결 Point 쏙쏙

주요 해안 지형	형성 원인
갯벌	조류의 퇴적 작용으로 형성
사빈	파랑과 연안류의 퇴적 작용으로 형성
사구	사빈의 모래가 바람에 날려 퇴적되어 형성
사주	파랑과 연안류의 퇴적 작용
석호	후빙기 해수면 상승과 사주의 성장

06 주상 절리의 특징

사진은 화산 지형의 일부를 나타낸 것이다. 이 지형에 대한 설명으로 옳은 것만을 〈보기〉에서 고른 것은?

• 보기
ㄱ. 주상 절리라고 한다.
ㄴ. 석회동굴 주변에서 흔히 볼 수 있다.
ㄷ. 유동성이 큰 용암이 굳어서 형성되었다.
ㄹ. 중생대 말기에 조산 운동으로 형성되었다.

① ㄱ, ㄴ   ② ㄱ, ㄷ   ③ ㄴ, ㄷ
④ ㄴ, ㄹ   ⑤ ㄷ, ㄹ

☑ 출제 의도 파악하기

화산 지형 중 하나인 주상 절리의 형성 원인과 특징을 이해한다.

✦ 문제 해결 Point 쏙쏙

주상 절리: 주상 절리는 신생대 제3기 말∼제4기 최신 활동으로 형성된 육각 기둥 모양의 화산 지형으로 유동성이 큰 현무암이 굳는 과정에서 만들어진 기둥 모양의 지형이다.

☑ 선택지 바로 알기

ㄱ. 주상 절리라고 한다. (○)
  → 주상 절리란 육각 기둥 모양의 화산 지형을 일컫는다.
ㄴ. 석회동굴 주변에서 흔히 볼 수 있다. (×)
  → 주상 절리는 화산 지형으로 석회동굴 유역에서 보기는 어렵다.
ㄷ. 유동성이 큰 용암이 굳어서 형성되었다. (○)
  → 주상 절리는 유동성이 큰 현무암이 굳는 과정에서 만들어진 기둥 모양의 지형이다.
ㄹ. 중생대 말기에 조산 운동으로 형성되었다. (×)
  → 주상 절리는 신생대 제3기 말∼제4기 화산 활동으로 형성되었다.

정답 과 해설

07 기후 요소의 분포

그래프는 (가)~(마) 지역의 기후 특성을 나타낸 것이다. 이에 해당하는 지역을 지도의 A~E에서 고른 것은?

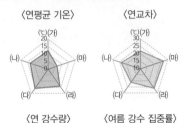

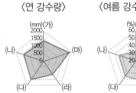

	(가)	(나)	(다)	(라)	(마)
①	A	E	B	D	C
②	B	E	D	C	A
③	C	B	E	D	A
④	C	D	A	B	E
⑤	C	D	E	B	A

☑ 출제 의도 파악하기

지역별 기후 요소의 분포 특징을 이해한다.

☆ 문제 해결 Point 쏙쏙

- 대관령: 연 강수량이 뚜렷하게 많다.
- 강릉: 여름 강수 집중률이 낮고, 겨울철 눈이 많이 내린다.
- 울릉도: 겨울철 강수량이 많아 여름철 강수 집중률이 낮다.
- 대구: 바람그늘 지역으로 연 강수량이 가장 적다.
- 제주: 남쪽에 위치하여 기온의 연교차가 가장 작고, 연평균 기온은 가장 높다.

☑ 선택지 바로 알기

A는 대관령, B는 강릉, C는 울릉도, D는 대구, E는 제주이다. 대관령은 연 강수량이 뚜렷하게 많은 곳, 강릉은 여름 강수 집중률이 낮고 겨울철 눈이 많이 내리는 곳, 울릉도는 여름철 강수 집중률이 낮은 곳이다. 대구는 연 강수량이 제일 적은 곳이며 제주는 남쪽에 위치하여 기온의 연교차가 가장 작고, 연평균 기온은 가장 높은 곳이다.

08 우리나라의 계절별 특징

표는 계절별 특징을 정리한 것이다. ㉠~㉤의 내용으로 옳은 것은?

계절	특징
봄	㉠ 꽃샘추위, 건조한 날씨
여름	㉡ 장마 전선 형성, 집중 호우의 발생, 북태평양 기단, ㉢ 열대야 현상, 대류성 강수
가을	㉣ 청명한 날씨, 일조량 풍부
겨울	㉤ 시베리아 기단, 한파

① ㉠ – 오호츠크해 기단의 영향으로 발생한다.
② ㉡ – 북태평양 기단과 시베리아 기단이 만나면서 형성된다.
③ ㉢ – 도심 지역이 주변 지역보다 심하게 나타난다.
④ ㉣ – 저기압의 영향으로 농작물 결실에 유리하다.
⑤ ㉤ – 한랭 습윤한 특징을 가지고 있다.

☑ 출제 의도 파악하기

우리나라의 계절별 특징을 이해한다.

☆ 문제 해결 Point 쏙쏙

- 꽃샘추위: 시베리아 고기압의 일시적 확장에 따라 발생
- 장마 전선 형성: 고온 다습한 북태평양 기단과 냉량 습윤한 오호츠크해 기단 사이에 형성

☑ 선택지 바로 알기

① ㉠-오호츠크해 기단의 영향으로 발생한다. (×)
  → 꽃샘추위는 시베리아 기단의 일시적 확장으로 발생한다.
② ㉡-북태평양 기단과 시베리아 기단이 만나면서 형성된다. (×)
  → 장마 전선은 북태평양 기단과 오호츠크해 기단이 만나면서 형성된다.
③ ㉢-도심 지역이 주변 지역보다 심하게 나타난다. (○)
  → 열섬 현상으로 인해 도심 지역이 주변 지역보다 열대야 현상이 더 심하게 나타난다.
④ ㉣-저기압의 영향으로 농작물 결실에 유리하다. (×)
  → 가을에 청명한 날씨는 이동성 고기압의 영향 때문이다.
⑤ ㉤-한랭 습윤한 특징을 가지고 있다. (×)
  → 시베리아 기단은 한랭 건조한 특징을 가지고 있다.

09 지구 온난화에 의한 계절의 길이 변화

그래프는 서울의 계절 변화 추이를 나타낸 것이다. 이와 같은 현상이 지속될 때 나타나는 현상으로 옳은 것은?

봄 일평균 기온 5℃ 이상 　**여름** 일평균 기온 20℃ 이상
가을 일평균 기온 20℃ 미만 　**겨울** 일평균 기온 5℃ 미만

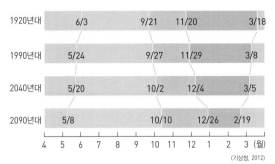

▲ 서울의 계절 길이 변화

(기상청, 2012)

① 무상 일수가 길어진다.
② 단풍 시기가 빨라진다.
③ 작물의 북한계선이 남하한다.
④ 냉대림의 분포 범위가 확대된다.
⑤ 한류성 어족의 포획량이 증가한다.

☑ **출제 의도 파악하기**

지구 온난화로, 계절의 길이 변화가 달라지고 이로 인해 나타나는 현상을 이해한다.

⚡ **문제 해결 Point 쏙쏙**

• 지구 온난화의 영향: 여름의 기간은 길어지고 겨울의 기간은 짧아짐, 열대 기후 질병의 발생률 증가, 강수량 및 호우 출현 빈도 증가, 해수면 상승으로 해안 저지대의 침수 피해 증가, 난대림 분포지의 북상

☑ **선택지 바로 알기**

① 무상 일수가 길어진다. (○)
 → 무상 일수는 서리가 내리지 않는 기간으로, 지구 온난화로 인해 기온이 올라가면서 무상 일수는 길어진다.
② 단풍 시기가 빨라진다. (×)
 → 지구 온난화로 단풍 시기는 점점 느려지고 있다.
③ 작물의 북한계선이 남하한다. (×)
 → 지구 온난화로 인해 작물의 북한계선이 북상하고 있다.
④ 냉대림의 분포 범위가 확대된다. (×)
 → 지구 온난화로 인해 냉대림의 분포 범위는 줄어들고 있다.
⑤ 한류성 어족의 포획량이 증가한다. (×)
 → 한류성 어족은 감소하고 난대성 어족은 증가하고 있다.

10 도시 내부 구조의 특징

그림은 도시 내부 구조를 나타낸 것이다. A~D에 대한 설명으로 옳은 것만을 〈보기〉에서 고른 것은?

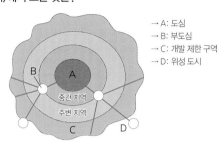

→ A: 도심
→ B: 부도심
→ C: 개발 제한 구역
→ D: 위성 도시

• 보기 •
ㄱ. A에서는 인구 공동화 현상이 나타난다.
ㄴ. B에서는 농촌과 도시 경관이 혼재한다.
ㄷ. C는 도시의 무분별한 팽창을 막기 위한 것이다.
ㄹ. D는 도심의 기능을 분담한다.

① ㄱ, ㄴ　　　② ㄱ, ㄷ　　　③ ㄴ, ㄷ
④ ㄴ, ㄹ　　　⑤ ㄷ, ㄹ

☑ **출제 의도 파악하기**

도시 내부 구조의 특징을 이해하고, 각 지역이 가지고 있는 기능을 파악한다.

⚡ **문제 해결 Point 쏙쏙**

인구 공동화 현상: 중심 시가지의 인구가 감소하고 도시 주변 지역의 인구가 증가하는 인구 이동 현상으로, 낮에는 도심부의 인구가 증가하고, 밤에는 도심부의 인구가 감소하는 현상

☑ **선택지 바로 알기**

ㄱ. A에서는 인구 공동화 현상이 나타난다. (○)
 → A는 도심이다. 도심에는 낮에는 인구가 많지만 밤에는 인구가 감소하는 인구 공동화 현상이 나타난다.
ㄴ. B에서는 농촌과 도시 경관이 혼재한다. (×)
 → B는 부도심으로 농촌과 도시 경관이 혼재하는 지역은 주변 지역이다.
ㄷ. C는 도시의 무분별한 팽창을 막기 위한 것이다. (○)
 → C는 개발 제한 구역으로 도시의 무분별한 팽창을 막기 위해 만들어졌다.
ㄹ. D는 도심의 기능을 분담한다. (×)
 → D는 위성 도시로 도심의 기능을 분담하는 것은 부도심이다.

11 대도시권의 공간 구조

자료는 대도시권의 공간 구조를 나타낸 것이다. 이에 대한 설명으로 옳지 않은 것은?

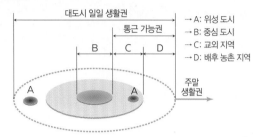

① A에는 중심 업무 기능이 밀집되어 있다.
② B의 도시 내부 구조는 기능에 따라 분화되어 있다.
③ C는 도시 경관과 촌락 경관이 혼재되어 있다.
④ D의 범위는 교통이 발달하면 확대될 수 있다.
⑤ A는 B보다 자족 기능이 부족하다.

☑ 출제 의도 파악하기
대도시의 성장으로 대도시와 주변 지역이 기능적으로 관계를 맺는 범위가 대도시권이라는 것을 이해한다.

✦ 문제 해결 Point 쏙쏙
• 대도시권의 확대: 교통이 발달하여 대도시 주변 지역에서 대도시로 통근하는 인구가 늘어나면서 대도시의 영향을 받는 대도시권도 확대됨.
• 도시화 과정에 집중되었던 대도시의 인구와 산업이 근교 농촌, 위성 도시, 신도시 등의 주변 지역으로 분산·확대되어 대도시권이 확대됨.

☑ 선택지 바로 알기
① A는 중심 업무 기능이 밀집되어 있다. (×)
　→ A는 위성 도시로 대도시의 과밀화 및 인구 집중을 완화하기 위해 만들어졌다.
② B의 도시 내부 구조는 기능에 따라 분화되어 있다. (○)
　→ B는 중심 도시로 도시 내부 구조의 기능에 따라 분화되어 있다.
③ C는 도시 경관과 촌락 경관이 혼재되어 있다. (○)
　→ C는 교외 지역으로 대도시 영향권에 해당하며, 도시와 촌락의 경관이 혼재되어 나타난다.
④ D의 범위는 교통이 발달하면 확대될 수 있다. (○)
　→ D는 배후 농촌 지역으로 교통이 발달하면 더 넓게 확대된다.
⑤ A는 B보다 자족 기능이 부족하다. (○)
　→ 위성 도시는 중심 도시보다 자족 기능이 부족하여 중심 도시에 의존하는 성격이 강하다.

12 서술형 해안 지형의 특징

주요 내용　갯벌과 사빈의 형성 요인, 토지 이용 사례

지도를 보고 물음에 답하시오.

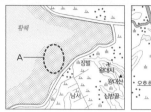

(1) A, B 지형의 명칭을 쓰시오.

　A – 갯벌, B – 사빈

(2) A, B 지형의 형성 요인을 쓰고, 토지 이용 사례를 서술하시오.

예시 답안　갯벌은 조류의 퇴적 작용으로 형성되며, 염전, 양식장 등으로 이용된다. 사빈은 파랑이나 연안류의 퇴적 작용으로 형성되며, 주로 해수욕장으로 이용된다.

☑ 출제 의도 파악하기
갯벌과 사빈의 형성 요인과 토지 이용 사례를 알아 두어야 한다.

✦ 문제 해결 Point 쏙쏙
• 갯벌: 하천에 의해 운반된 물질이 하천의 하구나 해안 지역에 퇴적되어 형성
• 사빈: 파랑과 연안류에 의해 모래가 퇴적되어 형성

채점 기준	배점
(1)을 쓰고, A, B 형성 요인과 토지 이용 모두 서술한 경우	상
(1)을 쓰고, A, B 형성 요인과 토지 이용 중 한 가지만 서술한 경우	중
(1)만 쓴 경우	하

13 [서술형] 범람원의 특징

[주요 내용] 범람원의 자연 제방과 배후 습지의 특징과 토지 이용 이해

지도를 보고 물음에 답하시오.

(1) A, B 지형의 명칭을 쓰시오.

　A – 배후 습지, B – 자연 제방

(2) A 지형과 비교한 B 지형의 상대적 특징을 〈조건〉의 내용을 포함하여 서술하시오.

　[예시 답안] 자연 제방은 배후 습지에 비해 해발 고도가 높고, 퇴적

　물의 입자 크기가 커 배수가 양호하며, 주로 밭이나 과수원 등으

　로 이용된다.

☑ **출제 의도 파악하기**
자연 제방과 배후 습지의 특징을 이해하고, 지도를 통해 자연 제방과 배후 습지를 구분할 수 있어야 한다.

★ **문제 해결 Point 쏙쏙**

	자연 제방	배후 습지
배수	양호	불량
해발 고도	상대적으로 높음.	상대적으로 낮음.
입자 크기	상대적으로 큼.	상대적으로 작음.
토지 이용	취락, 밭, 과수원	배수 시설 확충 후 논으로 이용

채점 기준	배점
(1)을 쓰고, A 지형과 비교한 B 지형의 상대적 특징을 제시된 조건을 모두 넣어 서술한 경우	상
(1)을 쓰고, A 지형과 비교한 B 지형의 상대적 특징을 제시된 조건 중 두~세 가지만 포함하여 서술한 경우	중
(1)만 쓴 경우	하

14 [서술형] 남부형 가옥 구조와 관북형 가옥 구조의 특징

[주요 내용] 관북형 가옥 구조의 특징, 남부형 가옥 구조의 특징, 정주간과 대청마루의 용도

다음은 두 지역의 전통 가옥 구조를 나타낸 것이다. 이를 보고 물음에 답하시오.

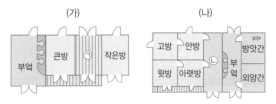

(1) (가)의 ㉠, (나)의 ㉡에 들어갈 용어를 쓰시오.

　㉠ – 대청마루, ㉡ – 정주간

(2) (나)의 ㉡의 역할을 기후와 관련하여 서술하시오.

　[예시 답안] 정주간은 부뚜막과 가까워 집에서 가장 따뜻한 공간으

　로, 추운 겨울철에 관북 지방 사람들이 주로 생활하는 거실 역할

　을 한다.

☑ **출제 의도 파악하기**
관북형 가옥 구조와 남부형 가옥 구조의 특징을 이해하고, 정주간의 역할을 알이 두어야 한다.

★ **문제 해결 Point 쏙쏙**

• 정주간: 부엌과 트여 있는 공간으로, 부엌에서 나오는 열기를 이용할 수 있어 겨울에도 따뜻함.
• 대청마루: 고온 다습한 여름철 기후와 관련해 발달한 전통 가옥 시설로 통풍이 용이하고 지면의 습기를 차단할 수 있음.

채점 기준	배점
(1)을 쓰고, ㉡의 역할을 기후와 관련하여 서술한 경우	상
(1)을 쓰고, ㉡의 역할은 서술하였지만 기후와 관련하지 못하고 서술한 경우	중
(1)만 쓴 경우	하

15 [서술형] 도심의 주간 인구와 야간 인구의 차이

[주요 내용] 도심의 주간 인구와 야간 인구의 차이, 인구 공동화 현상의 특징

그래프는 대도시의 주·야간 인구 분포를 나타낸 것이다. A 지역과 비교한 B 지역의 상대적 특징을 〈조건〉의 내용을 포함하여 서술하시오.

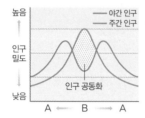

┌─ 조건 ●─────────────────────┐
│ • 교통 혼잡   • 상주인구   │
│ • 주간 인구   • 인구 공동화   │
└───────────────────────────────┘

[예시 답안] A는 주변 지역, B는 도심이다. 도심에는 주간 인구가 급증하고 야간의 상주인구가 감소하는 인구 공동화 현상이 나타나 출퇴근 시간대에 교통 혼잡이 발생한다.

☑ 출제 의도 파악하기
인구 공동화 현상의 개념과 특징을 알아 두어야 한다.

✫ 문제 해결 Point 쏙쏙
• 인구 공동화 현상: 도심은 상업·업무 기능이 집중되어 주간 인구가 많지만, 야간에는 외곽의 거주 지역으로 귀가하면서 상주인구가 감소하는 현상

채점 기준	배점
주변 지역과 비교한 도심의 특징을 제시된 조건을 모두 넣어 서술한 경우	상
주변 지역과 비교한 도심의 특징을 제시된 조건 중 두~세 가지만 넣어 서술한 경우	중
주변 지역과 비교한 도심의 특징을 제시된 조건 중 한 가지만 넣어 서술한 경우	하

Book 2

정답과 해설

1주 Ⅳ. 거주 공간의 변화와 지역 개발 ② ~ Ⅴ. 생산과 소비의 공간

1주 1일 개념 돌파 전략 ①

Book 2 8~11쪽

1강_거주 공간의 변화와 지역 개발 ② ~ 생산과 소비의 공간 ①

| 8쪽 | **개념 ❶** 높다　　　　**개념 ❷** 석유
| 9쪽 | **01**-1 ㄱ　　　　**02**-1 (가)-ㄱ, (나)-ㄴ

2강_생산과 소비의 공간 ②

| 10쪽 | **개념 ❶** 증가, 감소　　**개념 ❷** 충청 공업 지역　　**개념 ❸** 넓어야
| 11쪽 | **01**-1 (가)-벼, (나)-과수　　**02**-1 A-수도권, B-영남권
| | **03**-1 300

1주 1일 개념 돌파 전략 ②

Book 2 12~13쪽

1 ④　**2** ②　**3** ⑤　**4** ⑤　**5** ②　**6** ⑤

1 철거 재개발과 보존 재개발

(가)는 기존의 시설을 완전히 철거하고 새로운 시설물로 대체하는 철거 재개발의 사례, (나)는 역사·문화적으로 보존할 가치가 있는 지역의 환경 악화를 예방하고 유지·관리하는 보존 재개발의 사례이다.
ㄴ. 철거 재개발(가)은 보존 재개발(나)보다 투입 자본의 규모가 크다.
ㄹ. 보존 재개발(나)은 철거 재개발(가)보다 지역 공동체의 유지 가능성이 높다.

오답 피하기　ㄱ. 철거 재개발(가)은 기존의 시설을 완전히 철거하고 새로운 시설물로 대체하기 때문에 보존 재개발(나)보다 기존 건물 활용도가 낮다.
ㄷ. 보존 재개발(나)은 철거 재개발(가)보다 원거주민의 이주율이 낮다.

2 우리나라의 국토 개발 과정

(가)는 성장 거점 개발 방식을 채택한 제1차 국토 종합 개발 계획이고, (나)는 균형 개발 방식을 채택한 제3차 국토 종합 개발 계획이다. ② 제1차 국토 종합 개발 계획(가)의 시행 결과 경부고속국도의 개통 등으로 인해 서울과 부산을 연결한 경부축 중심의 발전이 두드러졌다.

오답 피하기　① 제3차 국토 종합 개발 계획에 대한 설명이다. 제1차 국토 종합 개발 계획은 성장 거점 개발 방식을 채택하여 경제적 효율성을 추구한다.
③ 제1차 국토 종합 개발 계획에 대한 설명이다. 핵심부의 성장으로 주변부가 발전하는 파급 효과는 성장 거점 개발 방식에서 기대하는 효과이다.
④ 제1차 국토 종합 개발 계획은 중앙 정부 주도의 하향식 개발 방식으로 추진되었기 때문에 제3차 국토 종합 개발 계획보다 개발 과정에서 지역 주민의 의사가 적게 반영되었다.
⑤ 균형 개발 방식을 채택한 제3차 국토 종합 개발 계획은 제1차 국토 종합 개발 계획보다 선진국에서의 채택 비율이 높다. 개발 도상국은 주로 성장 거점 개발 방식을 채택하여 경제적 효율성을 추구한다.

3 1차 에너지원별 공급 구조

2019년 기준 우리나라의 1차 에너지원별 공급량은 석유＞석탄＞천연가스＞원자력 순으로 많다. 1980년대~2000년대 중반까지 원자력이 천연가스보다 공급량이 많았지만, 최근 천연가스의 소비량이 급증하면서 순위가 바뀌었다. 따라서 (가)는 천연가스, (나)는 석탄, (다)는 석유이다.

4 우리나라 농업의 변화

우리나라의 농촌은 이촌 향도 현상으로 농가 인구가 감소하였으며, 산업화와 도시화로 인해 농경지가 주택·도로·공장 등으로 전환됨에 따라 경지 면적이 감소하였다. 또한 청장년층을 중심으로 인구가 유출되어 노년층 인구 비율은 증가하고 유소년층 인구 비율은 감소하였다. 경지 면적은 꾸준히 감소하였고, 휴경지가 증가하고 그루갈이가 감소함에 따라 경지 이용률도 감소하였다.

> **선택지 바로 보기**
>
> ㄱ. 농가당 경지 면적은 감소하는 추세이다. (✕)
> → 경지 면적이 감소하는 것보다 농가 수가 더 빠르게 감소하였기 때문에 농가당 경지 면적은 증가하는 추세이다.
> ㄴ. 농촌은 초등학교 통폐합 비율이 낮아질 것이다. (✕)
> → 0~14세의 유소년층 인구 비율이 급격히 낮아지고 있으므로 학생 수 감소에 따른 초등학교 통폐합 비율이 높아질 것이다.
> ㄷ. 농촌은 노동력 부족에 따라 휴경지가 증가할 것이다. (○)
> → 농가 인구의 감소는 노동력 부족을 야기하고, 노동력이 부족하면 휴경지가 증가한다.
> ㄹ. 농가의 고령화 현상은 이촌 향도 현상과 관련이 깊다. (○)
> → 농가의 고령화 현상은 이촌 향도에 따른 청장년층 인구의 유출이 주된 원인이다.

5 우리나라의 주요 공업 지역

지도의 A는 태백산 공업 지역, B는 충청 공업 지역, C는 영남 내륙 공업 지역, D는 호남 공업 지역, E는 남동 임해 공업 지역이다. 자료의 (가)는 풍부한 지하자원을 바탕으로 시멘트 공업 등의 원료 지향형 공업이 발달한 태백산 공업 지역(A)이고, (나)는 과거 풍부한 노동력을 바탕으로 섬유와 전자 조립 공업이 발달한 영남 내륙 공업 지역(C)이다.

> **더 알아보기＋** 우리나라의 주요 공업 지역
>
> | 수도권 공업 지역 | 풍부한 자본과 노동력, 넓은 소비 시장을 바탕으로 우리나라 최대의 종합 공업 지역으로 성장 |
> |---|---|
> | 태백산 공업 지역 | 풍부한 지하자원을 바탕으로 시멘트 공업 등 원료 지향형 공업 발달 |
> | 충청 공업 지역 | 편리한 교통, 수도권에 인접한 지리적 위치를 바탕으로 수도권에서 분산되는 공업 입지 |
> | 호남 공업 지역 | 대중국 교역의 거점, 공업의 지역적 불균형 문제를 완화하기 위해 공업 단지 조성 |
> | 영남 내륙 공업 지역 | 섬유·전자 공업 등이 발달, 최근 기술 집약적 첨단 산업 발달 |
> | 남동 임해 공업 지역 | 원료 수입과 제품 수출에 유리, 정부의 정책적 지원을 바탕으로 우리나라 최대의 중화학 공업 지역으로 성장 |

6 교통수단별 운송비 구조

총운송비는 주행 비용과 기종점 비용을 합한 값이다. 〈운송비 구조〉의 (가)는 주행 거리에 따라 증가하는 주행 비용이고, (나)는 주행 거리와 관계없이 일정한 고정 비용인 기종점 비용이다. 〈교통수단별 운송비 구조〉에서 A는 기종점 비용이 가장 저렴한 도로이며, C는 주행 비용 증가율이 가장 낮은 해운이고, B는 기종점 비용과 주행 비용 증가율이 도로와 해운의 중간인 철도이다.

⑤ 바다 위를 운행하는 해운(C)은 기상 조건의 제약이 크다. 안개가 끼거나 풍랑이 심한 경우 결항하는 일이 잦다.

오답 피하기 ③은 철도, ④는 도로에 대한 설명이다.

1주 2일 필수 체크 전략 ① Book 2 14~17쪽

1-1 (1) ⓒ (2) ㉠ (3) ⓛ 　1-2 (가)-ㄱ, ㄴ (나)-ㄷ, ㄹ
2-1 ⑤ 　2-2 ⑤ 　3-1 ④
3-2 (가)-원자력, (나)-천연가스, (다)-석탄, (라)-석유
4-1 (가)-화력, (나)-원자력, (다)-수력
4-2 (가)-태양광, (나)-수력

1-1 도시 재개발의 방법

철거 재개발은 기존의 시설을 완전히 철거하고 새로운 시설물로 대체하는 방법이다. 보존 재개발은 역사·문화적으로 보존할 가치가 있는 지역의 환경 악화를 예방하고 유지·관리하는 방법이며, 수복 재개발은 기존 건물을 최대한 유지하는 수준에서 필요한 부분만 수리·개조해 부족한 점을 보완하는 방법이다.

1-2 철거 재개발과 수복 재개발

기존의 시설을 완전히 철거하고 새로운 시설물로 대체하는 철거 재개발은 수복 재개발보다 투입 자본의 규모가 크고, 건물의 고층화 정도가 높아 토지 이용의 효율성이 높다. 필요한 부분만 수리·개조하는 수복 재개발은 철거 재개발보다 기존 건물의 활용도가 높아 원거주민의 재정착률이 높으며, 지역 주민의 참여도가 높다.

2-1 우리나라의 국토 개발 과정

경제 성장의 극대화를 꾀하는 성장 거점 개발(가)은 균형 개발(나)보다 개발 도상국의 채택 비율이 높다.

오답 피하기 ①, ③ 제3차 국토 종합 개발 계획에 대한 설명이다.
②, ④ 제1차 국토 종합 개발 계획에 대한 설명이다.

2-2 도시와 농촌의 공간 불평등

우리나라는 1960년 이후 산업화 과정에서 나타난 이촌 향도 현상의 영향으로 도시에 인구와 산업이 집중됨에 따라 농촌에서는 고령화, 생활 기반 시설 부족, 교육 여건 불리 등의 문제가 발생하였다.

⑤ 도시 근로자 가구 소득 대비 농가 소득 비율은 감소하는 추세이다. 도시 근로자 가구 소득과 농가 소득 모두 증가하고 있지만, 도시 근로자 가구 소득 증가율이 농가 소득 증가율보다 높기 때문에 시간이 지날수록 도시와 농촌의 소득 격차가 커지고 있다.

3-1 광물 자원의 분포와 이용

텅스텐은 강원도 영월군 상동에 주로 분포하며, 특수강 및 합금용 원료로 이용된다. 값싼 중국산의 수입으로 국내 텅스텐 광산이 폐광되었으나 최근 재개발이 추진 중이다.

3-2 1차 에너지원별 공급량

2019년 기준 우리나라의 1차 에너지원별 공급량은 석유(라) > 석탄(다) > 천연가스(나) > 원자력(가) 순으로 많다. 1980년대~2000년대 중반까지 원자력이 천연가스보다 공급량이 많았지만, 최근 천연가스의 소비량이 급증하면서 순위가 바뀌었다.

4-1 전력의 생산과 분포

화력 발전(가)은 연료 수입에 유리하고 대소비지와 가까운 지역에, 원자력 발전(나)은 지반이 견고하고 다량의 냉각수를 확보할 수 있는 해안 지역에, 수력 발전(다)은 유량이 풍부하고 낙차가 큰 하천 중·상류 지역에 주로 입지한다.

4-2 신·재생 에너지의 분포

태양광(가)은 일사량이 풍부한 전남, 전북 등에서, 수력(나)은 한강과 낙동강 중·상류 지역이 있는 강원, 충북, 경기, 경북 등에서 발전량이 많다.

1주 2일 필수 체크 전략 ② Book 2 18~19쪽

1 ③ 　2 ① 　3 ⑤ 　4 ②

1 철거 재개발과 수복 재개발

(가)는 수복 재개발, (나)는 철거 재개발의 사례이다.

ㄴ, ㄷ. 필요한 부분만 수리·개조하는 수복 재개발(가)은 기존의 시설을 완전히 철거하고 새로운 시설물로 대체하는 철거 재개발(나)보다 원거주민의 재정착률이 높고, 개발 후 건물의 평균 층수가 낮다.

오답 피하기 ㄱ. 수복 재개발(가)은 철거 재개발(나)에 비해 상주인구 증가율이 낮다.
ㄹ. 철거 재개발(나)은 수복 재개발(가)에 비해 단위 면적당 평균 개발비가 비싸다.

2 역류 효과

개발 후 중심부는 발전 수준이 높아진 반면 주변부는 발전 수준이 낮아져 지역 격차가 커졌다. 따라서 ○○ 국가에 역류 효과가 나타났음을 알 수 있다. 성장 거점 개발 방식을 채택할 경우 주변 지역에서 거점으로 인구, 자본 등이 집중되어 주변 지역의 발전을 저해하는 역류 효과가 나타나기도 한다.

ㄱ, ㄴ. 성장 거점 개발 방식은 경제적 효율성을 추구하며, 역류 효과가 발생할 경우 지역 간 불균형 성장을 초래한다.

오답 피하기 ㄷ, ㄹ. 성장 거점 개발 방식은 주로 개발 도상국에서 채택하며, 하향식으로 개발이 추진된다.

▲ 파급 효과   ▲ 역류 효과

(세로축) 발전 수준 / (가로축) 중심지, 주변 지역

개발 후 / 개발 전 (파급 효과)

개발 후 / 개발 전 (역류 효과)

- **파급 효과**: 중심지(거점)의 성장으로 주변 지역이 발전하는 효과로, 지역 격차가 완화된다.
- **역류 효과**: 주변 지역에서 거점 지역으로 인구·자본 등이 집중되어 주변 지역의 발전을 저해하는 효과로, 개발에 따른 이익이 파급되지 않아 지역 격차가 심화된다.

3 주요 광물 자원의 분포

A는 강원 홍천, 양양 등에 매장되어 있는 철광석이고, B는 강원 영월 상동 광산에서 생산되는 텅스텐이다. C는 경남 서부의 하동, 산청 등에 주로 매장되어 있는 고령토이며, D는 조선 누층군이 분포하는 강원 남부, 충북 북동부에 주로 분포하는 석회석이다.

⑤ A~D 중 가채 연수가 가장 긴 광물 자원은 석회석(D)이다.

오답 피하기 ① 우리나라에서 철광석(A)은 대부분 북한에 매장되어 있으며, 남한에서는 소량 생산된다.

② 텅스텐(B)은 값싼 중국산이 수입되면서 국내 광산이 폐광되었으나, 최근 재개발이 추진 중이다.

③ 무연탄에 대한 설명이다. 남부 지방에 주로 매장되어 있는 고령토(C)는 고생대 평안 누층군과 관련이 적다.

④ 철광석(A)에 대한 설명이다. 석회석(D)은 제철 공업의 첨가물로 이용된다.

4 주요 신·재생 에너지의 분포

A는 바람이 많은 산지와 해안이 있는 제주, 대관령, 태백, 영덕 등에 분포하는 풍력이다. B는 일사량이 풍부한 해남, 고흥, 영광, 무안, 신안 등 호남 해안 지역에 주로 분포하는 태양광이다. C는 안산 시화호에만 분포하는 조력이다.

② 태양광(B)은 일사량이 풍부한 지역이 발전에 유리하다.

오답 피하기 ① 조력(C)에 대한 설명이다.

③ 풍력(A)에 대한 설명이다.

④ 바람의 힘을 이용하여 전력을 생산하는 풍력(A)은 조력(C)보다 발전 시 기상 조건의 영향을 많이 받는다.

⑤ A~C 중 2019년 총발전량은 태양광(B)이 가장 많다.

1-1 ㄴ   1-2 (1) ⓒ (2) ⊙ (3) ⓛ
2-1 (가)-노동 지향형, (나)-집적 지향형
2-2 (가)-자동차 공업, (나)-조선 공업
3-1 ㄱ, ㄴ   3-2 ㄱ, ㄴ   4-1 ㄱ, ㄹ   4-2 ⑤

1-1 우리나라 농업의 변화

ㄴ. 휴경지가 증가하고 그루갈이가 감소하면서 경지 이용률은 감소하는 추세이다.

오답 피하기 ㄱ. 산업화와 도시화의 영향으로 농경지가 주택·도로·공장 등 도시적 토지 이용으로 전환됨에 따라 경지 면적이 감소하는 추세이다.

ㄷ. 경지 면적이 감소하는 것보다 농가가 더 빠르게 감소하였기 때문에 농가당 경지 면적은 증가하는 추세이다.

1-2 도(道)별 작물 재배 면적 비율

⊙은 세 지역 중 과수 재배 면적 비율이 가장 높은 것으로 보아 기온의 일교차가 커 복숭아, 사과 등의 재배가 활발한 경상북도(2)이다. ⓛ은 세 지역 중 벼 재배 면적 비율이 가장 높고, 맥류 재배 면적 비율이 상대적으로 높으므로 호남평야가 있는 전라북도(3)이다. 맥류는 겨울 기온이 온화한 남부 지방에서 주로 벼의 그루갈이 형태로 재배된다. ⓒ은 채소 재배 면적 비율이 높은 것으로 보아 고랭지 채소 재배가 활발한 강원도(1)이다.

2-1 공업의 입지 유형

(가)는 생산비에서 노동비가 차지하는 비율이 높은 노동 지향형, (나)는 한 가지 원료로 여러 제품을 생산하거나 제품 생산에 많은 부품이 필요해 관련 업체들이 밀집하여 입지하는 집적 지향형 입지 유형에 해당한다.

2-2 주요 공업의 분포

(가)는 경기, 울산, 충남 등에서 생산액이 많고, 대규모 자동차 공장이 있는 화성, 서산, 아산 등에서 종사자 수 비율이 높은 것으로 보아 자동차 공업이다. (나)는 경남, 울산, 전남에서 생산액이 많고, 대규모 조선소가 건설된 거제, 울산, 영암 등에서 종사자 비율이 높은 것으로 보아 조선 공업이다.

3-1 상업의 입지 요인

ㄱ. 최소 요구치의 범위(⊙)는 상점이 유지되기 위한 최소한의 수요를 확보할 수 있는 공간 범위이다.

ㄴ. 재화의 도달 범위(ⓛ)는 중심지 기능이 영향을 미치는 최대한의 공간 범위이다.

오답 피하기 ㄷ. 정기 시장이 유지되려면, 재화의 도달 범위가 최소 요구치의 범위보다 좁아 상인이 이동하며 최소한의 수요를 확보해야 한다.

ㄹ. 상설 시장이 유지되려면, 최소 요구치의 범위가 재화의 도달 범위와 같거나 좁아 상인이 이동하지 않아도 최소한의 수요를 확보할 수 있어야 한다.

더 알아보기⁺ 상설 시장의 형성 과정

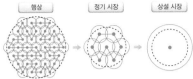

행상   정기 시장   상설 시장

···· 최소 요구치 —— 최대 도달 범위

• 정기 시장은 일정한 주기로 열리는 시장으로, 오늘날 5일장이 대표적 사례이다. 상설 시장은 일정 지역 내에서 매일 물품의 매매가 이루어지는 시장이다.
• 행상과 정기 시장은 최소 요구치를 충족할 수 없어 상인이 이동하였지만, 인구가 증가하고 교통이 발달함에 따라 점차 상설 시장으로 변화하였다.

3-2 소매 업태별 특징

사업체 수, 종사자 수, 매출액이 가장 적은 A는 백화점이고, 종사자 수가 가장 많은 C는 편의점이며, 나머지 B는 대형 마트이다.

ㄴ. 고가의 전문 상품 판매 비율이 높은 백화점(A)은 대형 마트(B)보다 최소 요구치의 범위가 넓다.

오답 피하기   ㄷ. 대형 마트(B)는 편의점(C)보다 사업체 수는 적지만 종사자 수는 많으므로, 사업체당 종사자 수가 많다.

ㄹ. 고가 상품의 판매 비율이 높은 소매 업태는 백화점(A)이다.

4-1 산업 구조의 변화

산업 구조가 고도화되면 1차 산업인 농·임·어업의 취업자 수 비율이 낮아지고, 생산 과정에서 지식, 정보의 중요도가 높아진다. 이에 3차 산업인 서비스의 외부화 경향이 강화되면서 서비스업의 업종과 규모가 다양해지고, 생산자 서비스업의 취업자 수 비율이 증가한다.

4-2 교통수단별 수송 분담률

국내 화물 수송 분담률이 가장 높은 B는 도로이고, 국제 화물 수송 분담률이 가장 높은 C는 해운이다. 국내 화물 수송 분담률만 나타나는 A는 철도이며, 나머지 D는 항공이다.

⑤ 해운(C)은 철도(A), 도로(B)보다 주행 비용 증가율이 낮아 장거리 화물 수송에 유리하다.

1주 3일 필수 체크 전략 ②

Book 2 24~25쪽

1 ①   2 ①   3 ③   4 ②

1 도(道)별 주요 작물의 재배 면적 비율

A는 평야가 넓게 발달한 충남, 전북, 전남 등에서 재배 면적 비율이 높으므로 벼이다. B는 대부분의 지역에서 재배 면적 비율이 가장 낮고, 겨울철 기후가 온화한 남부 지방의 전북, 전남, 제주 등에서 재배 면적 비율이 상대적으로 높은 것으로 보아 맥류이다. D는 감귤 재배가 활발한 제주, 일교차가 커 사과·복숭아 등의 재배가 활발한 경북에서 재배 면적 비율이 높으므로 과수이다. 나머지 C는 채소로, 대도시와 인접해 있거나 기후 조건이 유리한 강원, 제주, 경남, 전남 등에서 재배 면적 비율이 높다.

2 주요 제조업의 권역별 출하액 비율

(다)는 수도권의 출하액 비율이 절반 이상인 것으로 보아 전자 부품·컴퓨터·영상·음향 및 통신 장비 제조업이다. (나)는 (가)보다 여수가 속한 호남권의 출하액 비율이 상대적으로 높으므로 1차 금속 제조업이며, 나머지 (가)는 섬유 제품(의복 제외) 제조업이다.

3 주요 소매 업태별 특성

(가)는 사업체 수와 종사자 수가 가장 많은 것으로 보아 최소 요구치가 가장 작은 편의점이고, (다)는 사업체 수와 종사자 수가 가장 적은 것으로 보아 최소 요구치가 가장 큰 백화점이며, 나머지 (나)는 대형 마트이다.

③ 대형 마트(나)는 편의점(가)보다 단위 면적당 분포하는 상점 수가 적다.

오답 피하기   ① 최소 요구치가 큰 백화점(다)에 대한 설명이다.
② 상품 구매 시 자가용 승용차를 이용하는 고객의 비율은 대형 마트(나)가 편의점(가)보다 높다.
④ 대형 마트(나)는 백화점(다)보다 최소 요구치 범위가 좁다.
⑤ 고가의 전문 상품 판매 비율이 높은 백화점(다)은 일상 용품을 주로 판매하는 편의점(가)보다 소비자의 평균 구매 빈도가 낮다.

4 교통수단별 국내 여객 및 화물 수송 분담률

국내 여객 수송 분담률은 도로＞지하철＞철도＞항공＞해운 순, 국내 화물 수송 분담률은 도로＞해운＞철도＞항공 순으로 높게 나타난다. 따라서 여객과 화물 수송 분담률 모두 가장 높은 A는 도로이고, B는 지하철, C는 철도, D는 해운이다.

선택지 바로 보기

ㄱ. A는 문전 연결성이 우수하다. (○)
→ 도로(A)는 기동성과 문전 연결성이 우수하다.
ㄴ. B는 대량 화물의 장거리 수송에 유리하다. (×)
→ 해운(D)에 대한 설명이다.
ㄷ. C는 D보다 평균 수송 거리가 짧다. (○)
→ 철도(C)는 해운(D)보다 평균 수송 거리가 짧다. 해운은 주행 비용 증가율이 낮아 장거리 화물 수송에 주로 이용된다.
ㄹ. D는 B보다 정시성과 안전성이 우수하다. (×)
→ 정시성과 안전성은 레일 위를 정해진 시간표에 따라 운행하는 지하철(B)이 바다 위를 운행하는 해운(D)보다 우수하다.

1주 4일 교과서 대표 전략 ① Book 2 26~29쪽

대표 예제	1 ⑤	2 ②	3 ④	4 ③	5 ③
	6 ①	7 ⑤	8 ④	9 ④	10 ①	11 ②
	12 ④	13 ④	14 ③	15 ③	16 ①	

1 도시 재개발의 방법

(가)는 기존의 시설을 완전히 철거하고 새로운 시설물을 설치하는 철거 재개발, (나)는 기존 건물을 최대한 유지하며 필요한 부분만 수리·개조하는 수복 재개발이다.

ㄷ. 철거 재개발(가)은 수복 재개발(나)보다 개발 후 건물의 평균 층수가 높다.

ㄹ. 수복 재개발(나)은 철거 재개발(가)보다 기존 공동체가 유지될 확률이 높다.

오답 피하기 ㄱ. 철거 재개발(가)은 개발 후 대체로 주거 비용이 높아져 원거주민의 재정착률이 낮은 편이다.

ㄴ. 철거 재개발(가)에 대한 설명이다.

2 우리나라의 국토 개발 과정

ㄱ. 제1차 국토 종합 개발 계획 시 채택한 성장 거점 개발 방식(가)은 주로 하향식 개발로 추진된다.

ㄷ. 생산 기반을 마련하는 데 중점을 둔 제1차 국토 종합 개발 계획의 정책에는 '사회 간접 자본 확충'이 들어갈 수 있다.

오답 피하기 ㄴ. 제3차 국토 종합 개발 계획 시 채택한 균형 개발 방식(나)은 경제적 효율성보다 지역 간 형평성을 중시한다.

ㄹ. 신산업 지대 조성은 균형 개발 방식을 채택한 제3차 국토 종합 개발 계획 시 포함된 내용이다.

더 알아보기+ 우리나라의 제1차~제3차 국토 종합 개발 계획

제1차 (1972~1981년)	• 성장 거점 개발 방식 • 수출 주도형 공업화, 사회 간접 자본 확충 • 수도권, 남동 해안 지역에 공업 단지 건설
제2차 (1982~1991년)	• 광역 개발 방식 • 인구의 지방 분산 유도, 자연환경 보전 • 생활 환경 개선, 개발 가능성 전국 확대
제3차 (1992~1999년)	• 균형 개발 방식 • 지방 육성, 수도권 집중 억제 • 신산업 지대 조성, 분산형 개발

3 자원의 의미와 특성

자원은 자원을 이용하는 기술적 수준, 경제적 조건, 문화적 배경 등에 따라 의미와 가치가 달라지는 가변성을 지닌다. (가)는 경제적 의미의 자원이 기술적 의미의 자원으로 변화한 사례이며, (나)는 자연물이 경제적 의미의 자원으로 변화한 사례이다.

4 주요 광물 자원의 분포

(가)는 강원에서만 생산되는 철광석, (나)는 남부 지방에서 상대적으로 생산량이 많은 고령토, (다)는 조선 누층군이 분포하는 강원 남부, 충북 북동부에서 주로 생산되는 석회석이다.

ㄴ. 고령토(나)는 도자기 및 내화 벽돌, 화장품의 원료로 이용된다.

ㄷ. 석회석(다)은 고생대 초기에 얕은 바다에서 퇴적된 조선 누층군에 주로 매장되어 있다.

오답 피하기 ㄱ. 텅스텐에 대한 설명이다.

ㄹ. 가채 연수는 석회석(다)이 가장 길다.

5 1차 에너지 소비 구조

2017년 기준 우리나라의 1차 에너지별 소비량은 석유＞석탄＞천연가스＞원자력 순으로 많다. 1980년대~2000년대 중반까지 원자력이 천연가스보다 공급량이 많았지만, 최근 천연가스의 소비량이 급증하면서 순위가 바뀌었다. 따라서 A는 석유, B는 석탄, C는 원자력, D는 천연가스이다.

ㄴ. 원자력(C) 발전소는 주로 다량의 냉각수 확보가 용이한 해안에 입지한다.

ㄷ. 석탄(B)은 천연가스(D)보다 연소 시 대기오염 물질 배출량이 많다.

오답 피하기 ㄱ. 천연가스(D)에 대한 설명이다.

ㄹ. 원자력(C)은 석탄(B)보다 상용화된 시기가 늦다.

6 1차 에너지의 지역별 생산

(가)는 강원, 전남에서만 생산되는 무연탄(석탄)이고, (나)는 울산에서만 생산되는 천연가스이며, (다)는 원자력 발전소가 입지한 경북, 부산, 울산, 전남에서만 생산되는 것으로 보아 원자력이다.

ㄱ. 무연탄(가)은 주로 고생대 평안 누층군에 매장되어 있다.

ㄴ. 천연가스(나)는 울산 앞바다의 동해 가스전에서 소량 생산되고 있다.

오답 피하기 ㄷ. 천연가스(나)는 석탄(가)보다 연간 국내 소비량이 적다. 우리나라의 1차 에너지원별 소비량은 석유＞석탄＞천연가스＞원자력 순으로 많다.

ㄹ. 화력 발전의 연료로 이용되는 에너지는 석탄(가)과 천연가스(나)이다.

7 주요 발전 양식의 분포

A는 연료 수입에 유리하고 대소비지와 가까운 지역에 입지한 화력, B는 경북, 부산, 울산, 전남 해안에 입지한 원자력, C는 내륙의 대하천 유역에 입지한 수력이다.

오답 피하기 ① 화력(A)은 원자력(B)보다 총발전 설비 용량이 크다. 우리나라의 총발전 설비 용량은 화력＞원자력＞수력 순으로 크다.

② 화석 에너지를 연소하여 전력을 생산하는 화력(A)은 발전 양식 중 대기오염 물질 배출량이 가장 많다.

③ 하천수의 위치 에너지를 이용하여 전력을 생산하는 수력(C)은 원자력(B)보다 발전량의 계절 변동 폭이 크다.

④ 세 발전 양식 중 자연적 입지 제약은 화력(A)이 가장 적다. 원자력(B)은 지반이 견고하고 다량의 냉각수를 확보할 수 있는 곳, 수력(C)은 유량이 풍부하고 낙차가 큰 곳에 입지하는 것이 발전에 유리하다.

8 주요 신·재생 에너지의 생산

A는 2018년 기준 세 에너지 중 생산량이 가장 많고, 일사량이 많은 전남, 전북 등이 속한 호남권에서 발전량 비율이 높은 태양광이다. C는 B보다 바람이 많은 산지 또는 해안이 있는 강원·제주권의 생산량 비율이 높은 풍력이며, B는 수력이다. 수력은 한강 중·상류가 위치한 수도권의 생산량 비율이 상대적으로 높다. 수력은 상대적으로 산지 비율이 높은 지역, 풍력은 바람의 마찰이 적은 강원 고지대나 제주 해안에 밀집해 있다.

9 우리나라 농업의 변화

전업농가 수와 경지 면적, 식량 작물 재배 면적이 크게 감소한 것으로 보아 (나)는 2018년이고, (가)는 1975년이다.

ㄴ. 2018년(나)은 1975년(가)보다 농가당 경지 면적이 넓다.

오답 피하기 ㄱ. 1975년(가)은 2018년(나)과 겸업농가 수는 비슷하지만 전업농가 수가 훨씬 많으므로 겸업농가 비율이 낮다.

ㄷ. 1975년(가)은 그루갈이 등으로 경지 면적보다 식량 작물 재배 면적이 넓지만, 2018년(나)은 경지 면적보다 식량 작물 재배 면적이 크게 감소하였다. 따라서 2018년은 1975년보다 경지 면적 대비 식량 작물 재배 면적 비율이 낮다.

10 주요 작물의 지역별 재배 면적

(가)는 평야가 넓게 발달한 전남, 충남, 전북 등에서 재배 면적 비율이 높은 벼이다. (나)는 겨울철 기후가 온화한 남부 지방의 전남, 전북, 경남, 제주 등에서 대부분 생산되는 것으로 보아 주로 벼의 그루갈이로 재배되는 맥류이다. (다)는 대도시와 인접해 있거나 기후 조건이 유리한 전남, 경남, 강원, 제주 등에서 재배 면적 비율이 높은 채소이다.

11 공업의 지역적 편재

(가)는 수도권, (나)는 영남권, (다)는 충청권이다.

② 수도권과 영남권에 제조업 사업체 수와 종사자 수가 집중된 것으로 보아 공업의 지역적 편재가 심하다는 것을 알 수 있다.

12 주요 제조업의 지역별 출하액 비율

(가)는 경기, 경북, 대구, 부산 등에서 출하액 비율이 높으므로 섬유 제품 제조업이다. (나)는 포항이 속한 경북, 광양이 속한 전남, 당진이 속한 충남에서 출하액 비율이 높은 것으로 보아 1차 금속 제조업이다. 나머지 (다)는 전자 장비 제조업으로, 수도권인 경기의 출하액 비율이 50% 이상을 차지한다.

ㄴ. 자본·기술 집약적 중화학 공업에 속하는 1차 금속 제조업(나)은 노동 집약적 경공업에 속하는 섬유 제품 제조업(가)보다 종사자 1인당 부가 가치가 높다.

ㄹ. 공업화 주도 시기는 노동 집약적 경공업에 해당하는 섬유 제품 제조업(가)이 가장 이르다.

오답 피하기 ㄱ. 1차 금속 제조업(나)에 대한 설명이다.

ㄷ. 최종 완제품의 무게는 철강 등을 생산하는 1차 금속 제조업(나)이 반도체 등을 생산하는 전자 장비 제조업(다)보다 무겁다.

13 소매 업태별 특성

(가)~(다) 중 종사자 수, 사업체 수 모두 가장 적은 (가)는 백화점이고, 사업체 수가 가장 많은 (다)는 편의점이며, 나머지 (나)는 대형 마트이다.

ㄴ. 대체로 편의점(다)은 일상 생활에 필요한 상품을 24시간 판매한다.

ㄹ. 상대적으로 최소 요구치가 작은 편의점(다)은 대형 마트(나)보다 단위 면적당 매장 수가 많다.

오답 피하기 ㄱ. 일부 무점포 소매업, 직거래 장터 등과 관련된 설명이다.

ㄷ. 고가의 전문 상품을 주로 판매하는 백화점(가)은 대형 마트(나)보다 접근성이 좋은 고차 중심지에 입지하려는 경향이 강하다.

14 도(道)별 산업 구조

A는 대전, B는 경북, C는 울산, D는 제주이다. (라)는 3차 산업 취업자 수 비율이 가장 높으므로 대덕 연구 개발 특구가 있는 대전(A), 취업자 수가 가장 적은 (나)는 제주(D)이다. 제주는 제조업 발달이 미약해 네 지역 중 2차 산업 취업자 수 비율이 가장 낮다. (가), (다)는 경북, 울산 중 하나인데, (다)는 (가)보다 1차 산업 취업자 수 비율이 낮으므로 울산(C)이며, (가)는 촌락 비율이 높은 경북(B)이다. 중화학 공업이 고루 발달한 울산은 네 지역 중 2차 산업 취업자 수 비율이 가장 높다. 따라서 (가)는 B, (나)는 D, (다)는 C, (라)는 A에 해당한다.

15 소비자 서비스업과 생산자 서비스업

(가)는 소매업, 숙박 및 음식점업 등 개인 소비자가 이용하는 소비자 서비스업이고, (나)는 금융업, 보험업, 부동산업 등 기업의 생산 활동을 지원하는 생산자 서비스업이다.

ㄴ. 생산자 서비스업(나)은 소비자 서비스업(가)보다 종사자당 매출액이 많다.

ㄷ. 생산자 서비스업(나)은 소비자 서비스업(가)보다 최소 요구치의 범위와 재화의 도달 범위가 넓어 단위 면적당 사업체 수가 적다.

오답 피하기 ㄱ. 소비자의 이동 거리를 최소화하기 위해 분산 입지하려는 소비자 서비스업(가)은 기업과의 접근성이 높고 관련 정보 획득에 유리한 지역에 집중 분포하려는 생산자 서비스업(나)보다 대도시 집중도가 낮다.

더 알아보기+ 수요 주체에 따른 서비스업의 분류	
소비자 서비스업	• 개인 소비자가 이용하는 서비스업 • 소비자의 이동 거리를 최소화하기 위해 분산 입지하는 경향이 큼.
생산자 서비스업	• 기업의 생산 활동을 지원하는 서비스업 • 기업과의 접근성이 높고 관련 정보 획득에 유리한 지역에 집중하는 경향이 큼 → 주로 대도시의 도심 또는 부도심에 입지

16 교통수단별 국내 여객 수송 분담률

(가)는 여객 수송 분담률이 가장 높은 도로이고, (나)는 지하철 다음으로 여객 수송 분담률이 높은 철도이며, (다)는 국내 여객 수송 분담률이 가장 낮은 해운이다. 국내 여객 수송 분담률은 도로 > 지하철 > 철도 > 항공 > 해운 순으로 높으며, 2000년 대비 2016년에 수송 분담률이 증가한 교통수단은 도로가 유일하다.

BOOK 2 · 정답과 해설 7

 교과서 대표 전략 ② **Book 2** 30~31쪽

01 ② **02** ③ **03** ④ **04** ② **05** ⑤ **06** ① **07** ⑤ **08** ①

01 도시 재개발의 방법과 유형
② 자원 낭비 등의 문제점은 기존의 시설을 완전히 철거하고 새로운 시설물로 대체하는 철거 재개발(가)과 관련이 깊은 내용이다.

더 알아보기+ 도시 재개발의 유형

도심 재개발	도심 확대로 노후 시설이 입지한 지역을 상업·업무 지역으로 개발 → 효율적 토지 이용, 주차 공간 및 보행자 공간 확보 등
주거지 재개발	노후 주거 지역의 환경 개선과 기반 시설 확충을 위해 단독 주택을 철거하고 아파트 단지를 건설하는 철거 재개발이 주로 이루어짐.
산업 지역 재개발	도시 내 노후 산업 단지나 재래시장 등의 시설 개선을 목적으로 함.

02 우리나라의 국토 개발 과정
ㄴ. 광역 개발 방식을 채택한 제2차 국토 종합 개발 계획(나) 시기에는 인구의 지방 분산 유도 정책을 시행하였다.
ㄷ. 균형 개발 방식을 채택한 제3차 국토 종합 개발 계획(다) 시기에는 지방에 신산업 지대를 조성하여 균형 발전을 도모하였다.

오답 피하기 ㄱ. 제2차 국토 종합 개발 계획(나)에 대한 설명이다. 성장 거점 개발 방식을 채택한 제1차 국토 개발 계획(가) 시기에는 무분별한 개발로 자연환경의 훼손이 심각하였다.
ㄹ. 제2차 국토 종합 개발 계획(나)에 대한 설명이다. 광역 개발은 대도시와 배후 지역을 하나의 광역권으로 설정하여 권역 내의 기능 분담과 연계 개발을 도모하는 종합 개발 방식이다.

03 주요 광물 자원의 분포
A는 양양, 홍천 등에 주로 매장되어 있는 철광석이고, B는 영월 상동 광산에서 생산되는 텅스텐이다. C는 산청, 하동 등 경남 서부 지역에 주로 매장되어 있는 고령토이며, D는 강원 남부, 충북 북동부에 주로 분포하는 석회석이다.

04 우리나라의 1차 에너지 소비 구조 변화
2019년 기준 우리나라의 1차 에너지원별 공급량은 석유(B) > 석탄 (A) > 천연가스(C) > 원자력(D) 순으로 많다. 1980년대~2000년대 중반까지 원자력이 천연가스보다 공급량이 많았지만, 최근 천연가스의 소비량이 급증하면서 순위가 바뀌었다.
ㄱ. 석탄(A)은 주요 화석 에너지 중 연소 시 대기 오염 물질 배출량이 가장 많다.
ㄷ. 천연가스(C)는 주로 가정용 연료로 이용되며, 최근 수송·발전용 소비량이 증가하는 추세이다.

오답 피하기 ㄴ. 석유(B)는 국내 생산이 미미하여 대부분 수입에 의존한다.
ㄹ. 원자력(D)은 석탄(A)보다 상용화된 시기가 늦다.

05 농촌 인구의 변화
〈권역별 농가 인구의 변화〉에서 농가 인구 비율 감소 폭이 가장 큰 권역은 수도권이 아니다. 농가 인구 비율 감소 폭은 촌락의 비율이 높은 영남권, 호남권이 도시화가 일찍 시작된 수도권보다 크다.

자료 분석

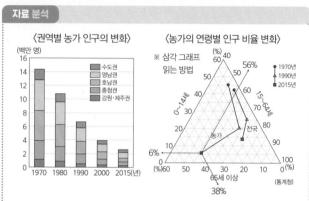

· **권역별 농가 인구의 변화**: 우리나라의 총인구는 6·25 전쟁 이후 꾸준히 증가하였으므로, 1970~2015년 모든 권역에서 농가 인구가 감소한 것으로 보아 모든 권역에서 이촌 향도 현상이 나타났음을 알 수 있다. 한편, 농가 인구 비율의 감소 폭은 1차 산업의 비중이 컸던 영남권, 호남권 등에서 크게 나타난다.
· **농가의 연령별 인구 변화**: 그래프를 보면 1970~1990년 농가의 65세 이상 노년층 인구 비율은 증가하였고, 1970~2015년 농가의 0~14세 유소년층 인구 비율은 감소하였으며, 1990~2015년 전국의 15~64세 청장년층 인구 비율은 증가하였다.

06 권역별 제조업 현황
우리나라는 수도권과 영남권에 산업 시설이 집중되어 공업이 지역적으로 편재되었다. 따라서 사업체 수와 종사자 수 비율이 높고 출하액이 많은 (가)와 (나)는 수도권, 영남권 중 하나이며, (다)와 (라)는 충청권, 호남권 중 하나이다. 그 중 (나)는 (가)보다 사업체 수와 종사자 수 비율이 낮지만 출하액에 큰 차이가 없는 것으로 보아 중화학 공업이 발달한 영남권이고, (가)는 수도권이다. (다)는 (라)보다 종사자 수, 사업체 수, 출하액이 많은 것으로 보아 수도권으로부터 공업 이전이 활발한 충청권이며, (라)는 호남권이다.

07 주요 소매 업태별 특징
사업체 수와 매출액이 가장 적은 B는 백화점이고, 사업체 수가 두 번째로 적은 D는 대형 마트이다. 사업체 수가 가장 많은 C는 편의점이며, 남은 A는 무점포 소매업이다. 최근 정보 통신 기술 발달의 영향으로 급성장한 인터넷 쇼핑, TV 홈 쇼핑 등의 무점포 소매업은 네 소매 업태 중 매출액이 가장 많다.
ㄷ. 편의점(C)은 대형 마트(D)보다 최소 요구치가 작아 재화의 도달 범위가 좁다.
ㄹ. 대형 마트(D)는 물리적 점포가 없는 무점포 소매업(A)보다 구매 활동의 시·공간적 제약이 크다.

오답 피하기 ㄱ. 무점포 소매업(A)은 백화점(B)보다 택배업 성장에 끼친 영향이 크다.

ㄴ. 고가의 전문 상품 판매 비율이 높은 백화점(B)은 일상 용품을 판매하는 편의점(C)보다 최소 요구치의 범위와 재화의 도달 범위가 넓어 단위 면적당 매장 수가 적다.

08 교통수단별 국내 여객 수송 분담률

수송 인원에 거리를 고려하여 분담률을 산출하면 상대적으로 장거리 수송에 유리한 철도가 지하철보다 수송 분담률이 높아진다. 따라서 (가)와 A는 도로, (나)와 C는 지하철, (다)와 B는 철도이다.

ㄱ. 도로(가)는 철도(다)보다 기동성과 문전 연결성이 뛰어나다.

ㄴ. 레일 위를 운행하는 지하철(나)은 도로(가)보다 정시성과 안전성이 우수하다.

오답 피하기 ㄷ. 도시 내에서 짧은 거리를 이동하는 지하철(나)은 도시와 도시를 잇는 철도(다)보다 장거리 여객 수송에 적게 이용된다.

ㄹ. (가)는 A, (나)는 C이다.

📕 1주 누구나 합격 전략 **Book 2** 32~33쪽

01 ③   02 ④   03 ④   04 ③   05 ①   06 ①
07 ⑤   08 ⑤

01 철거 재개발과 수복 재개발

(가)는 판자촌이 완전히 철거되고 대규모 아파트 단지가 들어선 것으로 보아 철거 재개발의 사례이고, (나)는 기존 △△△ 마을의 모습을 간직한 채 벽화를 그려 환경을 개선하였으므로 수복 재개발의 사례이다.

③ 수복 재개발(나)은 철거 재개발(가)에 비해 개발 후 건물의 평균 층수가 낮고, 원거주민의 재정착률이 높으며, 투입 자본의 규모가 작다. 이러한 특성을 나타낸 점은 그림의 C이다.

02 국토 개발에 따른 불평등

우리나라는 각 지역 간 경제적·사회적 여건 및 잠재력에 차이가 있으며, 이를 개발하는 과정에서 지역 간의 공간적 불평등이 발생하였다.

④ 낙후 지역에 우선적으로 투자하는 균형 개발 방식은 주로 상향식으로 추진된다.

오답 피하기 ① 투자 효과가 큰 지역을 선정하여 집중 투자하는 성장 거점 개발 방식은 지역 간 형평성보다 투자의 효율성을 강조한다.

② 수도권 공장 총량제는 수도권 공장 면적의 총량을 설정하고 기준을 초과할 경우 공장의 신·증설을 제한하는 제도로, 수도권으로의 과도한 집중을 억제하여 비수도권 간의 격차를 줄일 수 있다.

03 화석 에너지의 지역별 공급량

(가)는 서울, 인천, 부산 등의 대도시가 공급량 상위 5개 지역에 포함되는 것으로 보아 천연가스이다. 대도시는 인구가 많고 도시가스 공급망이 잘 갖춰져 있어 천연가스 공급량이 많다. (나)는 충남, 전남, 울산 등 대규모 석유 화학 산업 단지가 조성된 지역이 공급량 상위 5개 지역에 포함되므로 석유이다. 충남 서산, 전남 여수, 울산은 정유 및 석유 화학 공업이 발달하였다. 나머지 (다)는 석탄으로, 화력 발전소가 많이 위치한 충남, 경북, 경남 등에서 공급량이 많다.

ㄴ. 석유(나)는 주로 화학 공업의 원료 및 수송용 연료로 이용된다.

ㄹ. 천연가스(가)는 화석 에너지 중 온실가스 배출량이 가장 적다.

오답 피하기 ㄱ. 석탄(다)에 대한 설명이다.

ㄷ. 천연가스(가)에 대한 설명이다. 천연가스는 1990년대 이후 냉동 액화 기술이 발달하면서 사용량이 급증하였다.

04 신·재생 에너지의 지역별 발전량

A는 한강 중·상류 지역인 강원, 경기, 충북 등의 발전량 비율이 높은 것으로 보아 수력이다. B는 전남, 전북, 경북 등 일사량이 풍부한 남부 지방의 발전량 비율이 높으므로 태양광이다. 나머지 C는 풍력으로, 바람이 많은 산지나 해안이 곳곳에 분포하는 강원, 경북, 제주 등에서 발전량이 많다.

③ 날개를 회전시켜 전력을 생산하는 풍력(C)은 발전 시 소음으로 인한 민원이 발생할 가능성이 높다.

오답 피하기 ① 수력(A)은 계절별 발전량의 변동 폭이 크다.

② 풍력(C)에 대한 설명이다

④ 2018년 기준 태양광(B)은 세 신·재생 에너지 중 총발전량이 가장 많다.

⑤ 태양광(B)은 수력(A)보다 상용화된 시기가 늦다.

05 주요 지역의 농업 구조

지도의 A는 경북, B는 전남, C는 제주이다. 그래프의 (다)는 밭 면적 비율이 100%에 가까운 것으로 보아, 절리가 잘 발달하는 기반암의 특성상 논 조성이 어려운 제주(C)이다. 관광 산업이 발달한 제주는 지역 내 전업농가 비율이 세 지역 중 가장 낮다. (가)는 (나)보다 밭 면적 비율이 높으므로 산지가 많은 경북(A)이며, (나)는 평야가 널리 발달한 전남(B)이다.

06 주요 제조업의 지역별 출하액

(가)는 전자 부품·컴퓨터·영상·음향 및 통신 장비 제조업 출하액에서 50% 이상을 차지하는 것으로 보아 지식 기반 제조업이 발달한 수도권의 경기이다. (나)는 1차 금속 제조업 출하액에서 가장 높은 비율을 차지하므로 포항이 속한 경북이다. 나머지 (다)는 정유 및 석유 화학 공업과 자동차 공업이 발달한 울산이다. 울산은 화학 물질 및 화학 제품(의약품 제외), 자동차 및 트레일러 제조업 출하액에서 높은 비율을 차지한다.

ㄱ. 경기(가)는 경북(나)보다 총인구가 많다.

ㄴ. 도(道) 지역인 경북(나)은 광역시인 울산(다)보다 행정 구역의 면적이 넓다.

오답 피하기 ㄷ. 울산(다)은 경기(가)보다 1인당 지역 내 총생산이 많다. 중화학 공업이 고루 발달한 울산은 전국 시·도 중에서 1인당 지역 내 총생산이 가장 많다.

ㄹ. 우리나라에서 조력 발전은 경기(가)의 안산에서만 이루어지고 있다.

더 알아보기+ 주요 제조업의 출하액 상위 5개 시·도(2019)

섬유 제품(의복 제외)	경기, 경북, 대구, 부산, 서울
1차 금속	경북, 전남, 충남, 울산, 경기
화학 물질 및 화학 제품(의약품 제외)	울산, 전남, 충남, 경기, 충북
자동차 및 트레일러	경기, 울산, 충남, 경남, 광주
전자 부품·컴퓨터·영상·음향 및 통신 장비	경기, 충남, 경북, 충북, 인천

07 생산자 서비스업과 소비자 서비스업의 분포

(가)는 사업체 수 비율의 지역 차가 작으므로 소비자 서비스업에 속하는 숙박업이다. 소비자 서비스업은 인구에 비례하여 지역별로 분산 입지하려는 경향이 크다. (나)는 사업체 수 비율의 수도권, 특히 서울 집중도가 높은 것으로 보아 생산자 서비스업에 속하는 전문 서비스업이다. 생산자 서비스업은 주 고객인 기업과의 접근성이 높고, 관련 정보 획득에 유리한 지역에 집중적으로 입지한다.

ㄷ. 생산자 서비스업인 전문 서비스업(나)은 숙박업(가)보다 서비스업 외부화 경향에 따른 성장률이 높다. 서비스 산업이 고도화될수록 서비스업의 외부화 경향이 강화되면서 업종과 규모가 다양해진다.

오답 피하기 ㄱ. 주로 개인 소비자가 이용하는 숙박업(가)은 기업의 생산 활동을 지원하는 전문 서비스업(나)보다 기업과의 거래 비율이 낮다.

ㄴ. 소비자 서비스업인 숙박업(가)은 생산자 서비스업인 전문 서비스업(나)보다 사업체당 평균 종사자 수가 적다.

08 교통수단별 운송비 구조

거리에 따른 주행 비용 증가율이 가장 높은 (가)는 도로, 기종점 비용이 가장 비싼 (다)는 해운, 도로와 해운의 중간인 (나)는 철도이다.

ㄱ. 그래프를 보면 X-Y 구간에서 도로(가)는 철도(나)보다 기울기가 크므로 운송비 증가율이 높다는 것을 알 수 있다.

오답 피하기 ㄴ. Y-Z 구간에서 해운은 도로보다 주행 비용이 저렴하다.

자료 분석

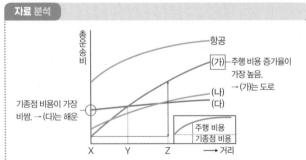

- 총운송비 = 기종점 비용 + 주행 비용
- **(가):** 기종점 비용이 가장 저렴하고, 거리에 따른 주행 비용 증가율이 가장 높으므로 도로이다.
- **(다):** 기종점 비용이 가장 비싸고, 거리에 따른 주행 비용 증가율이 가장 낮으므로 해운이다. 이에 따라 해운은 대량 화물의 장거리 수송에 유리하다.
- **(나):** 도로와 해운의 중간값인 철도이다.

1주 창의·융합·코딩 전략 · Book 2 34~37쪽

1 ③	2 ④	3 ②	4 ⑤	5 ②	6 ③
7 ②	8 ②	9 ①	10 ③	11 ④	12 ⑤
13 ①					

1 도시 재개발의 방법

(가)는 철거 재개발, (나)는 보존 재개발이다. 철거 재개발(가)은 보존 재개발(나)보다 기존 건물의 활용도가 낮은 대신 건물 고층화 정도가 높으며, 주거 비용이 상승하여 원거주민의 재정착률이 낮다. 이러한 특성을 나타낸 그래프는 ③번이다.

2 지역 개발의 방식

(가)는 주로 하향식으로 추진되며 경제적 효율성을 추구하는 성장 거점 개발 방식이고, (나)는 주로 상향식으로 추진되며 경제적 형평성을 추구하는 균형 개발 방식이다.

ㄱ. 성장 거점 개발(가)은 투자 효과가 큰 지역을 선정하여 집중 투자한다.

ㄴ. 균형 개발(나)은 낙후 지역에 우선적으로 투자하는 방식이다.

ㄷ. 성장 거점 개발(가)은 균형 개발(나)보다 개발 후 지역 격차가 심화될 가능성이 높다. 개발 후 주변 지역에서 성장 거점 지역으로 인구, 자본 등이 집중되는 역류 효과가 나타날 경우 지역 격차가 심화된다.

오답 피하기 ㄹ. 주로 상향식으로 추진되는 균형 개발 방식(나)은 하향식으로 추진되는 성장 거점 개발 방식(가)보다 지역 주민의 참여도가 높다.

3 국토의 환경 불평등

(나)는 지역 개발 과정에서 발생하는 경제적 수혜 지역(서울, 경기)과 환경 오염 부담 지역(인천)이 일치하지 않는 국토의 환경 불평등 사례를 나타낸다.

4 국토 개발과 환경 불평등

환경 불평등의 관점에서 보면 화력 발전 시 배출되는 미세먼지로 인한 피해가 발생한 인천은 환경 오염 부담 지역에, 인천에서 초과 생산한 전력을 소비하는 서울·경기는 경제적 수혜 지역에 해당한다.

오답 피하기 ④ 인천은 전력 소비량보다 생산량이 많으므로 전력 자급률이 100% 이상이다.

더 알아보기+ 환경 불평등

- **의미:** 지역을 개발하고 이용하는 과정에서 발생하는 경제적 수혜 지역과 환경 오염 부담 지역이 일치하지 않는 것
- **원인:** 국토 개발로 인해 공업화된 지역이나 도시의 환경 오염 물질이 바람이나 하천을 따라 다른 지역으로 이동
- **영향:** 지역 간 갈등으로 이어져 사회적 갈등 비용 유발

5 주요 광물 자원의 분포

A는 고생대 조선 누층군에 주로 분포하는 석회석이고, B는 영월 상동에 분포하는 텅스텐이다. C는 강원의 홍천·양양 등에 분포하며 남한보다 북한에 많이 매장된 철광석이다. D는 산청, 하동 등 경남 서부 지역에 주로 매장된 고령토이다.

ㄱ. 석회석(A)은 고생대 초기에 얕은 바다에서 퇴적된 조선 누층군에 주로 매장되어 있다.

ㄷ. 철광석(C)은 제철 공업의 주된 원료이다.

오답 피하기 ㄴ. 고령토(D)에 대한 설명이다.

ㄹ. 텅스텐(B)에 대한 설명이다.

6 주요 발전소의 분포

(가)는 화력 발전소, (나)는 수력 발전소, (다)는 원자력 발전소 주변의 경관이다. 지도의 A는 수력 발전소가 입지한 북한강 상류의 춘천, B는 화력 발전소가 입지한 충남 서해안의 당진, C는 원자력 발전소가 입지한 경북 동해안의 울진이다. 따라서 (가)는 B, (나)는 A, (다)는 C에 해당한다.

7 신·재생 에너지의 분포

풍력 발전소는 바람이 많은 해안이나 산지 지역이 발전에 유리하여 제주, 대관령, 태백, 영덕 등에 주로 입지해 있다. 따라서 자료의 (가)에는 제주특별자치도 제주시(ㄱ)와 강원도 평창군(ㄷ)이 들어갈 수 있다.

오답 피하기 ㄴ, ㄹ. 대구와 청주는 분지 지형에 위치해 풍력 발전에 불리하다.

8 우리나라 농업의 변화

ㄱ, ㄷ. 1970년 이후 경지 면적과 경지 이용률은 꾸준히 감소한 반면, 경지 면적보다 농가 수가 빠르게 감소하여 농가당 경지 면적은 증가하였다.

오답 피하기 ㄴ. 휴경지 증가, 그루갈이 감소 등으로 경지 이용률은 꾸준히 감소하는 추세이다.

ㄹ. 경지 이용률이 감소한 것으로 미루어 보아 그루갈이 재배 면적 비율도 낮아졌을 것이라고 추론할 수 있다.

9 주요 작물의 재배 면적 비율

(가)는 전남, 강원, 제주, 경남 등의 재배 면적 비율이 높은 것으로 보아 채소이다. 채소는 기후 조건이 유리하거나 대소비지와 인접한 지역에서 재배 면적 비율이 높다. (나)는 기온의 일교차가 커 사과, 복숭아 등의 재배가 활발한 경북, 감귤 재배가 활발한 제주의 재배 면적 비율이 높으므로 과수이다. (다)는 세 작물 중 전국 재배 면적이 가장 좁은 맥류이다. 주로 벼의 그루갈이 작물로 재배되는 맥류는 겨울 기온이 온화한 전남, 전북, 경남 등에서 많이 재배된다.

10 공업의 지역적 편재

A는 제조업 사업체 수, 종사자 수, 출하액이 모두 가장 많으므로 수도권의 경기이다. B는 제조업 사업체 수와 종사자 수 비율은 낮으나 출하액 비율이 경기(A), 충남 다음으로 높은 것으로 보아 중화학 공업이 고루 발달하여 1인당 지역 내 총생산이 가장 많은 울산이다.

ㄴ. 〈사업체 수〉와 〈종사자 수〉 그래프를 비교해 보면 사업체당 종사자 수 비율은 전국 시·도 중 울산(B)이 가장 높다.

오답 피하기 ㄱ. 경기(A)는 사업체 수 비율이 출하액 비율보다 높은 반면, 울산(B)은 출하액 비율이 사업체 수 비율보다 높다. 따라서 사업체당 출하액 비율은 울산이 경기보다 높다.

11 주요 지역의 공업 구조

지도의 A는 서울, B는 광주, C는 울산이다. 그래프의 (가)는 자동차 및 트레일러, 광(光) 산업의 소재·부품을 생산하는 전기 장비 제조업의 출하액 비율이 높은 것으로 보아 광주이다. 광주는 1990년대 이후 호남 지방의 자동차 공업 중심지로 성장하였으며, 최근에는 차세대 성장 동력으로 광(光) 산업을 육성하고 있다.

(나)는 코크스·연탄 및 석유 정제품과 화학 물질 및 화학 제품, 자동차 및 트레일러 제조업 출하액 비율이 높은 것으로 보아 정유 및 석유 화학, 자동차 공업이 발달한 울산이다.

(다)는 의복 제조업 출하액 비율이 가장 높은 것으로 보아 일찍부터 풍부한 노동력을 바탕으로 경공업이 발달한 서울이다. 따라서 (가)는 B, (나)는 C, (다)는 A에 해당한다.

12 소비자 서비스업과 생산자 서비스업

(가)는 광고·회계·금융·부동산·법률·보험 등 기업의 생산 활동을 지원하는 생산자 서비스업, (나)는 개인 소비자가 이용하는 소비자 서비스업이다.

⑤ 소비자 서비스업(나)은 생산자 서비스업(가)보다 종사자당 매출액이 적고, 대도시 집중도가 낮으며, 총사업체 수가 많다. 이러한 특징을 나타낸 것은 그림의 E이다.

13 교통수단별 수송 분담률

화물과 여객 수송 분담률 모두 가장 높은 B는 도로이고, 여객 수송 분담률이 도로 다음으로 높은 A는 철도이다. 화물 수송 분담률이 도로 다음으로 높은 C는 해운이며, 남은 D는 화물 수송 분담률이 가장 낮은 항공이다.

ㄱ. 철도(A)는 도로(B)보다 기종점 비용이 비싸다.

ㄴ. 도로(B)는 해운(C)보다 문전 연결성이 좋다.

오답 피하기 ㄷ. 해운(C)은 항공(D)보다 평균 운송 속도가 느리다. 항공은 신속한 수송에 유리하여 장거리 여객과 고부가 가치 화물 수송에 주로 이용된다.

ㄹ. 하늘을 운행하는 항공(D)은 철도(A)보다 운행 시 지형적 제약을 적게 받는다.

2주 VI. 인구 변화와 다문화 공간 ~ VII. 우리나라의 지역 이해

2주 1일 개념 돌파 전략 ①
Book 2 40~43쪽

3강_인구 변화와 다문화 공간 ~ 우리나라의 지역 이해 ①

|40쪽| **개념 ❶** 남초   **개념 ❷** 많다   **개념 ❸** 석탄

|41쪽| **01**-1 ①   **02**-1 중국

     03-1 A-ㄱ, B-ㄹ, C-ㄴ, D-ㄷ

4강_우리나라의 지역 이해 ②

|42쪽| **개념 ❶** 석탄   **개념 ❷** 기업   **개념 ❸** 교외화

|43쪽| **01**-1 (가)-면적, (나)-제조업 종사자, (다)-사업 지원 서비스업

     02-1 (1)ⓜ (2)ⓛ (3)ⓒ (4)ⓖ (5)ⓔ   **03**-1 (나)

2주 1일 개념 돌파 전략 ②
Book 2 44~45쪽

1 ③   **2** ⑤   **3** ①   **4** ②   **5** ④   **6** ③

1 인구 중심점의 이동

우리나라는 수도권의 인구 비중이 높아지면서 인구 중심점이 북서쪽으로 이동하고 있다.

오답 피하기 ①, ② 인구 중심점 변화와 직접적 관련이 없다.
④ 산업화 이후 1차 산업 종사자의 비율이 급격히 감소하였다.
⑤ 인구 중심점은 수도권에 거주하는 인구 비중이 높아지면서 영남 지방이 있는 남동쪽이 아닌 북서쪽으로 이동하고 있다.

2 저출산 현상의 원인

그래프를 보면 우리나라는 출생아 수와 합계 출산율이 꾸준히 감소하는 저출산 현상이 지속되고 있다.
ㄷ, ㄹ. 출산 및 자녀 양육 비용 증가, 결혼과 자녀에 대한 가치관 변화 등은 출생률 감소의 원인이다.

오답 피하기 ㄱ, ㄴ. 미혼 인구가 감소하고 초혼 연령이 낮아지면 합계 출산율이 높아진다.

더 알아보기⁺ 합계 출산율

합계 출산율은 여성 1명이 가임 기간(15~49세) 동안 낳을 것으로 예상되는 평균 출생아 수이다. 우리나라는 1960년대 이후 추진된 출산 억제 정책의 영향으로 합계 출산율이 감소하였으며, 2001년 이후 합계 출산율이 1.3명 미만인 초저출산 국가로 분류된다.

3 북한의 기후 특성

다우지인 강원도 해안 지역과 청천강 중·상류 지역에서 단계가 높은 반면, 소우지인 대동강 하류 지역과 관북 지방에서 단계가 낮다. 따라서 주어진 단계 구분도의 표현 기준이 된 지표는 연 강수량이다.

오답 피하기 ② 무상 일수는 서리가 내리지 않는 일수로, 해안에서 내륙으로, 저위도에서 고위도로 갈수록 적게 나타난다.
③ 북한의 인구는 대동강 하류의 평양을 중심으로 서부 평야에 밀집 분포하며, 지형이 험준한 북동부 내륙으로 갈수록 인구가 희박하다.
④ 북한에서 해발 고도는 낭림산맥, 함경산맥, 마천령산맥, 백두산 등이 위치한 북동부 지역에서 높게 나타난다.
⑤ 기온의 연교차는 북부 내륙으로 갈수록 크게 나타난다.

자료 분석

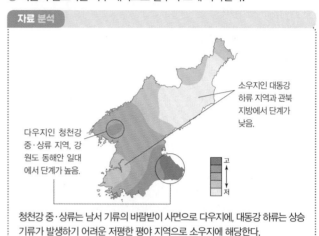

다우지인 청천강 중·상류 지역, 강원도 동해안 일대에서 단계가 높음.

소우지인 대동강 하류 지역과 관북 지방에서 단계가 낮음.

고 ↕ 저

청천강 중·상류는 남서 기류의 바람받이 사면으로 다우지에, 대동강 하류는 상승 기류가 발생하기 어려운 저평한 평야 지역으로 소우지에 해당한다.

4 수도권의 산업 구조

수도권 시·도 중 제조업 사업체 수와 종사자 수 비율이 가장 높은 A는 경기이고, 서비스업 종사자 수 비율이 가장 높은 C는 서울이며, 나머지 B는 인천이다. 서울의 공업 기능이 인천·경기와 비수도권으로 이전함에 따라 서울은 서비스업이 속한 3차 산업 비율이 매우 높은 반면, 경기는 제조업이 속한 2차 산업 비율이 상대적으로 높다. 인구 규모가 가장 작은 인천은 전국 대비 제조업과 서비스업의 사업체 수 및 종사자 수 비율이 경기와 서울에 비해 낮다.

5 영남 지방의 주요 공업 도시

그래프는 남동 임해 공업 지역에 위치한 울산의 제조업 업종별 출하액 비율을 나타낸 것이다. 원료 및 제품 수출입에 유리한 항만과 정부의 중화학 공업 육성 정책을 바탕으로 성장한 울산은 정유 및 석유 화학, 자동차, 제철, 조선 공업 등 중화학 공업이 고루 발달하였다.

오답 피하기 ① 거제는 조선 공업이, ② 구미는 전자 조립 공업이, ③ 대구는 자동차, 섬유 공업이, ⑤ 포항은 제철 공업이 발달하였다.

6 제주도의 지형 환경

제주도는 신생대 제3기 말~제4기에 화산 활동으로 형성된 화산섬으로, 성산 일출봉과 만장굴 모두 신생대 화산 활동으로 형성되었다.

오답 피하기 ① 성산 일출봉과 만장굴은 주된 기반암이 화산암이다.
② 성산 일출봉과 만장굴은 뛰어난 자연미와 독특한 화산 지형 및 생태계를 인정받아 우리나라 최초로 유네스코 세계 자연 유산에 등재되었다.
④ 제주도는 절리가 잘 발달하는 기반암의 특성상 지표수가 부족하기 때문에 밭농사가 주로 이루어진다.
⑤ 용암 동굴인 만장굴은 유동성이 큰 용암이 흘러내릴 때 표층부와 하층부의 냉각 속도 차이에 의해 형성되었다.

2주 2일 필수 체크 전략 ①

Book 2 46~49쪽

1-1 ㄱ, ㄴ, ㄹ, ㅁ, ㅅ   1-2 ②

2-1 증가, 낮아질, 이상   2-2 ㄱ, ㄴ

3-1 (가)-동질 지역, (나)-기능 지역   3-2 ⑤

4-1 (가)-남한, (나)-북한, A-쌀, B-옥수수

4-2 (가)-화력, (나)-원자력, (다)-수력, A-석탄, B-천연가스, C-수력

1-1 인구 분포에 영향을 미치는 요인

우리나라는 자연적 요인이 중요했던 과거와 달리 1960년대 이후 산업화와 도시화가 진행되면서 교육, 교통, 문화, 산업, 직업 등의 사회·경제적 요인이 인구 분포에 미치는 영향이 커졌다. 이에 따라 산업 발달이 미약하고 기반 시설이 부족한 촌락 지역은 인구가 감소한 반면, 산업과 교육·문화 시설 등이 잘 갖추어진 도시 지역은 인구가 빠르게 증가하였다. 그래서 개발이 집중된 수도권과 영남권을 연결하는 경부축을 중심으로 인구가 밀집하여 분포한다.

1-2 우리나라의 인구 변천

B는 1950년 직후 증가한 것으로 보아 사망률이고, A는 1960년에 증가한 것으로 보아 출생률이다. 우리나라는 1950년에 6·25 전쟁을 계기로 사망률이 높아졌으며, 6·25 전쟁 이후인 1960년에는 불안정하였던 사회가 안정되면서 출산 붐 현상이 나타나 출생률이 높아졌다. ② 2010년은 출생률(A)이 사망률(B)보다 높으므로 인구의 자연 증가가 나타난다

2-1 우리나라의 인구 부양비 변화

총부양비는 유소년 부양비에 노년 부양비를 더한 값이며, 청장년층 인구 비율에 반비례한다. 그래프를 보면 1970년 이후 총부양비에서 유소년 부양비를 뺀 값인 노년 부양비가 점차 커지는 것으로 보아 노년층 인구 비율이 지속적으로 증가할 것임을 알 수 있다. 또한 총부양비가 1970~2010년까지 감소하다가 2010년 이후에 다시 증가하므로, 청장년층 인구 비율은 2010년 이후 낮아질 것이다. 2050년 노년 부양비는 89.9 − 18.9 = 약 71.0이고, 1970년 노년 부양비는 83.9−78.2=약 5.7이다. 따라서 2050년 노년 부양비는 1970년 노년 부양비의 10배 이상일 것이다.

2-2 지역별 인구 구조

(가)는 (나)보다 노년층 인구 비율이 높고 유소년층 인구 비율이 낮은 것으로 보아 촌락 비율이 높은 도(道) 지역이고, (나)는 대도시인 특별·광역시이다.

ㄱ. (가)는 (나)보다 청장년층 인구 비율이 낮으므로 총부양비가 높다.

ㄴ. (가)는 (나)보다 유소년층 인구 비율이 낮으므로 중위 연령이 높다.

오답 피하기 ㄷ. (가)는 (나)보다 65세 이상 연령층에서 남성 대비 여성의 비율이 높으므로 노년층 성비가 낮다.

3-1 지역 구분의 유형

(가)는 서울의 토지 이용을 나타낸 것으로, 특정한 지리적 현상이 동일하게 분포하는 동질 지역에 해당한다. (나)는 인천과 경기에서 서울로의 통근·통학 인구를 나타낸 것으로, 중심시인 서울과 배후시인 인천·경기가 기능적으로 결합한 기능 지역에 해당한다.

3-2 전통적 지역 구분

(가)는 철령관의 북쪽인 관북 지방, (나)는 금강(호강) 상류의 서쪽 또는 제천 의림지의 서쪽인 호서 지방, (다)는 조령(문경 새재)의 남쪽인 영남 지방이다.

4-1 남북한의 농업 비교

밭보다 논 면적이 넓은 (가)는 남한이고, 논보다 밭 면적이 넓은 (나)는 북한이다. 남북한 모두에서 생산량이 가장 많은 A는 쌀이며, 남한(가)에서는 생산량이 미미하나 북한(나)에서는 쌀(A) 다음으로 생산량이 많은 B는 옥수수이다.

4-2 남북한의 에너지 비교

남한에서 발전량이 가장 많은 (가)는 화력이고, 남한에서 두 번째로 발전량이 많지만 북한에서는 전력 생산에 사용되지 않는 (나)는 원자력이다. (다)는 남한에서 발전량 비율이 매우 낮지만 북한에서는 화력과 발전량 비율이 비슷한 것으로 보아 수력이다.

북한에서 소비량이 가장 많은 A는 석탄이고, 남한에서는 석유, 석탄 다음으로 소비량이 많으나 북한에서 소비되지 않는 B는 천연가스이며, 북한에서 석탄 다음으로 소비량이 많지만 남한에서는 소비량 비율이 매우 낮은 C는 수력이다. 북한은 남한보다 높고 험준한 산지가 많아 수력 발전에 유리하다.

2주 2일 필수 체크 전략 ②

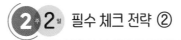

Book 2 50~51쪽

1 ⑤   2 ①   3 ⑤   4 ①

1 인구 변천 모형

(가)는 출생률과 사망률이 모두 높은 고위 정체기(제1단계), (나)는 의학 기술의 발달로 사망률이 급감하는 초기 확장기(제2단계), (다)는 가족 계획, 자녀에 대한 가치관 변화 등으로 출생률이 급감하는 후기 확장기(제3단계), (라)는 사망률과 출생률이 모두 낮은 저위 정체기(제4단계)이다.

ㄷ. 제3단계(다)는 제4단계(라)보다 출생률이 높으므로 유소년층 인구 비율이 높다.

ㄹ. 오랜 기간 경제 발전이 진행되어 의학 기술이 고도로 발달한 제4단계(라)는 질병과 기근 등으로 사망률이 높은 경제 발전 초기의 제1단계(가)보다 기대 수명이 길다.

오답 피하기 ㄱ. 제1단계(가)는 제2단계(나)보다 사망률이 높아 인구의 자연 증가율이 낮다.

ㄴ. 그래프를 보면 제2단계(나)는 제3단계(다)보다 전체 인구수가 적다.

2 도시와 촌락의 인구 구조

2015년에 (나)는 (가)보다 65세 이상의 노년층 인구 비율이 높고, 0~14세의 유소년층 인구 비율이 낮으므로 촌락적 성격이 강한 군(郡) 지역이며, (가)는 시(市) 지역이다. 따라서 (나)는 (가)보다 노령화 지수, 총부양비, 중위 연령이 모두 높게 나타난다. 이러한 특징을 나타낸 점은 그림의 A이다.

3 전통적 지역 구분

지도의 A는 관서 지방, B는 관북 지방, C는 호남 지방, D는 영남 지방이다.

(가)는 호강(금강)의 남쪽 또는 김제 벽골제의 남쪽인 호남 지방으로, 전라북도와 전라남도, 광주광역시를 포함한다. (나)는 철령관을 기준으로 북쪽을 의미하는 관북 지방으로, 겨울이 길고 추워 겨울에 실내에서 활동할 수 있는 공간인 정주간이 발달하였다. (다)는 조령(문경 새재)의 남쪽을 의미하는 영남 지방으로, 경상북도와 경상남도, 부산·대구·울산광역시를 포함한다. (라)는 철령관을 기준으로 서쪽을 의미하는 관서 지방으로, 북한의 정치·경제·사회 중심지인 평양이 속해 있다.

따라서 (가)는 C, (나)는 B, (다)는 D, (라)는 A에 해당한다.

더 알아보기 ⁺ 우리나라의 지역 구분

▲ 전통적 지역 구분   ▲ 행정 구역에 따른 지역 구분

4 남북한의 농업 현황 비교

〈식량 작물 생산량〉에서 (가)는 남한과 북한 두 지역 모두에서 생산량이 가장 많은 작물인 쌀이며, (나)는 남한에서는 생산량이 미미하나 북한에서 쌀(가) 다음으로 생산량이 많은 것으로 보아 밭작물인 옥수수이다.

〈논·밭 면적 비율〉에서 A는 산지가 많고 기후가 한랭한 북한에서 B보다 높은 비율을 차지하므로 밭이고, B는 논이다.

① 쌀(가)은 주로 논(B)에서 재배된다.

오답 피하기 ② 토지 생산성이 낮은 북한은 식량이 부족하여 옥수수(나)를 대부분 식용으로 이용한다.

③ 남한은 쌀(가)보다 옥수수(나)의 자급률이 낮다. 남한은 옥수수 생산량이 매우 적어 대부분을 수입에 의존한다.

④ 그래프를 보면 남한은 북한보다 옥수수(나) 생산량이 적다.

⑤ 그래프를 보면 2015년 기준 북한은 남한보다 총경지 면적이 넓지만 식량 작물 생산량은 적으므로, 경지 면적 대비 식량 작물 생산량이 적다.

2주 3일 필수 체크 전략 ①   Book 2 52~55쪽

1-1 (가)-서울, (나)-인천, (다)-경기
1-2 (가)-서울, (나)-경기, (다)-인천
2-1 (가)-ㄴ, (나)-ㄷ
2-2 (가)-아산, (나)-서산, (다)-당진,
    A-자동차 및 트레일러, B-1차 금속
3-1 ④   3-2 A-ㄷ, B-ㄱ, C-ㄹ, D-ㄴ
4-1 ⑴ D, H ⑵ B, C, E, G ⑶ F ⑷ I ⑸ A, J

1-1 수도권의 지역별 인구 특성

(가)는 세 지역 중 주민 등록 인구가 두 번째로 많지만 순 이동 인구가 음(-)의 값인 서울이며, (다)는 세 지역 중 주민 등록 인구가 가장 많고 순 이동 인구가 양(+)의 값인 경기이다. 남은 (나)는 세 지역 중 인구 규모가 가장 작은 인천이다. 서울은 교외화 현상으로 인해 전출 인구가 전입 인구보다 많으며, 경기는 서울로부터의 인구 유입이 매우 많아 전입 인구가 전출 인구보다 많다.

1-2 수도권의 지역별 경제 지표

지역 내 총생산이 가장 적은 (다)는 인구 규모가 가장 작은 인천이고, 지역 내 총생산과 제조업 출하액이 가장 많은 (나)는 인구 규모가 가장 큰 경기이며, 경기와 지역 내 총생산은 비슷하나 제조업 출하액이 훨씬 적은 (가)는 3차 산업 비율이 매우 높은 서울이다. 경기는 넓은 공장 부지를 확보하기 용이하기 때문에 서울로부터의 공업 이전이 활발하였다.

2-1 강원도의 산업 구조

(가), (나) 모두 원주시의 종사자 수 비율이 가장 높으므로 제조업, 숙박 및 음식점업 중 하나이다. (가)는 원주의 종사자 수 비율이 다른 시·군에 비해 압도적으로 높은 제조업(ㄴ)이고, (나)는 (가)에 비해 지역 간 차이가 크지 않으므로 소비자 서비스업인 숙박 및 음식점업(ㄷ)이다. 숙박 및 음식점업은 인구가 많거나 관광 산업이 발달한 지역에서 종사자 비율이 높다.

오답 피하기 ㄱ. 광업 종사자 수 비율은 삼척, 태백, 정선, 영월 등 강원 남부의 광업 도시에서 상대적으로 높게 나타난다.

2-2 충청 지방 주요 지역의 제조업 구조

(가)는 전자 부품 제조업 출하액이 가장 많으므로 전자 공업이 발달한 아산이다. (나)는 석유 정제품과 화학 물질 제조업 출하액이 가장 많으므로 정유 및 석유 화학 공업이 발달한 서산이며, 나머지 (다)는 제철 공업이 발달한 당진이다. 따라서 당진의 제조업 출하액 1위인 B는 1차 금속 제조업이고, A는 자동차 및 트레일러 제조업이다.

3-1 호남 지방의 제조업 분포

제철 공업이 발달한 광양, 석유 화학 공업이 발달한 여수, 조선 공업이 발달한 영암, 자동차 공업이 발달한 군산, 광주 등에서 수치가 높은 것으로 보아 제조업 종사자 비율을 기준으로 표현한 지도이다.

오답 피하기 ①, ③ 촌락 지역에서 높게 나타난다.
②, ⑤ 광주, 전주 등 대도시에서 높게 나타난다.

3-2 영남 지방 주요 지역의 제조업 구조

A는 부산, 대구에서만 종사자 비율이 상대적으로 높은 것으로 보아 섬유 제품(의복 제외) 제조업(ㄷ)이다. 부산과 대구는 1960년대부터 신발과 섬유 공업 등의 노동 집약적 경공업이 발달하였다.
B는 포항에서 종사자 비율이 매우 높은 것으로 보아 1차 금속 제조업(ㄱ)이다. 대규모 제철소가 입지한 포항은 제철 공업이 발달하였다.
C는 울산에서 종사자 비율이 가장 높고, 대구, 창원에서도 비교적 종사자 비율이 높은 것으로 보아 자동차 및 트레일러 제조업(ㄹ)이다.
D는 거제의 제조업 종사자 수 대부분을 차지하는 것으로 보아 선박 등을 제조하는 기타 운송 장비 제조업(ㄴ)이다. 대규모 조선소가 입지한 거제는 조선 공업이 발달하였다.

더 알아보기⁺ 주요 도시의 출하액 비율 상위 제조업종(2019)

부산	1차 금속, 자동차 및 트레일러, 기타 기계 및 장비
대구	자동차 및 트레일러, 기타 기계 및 장비, 금속 가공 제품, 섬유 제품
울산	코크스·연탄 및 석유 정제품, 자동차 및 트레일러, 화학 물질 및 화학 제품, 1차 금속, 기타 운송 장비
포항	1차 금속, 비금속 광물 제품, 금속 가공 제품
구미	전자 부품·컴퓨터·영상·음향 및 통신 장비
창원	기타 기계 및 장비, 전기 장비, 자동차 및 트레일러
거제	기타 운송 장비

4-1 충청 및 호남 지방 주요 지역의 위치와 특색

지도의 A는 서산, B는 홍성·예산, C는 청주, D는 진천·음성이며, E는 전주, F는 영광, G는 무안, H는 나주, I는 순천, J는 여수이다.

(1) 충북 진천·음성(D)과 전남 나주(H)에는 혁신 도시가 조성되어 있다.

(2) 홍성·예산(B)의 내포 신도시에는 충남도청이, 청주(C)에는 충북도청이, 전주(E)에는 전북도청이, 무안(G)에는 전남도청이 있다.

(3) 전남 영광(F)에는 원자력 발전소가 있다.

(4) 전남 순천(I)에는 람사르 협약에 등록된 연안 습지(갯벌)가 있다.

(5) 충남 서산(A)과 전남 여수(J)는 석유 화학 공업이 발달하였다.

더 알아보기⁺ 충청 지방과 호남 지방의 행정 구역

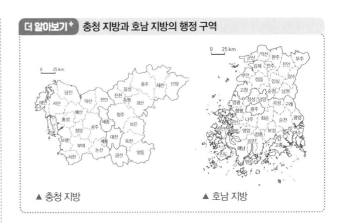

▲ 충청 지방　　　　▲ 호남 지방

2주 3일 필수 체크 전략 ②　　Book 2 56~57쪽

1 ①　　2 ④　　3 ③　　4 ③　　5 ②

1 수도권 문제의 해결 노력

수도권은 서울에 대한 의존성이 높아 불균형 문제를 겪고 있으며, 수도권 정비 계획을 통해 다핵 연계형 공간 구조로의 전환을 꾀하여 수도권 내 불균형 문제를 해결하고자 노력하고 있다.
ㄱ. 제3차 수도권 정비 계획을 통해 수도권의 광역 교통망이 강화됨에 따라 도시 간의 상호 접근성이 향상된다.
ㄴ. 제3차 수도권 정비 계획(2006~2020년)의 목표는 지역별 중심 도시를 육성하여 서울 중심의 도시 구조를 자립적 다핵 연계형 공간 구조로 전환하고 서울과 주변 지역의 과밀화를 완화하는 것이다.

오답 피하기 ㄷ. 서울 중심의 방사형 교통 체계에서 환상의 격자형 교통 체계로 전환함으로써 서울로의 집중을 완화한다.
ㄹ. 제3차 수도권 정비 계획은 수도권 내 낙후 지역을 개발하여 균형 발전을 촉진하는 등 수도권 내 불균형 해소를 목적으로 한다.

더 알아보기⁺ 제3차 수도권 정비 계획

제3차 수도권 정비 계획(2006~2020년)은 수도권에 과도하게 집중된 인구와 기능을 적절하게 분산 배치함으로써 수도권을 균형 있게 발전시키기 위한 종합 계획이다. 수도권을 다핵 연계형 공간 구조로 전환, 서울 중심의 방사형 교통 체계에서 환상 격자형 교통 체계로 전환, 지역별 특성을 고려한 클러스터형 산업 벨트 구축, 수도권 내 낙후 지역 개발을 통한 균형 있는 발전 촉진 등을 핵심 방향으로 설정하였다.

2 강원 지방의 관광 자원

지도의 A는 철원-화천, B는 양구-고성, C는 춘천-인제, D는 평창-강릉, E는 정선-삼척을 잇는 여행 경로이다.
④ D: 1일 차 여행지는 고위 평탄면에 조성된 양떼 목장이 있는 평창이고, 2일 차 여행지는 해안 단구와 석호가 있는 강릉이다.

오답 피하기 ① A: 철원에서는 용암 대지 위에서 벼농사를 짓는 경관을, 화천에서는 겨울에 산천어 축제를 즐길 수 있다.
② B: 양구에서는 침식 분지를, 고성에서는 석호를 볼 수 있다.

③ C: 춘천에서는 소양강댐이 건설되면서 형성된 소양호에서 유람선을 타고, 인제에서는 감입 곡류 하천인 내린천에서 래프팅을 즐길 수 있다.
⑤ E: 정선에서는 폐광의 유산인 레일 바이크를 타고, 삼척에서는 석회 동굴인 환선굴을 관람할 수 있다.

3 충청 지방의 주요 도시

지도의 A는 충주, B는 세종, C는 대전이다. (가)에서 국토의 균형 발전을 위하여 행정 중심 복합 도시로 출범한 도시는 세종특별자치시(B)이고, (나)에서 지식 기반형 기업 도시를 토대로 지역 발전을 추구하는 도시는 충주(A)이다.

오답 피하기 대전(C)은 충청 지방의 유일한 광역시이며, 대덕 연구 개발 특구가 위치해 첨단 산업이 발달하였다.

더 알아보기⁺ 기업 도시와 혁신 도시

기업 도시	민간 기업이 주도하여 개발하는 도시로, 산업·연구·관광 등 특정 경제 기능 중심의 자족적 복합 기능을 갖춤 예) 원주, 충주, 태안, 영암 등
혁신 도시	균형적인 국토 성장을 위해 수도권에 소재하였던 공공 기관을 지방으로 이전하여 조성한 도시 예) 원주, 진천·음성, 내포, 대전, 전주·완주, 나주, 울산, 부산, 대구, 김천, 진주, 서귀포 등

4 호남 및 영남 지방의 주요 공업 도시

(가)는 광주, (나)는 광양, (다)는 울산이다.
A는 대규모 자동차 공장이 있는 광주(가)와 울산(다)에서 다른 업종에 비해 종사자 수가 많으므로 자동차 및 트레일러 제조업이다. C는 제철 공업이 발달한 광양(나)의 제조업 종사자 수에서 50% 이상을 차지하는 것으로 보아 1차 금속 제조업이고, 나머지 B는 선박 등을 제조하는 기타 운송 장비 제조업이다. 울산은 자동차, 정유 및 석유 화학, 제철, 조선 공업 등 중화학 공업이 고루 발달하였다.

선택지 바로 보기

① (가)에는 도청이 입지해 있다. (×)
→ 호남 지방에서 전북도청은 전주에, 전남도청은 무안에 위치한다.
② (나)에서는 차(茶)를 소재로 한 지역 축제가 개최된다. (×)
→ 광양(나)의 지역 축제로는 매화 축제가 유명하다. 호남 지방의 차(茶)를 소재로 한 축제로는 보성에서 열리는 다향 대축제가 대표적이다.
③ (다)는 (나)보다 총인구가 많다. (○)
→ 광역시인 울산(다)은 광양(나)보다 총인구가 많다.
④ C는 많은 부품을 필요로 하는 조립형 공업에 해당한다. (×)
→ 주원료인 철광석을 대량 수입하는 1차 금속 제조업(C)은 적환지 지향형 공업에 해당한다.
⑤ B는 A보다 수도권의 출하액 비율이 높다. (×)
→ 자동차 및 트레일러 제조업(A)은 경기의 출하액 비율이 높은 반면, 기타 운송 장비 제조업(B)은 경남, 울산, 전남 등의 출하액 비율이 높다.

5 다양한 지역의 위치와 특색

지도의 A는 철원과 이천, B는 대전과 전주, C는 원주와 충주, D는 안동과 경주, E는 순천과 창녕이다.
② 충남도청은 홍성·예산의 내포 신도시에, 전북도청은 전주에 위치한다.

2주 4일 교과서 대표 전략 ① Book 2 58~61쪽

대표 예제	1 ④	2 ④	3 ⑤	4 ⑤	5 ③
	6 ④	7 ⑤	8 ④	9 ①	10 ④	11 ②
	12 ③	13 ②	14 ④	15 ④	

1 인구 변천 모형

(가)는 출생률과 사망률이 높은 다산 다사의 제1단계, (나)는 다산 감사의 제2단계, (다)는 감산 소사의 제3단계, (라)는 소산 소사의 제4단계이다.
④ 제2단계(나) 시기에는 출생률이 여전히 높지만 사망률이 급감하여 제1단계(가)보다 인구의 자연 증가율이 높다.

오답 피하기 ① 인구 변천 모형은 사회·경제의 발전 과정에서 나타나는 자연적 증감(출생, 사망)에 의한 인구 변화를 나타낸 것이다. 사회적 증감은 전입자 수와 전출자 수에 의해 결정된다.
② 총인구는 제4단계(라)에서 가장 많다.
③ 제3단계(다)는 가족계획, 자녀에 대한 가치관 변화로 출생률이 감소한다.
⑤ (가) 시기에는 출생률과 사망률이 높아 유소년층 인구 비율이 높고 노년층 인구 비율이 낮은 피라미드형 인구 구조가 나타나며, (라) 시기에는 출생률과 사망률이 낮아 유소년층 인구 비율이 낮고 노년층 인구 비율이 높은 종형 또는 방추형 인구 구조가 나타난다.

2 우리나라의 인구 분포

우리나라는 1960년대 이전에는 인구 대부분이 1차 산업에 종사하여 벼농사에 유리한 남서부 지역에 인구가 주로 분포하였다. 오늘날에는 도시화와 산업화로 2·3차 산업이 발달한 대도시와 공업 지역을 중심으로 인구가 밀집해 있다.
④ 식량 생산량이 많은 농촌 지역은 이촌 향도로 인구 밀도가 낮아졌다.

3 국내 체류 외국인의 특성

교통·통신 기술의 발달과 함께 세계화에 따른 노동 시장 개방, 외국인의 국내 취업 및 유학 증가, 국제결혼 증가 등으로 우리나라에 거주하는 외국인이 증가하고 있다.
⑤ 국내에 체류하는 외국인 근로자는 여성보다 남성이 많지만, 결혼 이민자는 남성보다 여성이 많다. 결혼 이민자는 농어촌 지역에서 결혼 적령기 연령층의 성비 불균형이 심화되면서 증가하였으며, 한국인 여성과 외국인 남성의 결혼보다 한국인 남성과 외국인 여성의 결혼 비율이 높다.

4 우리나라의 시기별 인구 특성

(가) 시기는 출생률이 높아 인구가 급증하였던 1960년대, (나) 시기는 낮은 합계 출산율로 저출산 현상이 지속되는 오늘날에 해당한다.
⑤ 오늘날(나)은 1960년대(가)보다 합계 출산율과 유소년 부양비가 낮고, 결혼과 자녀에 대한 가치관 변화로 평균 초혼 연령이 높다. 이러한 특성을 나타낸 점은 그림의 E이다.

5 우리나라의 전통적 지역 구분

우리나라의 전통적 지역 구분은 산줄기, 고개, 하천 등의 지형지물이나 시설물을 기준으로 이루어졌다. 예를 들어 함경도 안변군과 강원도 회양군 사이에 있는 철령관(가)을 기준으로 하여 그 북쪽을 관북, 서쪽을 관서, 동쪽을 관동 지방으로 구분하였다. 관동 지방의 영서 지방과 영동 지방을 나눈 경계는 태백산맥의 대관령(나)이며, 조령(문경 새재)의 남쪽이라는 의미의 영남 지방은 소백산맥(다)과 섬진강을 경계로 하여 호남 지방과 구분된다.

6 남북한의 에너지 자원

남한은 C의 비율이 가장 높은 반면, 북한은 A의 비율이 가장 높다. 북한의 1차 에너지 소비 구조에서 가장 큰 비율을 차지하는 것은 석탄이며, 그다음으로 수력, 석유 순이다. 따라서 A는 석탄, B는 수력, C는 석유이다.

④ 화석 연료인 석탄(A)은 재생 자원인 수력(B)보다 자원의 고갈 가능성이 높다.

오답 피하기 ① 북한은 무연탄(A) 생산량이 많아 남한보다 자급률이 높다.
② 석유(C)에 대한 설명이다.
③ 하천의 위치 에너지를 이용해 전력을 생산하는 수력(B)에 대한 설명이다.
⑤ 석탄(A)은 석유(C)보다 수송용으로 적게 이용된다. 석탄은 주로 제철 공업 및 화력 발전의 연료로, 석유는 주로 화학 공업의 원료 및 수송용 연료로 이용된다.

7 북한의 교통망

북한의 교통망은 평양을 중심으로 서해안 평야 지대에 주로 발달해 있다. 북한은 도로가 부족한 수송을 이루는 남한과 달리 철도가 여객 수송의 약 60%, 화물 수송의 약 90%를 담당한다. 이에 따라 북한의 도로와 하천 및 해상 수송은 주로 철도 수송의 연계를 위한 보조적인 역할을 수행한다.

ㄷ. 지도를 보면 고속 국도는 평양을 중심으로 방사상으로 뻗어 있어 평양과 주변의 남포, 개성, 원산, 희천 등을 연결하고 있다.

오답 피하기 ㄱ. 높고 험준한 산지가 많은 북한은 지형의 영향으로 동서 간의 교통로 연결이 미약한 편이다.
ㄴ. 지도를 보면 함경도는 동해안을 따라 교통망이 좁게 발달하였지만, 평안도는 상대적으로 넓은 평야에 고속 국도, 도로, 철도 등이 밀집되어 있음을 알 수 있다. 따라서 교통망의 밀집도는 함경도가 평안도보다 낮다.

자료 분석

북한의 교통망은 평양을 중심으로 서해안 평야 지대에 주로 발달해 있다.

8 수도권의 제조업 분포

수도권은 1970년대 이후 서울의 공업 기능이 주변으로 이전하기 시작하였고, 1980년대부터 인천, 안산, 시흥 등에 대규모 공단이 조성되면서 인천과 경기의 제조업이 성장하였다.

④ 서울과 수도권 동부 지역에서는 수치가 낮고, 화성, 안산 등 수도권 남서부 지역에서는 수치가 높은 것으로 보아 전 산업 대비 제조업 종사자 수 비율이다. 수도권은 서울의 공업 기능이 분산된 남서부(안산, 화성 등) 지역에서 제조업 종사자 비율이 높게 나타난다.

오답 피하기 ① 경지율은 전체 토지에서 실제로 경작할 수 있는 땅의 비율로, 공장 부지가 넓은 화성, 안산 등에서 높게 나타나지 않는다.
② 총인구 대비 농가 인구 비율은 가평, 양평 등 군(郡)에서 높게 나타난다.
③,⑤ 서비스업 종사자 비율은 서울에서 가장 높게 나타난다.

9 수도권의 지식 기반 산업

그래프의 A는 정보 통신 서비스업과 소프트웨어 및 컴퓨터 관련 서비스업 종사자 수가 가장 많은 서울이고, C는 정보 통신 기기 제조업 종사자 수가 가장 많은 경기이며, 나머지 B는 인천이다.

오답 피하기 ㄷ. 수도권의 정보 통신 서비스업 종사자 수 비중은 약 90.1%로 비수도권보다 높다.
ㄹ. 정보 통신 서비스업(90.1%)은 정보 통신 기기 제조업(53.9%)보다 전국에서 수도권이 차지하는 비율이 높다. 수도권은 지식과 정보가 집중되어 있고, 고급 연구 인력이 풍부하며, 관련 업체와의 협력에 유리한 점을 바탕으로 지식 기반 산업의 중심지로 성장하였다.

10 영동 지방과 영서 지방의 기후 차이

A는 B보다 기온의 연교차가 크고 여름 강수 집중률이 높으므로 영서 지방에 위치한 홍천이고, B는 영동 지방에 위치한 강릉이다.

오답 피하기 ② 홍천(A)은 겨울철 북동 기류의 영향을 받는 강릉(B)보다 겨울 강수량이 적다.
③ 내륙의 홍천(A)은 동해안의 강릉(B)보다 바다의 영향을 적게 받는다.
⑤ 북동 기류의 영향으로 겨울 강수량이 많은 강릉(B)은 홍천(A)보다 여름 강수 집중률이 낮다.

자료 분석

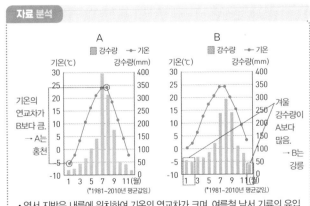

· 영서 지방은 내륙에 위치하여 기온의 연교차가 크며, 여름철 남서 기류의 유입으로 지형성 강수가 많다.
· 영동 지방은 태백산맥과 수심이 깊은 동해의 영향으로 겨울이 온화하며, 겨울철 북동 기류의 영향으로 강설량이 많다.

11 충청 지방의 인구와 산업

지도의 A는 수도권과 인접한 충남 서해안의 서산과 당진, B는 경북과 인접한 충북 북동부의 제천과 단양이다.

② 고생대 얕은 바다에서 퇴적된 조선 누층군이 분포하는 충북 북동부는 석회석의 매장량이 풍부하여 시멘트 공업이 발달하였다.

오답 피하기 ①, ③, ④, ⑤ 충청 지방은 수도권으로부터 공업 이전이 활발하여 제조업이 발달한 서산, 당진 등을 중심으로 청장년층 인구가 유입되고 있다. 이에 제천, 단양 등 경북 내륙에 인접한 지역보다 인구 밀도와 청장년층 인구 비율이 높고, 지역 내 총생산과 제조업 종사자 수가 많다.

12 호남 지방 주요 지역의 위치와 축제

지도의 A는 김제, B는 함평, C는 남원, D는 보성이다. 나비 축제(가)가 열리는 지역은 전남 함평(B)이며, 지평선 축제(나)가 열리는 지역은 전북 김제(A)이다.

더 알아보기+ 호남 지방의 주요 지역 축제

전주	세계 소리 축제, 대사습놀이	무주	반딧불 축제
		함평	나비 축제
김제	지평선 축제	보성	다향 대축제
남원	춘향제	순천	갈대 축제
순창	장류 축제	광양	매화 축제

13 영남 지방의 주요 공업 도시

지도의 A는 구미, B는 포항, C는 대구, D는 울산, E는 거제이다.

(가)는 풍부한 노동력, 경부 고속 국도가 지나는 편리한 육상 교통을 바탕으로 성장한 영남 내륙 공업 지역의 구미(A)이다. 구미는 전자 조립 공업이 발달하였다.

(나)는 원료 및 제품 수출입에 유리한 항만, 정부의 중화학 공업 육성 정책을 바탕으로 성장한 남동 임해 공업 지역의 울산(D)이다. 울산은 정유 및 석유 화학, 자동차, 조선 공업 등이 고루 발달하였다.

오답 피하기 포항(B)은 제철 공업, 대구(C)는 자동차 및 섬유 공업, 거제(E)는 조선 공업이 발달하였다.

14 제주도의 자연환경

제주도는 연평균 기온이 높고 기온의 연교차가 작은 해양성 기후가 나타난다. 이에 해안 저지대는 겨울에도 기온이 0℃ 이하로 잘 내려가지 않아 동백나무, 후박나무 등의 상록 활엽수림이 잘 자란다.

오답 피하기 ① 한라산의 산록부는 점성이 작은 현무암질 용암이 여러 차례에 걸쳐 분출하여 완만한 경사를 이룬다.

② 백두산 정상부의 천지에 대한 설명이다. 한라산 정상부의 백록담은 화구에 물이 고여 형성된 화구호이다.

③ 석회 동굴에 대한 설명이다. 제주의 용암 동굴은 유동성이 큰 현무암질 용암이 흘러내릴 때 공기 중에 노출된 표층부와 하층부의 냉각 속도에 차이가 생겨 형성되었다.

⑤ 제주도는 절리가 많은 기반암의 특성상 산록부에서 땅속으로 스며든 빗물이 해안 지대에서 샘물처럼 솟아 용천대를 이룬다. 따라서 제주도의 전통 취락은 물을 구하기 쉬운 해안을 따라 분포한다.

15 제주도의 자연환경과 관광 산업

제주도는 독특하고 아름다운 자연환경을 바탕으로 2002년 유네스코 생물권 보전 지역(가)으로 지정되었으며, 2007년에는 한라산, 거문오름 용암 동굴계, 성산 일출봉이 우리나라 최초로 유네스코 세계 자연 유산(나)에 등재되었다. 2010년에는 세계적으로 지질학적 가치를 지닌 장소임을 인정받아 유네스코 세계 지질 공원(다)으로도 등재되면서 세계적인 관광지로 성장하였다.

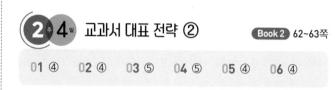

2주 4일 교과서 대표 전략 ②　　Book 2 62~63쪽

01 ④　02 ④　03 ⑤　04 ⑤　05 ④　06 ④

01 우리나라의 인구 변천

ㄱ. 1955~1960년의 (가) 시기에는 6·25 전쟁 이후 불안정하였던 사회가 안정되면서 출산 붐 현상이 나타나 출생률이 높아졌다.

ㄴ. 1950~1955년의 (나) 시기는 6·25 전쟁의 영향으로 사망률이 높아졌다.

ㄷ. 1970~1980년대에는 정부 주도로 적극적인 산아 제한 정책이 추진되었고, 결혼과 가족에 대한 가치관이 변화하면서 출생률이 급격히 하락하여 인구 증가율이 둔화되었다.

오답 피하기 ㄹ. 1990년대는 출생률보다 사망률이 낮기 때문에 인구의 자연 증가가 나타났다.

02 우리나라의 인구 구조 변화

(가)는 유소년층 인구 비율이 높고 노년층 인구 비율이 낮은 것으로 보아 상대적으로 출생률과 사망률이 높았던 1960년이고, (나)는 유소년층 인구 비율이 낮고 노년층 인구 비율이 높은 것으로 보아 저출산·고령화 현상이 나타나는 2015년이다. 따라서 출생률(㉠)과 유소년 부양비(㉣)는 1960년이 2015년보다 높고, 중위 연령(㉡)과 노령화 지수(㉢)는 2015년이 1960년보다 높다.

03 우리나라의 다양한 지역 구분

지도의 A는 관서 지방, B는 관북 지방, C는 관동 지방, D는 호서 지방, E는 영남 지방이다.

⑤ 함경도와 강원도 사이에 있는 철령관을 기준으로 그 북쪽을 관북 지방(B), 서쪽을 관서 지방(A), 동쪽을 관동 지방(C)으로 구분한다.

오답 피하기 ① 호남 지방은 중부 방언권에 속하지 않는다.

② (가)는 고개, 산줄기, 대하천 등의 자연적 요소를 기준으로 지역을 구분하였다.

③ 관동 지방(C)은 대관령을 기준으로 영동 지방과 영서 지방으로 구분된다.

04 영동 지방과 영서 지방의 기후 차이

영동 지방은 태백산맥이 차가운 북서풍을 막아주고, 동해의 수심이 깊어 수온 변화 폭이 작기 때문에 영서 지방에 비해 1월 평균 기온이 높다.

② 기온의 지역 차는 북태평양 고기압이 한반도 전체를 뒤덮는 여름철보다 시베리아 고기압이 한반도 북서쪽을 중심으로 영향을 미치는 겨울철에 크게 나타난다.

③ 기온의 연교차는 8월 평균 기온에서 1월 평균 기온을 뺀 값을 통해 비교할 수 있다. 대관령의 1월 평균 기온은 −7~−8℃, 8월 평균 기온은 18~20℃로 기온의 연교차가 약 25℃이다. 그러나 홍천은 1월 평균 기온이 −5~−6℃, 8월 평균 기온이 25~27℃로 기온의 연교차가 약 30℃이다. 따라서 대관령은 강원도에서 기온의 연교차가 가장 큰 곳이 아니다.

④ 태백은 동해안의 강릉보다 위도가 낮지만 내륙에 위치하여 1월 평균 기온이 낮다. 지도의 1월 평균 기온을 비교해 보면 태백은 약 −4~−5℃, 강릉은 약 0~1℃이다.

05 충청 지방의 주요 공업 도시

지도의 A는 서산, B는 당진, C는 아산, D는 단양이다. (가)는 전자 및 자동차 공업이 발달한 아산(C), (나)는 정유 및 석유 화학, 자동차 공업이 발달한 서산(A)의 공업 구조이다.

오답 피하기 대규모 제철소가 입지한 당진(B)은 제철 공업이, 조선 누층군이 분포하여 석회석 매장량이 많은 단양(D)은 시멘트 공업이 발달하였다.

06 전라남도와 경상남도 주요 지역의 위치와 특색

지도의 A는 보성, B는 광양, C는 사천, D는 고성, E는 김해이다. 호남 지방에 속하는 전남 보성(A)과 광양(B), 국제공항이 있는 김해(E), 항공 우주 박물관이 있는 사천(C)은 스무고개의 정답에서 제외된다. 따라서 (가)는 공룡 발자국 화석을 이용한 장소 마케팅이 이루어지는 경남 고성(D)에 해당한다. 경상 분지에 위치한 고성은 두꺼운 퇴적층이 수평층을 이루어 공룡 발자국 화석이 잘 발견된다.

(2주) 누구나 합격 전략   Book 2 64~65쪽

| 01 ④ | 02 ⑤ | 03 ③ | 04 ④ | 05 ④ | 06 ③ |
| 07 ③ | 08 ② | 09 ⑤ |

01 우리나라의 인구 정책 변화

1960~1990년대까지는 높은 출산률을 억제하려는 인구 정책을 시행하였으며 그 결과 지속적으로 출산율이 낮아졌다. 2000년대부터는 인구 감소를 우려해 저출산 현상을 극복하기 위한 인구 정책을 시행하고 있다.

④ 아이를 '둘만' 낳도록 유도하는 (나)는 가장 이른 1970년대, '하나씩만' 낳도록 유도하는 (가)는 1980년대, 남아 선호 사상과 관련이 있는 (라)는 1990년대, 아이를 '둘, 셋' 낳도록 유도하는 (다)는 가장 늦은 2000년대의 표어이다. 따라서 주어진 가족계획 표어를 시간순으로 나열하면 (나) → (가) → (라) → (다)이다.

02 인구 지표의 분포

(가)는 수도권과 영남권의 대도시 주변, 서울로부터의 제조업 이전이 활발한 충남 북부, 행정 중심 복합 도시로 출범한 세종 등 청장년층 인구 유입이 많은 지역에서 수치가 높은 것으로 보아 유소년 부양비 분포이다. (나)는 청장년층 인구 유출이 많은 촌락에서 수치가 높은 노년 부양비 분포이다.

오답 피하기 인구 밀도는 서울, 부산, 대구 등 대도시에서 가장 높게 나타난다. 성비는 군부대가 주둔하는 경기·강원 북부, 중화학 공업이 발달한 공업 도시에서 높게 나타난다.

03 지역 구분의 유형

(가)는 서울의 용도별 토지 이용을 나타낸 것으로, 특정한 지리적 현상이 동일하게 분포하는 동질 지역이다. (나)는 인천과 경기에서 서울로의 통근·통학 인구를 나타낸 것으로, 중심지인 서울과 배후지인 인천·경기가 기능적으로 결합한 기능 지역이다.

③ 문화권은 동질 지역(가), 상권은 기능 지역(나)과 같은 지역 구분 유형에 해당한다.

오답 피하기 ① 기능 지역(나)에 대한 설명이다.

② 동질 지역(가)에 대한 설명이다.

④ (가), (나) 모두 인문적 요소를 기준으로 지역을 구분하였다.

⑤ 인접한 두 지역의 특성이 함께 섞여 나타나는 점이 지대는 동질 지역(가)과 기능 지역(나) 모두에서 나타날 수 있다.

04 북한의 지형 환경

지도의 A는 백두산, B는 낭림산맥, C는 청천강, D는 평남 분지 일대이다.

ㄴ. 낭림산맥(B)은 관북 지방과 관서 지방의 경계를 이룬다.

ㄹ. 평남 분지(D) 일대에는 고생대 퇴적층이 분포하여 석회암이 많이 매장되어 있다.

오답 피하기 ㄱ. 한라산에 대한 설명이다. 백두산(A)의 정상부에는 분화 후 화구가 함몰되어 형성된 칼데라에 물이 고인 칼데라호(천지)가 있다.

ㄷ. 남서 기류의 바람받이 사면인 청천강(C) 중·상류 지역은 다우지에 해당한다.

05 북한의 개방 지역

지도의 A는 신의주 특별 행정구, B는 중강진, C는 나선 경제특구, D는 개성 공업 지구, E는 금강산 관광 지구 일대이다. 자료의 밑줄 친 '이 지역'은 개성 공업 지구(D)이다.

더 알아보기+ 북한의 개방 지역

신의주 특별 행정구	2002년 중국의 홍콩을 거울삼아 외국 자본 유치 및 교역 확대를 위해 지정
나선 경제특구	유엔 개발 계획의 지원을 계기로 1991년 북한 최초의 경제특구로 지정
개성 공업 지구	남한의 기업을 유치할 목적으로 조성, 남한의 기술과 자본＋북한의 노동력, 2016년 중단
금강산 관광 지구	관광객 유치 목적으로 조성, 남북 회담 및 이산가족 상봉 장소로 활용, 2008년 중단

06 수도권과 강원 지방 주요 지역의 위치와 특색

지도의 A는 성남, B는 이천, C는 원주, D는 강릉, E는 태백이다.
③ 강원도청의 소재지는 춘천이며, 원주(C)에는 혁신 도시와 기업 도시가 조성되어 있다.

오답 피하기 ① 성남(A)에는 수도권 1기 신도시인 분당이 위치한다.
② 이천(B)에서는 도자기 축제가 개최되며, 이곳에서 생산되는 쌀은 지리적 표시제에 등록되었다.
④ 강릉(D)에는 석호인 경포호가 관광지로 유명하다.
⑤ 태백(E)은 석탄 산업 합리화 정책 이후 폐광이 늘면서 지역 경제가 침체하였으나, 최근 석탄 박물관을 건립하는 등 폐광 시설을 관광 자원으로 활용하여 지역 경제를 위해 노력하고 있다.

07 충청 지방의 인구 변화와 제조업

ㄷ, ㄹ. 당진, 아산, 천안 등 수도권과 인접한 지역은 수도권으로부터 제조업 이전이 활발하여 제천, 단양, 보은, 옥천 등 영남권의 경북과 인접한 지역에 비해 인구 증가율이 높다.

오답 피하기 ㄱ. 지도를 보면 당진시는 서산시보다 인구 증가율이 높지만 제조업 출하액은 적다.
ㄴ. 광역시인 대전은 아산, 서산 등의 공업 도시보다 인구 규모가 크지만 제조업 출하액은 적다.

자료 분석

수도권에 인접한 제조업 발달 지역

〈인구 변화(2000~2015년)〉 〈제조업 출하액〉

경북과 인접한 지역은 인구 감소, 제조업 출하액이 적음.

- 수도권 전철이 연장된 천안·아산, 제조업이 발달한 서산·당진, 혁신 도시가 조성된 진천·음성 등의 북부 지역과 행정 중심 복합 도시로 출범한 세종을 중심으로 인구가 증가하였다.
- 충남 서남부의 부여, 청양, 서천, 경북과 인접한 단양, 보은 등은 인구가 감소하였고, 제조업 발달이 미약하다.

08 남부 지방 주요 지역의 위치와 특색

A는 안동, B는 김천, C는 전주, D는 함평, E는 순천, F는 부산이다.
② 1일 차는 안동(A), 2일 차는 부산(F), 3일 차는 순천(E)을 답사할 예정이다. 순천만 갯벌은 2021년 유네스코 세계 자연 유산에 등재된 '한국의 갯벌' 중 하나이다.

09 제주도의 지형 환경

만장굴은 세계 자연 유산으로 등재된 '한라산과 거문오름 용암 동굴계'의 핵심 지역이자 세계 지질 공원의 명소 중 하나이다. 대포 주상 절리대는 세계 지질 공원의 명소 중 하나이지만 세계 자연 유산으로 등재되지는 않았다.

2주 창의·융합·코딩 전략 Book 2 66~69쪽

| 1 ① | 2 ⑤ | 3 ④ | 4 ④ | 5 ⑤ | 6 ⑤ |
| 7 ⑤ | 8 ② | 9 ④ | 10 ③ | 11 ① | 12 ③ |

1 인구 관련 용어

출생자가 출생 직후부터 생존할 것으로 기대되는 평균 생존 연수는 '기대 수명', 연령별·성별에 따른 인구 구조를 나타내는 그래프는 '인구 피라미드'이다. 따라서 〈글자 카드〉에서 해당 글자를 빼고 남은 글자를 모두 활용하여 만들 수 있는 용어는 '성비'이다. 성비는 여성 100명에 대한 남성의 수를 의미한다.

오답 피하기 ②는 생산 가능 인구, ③은 유소년 부양비, ④는 중위 연령, ⑤는 합계 출산율에 대한 설명이다.

2 저출산 현상의 원인과 대책

을: 저출산 현상의 주요 원인으로는 결혼·가족에 대한 가치관 변화, 초혼 연령 상승 및 비혼 증가, 자녀 양육 비용 증가 등이 있다.
병: 저출산 현상이 지속될 경우 장기적으로 경제 활동 인구가 감소하기 때문에 노동력 감소가 우려된다.
정: 저출산 대책으로는 출산·양육·교육에 대한 재정적 지원, 결혼 장려를 위한 공공 지원 강화, 출산 여성의 취업 기회 확대 등이 있다.

오답 피하기 갑. 남아 선호 사상은 저출산 현상과 관련이 적다.

3 다문화 공간

○○동 이슬람 거리, 국경 없는 마을, 게스트 하우스 등은 이주자들의 문화와 우리나라의 문화가 융합된 다문화 공간이다. 따라서 (가)에 들어갈 여행 주제로는 '다문화 사회의 형성에 따른 독특한 다문화 공간 탐방'이 가장 적절하다.

더 알아보기+ 대표적인 다문화 공간

▲ 서울의 다문화 공간

서울 이태원동 이슬람 거리에는 아시아, 아프리카 출신 외국인 이슬람교도의 공동체가 있고, 대림동에는 한국계 중국인을 비롯한 많은 중국인이 유입되어 차이나타운이 조성되었다. 이 밖에 이촌동 일본인 타운, 반포동 프랑스인 서래 마을 등은 서울의 대표적인 다문화 공간이다.

4 전통적 지역 구분

A: 철령관으로부터 지명이 유래하였으나 동해와 맞닿아 있지 않은 지역은 관서 지방이다.
B: 호강(금강)의 남쪽이라는 의미에서 지명이 유래한 지역은 호남 지방이다.

C, D: 철령관으로부터 지명이 유래하였고 동해와 맞닿아 있는 지역은 관북 지방과 관동 지방이다. 두 지역 중 영동 지방과 영서 지방으로 구분되는 D는 관동 지방이고, 나머지 C는 관북 지방이다.
④ 평야가 발달한 관서 지방(A)은 관북 지방(C)보다 도시가 많이 분포하여 인구 밀도가 높다.

오답 피하기 ① 북한 최초의 경제특구는 1991년 유엔 개발 계획의 지원을 계기로 지정된 나선 경제특구로, 관북 지방(C)에 위치한다.
③ 호남 지방(B)에 대한 설명이다.
⑤ 관북 지방(C)은 호남 지방(B)보다 고위도에 위치한다.

5 북한 주요 지역의 위치와 특색
지도의 A는 나진·선봉, B는 백두산, C는 신의주, D는 개성이다.
병. 경의선은 남한의 서울과 북한의 신의주(C)를 잇는 철도이다.
정. 고려 시대 수도였던 개성(D)에는 유네스코 세계 문화유산으로 등재된 역사 유적 지구가 있다.

오답 피하기 갑. 백두산(B)에 대한 설명이다.
을. 나진·선봉(A)에 대한 설명이다.

6 북한의 자연환경과 주민 생활
(가)는 북한에서 인구가 가장 많은 도시이며, 평야가 널리 나타난다는 것으로 보아 평양이다. 평양은 인구 300만 명이 넘는 북한의 정치·경제·사회 중심지로, 메밀로 만든 냉면이 유명하다.
(나)는 '황해도'라는 지명이 유래된 지역 중 하나인 해주로, 비빔밥과 가자미식해가 유명하다.

더 알아보기+ 조선 시대 도(道) 행정 구역 명칭 부여

조선 시대에는 전국을 8도로 구분하고, 도내 주요 도시의 앞 글자를 따서 도의 이름을 지었다.

함경도	평안도	강원도	황해도
함흥, 경성	평양, 안주	강릉, 원주	황주, 해주
경기도	**충청도**	**전라도**	**경상도**
한양 주변	충주, 청주	전주, 나주	경주, 상주

7 수도권의 문제점과 대책
수도권은 인구와 산업이 과도하게 집중하여 주택 부족, 교통 혼잡, 환경 오염 문제 등의 집적 불이익이 발생하였다. 이를 해결하기 위해서는 인구와 기능을 주변으로 분산시키는 정책이 필요하며, 과밀 부담금 제도나 수도권 공장 총량제 등이 대표적이다.

더 알아보기+ 수도권 집중도

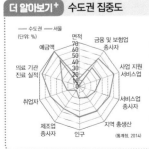

수도권의 면적은 우리나라 전체 면적의 약 12%에 불과하지만, 우리나라 전체 인구와 국내 총생산의 약 절반가량이 수도권에 집중되어 있다. 이처럼 우리나라는 다양한 분야에서 수도권 집중도가 매우 높아 여러 가지 문제점이 나타난다.

8 강원 지방의 관광 산업
지도의 A는 철원, B는 원주, C는 평창, D는 태백이다.
② (가)는 유네스코 한탄강 지질 공원이 있는 철원(A)이고, (나)는 고위 평탄면의 지리적 이점을 살려 2018 동계 올림픽이 개최되었던 평창(C)이며, (다)는 폐광 유산을 활용해 관광 산업을 육성하는 광업 도시 태백(D)의 홍보물이다.

9 여러 지역의 위치와 특색
지도의 A는 동해, B는 여주, C는 논산, D는 정읍, E는 고성이다.
④ (가) 휴게소가 위치한 지역은 인천과 강릉을 잇는 영동 고속 국도가 지나며, 도자기로 유명하다는 것으로 보아 여주(B)이다. 여주에서는 해마다 도자기 축제가 개최된다.
(나) 휴게소가 위치한 지역은 대전과 통영을 잇는 고속 국도의 끝자락이며, 공룡 발자국 화석으로 유명하다는 것으로 보아 통영과 인접한 경남 고성(E)이다. 중생대 퇴적층인 경상 누층군이 분포하는 고성에서는 공룡 발자국 화석이 잘 발견된다.
(다) 휴게소가 위치한 지역은 정동진의 해안 단구를 바라볼 수 있다는 것으로 보아 강릉 바로 아래에 위치한 동해(A)이다.

10 남부 지방 주요 지역의 위치와 특색
지도의 A는 전주, B는 보성, C는 창원, D는 경주이다.
③ 녹차를 소재로 한 다향 대축제가 개최되는 (가)는 전남 보성(B)이고, 유네스코 세계 문화유산에 등재된 역사 마을이 있는 (나)는 경북 경주(D)이다. 경주의 양동 마을은 안동의 하회 마을과 함께 2010년 유네스코 세계 문화유산에 등재되었다.

오답 피하기 전주(A)에서는 대사습놀이와 세계 소리 축제가 개최되며, 비빔밥과 한옥마을이 유명하다.
창원(C)에서는 매년 봄 벚꽃을 소재로 한 군항제가 열린다.

11 충청 지방 주요 지역의 산업
지도의 A는 아산, B는 진천, C는 음성, D는 제천, E는 단양이다.
① 아산(A)은 예부터 역사가 깊은 온천(온양 온천)으로 유명하며, 수도권 전철이 연장되는 등 수도권과의 접근성이 좋아 전자 및 자동차 공업이 발달하였다.

12 제주도의 관광 산업
'지오'는 유네스코 지정 세계 지질 공원이라는 제주도의 특징을 활용해 지형·문화·생태 자원 등을 융합하여 여행과 접목한 지역 브랜드화 전략 중 하나이다. 그중 '지오 푸드'는 명소의 지질적 특성과 문화 등을 바탕으로 제주에서 생산된 식재료를 활용해 만든 로컬 푸드 브랜드이다.
③ 화산섬인 제주의 지형적 특성을 고려하면 (가)는 성산 일출봉(B), (나)는 화산재 지층이 드러나 있는 수월봉(A), (다)는 주상 절리(C)를 모티브로 만들어진 지오 푸드임을 알 수 있다.

정답 과 해설

신유형·신경향·서술형 전략

Book 2 72~75쪽

01 ① **02** ④ **03** ④ **04** ② **05** ③ **06** ④ **07** ②

서술형 전략

08 해설 참조 **09** 해설 참조 **10** 해설 참조
11 (1) 해설 참조 (2) 해설 참조

---

01 신·재생 에너지 발전소의 분포

A는 주로 대관령, 태백, 영덕, 제주 등 바람이 많은 산지와 해안이 있는 지역에 입지한 것으로 보아 풍력이다.

B는 무안, 신안, 해남, 고흥 등 일사량이 풍부한 호남 지방에 상대적으로 많이 입지한 것으로 보아 태양광이다.

C는 경기도 안산(시화호)에서만 발전이 이루어지는 조력이다.

선택지 바로 보기

ㄱ. A는 바람이 많은 해안이나 산지 지역에 주로 분포한다. (○)
→ 바람의 힘을 이용하여 전력을 생산하는 풍력(A)은 바람이 많은 해안이나 산지 지역에 주로 분포한다.
ㄴ. B는 일사량이 풍부한 지역이 발전에 유리하다. (○)
→ 햇빛을 이용하여 전력을 생산하는 태양광(B)은 일사량이 풍부한 지역이 발전에 유리하다.
ㄷ. C는 우리나라 대부분의 해안에서 발전이 가능하다. (×)
→ 밀물과 썰물의 수위 차를 이용하여 전력을 생산하는 조력(C)은 조수 간만의 차가 큰 해안 지역에서만 발전이 가능하다. 우리나라에서는 조수 간만의 차가 큰 경기만의 시화호에서만 발전이 이루어진다.
ㄹ. 총발전량은 A>B>C 순으로 많다. (×)
→ 총발전량은 태양광(B)>풍력(A)>조력(C) 순으로 많다.

---

02 주요 광물 자원의 분포

(가)는 영월군 상동에 많이 매장된 텅스텐이고, (나)는 조선 누층군이 분포하는 강원도 남부, 충청북도 북동부 지역에 주로 매장된 석회석이며, (다)는 강원도와 하동, 산청을 비롯한 경상남도 서부 지역에 상대적으로 많이 매장되어 있는 고령토이다.

ㄴ. 시멘트 공업의 주 원료인 석회석(나)은 제철 공업의 첨가물로 이용되기도 한다.
ㄹ. 석회석(나)은 고령토(다)보다 가채 연수가 길다. 석회석은 우리나라 주요 주요 광물 자원 중 가채 연수가 가장 길다.

오답 피하기 ㄱ. 철광석에 대한 설명이다.
ㄷ. 텅스텐(가)에 대한 설명이다. 고령토(다)는 도자기 및 내화 벽돌, 화장품의 원료로 이용된다.

더 알아보기+ 가채 연수

가채 연수는 어떤 자원의 가채 매장량을 연간 내수량으로 나눈 값으로, 현재와 같은 수준으로 자원을 생산하였을 때 앞으로 몇 년이나 더 사용할 수 있는가를 나타내는 지표이다. 참고로 2018년 기준 가채 연수는 석회석이 약 113년, 고령토가 약 52년, 금이 약 37년 정도로 주요 광물 자원 중 긴 편에 속한다. 반면 구리, 철광석 등은 1년 미만으로 가채 연수가 매우 짧다.

---

03 주요 공업의 지역 분포

(가)는 경기, 경북, 대구를 중심으로 종사자 수 비율이 높은 섬유 제품(의복 제외) 제조업이다. (나)는 경기 화성, 충남 아산, 광주, 대구, 울산 등에서 종사자 수 비율이 높은 자동차 및 트레일러 제조업이다.

ㄴ. 섬유 제품(의복 제외) 제조업(가)은 자동차 및 트레일러 제조업(나)보다 최종 제품의 평균 무게가 가볍다.
ㄹ. 섬유 제품(의복 제외) 제조업(가)은 생산비에서 노동비가 차지하는 비율이 높은 노동 지향형 공업에 해당하며, 자동차 및 트레일러 제조업(나)은 제품 생산에 많은 부품이 필요하여 관련 업체가 한곳에 모이는 집적 지향형 공업에 해당한다.

오답 피하기 ㄱ. 자동차 및 트레일러 제조업(나)에 대한 설명이다.

---

04 호남 지방 주요 지역의 위치와 특색

지도의 A는 전주, B는 고창, C는 영광, D는 순천이다.

(가)는 전라북도청의 소재지이자 도시 전체가 슬로 시티로 지정된 전주(A)의 특성을 나타낸 단어 구름이다. 전주에서는 세계 소리 축제와 국제 영화제 등이 열리며, 완주와 함께 혁신 도시가 조성되어 있고, 한옥마을과 비빔밥으로 유명하다.

(나)는 람사르 협약에 등록된 연안 습지가 있는 순천(D)의 특성을 나타낸 단어 구름이다. 보성·순천만 갯벌은 2021년 유네스코 세계 자연 유산에 등재된 '한국의 갯벌' 중 하나이다.

---

05 지역별 신·재생 에너지 생산

A는 제주, 경북 등에서 발전량 비율이 높은 것으로 보아 풍력이고, B는 제주에서 발전량이 거의 없는 것으로 보아 수력이며, 나머지 C는 태양광이다. 태양광은 일사량이 많은 전남, 전북 등 호남 지방에서 발전량 비율이 높다.

ㄴ. 수력(B)은 하천수의 위치 에너지를 활용하여 전력을 생산하므로 계절별 발전량 변동 폭이 크다.
ㄷ. 태양광(C)은 일사량이 많은 지역일수록 개발 잠재력이 높다.

오답 피하기 ㄱ. 수력(B)에 대한 설명이다.
ㄹ. A~C 중 가장 먼저 상용화된 에너지는 수력(B)이다.

자료 분석

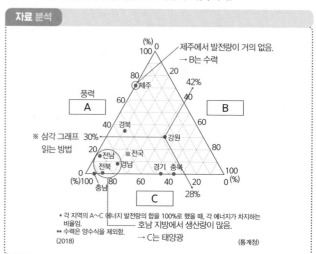

---

06 우리나라의 인구 구조 변화

1960년에 우리나라는 출생률과 사망률이 모두 높아 유소년층 인구 비율이 높고 노년층 인구 비율이 낮은 피라미드형 인구 구조가 나타 났다.(ㄴ)

2015년에는 낮은 출생률과 사망률로 유소년층 인구 비율이 감소하 고 노년층 인구 비율이 증가함에 따라 종형과 방추형에 가까운 인구 구조가 나타났다.(ㄷ)

현재의 저출산, 고령화 현상이 지속된다면 미래에는 노년층 인구 비 율이 매우 높은 인구 구조가 나타나 청장년층의 부양 부담이 커질 것 이다.(ㄱ)

따라서 우리나라의 인구 피라미드를 시간순으로 나열하면 ㄴ→ㄷ→ㄱ 이다.

07 우리나라의 지역 구분

[가로 열쇠] ❶은 관북, 관서, 관동을 구분하는 지형지물인 '철령관' 이다. ❷는 호강(금강)의 서쪽을 가리키는 명칭인 '호서 지방'이다. ❸은 서로 인접한 지역의 특성이 함께 섞여 나타나는 '점이 지대'이다. 따라서 [세로 열쇠] ㉠에 들어가는 낱말은 관서 지방이다.

② 철령관의 서쪽인 관서 지방은 오늘날의 행정 구역상 평안도에 해당 하는 지역이다.

오답 피하기 ①은 호남 지방, ④는 영남 지방, ⑤는 경기도에 대한 설명이다. ③ 황해도는 해서 지방에 해당한다.

자료 분석

❶설	령	㉠관		
	❷호	서	지	방
❸점	이	지	대	
			방	

08 자원의 분류

예시 답안 (가)에는 화석 에너지인 석유, 석탄, 천연가스가 해당하며, (나)에는 재생 에너지인 수력, 조력, 태양광이 해당한다.

채점 기준	배점
(가), (나)에 해당하는 자원을 모두 옳게 서술한 경우	상
(가) 또는 (나)에 해당하는 자원을 한 가지만 옳게 서술한 경우	하

09 도시 재개발 방식

예시 답안 기존 건물의 활용도가 높고, 원거주민의 재정착률이 높 으며, 지역 주민의 참여도가 높다.

채점 기준	배점
철거 재개발과 비교한 수복 재개발의 상대적 특징을 두 가지 모두 옳게 서술한 경우	상
철거 재개발과 비교한 수복 재개발의 상대적 특징을 한 가지만 옳게 서술한 경우	하

10 우리나라의 인구 성장

예시 답안 A 시기에는 6·25 전쟁으로 인해 사망률이 급증하였으며, B 시기에는 전쟁 이후 사회·경제적으로 안정되면서 출산 붐 현상이 나타나 출생률이 급증하였다.

채점 기준	배점
두 시기의 사망률 또는 출생률 변화를 모두 옳게 서술한 경우	상
한 시기의 사망률 또는 출생률 변화만을 옳게 서술한 경우	하

11 강원 지방의 산업 구조 변화

(1) **예시 답안** 광업으로 대표되던 2차 산업 중심에서 도·소매 및 음식 ·숙박업 등의 3차 산업 중심으로 변화하였다.

채점 기준	배점
광업, 도·소매 및 음식·숙박업 종사자 비율 변화를 사례로 들어 태백시 의 산업 구조 변화를 옳게 서술한 경우	상
광업, 도·소매 및 음식·숙박업 종사자 비율 변화만을 옳게 서술한 경우	하

(2) **예시 답안** 1980년대 이후 가정용 연료의 변화로 석탄 소비가 감 소함에 따라, 정부가 석탄 산업 합리화 정책을 추진하여 석탄 산업이 쇠퇴하였기 때문이다.

채점 기준	배점
태백시의 산업 구조 변화 원인을 가정용 연료의 변화와 석탄 산업 합리화 정책과 연계하여 옳게 서술한 경우	상
태백시의 산업 구조 변화 원인을 가정용 연료의 변화로만 옳게 서술한 경우	하

적중 예상 전략 ①회

Book 2 76~79쪽

| 01 ④ | 02 ⑤ | 03 ② | 04 ④ | 05 ① | 06 ③ | 07 ① | 08 ③ | 09 ② | 10 ④ | 11 ④ | 12 ② |

서술형 13 해설 참조 14 해설 참조 15 해설 참조 16 해설 참조

---

01 주요 지역의 농업과 공업 특성

그림의 (가)~(다) 지역을 지도의 A~C에서 고른 것은?

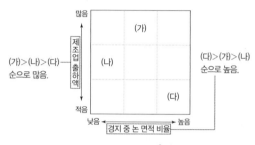

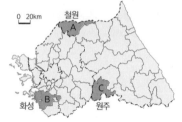

	(가)	(나)	(다)		(가)	(나)	(다)
①	A	B	C	②	A	C	B
③	B	A	C	④	B	C	A
⑤	C	B	A				

☑ **출제 의도 파악하기**

지도에서 A~C가 어느 지역인지 파악하고, 각 지역의 농업과 제조업 특성을 비교하는 문항이다.

★ **문제 해결 Point 쏙쏙**

- 화성 → 자동차 공업이 발달하여 제조업 출하액이 많음.
- 철원 → 용암 대지에서 벼농사가 활발함.

☑ **선택지 바로 알기**

  (가) (나) (다)
④ B   C   A (○)
→ (가)는 제조업 출하액이 가장 많은 화성(B), (나)는 경지 중 논 면적 비율이 가장 낮은 원주(C), (다)는 제조업 출하액이 가장 적고 경지 중 논 면적 비율이 가장 높은 철원(A)이다.

---

02 주요 지역의 작물별 생산

그래프는 세 지역의 작물별 생산량 비율을 나타낸 것이다. A~C에 대한 설명으로 옳은 것만을 〈보기〉에서 고른 것은? (단, A~C는 각각 경남, 전남, 제주 중 하나임.)

B보다 쌀, 맥류 생산량 비율이 높은 C는 전남

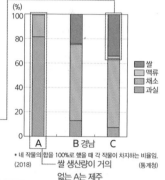

* 네 작물의 합을 100%로 했을 때 각 작물이 차지하는 비율임.
(2018) 쌀 생산량이 거의 없는 A는 제주 (통계청)

• 보기 •
ㄱ. A는 B보다 총인구가 많다.
ㄴ. B는 C보다 지역 내 인구 100만 명 이상의 도시가 적다.
ㄷ. C는 A보다 고위도에 위치한다.
ㄹ. A는 제주, B는 경남, C는 전남이다.

① ㄱ, ㄴ ② ㄱ, ㄷ ③ ㄴ, ㄷ ④ ㄴ, ㄹ ⑤ ㄷ, ㄹ

☑ **출제 의도 파악하기**

작물별 생산량 비율을 비교하여 A~C가 어느 지역인지 파악한 뒤, 각 지역의 특징을 묻는 문항이다.

★ **문제 해결 Point 쏙쏙**

- 제주 → 기반암의 특성상 쌀 생산량이 매우 적음.
- 전남 → 쌀, 맥류 등의 식량 작물 생산량 비율이 높음.

☑ **선택지 바로 알기**

ㄱ. A는 B보다 총인구가 많다. (×)
→ 제주(A)는 경남(B)보다 총인구가 적다.
ㄴ. B는 C보다 지역 내 인구 100만 명 이상의 도시가 적다. (×)
→ 경남(B)은 전남(C)보다 지역 내 인구 100만 명 이상의 도시가 많다. 경남 창원은 2018년 기준 총인구가 약 105만 명이며, 전남에는 인구 100만 명 이상의 도시가 없다.
ㄷ. C는 A보다 고위도에 위치한다. (○)
→ 전남(C)은 제주(A)보다 고위도에 위치한다.
ㄹ. A는 제주, B는 경남, C는 전남이다. (○)
→ 절리가 많은 기반암의 특성상 논 조성이 어려워 쌀 생산량이 거의 없는 A는 제주, B보다 쌀과 맥류 생산량 비율이 높은 C는 전남, 나머지 B는 시설 재배가 활발한 경남이다.

03 주요 광물 자원의 분포와 특징

(가)~(다) 광물 자원을 그래프의 A~C에서 고른 것은? (단, 고령토, 석회석, 철광석만 고려함.)

(가)	제철 공업의 원료로 이용됨. 철광석
(나)	시멘트 공업의 주 원료, 제철 공업의 첨가물로 이용됨. 석회석
(다)	도자기 및 내화 벽돌, 화장품의 원료로 이용됨. 고령토

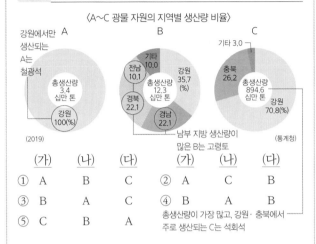

〈A~C 광물 자원의 지역별 생산량 비율〉

강원에서만 생산되는 A는 철광석

A 총생산량 3.4 십만 톤 강원 100(%)

B 기타 10.1 전남 10.0 총생산량 12.3 십만 톤 강원 35.7 (%) 경북 22.1 경남 22.1 남부 지방 생산량이 많은 B는 고령토

기타 3.0 충북 26.2 총생산량 894.6 십만 톤 강원 70.8(%)

(2019) (통계청)

	(가)	(나)	(다)		(가)	(나)	(다)
①	A	B	C	②	A	C	B
③	B	A	C	④	B	A	B
⑤	C	B	A				

총생산량이 가장 많고, 강원·충북에서 주로 생산되는 C는 석회석

☑ 출제 의도 파악하기

고령토, 석회석, 철광석이 각각 어디에서 주로 생산되고, 어디에 주로 사용되는지 묻는 문항이다.

✦ 문제 해결 Point 쏙쏙

• 철광석 → 홍천, 양양에 주로 매장되어 있으며 강원에서만 생산됨.
• 고령토 → 산청, 하동 등 경남 서부 지역에 주로 매장되어 있음.
• 석회석 → 조선 누층군이 분포하는 강원, 충북에서 대부분 생산됨.

☑ 선택지 바로 알기

(가) (나) (다)
② A   C   B   (○)
→ A는 강원에서만 생산되는 철광석(가), B는 경남, 전남 등 상대적으로 남부 지방의 생산량이 많은 고령토(다), C는 조선 누층군이 분포하는 강원 남부와 충북 북동부에서 대부분 생산되는 석회석(나)이다.

04 상점의 입지 조건

그래프는 어느 지역 상점의 최소 요구치의 범위와 재화의 도달 범위 변화를 나타낸 것이다. 이 지역에 나타난 변화에 대한 추론으로 적절한 것만을 〈보기〉에서 고른 것은?

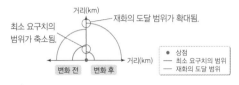

거리(km)
재화의 도달 범위가 확대됨.
최소 요구치의 범위가 축소됨.
거리(km)
변화 전   변화 후
● 상점
― 최소 요구치의 범위
― 재화의 도달 범위

• 보기 •
ㄱ. 상설 시장이 정기 시장으로 변화하였을 것이다.
ㄴ. 지하철 역이 들어서면서 교통이 편리해졌을 것이다.
ㄷ. 지역 경제가 침체하여 소비자의 구매력이 떨어졌을 것이다.
ㄹ. 대규모 아파트 단지가 건설되어 인구 밀도가 높아졌을 것이다.

① ㄱ, ㄴ ② ㄱ, ㄷ ③ ㄴ, ㄷ ④ ㄴ, ㄹ ⑤ ㄷ, ㄹ

☑ 출제 의도 파악하기

최소 요구치와 재화의 도달 범위 변화에 따른 상업의 입지 요인을 파악하는 문항이다.

✦ 문제 해결 Point 쏙쏙

• 인구 밀도 증가, 소비자 구매력 향상 → 최소 요구치의 범위 축소
• 교통의 발달 → 재화의 도달 범위 확대

☑ 선택지 바로 알기

ㄱ. 상설 시장이 정기 시장으로 변화하였을 것이다. (×)
→ 5일장과 같이 일정한 주기로 열리는 정기 시장은 재화의 도달 범위가 최소 요구치 범위보다 좁다.
ㄴ. 지하철 역이 들어서면서 교통이 편리해졌을 것이다. (○)
→ 교통이 발달하면 재화의 도달 범위가 확대된다.
ㄷ. 지역 경제가 침체하여 소비자의 구매력이 떨어졌을 것이다. (×)
→ 소비자의 구매력이 향상되면 최소 요구치의 범위가 축소된다.
ㄹ. 대규모 아파트 단지가 건설되어 인구 밀도가 높아졌을 것이다. (○)
→ 인구 밀도가 높아지면 최소 요구치의 범위가 축소된다.

☑ 개념

최소 요구치와 재화의 도달 범위

최소 요구치	중심지가 기능을 유지하기 위한 최소한의 수요
재화의 도달 범위	중심지 기능이 영향을 미치는 최대한의 공간 범위

05 주요 제조업의 지역별 출하액

그래프는 세 제조업의 지역별 출하액을 나타낸 것이다. (가)~(다)에 대한 설명으로 옳은 것만을 〈보기〉에서 고른 것은? (단, (가)~(다)는 각각 1차 금속, 자동차 및 트레일러, 화학 물질 및 화학 제품(의약품 제외) 제조업 중 하나임.)

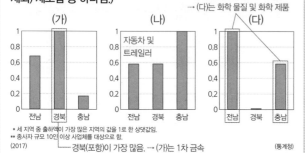

전남(여수), 충남(서산)에서 많음.
→ (다)는 화학 물질 및 화학 제품

* 세 지역 중 출하액이 가장 많은 지역의 값을 1로 한 상댓값임.
** 종사자 규모 10인 이상 사업체를 대상으로 함.
(2017)
경북(포항)이 가장 많음. → (가)는 1차 금속
(통계청)

● 보기 ●
ㄱ. (가)는 기초 소재 공업이다.
ㄴ. (가)는 (나)보다 완제품의 무게가 무겁다.
ㄷ. (나)의 제품은 (다)의 주요 재료로 이용된다.
ㄹ. (가)는 집적 지향형, (나)는 적환지 지향형 공업이다.

① ㄱ, ㄴ　② ㄱ, ㄷ　③ ㄴ, ㄷ　④ ㄴ, ㄹ　⑤ ㄷ, ㄹ

☑ 출제 의도 파악하기
주요 제조업의 지역별 출하액 차이를 비교하여 제조업종을 추론하고, 각 제조업의 특징을 파악하는 문항이다.

✖ 문제 해결 Point 쏙쏙
• 1차 금속 → 경북(포항), 전남(광양), 충남(당진)에서 출하액이 많음.
• 자동차 및 트레일러 → 경기(화성), 울산, 충남(아산, 서산)에서 출하액이 많음.
• 화학 물질 및 화학 제품 → 울산, 전남(여수), 충남(서산)에서 출하액이 많음.

☑ 선택지 바로 알기
ㄱ. (가)는 기초 소재 공업이다. (○)
→ 철강 등을 생산하는 1차 금속 제조업(가)은 산업의 재료가 되는 기초 소재 공업에 해당한다.
ㄴ. (가)는 (나)보다 완제품의 무게가 무겁다. (○)
→ 1차 금속 제조업(가)은 자동차 및 트레일러 제조업(나)보다 완제품의 무게가 무겁다.
ㄷ. (나)의 제품은 (다)의 주요 재료로 이용된다. (✕)
→ 자동차 및 트레일러 제조업(나)의 생산품은 화학 물질 및 화학 제품(의약품 제외) 제조업(다)의 재료로 이용되지 않는다.
ㄹ. (가)는 집적 지향형, (나)는 적환지 지향형 공업이다. (✕)
→ 대량의 철광석을 수입하는 1차 금속 제조업(가)은 적환지 지향형 공업, 제품 생산에 많은 부품이 필요한 조립형 공업인 자동차 및 트레일러 제조업(나)은 집적 지향형 공업에 해당한다.

06 화석 에너지 자원의 부문별 소비

그래프는 세 에너지 자원의 부문별 소비 비중을 나타낸 것이다. A~C 에너지원으로 옳은 것은?

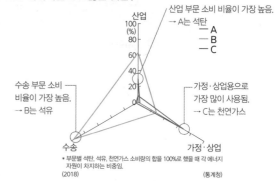

산업 부문 소비 비율이 가장 높음.
→ A는 석탄
수송 부문 소비 비율이 가장 높음.
→ B는 석유
가정·상업용으로 가장 많이 사용됨.
→ C는 천연가스

* 부문별 석탄, 석유, 천연가스 소비량의 합을 100%로 했을 때 각 에너지 자원이 차지하는 비중임.
(2018)
(통계청)

	A	B	C
①	석유	석탄	천연가스
②	석유	천연가스	석탄
③	석탄	석유	천연가스
④	석탄	천연가스	석유
⑤	천연가스	석유	석탄

☑ 출제 의도 파악하기
각 소비 부문에서 가장 많이 사용되는 화석 에너지가 무엇인지 파악하는 문항이다.

✖ 문제 해결 Point 쏙쏙
• 석유 → 주로 화학 공업의 원료 및 수송용 연료로 이용
• 석탄 → 주로 제철 공업과 화력 발전의 연료로 이용
• 천연가스 → 주로 가정용 연료로 이용

☑ 선택지 바로 알기
　A　　B　　C
③ 석탄　석유　천연가스 (○)
→ 소비 부문 중 산업용으로 많이 소비되는 A는 석탄, 수송용으로 가장 많이 소비되는 B는 석유, 가정·상업용으로 많이 소비되는 C는 천연가스이다. 천연가스는 주로 가정용 연료로 이용되며, 최근 수송·발전용 소비량이 증가하는 추세이다.

07 우리나라의 인구 정책 변화

(가)~(다)는 우리나라의 시대별 인구 정책 포스터이다. 이를 시간순으로 옳게 나열한 것은?

1980~1990년대 출산 억제 정책

(가)　　　　(나)　　　　(다)

2010년대 출산 장려 정책

① (가) → (나) → (다)
② (가) → (다) → (나)
③ (나) → (가) → (다)
④ (나) → (다) → (가)
⑤ (다) → (가) → (나)

☑ 출제 의도 파악하기
시대별 인구 정책 포스터를 통해 우리나라의 인구 정책이 어떻게 변화하였는지 묻는 문항이다.

✦ 문제 해결 Point 쏙쏙
우리나라는 1980년대까지 출산 억제 정책이 시행되었으나, 저출산 현상이 심해지면서 2000년대 이후 출산 장려 정책이 시행되고 있음.

☑ 선택지 바로 알기
① (가) → (나) → (다) (○)
→ (가), (나)는 높은 출산율을 억제하려는 인구 정책 포스터이며, (다)는 저출산 현상을 극복하기 위한 인구 정책 포스터이다. (가)는 아이를 둘만, (나)는 아이를 한 명만, (다)는 아이를 더 낳자는 내용이므로 시간순으로 나열하면 (가) → (나) → (다)이다.

☑ 개념
우리나라의 인구 성장

조선 시대 이전	출생률은 높았으나 낮은 농업 생산력, 질병과 기근 등으로 사망률도 높았음.
일제 강점기	근대 의학 기술 보급으로 사망률 감소
광복~1960년대 초	광복 이후 해외 동포 귀국 및 북한 주민 월남으로 남한 인구의 사회적 증가, 6·25 전쟁 중 사망률 증가, 전쟁 후 출산 붐 현상에 의한 인구의 자연적 증가
1960년대 중반~1980년대	산아 제한 정책 실시, 생활 수준 향상 → 1983년 합계 출산율이 2.06명으로 대체 출산율보다 낮아짐.
1990년대 이후	초혼 연령 상승, 만혼·비혼 등으로 합계 출산율 급감, 2001년 이후 합계 출산율이 1.3명 미만인 초저출산 국가로 분류됨.

08 남북한의 인구 구조

표는 남북한의 성별·연령층별 인구 비율을 나타낸 것이다. (가) 지역과 비교한 (나) 지역의 상대적 특성을 그림의 A~E에서 고른 것은? (단, (가), (나)는 각각 남한, 북한 중 하나임.)

(가)보다 65세 이상의 노년층 인구 비율이 높음. → (나)는 남한
(단위: %)

지역	(가)		(나)	
연령층	남자	여자	남자	여자
65세 이상	3.4	6.5	6.2	8.3
15~64세	35.3	34.9	37.4	35.5
0~14세	10.1	9.8	6.5	6.1

* 북한은 추정치임.
(2018)

(나)보다 0~14세의 유소년층 인구 비율이 높음. → (가)는 북한
(통계청)

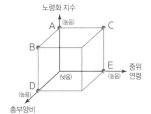

① A
② B
③ C
④ D
⑤ E

☑ 출제 의도 파악하기
북한의 인구 특성이 남한과 비교하여 어떤 차이가 있는지 연령층별 인구 비율을 토대로 파악하는 문항이다.

✦ 문제 해결 Point 쏙쏙
• 북한 → 남한보다 유소년층 인구 비율이 높고 노년층 인구 비율이 낮음.
• 총부양비 → 청장년층 인구 비율에 반비례함.

☑ 선택지 바로 알기

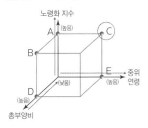

→ 남한(나)은 북한(가)보다 유소년층 인구 비율이 낮은 반면 노년층 인구 비율이 높으므로 노령화 지수와 중위 연령이 높고, 청장년층 인구 비율이 높아 총부양비는 낮다. 이러한 특징을 나타낸 점은 그림의 C이다.

☑ 개념
주요 인구 지표

노령화 지수	(노년층 인구 ÷ 청장년층 인구)×100
총부양비	유소년 부양비＋노년 부양비
중위 연령	총인구를 나이순으로 줄 세웠을 때 중간에 있는 사람의 나이

정답 과 해설

09 제주도의 자연 및 인문 환경

다음 수행 평가에서 ◇◇◇ 학생이 받은 점수로 옳은 것은?

수행 평가

○학년 ○반 이름: ◇◇◇

※ 제주도에 대한 설명이 맞으면 ○표, 틀리면 ×표 하시오.
(단, 문항별 배점은 2점임.)

문제	학생 답
(1) 제주도는 한반도에서 가장 큰 섬이다. ○	○
(2) 제주도의 경지 대부분은 밭으로 이용된다. ○	×
(3) 제주도의 전통 취락은 주로 해안가에 입지한다. ○	×
(4) 제주도에 속한 마라도는 우리나라 영토 중 가장 남쪽에 위치해 있다. ○	○
(5) 제주도는 다른 지역과 다른 독특한 문화가 나타나 세계 문화유산으로 지정되었다. ×	○

① 2점   ② 4점   ③ 6점   ④ 8점   ⑤ 10점

☑ 출제 의도 파악하기
제주의 자연 및 인문 환경의 특징을 알고 있는지 묻는 문항이다.

★ 문제 해결 Point 쏙쏙
- 제주도는 기반암의 특성상 지표수가 부족함.
- 마라도는 33° 06′ 45″에 위치함.

☑ 선택지 바로 알기
(1) 제주도는 한반도에서 가장 큰 섬이다. (○)
(2) 제주도의 경지 대부분은 밭으로 이용된다. (○)
→ 제주도는 기반암의 특성상 지표수가 부족하여 경지 대부분 밭으로 이용된다.
(3) 제주도의 전통 취락은 주로 해안가에 입지한다. (○)
→ 제주도는 산록부에서 빗물이 스며들어 해안가에서 용천하므로 전통 취락은 주로 해안가의 용천대를 따라 입지한다.
(4) 제주도에 속한 마라도는 우리나라 영토 중 가장 남쪽에 위치해 있다. (○)
→ 우리나라 영토의 가장 남쪽은 33° 06′ 45″에 위치한 마라도 남단이다.
(5) 제주도는 다른 지역과 다른 독특한 문화가 나타나 세계 문화유산으로 지정되었다. (×)
→ 제주도의 한라산, 거문오름 용암 동굴계, 성산 일출봉은 독특한 화산 지형 및 생태계를 인정받아 유네스코 세계·자연 유산에 등재되었다.
→ 따라서 ◇◇◇학생은 두 문제를 옳게 풀었으므로 총 4점을 받았다.

10 호남 지방의 공업 도시

그래프는 세 지역의 제조업 업종별 출하액을 나타낸 것이다. (가)~(다) 지역을 지도의 A~E에서 고른 것은?

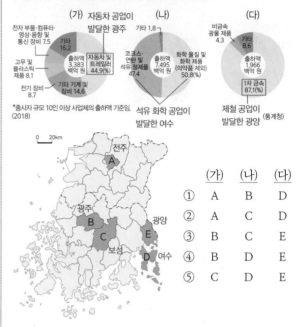

	(가)	(나)	(다)
①	A	B	D
②	A	C	D
③	B	C	E
④	B	D	E
⑤	C	D	E

☑ 출제 의도 파악하기
지도에서 A~E가 어느 지역인지 파악하고, 각 지역의 제조업 구조를 파악하는 문항이다.

★ 문제 해결 Point 쏙쏙
- 광주 → 자동차 공업과 광(光)산업이 발달함.
- 여수 → 정유 및 석유 화학 공업이 발달함.
- 광양 → 제철 공업이 발달함.

☑ 선택지 바로 알기

(가)	(나)	(다)
④ B	D	E (○)

→ 지도의 A는 전주, B는 광주, C는 보성, D는 여수, E는 광양이다. (가)는 자동차 공업이 발달한 광주(B), (나)는 석유 화학 공업이 발달한 여수(D), (다)는 제철 공업이 발달한 광양(E)이다.

11 영남 지방 주요 지역의 위치와 특색

표는 지도에 표시된 네 지역의 여행 일정을 정리한 것이다. (가)에 들어갈 일정으로 가장 적절한 것은?

구분	주요 일정
1일 차	공룡 발자국을 활용한 박물관 견학 → 고성
2일 차	(가)
3일 차	영남대로 걷기 및 석탄 박물관 견학 → 문경
4일 차	역사 문화 도시에서 국제 탈춤 페스티벌 관람 → 안동

① 낙동강 삼각주에서 시설 농업 체험
② 천연기념물로 지정된 석회 동굴 탐험
③ 대규모 조선소 및 원자력 발전소 견학
④ 람사르 협약에 등록된 습지에서 생태 체험
⑤ 대규모 제철 공장 견학 및 홍보 동영상 시청

☑ 출제 의도 파악하기
지도에 표시된 지역이 어디인지 파악하고, 해당 지역의 특색을 묻는 문항이다.

✿ 문제 해결 Point 쏙쏙
- 고성 → 경상 누층군에 위치해 공룡 발자국 화석이 잘 발견됨.
- 문경 → 문경 새재의 옛길과 석탄 박물관이 있음.
- 안동 → 유네스코 세계 문화유산에 등재된 하회마을이 있으며, 국제 탈춤 페스티벌이 개최됨.

☑ 선택지 바로 알기
① 낙동강 삼각주에서 시설 농업 체험 (×)
→ 부산과 관련된 설명이다.
② 천연기념물로 지정된 석회 동굴 탐험 (×)
→ 울진과 관련된 설명이다.
③ 대규모 조선소 및 원자력 발전소 견학 (×)
→ 거제와 관련된 설명이다.
④ 람사르 협약에 등록된 습지에서 생태 체험 (○)
→ 창녕에는 람사르 협약에 등록된 습지인 우포늪이 있다.
⑤ 대규모 제철 공장 견학 및 홍보 동영상 시청 (×)
→ 포항과 관련된 설명이다.

12 수도권의 지역별 인구와 산업

다음 자료에 대한 설명으로 옳은 것은? (단, (가)~(다)는 각각 경기, 서울, 인천 중 하나이며, A, B는 각각 사업 서비스업, 운수 및 창고업 중 하나임.)

〈(가)~(다) 간 전입·전출 인구〉
전출 인구가 전입 인구보다 많음.
→ (가)는 서울

(단위: 천 명)

(가)
39 / 35   334 / 242
인천 (나) ── 63 / 71 ── 경기 (다)
(2019)   (통계청)

서울에서 부가 가치 비율이 매우 높음.
→ A는 사업 서비스업

〈(가)~(다)별 총부가 가치에서 차지하는 A, B의 비율〉

(2017)   (통계청)
(가) 서울 (나) 인천 (다) 경기

인천에서 사업 서비스업보다 부가 가치 비율이 높음. → B는 운수 및 창고업

① (가)에는 국제공항이 있다.
② (가)는 (다)보다 주간 인구 지수가 높다.
③ (나)는 (가)보다 인구 밀도가 높다.
④ (다)는 (나)보다 제조업 출하액이 적다.
⑤ A는 운수 및 창고업, B는 사업 서비스업이다.

☑ 출제 의도 파악하기
수도권의 지역 간 인구 이동과 산업 구조를 분석한 뒤, 각 지역의 특색을 파악하는 문항이다.

✿ 문제 해결 Point 쏙쏙
- 서울 → 교외화 현상으로 전출 인구가 전입 인구보다 많음.
- 경기 → 서울로부터의 전입 인구가 매우 많음.
- 인천 → 서울·경기에 비해 인구 규모가 작고, 인천 국제공항과 인천항을 중심으로 물류 기능이 발달함.

☑ 선택지 바로 알기
① (가)에는 국제공항이 있다. (×)
→ 인천(나)에 대한 설명이다.
② (가)는 (다)보다 주간 인구 지수가 높다. (○)
→ 서울(가)은 경기(다)보다 주간 인구 지수가 높다. 경기는 중심 도시인 서울로 통근·통학하는 인구가 많아 서울보다 주간 인구 지수가 낮다.
③ (나)는 (가)보다 인구 밀도가 높다. (×)
→ 인천(나)은 서울(가)보다 인구 밀도가 낮다.
④ (다)는 (나)보다 제조업 출하액이 적다. (×)
→ 경기(다)는 인천(나)보다 제조업 출하액이 많다.
⑤ A는 운수 및 창고업, B는 사업 서비스업이다. (×)
→ 서울(가)에서 부가 가치 비율이 매우 높은 A는 생산자 서비스업인 사업 서비스업이고, 인천 국제공항과 인천항을 중심으로 국제 물류 기능이 발달한 인천(나)에서 A보다 부가 가치 비율이 높은 B는 운수 및 창고업이다.

정답과 해설

13 서술형 **지역 개발과 공간 불평등**

주요 내용 | 기업 도시, 혁신 도시, 공간 불평등, 균형 개발

지도는 기업 도시 및 혁신 도시의 분포를 나타낸 것이다. 이를 보고 물음에 답하시오.

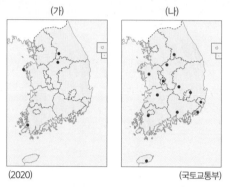

(1) (가), (나) 도시의 이름을 각각 쓰시오.

(가)-기업 도시, (나)-혁신 도시

(2) (가), (나) 도시의 공통점을 서술하시오.

예시 답안 | 수도권 인구와 기능의 분산을 통해 수도권과 비수도권 간

공간 불평등의 완화를 추구한다.

채점 기준	배점
(가), (나) 도시의 명칭을 정확히 쓰고, 두 도시의 공통점을 옳게 서술한 경우	상
두 도시의 공통점만 옳게 서술한 경우	중
(가), (나) 도시의 명칭만 정확히 쓴 경우	하

☑ 개념
기업 도시와 혁신 도시

기업 도시	민간 기업이 주도하여 개발하는 도시이며, 산업·연구·관광 등 특정 경제 기능 중심의 자족적 복합 기능을 갖춘 도시
혁신 도시	균형적인 국토 성장을 위해 수도권에 소재하였던 공공 기관을 지방으로 이전하여 조성한 도시

14 서술형 **에너지의 지역별 공급량 차이**

주요 내용 | 천연가스, 도시가스 공급망, 대도시의 에너지 소비 구조

지도는 어느 에너지의 시·도별 공급 비중을 나타낸 것이다. 지도 표현의 기준이 된 에너지원의 이름과 해당 에너지원의 지역 내 공급 비율이 지도와 같이 나타나는 이유를 서술하시오. (단, 석유, 석탄, 수력, 원자력, 천연가스만 고려함.)

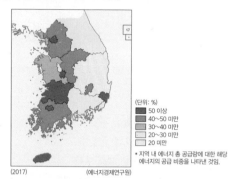

예시 답안 | 지도는 천연가스의 시·도별 공급 비율을 나타낸 것이다.

천연가스는 인구가 많고 도시가스 공급망이 잘 갖추어진 서울, 경기,

부산 등에서 공급량 비율이 높다.

채점 기준	배점
에너지원의 명칭을 정확히 쓰고, 지역 내 공급 비율이 지도와 같이 나타나는 이유를 옳게 서술한 경우	상
에너지원의 명칭만 정확히 쓴 경우	하

15 서술형 외국인 근로자의 현황

주요 내용 외국인 근로자, 외국인 성비

그래프는 산업별·성별 외국인 취업자 수를 나타낸 것이다. 이를 보고 물음에 답하시오. (단, (가), (나)는 각각 광업·제조업, 서비스업 중 하나이고, A, B는 각각 남성, 여성 중 하나임.)

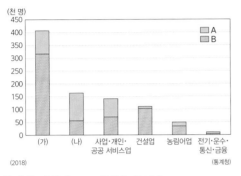

(2018) (통계청)

(1) (가), (나) 산업과 A, B 성별을 쓰시오.

(가)-광업·제조업, (나)-서비스업 / A-여성, B-남성

(2) (가), (나)의 성비 차이에 대해 서술하시오.

예시 답안 광업·제조업 취업자는 남성이 여성보다 많아 성비가 100 이상이고, 서비스업 취업자는 여성이 남성보다 많아 성비가 100 미만 이다.

채점 기준	배점
(가), (나) 산업과 A, B 성별 모두 정확히 쓰고, (가), (나)의 성비 차이를 옳게 서술한 경우	상
(가), (나) 산업과 A, B 성별만 정확히 쓴 경우	중
(가), (나)의 성비 차이만 옳게 서술한 경우	하

16 서술형 충청 지방의 인구 변화

주요 내용 수도권과의 접근성, 제조업 이전, 인구 성장

지도는 충청 지방의 시·군별 인구 변화(2000~2015년)를 나타낸 것이다. A 지역에 대한 B 지역의 상대적 특성을 아래의 용어를 사용하여 서술하시오. (단, A, B는 각각 인구 증가율이 0~20% 이상인 지역, 인구 증가율이 0~−20% 미만인 지역 중 하나임.)

(통계청, 2016)

수도권과의 접근성, 중위 연령

예시 답안 인구가 감소하는 B 지역은 인구가 증가하는 A 지역에 비해

수도권과의 접근성이 낮고, 중위 연령이 높다.

채점 기준	배점
A 지역에 대한 B 지역의 상대적 특성을 주어진 용어를 사용하여 옳게 서술한 경우	상
A 지역에 대한 B 지역의 상대적 특성을 주어진 용어를 사용하지 않고 옳게 서술한 경우	하

정답 과 해설

적중 예상 전략 2회

Book 2 80~83쪽

01 ② 02 ② 03 ③ 04 ⑤ 05 ② 06 ③ 07 ① 08 ① 09 ② 10 ② 11 ③

서술형 12 해설 참조 13 ⑴ A-서울, B-경기 ⑵ 해설 참조 14 ⑴ A-안동, B-경주 ⑵ 해설 참조

---

01 도시 재개발 방법과 유형

다음은 한국지리 수업 장면이다. 교사의 질문에 옳게 답한 학생만을 고른 것은?

① 갑, 을 ② 갑, 병 ③ 을, 병 ④ 을, 정 ⑤ 병, 정

☑ 출제 의도 파악하기
다양한 도시 재개발 방법의 특징을 묻는 문항이다.

★ 문제 해결 Point 쏙쏙
- 철거 재개발: 기존의 시설을 완전히 철거하고 새로운 시설물로 대체하는 방법
- 보존 재개발: 역사·문화적으로 보존할 가치가 있는 지역의 환경 악화를 예방하고 유지·관리하는 방법

☑ 선택지 바로 알기
갑: (가)는 개발 이후 원거주민의 재정착률이 낮은 편이에요. (○)
→ 철거 재개발(가)은 기존의 시설을 완전히 철거하고 새로운 시설물로 대체하기 때문에 개발 이후 주거 비용이 상승하여 원거주민의 재정착률이 낮은 편이다.
을: (나)는 개발 시 투입되는 자본의 규모가 커요. (×)
→ 투입되는 자본의 규모가 큰 개발 방법은 철거 재개발(가)이다.
병: (다)는 도심의 주택이나 노후 시설을 상업·업무 지역으로 개발해요. (○)
→ 도심 재개발(다)은 도심의 규모가 확대되면서 주택이나 노후 시설 등이 입지한 지역을 상업·업무 지역 등으로 개발하는 도시 재개발 사업의 유형이다.
정: (라)는 주로 (나)의 방식으로 개발하는 경우가 많아요. (×)
→ 주거지 재개발(라)은 노후 주거 지역의 환경 개선을 위해 주로 철거 재개발 방식으로 사업을 시행하는 경우가 많다.

---

02 주요 소매 업태별 특징

그래프는 소매 업태별 현황을 나타낸 것이다. (가)~(라)에 해당하는 소매 업태로 옳은 것은?

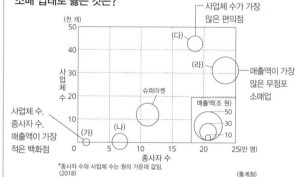

	(가)	(나)	(다)	(라)
①	백화점	편의점	대형 마트	무점포 소매업
②	백화점	대형마트	편의점	무점포 소매업
③	대형 마트	무점포 소매업	백화점	편의점
④	대형 마트	백화점	무점포 소매업	편의점
⑤	무점포 소매업	대형 마트	편의점	백화점

☑ 출제 의도 파악하기
사업체 수와 종사자 수, 매출액을 비교하여 소매 업태의 종류를 추론하는 문항이다.

★ 문제 해결 Point 쏙쏙
- 백화점 → 사업체 수, 종사자 수, 매출액 모두 가장 적음.
- 대형 마트 → 사업체 수, 종사자 수가 백화점 다음으로 적음.
- 편의점 → 사업체 수가 가장 많음.
- 무점포 소매업 → 매출액이 가장 많음.

☑ 선택지 바로 알기
　　(가)　　(나)　　(다)　　(라)
② 백화점　대형 마트　편의점　무점포 소매업 (○)
→ 사업체 수, 종사자 수, 매출액 모두 가장 적은 (가)는 백화점이고, 사업체 수와 종사자 수가 두 번째로 적은 (나)는 대형 마트이다. 사업체 수가 가장 많은 (다)는 편의점이며, 매출액이 가장 많은 (라)는 무점포 소매업이다. TV 홈쇼핑, 인터넷 쇼핑 등 무점포 소매업은 최근 정보 통신 기술의 발달과 함께 급성장하였다.

32 내신전략 • 한국지리

03 우리나라의 1차 에너지 소비 구조 변화

그래프는 우리나라의 1차 에너지 소비 구조 변화를 나타낸 것이다. (가)~(라) 에너지 자원에 대한 설명으로 옳은 것은? (단, (가)~(라)는 각각 석유, 석탄, 원자력, 천연가스 중 하나임.)

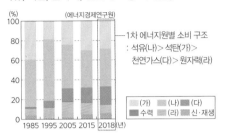

1차 에너지원별 소비 구조
: 석유(나)＞석탄(가)＞
천연가스(다)＞원자력(라)

① (가)는 전량 수입에 의존한다.
② (나)는 주로 고생대 지층에 매장되어 있다.
③ (다)는 주로 가정용 연료로 이용된다.
④ (라)는 (나)보다 우리나라에서 상용화된 시기가 늦다.
⑤ (가)~(라) 중 발전량이 가장 많은 에너지원은 (나)이다.

☑ 출제 의도 파악하기

우리나라의 1차 에너지원별 소비 구조를 바탕으로 에너지원의 종류를 추론하고, 각 에너지의 특징을 묻는 문항이다.

⭐ **문제 해결 Point 쏙쏙**

• 1차 에너지원별 소비: 석유＞석탄＞천연가스＞원자력＞신·재생 및 기타
• 1차 에너지원별 발전량: 석탄＞원자력, 천연가스＞신·재생＞석유, 수력

☑ 선택지 바로 알기

① (가)는 전량 수입에 의존한다. (✕)
→ 석유(나)에 대한 설명이다. 석탄(무연탄)(가)은 국내에서 일부 생산되고 있다.
② (나)는 주로 고생대 지층에 매장되어 있다. (✕)
→ 석탄(가)에 대한 설명이다. 석유(나)는 주로 신생대 지층에 매장되어 있다.
③ (다)는 주로 가정용 연료로 이용된다. (○)
→ 천연가스는 주로 가정용 연료로 이용되며, 최근 수송·발전용 소비량도 증가하는 추세이다.
④ (가)는 (나)보다 우리나라에서 상용화된 시기가 늦다. (✕)
→ 석탄(가)은 석유(나)보다 상용화된 시기가 이르다.
⑤ (가)~(다) 중 발전량이 가장 많은 에너지원은 (나)이다. (✕)
→ 발전량이 가장 많은 에너지원은 (가)이다. 석유(나)는 발전 단가가 높아 발전량 비율이 낮은 편이다.

04 주요 지역의 작물별 재배 면적

다음 자료는 지도에 표시된 세 지역의 작물별 재배 면적 비율을 나타낸 것이다. 이에 대한 설명으로 옳은 것만을 〈보기〉에서 고른 것은? (단, (가)~(다)는 각각 과수, 벼, 채소 중 하나임.)

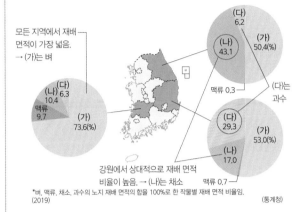

*벼, 맥류, 채소, 과수의 노지 재배 면적의 합을 100%로 한 작물별 재배 면적 비율임.
(2019) (통계청)

┌─ 보기 ─
ㄱ. (가)는 1인당 소비량이 증가하는 추세이다.
ㄴ. 맥류는 주로 (다)의 그루갈이 작물로 재배된다.
ㄷ. (나)는 (가)보다 시설 재배 면적 비율이 높다.
ㄹ. 강원은 채소 재배 면적이 과수 재배 면적보다 넓다.
└─

① ㄱ, ㄴ ② ㄱ, ㄷ ③ ㄴ, ㄷ ④ ㄴ, ㄹ ⑤ ㄷ, ㄹ

☑ 출제 의도 파악하기

주요 지역의 작물별 재배 면적 비율을 보고 작물의 종류를 추론한 뒤, 각 작물의 특징을 묻는 문항이다.

⭐ **문제 해결 Point 쏙쏙**

• 벼(쌀) → 제주를 제외한 모든 지역에서 재배 면적 비율이 가장 높음.
• 채소, 과수 → 고랭지 농업이 활발한 강원은 채소가, 사과 재배가 활발한 경북은 과수 재배 면적 비율이 상대적으로 높음.

☑ 선택지 바로 알기

ㄱ. (가)는 1인당 소비량이 증가하는 추세이다. (✕)
→ 벼(가)는 식생활 변화로 1인당 소비량이 감소하는 추세이다.
ㄴ. 맥류는 주로 (다)의 그루갈이 작물로 재배된다. (✕)
→ 맥류는 주로 벼(가)의 그루갈이 작물로 재배된다.
ㄷ. (나)는 (가)보다 시설 재배 면적 비율이 높다. (○)
→ 채소(나)는 벼(가)보다 시설 재배 면적 비율이 높다.
ㄹ. 강원은 채소 재배 면적이 과수 재배 면적보다 넓다. (○)
→ 그래프를 보면 강원은 채소(나) 재배 면적이 약 43.1%, 과수(다) 재배 면적이 약 6.2%이다. 따라서 강원은 채소 재배 면적이 과수 재배 면적보다 넓다.

05 교통수단별 특징

그래프는 교통수단별 여객 수송 분담률을 나타낸 것이다. A~E에 대한 설명으로 옳지 않은 것은?

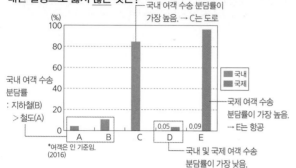

국내 여객 수송 분담률이 가장 높음. → C는 도로

국내 여객 수송 분담률 : 지하철(B) > 철도(A)

국제 여객 수송 분담률이 가장 높음. → E는 항공

국내 및 국제 여객 수송 분담률이 가장 낮음. → D는 해운

① A는 E보다 정시성이 우수하다.
② B는 A보다 장거리 여객 수송 비율이 높다.
③ C는 D보다 기종점 비용이 저렴하다.
④ D는 E보다 국제 화물 수송 분담률이 높다.
⑤ A~E 중 문전 연결성이 가장 좋은 교통수단은 C이다.

☑ 출제 의도 파악하기
국내 및 국제 여객 수송 분담률을 바탕으로 교통수단을 구분하고, 교통수단별 특징을 묻는 문항이다.

✦ 문제 해결 Point 쏙쏙
• 국내 여객 수송 분담률(인): 도로 > 지하철 > 철도 > 항공 > 해운
• 국내 화물 수송 분담률(톤): 도로 > 철도 > 해운 > 항공
• 국제 여객 수송 분담률(인): 항공 > 해운
• 국제 화물 수송 분담률(톤): 해운 > 항공
• 분단 국가인 우리나라는 국제 수송에 해운과 항공만 이용됨.

☑ 선택지 바로 알기
① A는 E보다 정시성이 우수하다. (○)
→ 레일 위를 정해진 시간표에 따라 운행하는 철도(A)는 항공(E)보다 정시성이 우수하다. 기상 조건의 제약이 큰 항공은 결항 및 지연이 잦은 편이다.
② B는 A보다 장거리 여객 수송 비율이 높다. (×)
→ 도시 내에서 비교적 짧은 거리를 오가는 지하철(B)은 도시와 도시를 잇는 철도(A)보다 장거리 여객 수송 비율이 낮다.
③ C는 D보다 기종점 비용이 저렴하다. (○)
→ 도로(C)는 해운(D)보다 기종점 비용이 저렴하다.
④ D는 E보다 국제 화물 수송 분담률이 높다. (○)
→ 해운(D)은 항공(E)보다 국제 화물 수송 분담률이 높다. 해운은 주행 비용 증가율이 낮아 장거리 화물 수송에 유리하다.
⑤ A~E 중 문전 연결성이 가장 좋은 교통수단은 C이다. (○)
→ 문 앞에서 문 앞을 연결하는 특성인 문전 연결성은 교통수단 중에서 도로(C)가 가장 좋다.

06 도시와 촌락의 인구 구조

그래프는 우리나라 두 지역의 인구 구조 변화를 나타낸 것이다. (가), (나) 지역에 대한 설명으로 옳은 것만을 <보기>에서 고른 것은? (단, (가), (나)는 시(市), 군(郡) 중 하나임.)

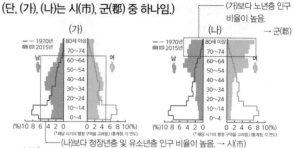

(가)보다 노년층 인구 비율이 높음. → 군(郡)

(나)보다 청장년층 및 유소년층 인구 비율이 높음. → 시(市)

• 보기
ㄱ. (가)는 (나)보다 노령화 지수가 높다.
ㄴ. (가)는 (나)보다 아파트 거주 가구 비율이 높다.
ㄷ. (나)는 (가)보다 총부양비가 높다.
ㄹ. (나)는 (가)보다 유소년 부양비가 높다.

① ㄱ, ㄴ ② ㄱ, ㄷ ③ ㄴ, ㄷ ④ ㄴ, ㄹ ⑤ ㄷ, ㄹ

☑ 출제 의도 파악하기
도시와 촌락의 연령층별·성별 인구 구조를 비교하는 문항이다.

✦ 문제 해결 Point 쏙쏙
• 노령화 지수: (노년층 인구 ÷ 유소년층 인구) × 100
• 유소년 부양비: (유소년층 인구 ÷ 청장년층 인구) × 100
• 총부양비 → 청장년층 인구 비율과 반비례함.

☑ 선택지 바로 알기
ㄱ. (가)는 (나)보다 노령화 지수가 높다. (×)
→ (가)는 (나)보다 유소년층 인구 비율이 높고 노년층 인구 비율이 낮으므로 노령화 지수가 낮다.
ㄴ. (가)는 (나)보다 아파트 거주 가구 비율이 높다. (○)
→ 도시적 성격이 강한 시 지역(가)은 군 지역(나)보다 아파트 거주 가구 비율이 높다.
ㄷ. (나)는 (가)보다 총부양비가 높다. (○)
→ 촌락적 성격이 강한 군 지역(나)은 시 지역(가)보다 청장년층 인구 비율이 낮아 총부양비가 높다.
ㄹ. (나)는 (가)보다 유소년 부양비가 높다. (×)
→ (나)는 (가)보다 유소년층 인구 비율이 낮으므로 유소년 부양비가 낮다.

07 인구 지표의 분포

(가), (나)에 해당하는 인구 지표로 옳은 것은?

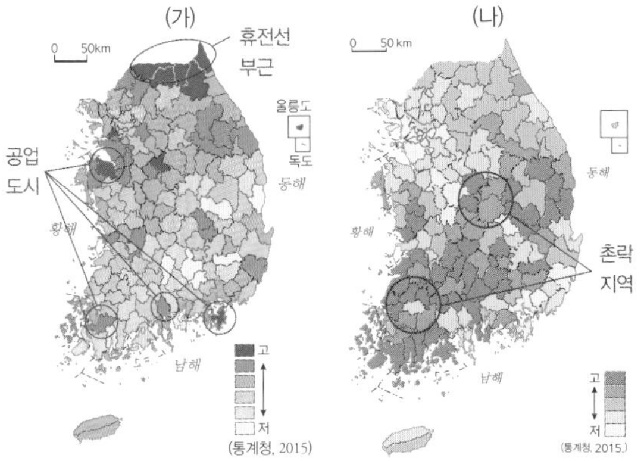

	(가)	(나)
①	성비	노년 부양비
②	성비	유소년 부양비
③	노년 부양비	성비
④	노년 부양비	유소년 부양비
⑤	유소년 부양비	노년 부양비

☑ 출제 의도 파악하기

단계 구분도에서 수치가 높은 지역과 낮은 지역을 비교하여 어떤 인구 지표의 분포를 나타낸 것인지 파악하는 문항이다.

문제 해결 Point 쏙쏙

- 성비 → 휴전선 부근, 공업 도시에서 높게 나타남 ㉠ 철원, 거제
- 노년 부양비 → 촌락 지역에서 높게 나타남.
- 유소년 부양비 → 청장년층 인구 유입이 활발한 지역에서 높음 ㉠ 세종

☑ 선택지 바로 알기

(가) (나)

① 성비 노년 부양비 (○)

→ (가)는 휴전선과 인접하여 군부대가 주둔하는 강원 북부, 중화학 공업이 발달한 공업 도시에서 수치가 높은 성비이고, (나)는 경북 북부, 경남 서부, 호남 지방의 촌락 지역에서 수치가 높은 노년 부양비이다.

08 북한의 산업 구조

그래프는 북한의 산업 구조 변화를 나타낸 것이다. 이에 대한 설명으로 옳은 것만을 〈보기〉에서 고른 것은? (단, (가)~(다)는 각각 1차, 2차, 3차 산업 중 하나임.)

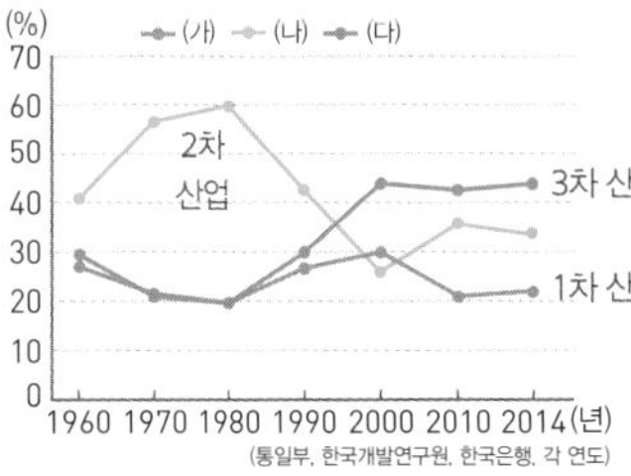

보기

ㄱ. (가)는 1차, (나)는 2차, (다)는 3차 산업이다.

ㄴ. 1980년대까지 광공업이 산업의 중심을 이루고 있었다.

ㄷ. 1980년 이후 산업 구조의 고도화가 지속적으로 이루어졌다.

ㄹ. 1990년대 이후 3차 산업의 비중이 높아진 이유는 생산자 서비스업의 증가와 관련이 깊다.

① ㄱ, ㄴ ② ㄱ, ㄷ ③ ㄴ, ㄷ ④ ㄴ, ㄹ ⑤ ㄷ, ㄹ

☑ 출제 의도 파악하기

남한과 다른 북한의 산업 구조 특징을 이해하고 있는지 묻는 문항이다.

문제 해결 Point 쏙쏙

북한은 중공업 우선 정책을 추진하여 기계, 금속, 화학 등 군수 산업과 관련된 공업이 발달하였음. 이에 따라 경공업 발달이 미약하여 생활 필수품 부족 문제가 발생하는 등 산업 구조의 불균형이 나타남.

☑ 선택지 바로 알기

ㄱ. (가)는 1차, (나)는 2차, (다)는 3차 산업이다. (○)

→ 2014년 기준 가장 비중이 낮은 (가)는 1차 산업이고, 가장 비중이 높은 (다)는 3차 산업이다. (나)는 2차 산업으로, 1980년대까지 비중이 가장 높았다.

ㄴ. 1980년대까지 광공업이 산업의 중심을 이루고 있었다. (○)

→ 북한은 1980년대까지 광공업이 속한 2차 산업(나)의 비중이 가장 높았다.

ㄷ. 1980년 이후 산업 구조의 고도화가 지속적으로 이루어졌다. (×)

→ 1980년 이후 2차 산업(나)의 비중이 낮아지다가 2000년 이후 다시 높아진 것으로 보아 산업 구조의 고도화가 지속적으로 이루어졌다고 볼 수 없다.

ㄹ. 1990년대 이후 3차 산업의 비중이 높아진 이유는 생산자 서비스업의 증가와 관련이 깊다. (×)

→ 기업 활동에 제약이 있는 북한의 특성상 1990년대 이후 3차 산업(다) 비중이 높아진 이유는 정부 주도의 전기·가스·수도업 등 사회 간접 자본 관련 서비스업의 증가와 관련이 깊다.

09 강원 지방 주요 지역의 상대적 특성

지도에 표시된 A~C 지역의 상대적 특성을 그림과 같이 나타냈을 때, (가), (나)에 해당하는 항목으로 옳은 것은?

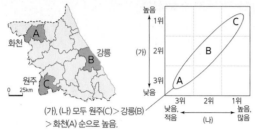

(가), (나) 모두 원주(C) > 강릉(B) > 화천(A) 순으로 높음.

	(가)	(나)
①	총인구	연평균 기온
②	총인구	제조업 출하액
③	연평균 기온	총인구
④	연평균 기온	제조업 출하액
⑤	제조업 출하액	연평균 기온

☑ 출제 의도 **파악하기**

지도에서 A~C 지역이 어디인지 파악하고, 각 지역의 상대적 특성을 비교하는 문항이다.

⭐ 문제 해결 Point 쏙쏙

• 원주 → 강원 지방에서 총인구와 제조업 출하액이 가장 많음.
• 연평균 기온: 동해안의 B가 가장 높고, 고위도 내륙의 A가 가장 낮음

☑ 선택지 **바로 알기**

(가)   (나)
② 총인구   제조업 출하액   (○)

→ (가)는 제조업 출하액이 가장 많은 화성(B), (나)는 경지 중 논 면적 비율이 가장 낮은 원주(C), (다)는 제조업 출하액이 가장 적고 경지 중 논 면적 비율이 가장 높은 철원(A)이다.

10 충청도와 경상북도 주요 지역의 위치와 특색

다음 자료는 어느 모둠의 답사 계획 일부이다. 이 모둠의 답사 경로를 지도의 A~E에서 고른 것은?

일자	지역	주요 답사 내용
1일 차	○○	행정 중심 복합 도시 입지에 따른 지역 경관 변화 탐구 → 세종
2일 차	◇◇	대덕 연구 단지 방문을 통해 첨단 산업의 발전 현황 조사 → 대전
3일 차	△△	금강하굿둑의 조류 생태 전시관을 방문하여 철새 도래지의 생태환경 관찰 → 서천

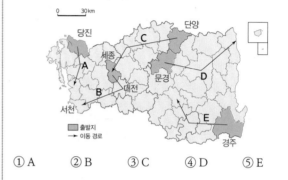

① A   ② B   ③ C   ④ D   ⑤ E

☑ 출제 의도 **파악하기**

충청남·북도, 경상북도 주요 지역의 특색을 지도에서의 위치와 함께 알고 있는지 묻는 문항이다.

⭐ 문제 해결 Point 쏙쏙

• 대전 → 대덕 연구 개발 특구가 위치해 첨단 산업이 발달함.
• 서천 → 군산과 행정 구역이 맞닿은 지역으로, 금강하굿둑이 있음.

☑ 선택지 **바로 알기**

① A (×)
→ A 경로는 당진-홍성-보령에 해당한다.
② B (○)
→ B 경로는 세종-대전-서천에 해당한다.
③ C (×)
→ C 경로는 단양-진천-세종에 해당한다.
④ D (×)
→ D 경로는 문경-안동-울진에 해당한다.
⑤ E (×)
→ E 경로는 경주-대구-구미에 해당한다.

11 제주도의 발전 전략

다음은 한국지리 수업 장면 중 일부이다. 자료의 (가)에 들어갈 내용으로 적절하지 **않은** 것은?

교사: 다음 자료는 제주특별자치도의 도시 공간 구조 계획 (안)입니다. 이 계획이 추진될 경우 앞으로 제주도는 (가) 이/가 증가할 것입니다.

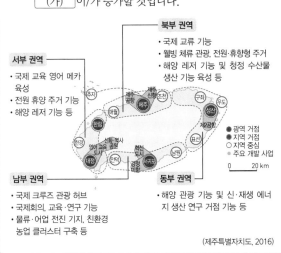

북부 권역
· 국제 교류 기능
· 웰빙 체류 관광, 전원·휴향형 주거
· 해양 레저 기능 및 청정 수산물 생산 기능 육성 등

서부 권역
· 국제 교육 영어 메카 육성
· 전원 휴양 주거 기능
· 해양 레저 기능 등

남부 권역
· 국제 크루즈 관광 허브
· 국제회의, 교육·연구 기능
· 물류·어업 전진 기지, 친환경 농업 클러스터 구축 등

동부 권역
· 해양 관광 기능 및 신·재생 에너지 생산 연구 거점 기능 등

● 광역 거점
● 지역 거점
○ 지역 중심
☆ 주요 개발 사업
0   20 km

(제주특별자치도, 2016)

① 외국인 관광객 수
② 외국 기업의 투자액
③ 중화학 공업의 생산액
④ 첨단 산업 종사자 수의 비율
⑤ 의료 및 생물 관련 연구 시설의 수

☑ 출제 의도 파악하기
제주도의 지역성과 관련한 발전 전략을 묻는 문항이다.

★ 문제 해결 Point 쏙쏙
· 국제 자유 도시와 제주특별자치도로 지정 → 관광, 교육, 의료, 첨단 산업 등을 핵심 산업으로 선정하여 육성
· 마이스(MICE) 산업, 스포츠 관광, 의료 및 휴양 관광 등의 고부가 가치 관광 산업 확충

☑ 선택지 바로 알기
③ 중화학 공업의 생산액 (×)
→ 자료는 국제 자유 도시 개발 사업을 추진하는 제주특별자치도의 발전 계획이다. 제주도는 위치, 지형환경의 특성상 중화학 공업이 입지하기 어렵다.

12 [서술형] 우리나라의 자원 문제와 대책

주요 내용 ︱ 자원 문제, 수입 의존도

그래프는 우리나라의 에너지 수입 의존도와 1인당 에너지 소비량 변화 추이를 나타낸 것이다. 이를 보고 우리나라의 자원 문제와 대책을 한 가지씩 서술하시오.

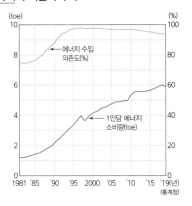

· 문제: [예시 답안] 우리나라는 부존 자원이 적은 데 비해 1인당 자원 소비량은 꾸준히 증가하고 있어 에너지 수입 의존도가 매우 높아 자원 수급에 어려움을 겪는다.

· 대책: [예시 답안] 자원의 안정적 확보를 위해 해외 자원 개발에 적극적으로 참여하거나 자원 수입국을 다변화할 수 있다.

채점 기준	배점
문제와 대책 모두 자료와 관련지어 옳게 서술한 경우	상
문제 또는 대책 한 가지만 자료와 관련지어 옳게 서술한 경우	하

☑ 개념
우리나라의 자원 문제와 대책

자원 문제	· 부존 자원이 적은 데 비해 자원 소비량이 많음. · 에너지를 많이 소비하는 산업이 국가 경제에서 차지하는 비율이 높아 국제 자원 가격 변동에 민감한 편 · 자원 민족주의로 자원 수급에 어려움이 있음. · 무분별한 자원 개발로 생태계 파괴, 환경 문제 발생
대책	· 자원 이용의 효율성 증대: 자원 절약과 재활용 확대, 에너지 절약형 산업 육성 등 · 자원의 안정적 확보: 해외 자원 개발에 적극적으로 참여, 자원 수입국의 다변화 등 · 신·재생 에너지의 개발 및 이용 확대

13 서술형 **수도권의 산업 구조 변화**

주요 내용 탈공업화, 산업 구조의 고도화, 2차 산업, 3차 산업

그래프는 수도권의 산업 구조 변화를 나타낸 것이다. 이를 보고 물음에 답하시오.

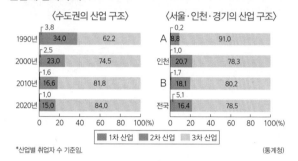

*산업별 취업자 수 기준임. (통계청)

(1) A, B 지역의 명칭을 각각 쓰시오.

A-서울, B-경기

(2) A, B 지역 간 산업 구조에 차이가 나타나는 이유를 서술하시오.

예시 답안 서울은 3차 산업 비율이 매우 높은 반면, 인천·경기는 2차

산업 비율이 상대적으로 높다. 이는 탈공업화로 서울의 공업 기능이

주변의 인천·경기로 이전하였기 때문이다.

채점 기준	배점
A, B 지역의 명칭을 정확히 쓰고, 두 지역 간 산업 구조의 차이와 배경을 옳게 서술한 경우	상
두 지역 간 산업 구조의 차이와 배경만 옳게 서술한 경우	중
A, B 지역의 명칭만 정확히 쓴 경우	하

14 서술형 **영남 지방 주요 지역의 특색**

주요 내용 경상북도, 유네스코 세계 문화유산, 역사 마을

다음 지도를 보고 물음에 답하시오.

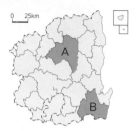

(1) A, B 지역의 명칭을 각각 쓰시오.

A-안동, B-경주

(2) A, B 지역에 분포하는 유네스코 지정 세계 문화 유산을 한 가지씩 서술하시오.

예시 답안 안동에는 하회 마을, 경주에는 양동 마을이 유네스코 세계

문화유산에 등재되었다.

채점 기준	배점
A, B 지역의 명칭을 정확히 쓰고, 두 지역에 분포하는 유네스코 지정 세계 문화유산을 옳게 서술한 경우	상
A, B 지역의 명칭만 정확히 쓴 경우	중
두 지역에 분포하는 유네스코 지정 세계 문화유산만 옳게 서술한 경우	하

☑ 개념
영남 지방의 역사 문화 도시

안동	세계 문화유산으로 등재된 하회 마을 등의 전통 문화유산을 중심으로 관광 산업 육성, 경상북도청 이전으로 행정 기능 강화
경주	석굴암과 불국사, 경주 역사 유적 지구, 양동 마을 등이 세계 문화유산으로 등재

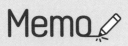

Memo

Memo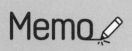

고등 사회 자기주도학습 기본서

개념을 잡아주는 자율학습 기본서

셀파 사회 시리즈

혼자서도 OK

짜임새 있는 내용 정리와
쉽고 친절한 첨삭을 통해
자기 주도 학습 완벽 성공!

풍부한 내용 구성

중단원별 핵심 주제와 고득점 Tip,
다양한 자료로 구성된 '특강 코너'
'시험 대비집'까지 알차고 풍부한 구성!

내신·수능 정복

전국 교과서 핵심 개념과
수능화 되어가는 최근 기출 분석으로
내신도 수능도 완/저/정/복

사회의 셀프 파트너, 셀파! 고1∼3(통합사회/한국사/생활과 윤리/사회문화/한국지리/동아시아사/세계지리/정치와 법/윤리와 사상)

정답은
이안에
있어!